Das Tragische

DRAMA

Beiträge zum antiken Drama
und seiner Rezeption

Herausgegeben von
F. De Martino – J. A. López Férez –
G. Mastromarco – B. Seidensticker –
N. W. Slater – A. H. Sommerstein –
R. Stillers – P. Thiercy –
B. Zimmermann

Carmen Morenilla /
Bernhard Zimmermann (Hrsg.)

Das Tragische

Verlag J. B. Metzler
Stuttgart · Weimar

Die Deutsche Bibliothek - CIP-Einheitsaufnahme

Das Tragische:
Carmen Morenilla/Bernhard Zimmermann (Hrsg.)
- Stuttgart ; Weimar : Metzler, 2000
(Drama ; Beih. 9)
(M-&-P-Schriftenreihe für Wissenschaft und Forschung))
ISBN 978-3-476-45242-9
ISBN 978-3-476-02694-1 (eBook)
DOI 10.1007/978-3-476-02694-1

Dieses Werk einschließlich aller seiner Teile ist urheberrechtlich geschützt. Jede Verwertung außerhalb der engen Grenzen des Urheberrechtsgesetzes ist ohne Zustimmung des Verlages unzulässig und strafbar. Das gilt insbesondere für Vervielfältigungen, Übersetzungen, Mikroverfilmungen und die Einspeicherung und Verarbeitung in elektronischen Systemen.

M & P Schriftenreihe für Wissenschaft und Forschung

© 2000 Springer-Verlag GmbH Deutschland
Ursprünglich erschienen bei J.B. Metzlersche Verlagsbuchhandlung
und Carl Ernst Poeschel Verlag GmbH in Stuttgart 2000

Inhaltsverzeichnis

K. Andresen
Tragische Aspekte im Märchen *Aschenbrödel*
von Robert Walser   1

J. Vte. Bañuls Oller & P. Crespo Alcalá
La ciega mirada de Edipo   19

J. Vte. Bañuls Oller & P. Crespo Alcalá
Las *Suplicantes* de Esquilo y el héroe trágico   61

V. Citti
Tragedia greca e cultura Europea   89

P. Judet de la Combe
Entre philosophie et philologie. Définitions et refus
du tragique   97

A. Kanaris de Juan
Reflexiones sobre la *opsis* aristotélica   109

J.B. Llinares
Sobre lo trágico en Schopenhauer y Nietzsche   123

C. Miralles
El tràgic i el seu déu   147

C. Morenilla Talens
Lógico y realista   157

Á.F. Ortolà, J. Redondo & S. Sancho
La influència de la tragèdia en la historiografia
grega contemporània　　　　　　　　　　　　　　　　179

J. Pòrtulas
Desesperadament Aliens ... (D'Aristòtil a Averroes)　　203

Presentación de la lectura dramatizada de El Camaleón
de Juan Alfonso Gil Albors　　　　　　　　　　　　　213

L. Gemelli
Die "weise" Kassandra: Interpretation und Umgestaltung
einer Figur in den *Troerinnen* des Euripides　　　　　273

Buchbesprechungen

St. Halliwell
H. Flashar (Hrsg.), *Tragödie: Idee und Transformation*　299

O. Imperio
O. Schütze (Hrsg.), *Metzler Lexikon Antiker Autoren*　307

Vorwort

In den letzten Jahren ist in der Klassischen Philologie ein gesteigertes Interesse an dem facettenreichen Begriff des Tragischen festzustellen. Die in Band 9 der Reihe DRAMA zusammengestellten Beiträge, die auf eine im November 1998 an der Universität Valencia abgehaltene internationale Tagung zurückgehen, beleuchten nicht nur aus philologischer und literaturwissenschaftlicher, sondern auch aus philosophischer Sicht Spielarten des Tragischen in verschiedenen Gattungen und Epochen. Die unterschiedlichen theoretischen Ansätze und Interpretationen, die vor allem auf die kulturellen und nationalen Traditionen der Referentinnen und Referenten zurückzuführen sind, versprechen eine moderne, 'europäische' Auseinandersetzung mit dem Phänomen des Tragischen.

Carmen Morenilla Talens   Bernhard Zimmermann

Palabras preliminares de la Directora General de Enseñanzas Universitarias e Investigación de la Generalitat Valenciana Ilma. Sra. Carmen Martorell

La Dirección General de Enseñanzas Universitarias e Investigación tiene como uno de sus objetivos prioritarios respaldar proyectos y grupos de investigación que profundicen en el estudio de nuestra cultura, de sus raíces y de sus formas. Una cultura viva y cambiante como la sociedad que la genera y a la que da fundamento. De un modo especial nos interesan los proyectos que muestran a la sociedad el resultado de las investigaciones y que, por tanto, contribuyen al desarrollo cultural, económico y social.

Por ello, nos pareció fundamental reconocer el proyecto de investigación "Adaptación del teatro clásico al teatro moderno occidental", presentado por los profesores de la Universitat de València que componen el *Grup Sagunt* y, del mismo modo, colaborar en la realización del *Congreso Internacional sobre La Tragedia y el concepto de lo trágico* que muestra el trabajo de este grupo de investigación. Y nos sentimos orgullosos de que la colección alemana *Drama, Breiträge zum antiken Drama und seiner Rezeption*, haya acogido esta publicación que, sin duda, servirá como ejemplo de la colaboración existente entre nuestros investigadores y los colegas de otros centros y de otros países.

La elaboración y puesta en escena de obras propias o de adaptaciones es una forma muy efectiva de acercar a un público más amplio el resultado de las investigaciones sobre el fenómeno teatral. Por ello, junto a las reflexiones de prestigiosos profesores de diversas universidades españolas sobre el concepto de los trágico, se ha incluido también en estas páginas una versión adaptada de una obra de teatro *El camaleón*, del autor valenciano Juan Alfonso Gil Albors.

Nos satisface enormemente haber apostado por este grupo de investigación que ha obtenido unos resultados magníficos y por los interesantes proyectos que tiene en marcha. Esperamos que sus conclusiones tengan una acogida tan positiva como la actual, tanto en el ámbito científico como en el social, y que, al mismo tiempo, contribuyan a acercar el teatro a la sociedad.

Carmen Martorell
Directora General de Enseñanzas Universitarias
e Investigación de la Generalitat Valenciana

Tragische Aspekte im Märchen
Aschenbrödel von Robert Walser[*]

Karen Andresen
Universidad de Valencia

> Die Bücher waren alle schon geschrieben,
> die Taten alle scheinbar schon getan.
> Alles, was seine schönen Augen sahn,
> stammte aus früherer Bemühung her.[1]

Robert Walsers Märchen-Dramolette *Aschenbrödel* (1901), *Schneewittchen* (1901) und *Dornröschen* (1920) erschienen 1986 zum ersten Mal gemeinsam mit dem Titel "Komödie. Märchenspiele und szenische Dichtungen"[2]. Ihr Herausgeber Jochen Greven betont, daß es sich bei diesen lyrischen Einaktern eher um Lesedramen handelt, da sie sich nur geringfügig durch die äußerlich szenische Form von Walsers Prosastücken unterscheiden.[3] Weiterhin sei die Gattungsbezeichnung Komödie nur als ein

---

[*] El presente trabajo se encuadra dentro de la línea de investigación "Adaptación del teatro clásico al teatro moderno occidental" GV98-09-116, subvencionada por el *Programa de Projectes d'Investigació i Desenvolupament Tecnològic* de la Generalitat Valenciana.

[1] Aus dem Gedicht "Beschaulichkeit", Jochen Greven (Hg.), *Robert Walser. Sämtliche Werke in Einzelausgaben, Bd. 13, Gedichte.* Frankfurt/M. Suhrkamp 1986, S. 228.

[2] Jochen Greven (Hg.), *Robert Walser. Sämtliche Werke in Einzelausgaben, Bd. 14, Komödie. Märchenspiele und szenische Dichtungen.* Frankfurt/M. Suhrkamp 1986.

[3] Vgl. ebd., Nachwort, S. 244. Greven geht hier wohl von das Theater besprechenden Motiven aus, die Walsers Prosastücke, Romane, Theaterstücke und auch Gedichte wie einen roten Faden durchziehen. Zusätzlich lassen sich Figurenhandlungen und Dialoge in Walsers Prosa und Lyrik nach dem dramatischen Modell interpretieren: Wie bei einem Bühnenauftritt erscheinen die Figuren in den verschiedensten Situationen, treten sprechend hervor, um daraufhin wieder zu verschwinden.
Die Dramolette entsprechen der dramatischen Form: die technisch einfach zu realisierenden Bühnenanweisungen und die knappen, präzisen Dialoge sind durchgehend für eine Inszenierung geeignet, und es dürfte aus diesem Grund nicht zutreffen, sie als Lesedramen zu

vorläufiger Oberbegriff zu verstehen, der auf das 1919 editierte Buch *Komödie*[4] zurückverweist. Damals bemühte sich Walser in einem Zeitraum von fast zwanzig Jahren um die Veröffentlichung der frühen Dramolette, welche er in einem Brief an den Verleger Rascher aus Zürich folgendermaßen charakterisiert: Das Buch habe "Kraft und Rasse", schrieb er am 14. Juni 1918; es seien "kühne, freie jugendliche tänzerische Prosa- und Versspiele, Bühnenvorgänge... <Komödie> liest sich gut und steht in mehr als einer Hinsicht zu all dem sonstigen Geschehen in einem originellen, durchaus unbeabsichtigten Zusammenhang."[5]

Mit dieser Charakterisierung hebt der Autor einige Merkmale hervor, die in enger Verbindung mit dem auf visuelle Sinnlichkeit ausgerichteten Ästhetizismus des Jugendstils[6] stehen. Das Motiv "Tanz und Spiel" und die aus der Märchentradition stammenden jugendlich-kindhaften Hauptfiguren scheinen auf den ersten Blick die eindeutige Zugehörigkeit zum Jugendstil zu belegen. Jedoch setzt sich Walser in den Märchen-Dramoletten direkt mit dem Ästhetizismus des Jugendstils auseinander. Im Verlauf der Bühnenhandlung wird gezeigt, wie die vom zweckrationalistischen Arbeitsethos beeinflußten gesellschaftlichen Kräfte versuchen, den ästhetischen und sinnlichen Ausdruck zu unterbinden. Aus dem Bezug zur konkreten sozialen Situation ihrer Zeit ergibt sich, daß die jugendliche Hauptfigur Aschenbrödel ihre körperliche und sprachliche (Bewegungs-) Freiheit aufgeben muß. Denn ihr Bedürfnis, sich auch im gewöhnlichen Leben durch schöne, lebensfrohe Aktivitäten wie Tanz, Spiel und Träumen zu realisieren, kollidiert mit den Verhaltensnormen der Alltagswelt, in der künstlerische Betätigungen als unnütze Zeitverschwendung angesehen und nur im Bereich der ausgrenzenden, etablierten "Hohen Kunst" anerkannt werden.

---

bezeichnen. Die erste Aufführung eines Stücks von Walser war wahrscheinlich 1967 die Uraufführung von *Aschenbrödel* im Kunsthaussaal Zürich. Daß die Uraufführung erst so spät erfolgte, dürfte nicht an der Walserschen Dramentechnik gelegen haben, sondern am geringen Bekanntheitsgrad seiner Stücke.

[4] Robert Walser, *Komödie*, Berlin Bruno Cassirer 1919.

[5] Zitiert in Greven, *Robert Walser*, Bd. 14, a. a. O., Nachwort, S. 248.

[6] Vgl. Irma Kellenberger, *Der Jugendstil und Robert Walser. Studien zur Wechselbeziehung von Kunstgewerbe und Literatur*. Bern Francke Verlag 1981, S. 79f.

Auf den ersten Blick scheint Walser die wohlbekannte tragische Lebenssituation des Künstlers darzustellen, die sich aus dem unüberwindbaren Gegensatz zwischen der geforderten Anpassung an gesellschaftliche Ansprüche und dem individuell gewählten Lebensausdruck ergibt, wobei die nicht erfolgte Anpassung an die Normen und Ordnungsmuster dem tragischen Verständnis nach unweigerlich in den Untergang führen muß. In diesen schematischen Abriß fügt Walser nun bedeutende Modifikationen ein. Walsers Gesamtwerk zeigt, daß eine (Auf-) Lösung des dargestellten Konflikts nicht auf dem gewaltsamen Tod oder Selbstmord basieren kann. Seine Hauptfiguren charakterisieren sich durch den unbedingten Willen zum Weiterleben, durch ein dem traditionellen Tragödienende widersprechendes "Dennoch", welches dafür sorgt, das eigentliche Dramenende offen und in Bewegung zu halten. In Walsers Dramen führt die Lebenstragik nicht in den unausweichlichen Tod; folglich fehlt die Katharsis als läuternde Komponente der Bühnenhandlung. Statt dessen "tut Walser einfach so, als sei da nichts. Lacht. Macht Scherze"[7], womit er sich - zumindest durch seine Figuren[8] - über die tragische Unentrinnbarkeit des Schicksals hinwegsetzt.

Dieses immerwährende Changieren zwischen komischen, ironischen[9] und tragischen Aspekten erfolgt auch aus der für Walsers Gesamtwerk typischen Skepsis bezüglich der Abgrenzung der dramatischen Formen in Tragödie und Komödie: "Das Tragische bedeutet meinem Gefühl oder meiner sogenannten Anschauung nach die eine Hälfte der Erdkugel oder des Erdenlebens, während man dem Komischen, haargenau so viel Wichtigkeit

---

[7] Urs Widmer, *Die sechste Puppe im Bauch der fünften Puppe im Bauch der vierten und andere Überlegungen zur Literatur*. Zürich Diogenes 1995, S. 108.

[8] Ebd., S. 110, wo Widmer bemerkt: "Seinen eigenen Tod hat er gleich mehrmals vorausgedichtet, z. B. in der Prosaskizze *Eine Weihnachtsgeschichte*." In *Zwei sonderbare Geschichten vom Sterben* fragt der Erzähler nach dem Sinn des Todes: "Warum starb sie? Hat das denn etwas genützt?".

[9] Vgl. ebd., S. 114 : "Walser ist oft ironisch, aber seine Ironie ist todtraurig. Sie ist nicht die arrogante Ironie derer, die sich im Besitz der Wahrheit glauben." Ähnlich auch in Martin Walser, *Selbstbewußtsein und Ironie*. Franlkfurt/M. Suhrkamp 1981, S. 195: "Das Selbstbewußtsein der Autoren ironischen Stils wird offenbar beherrscht von dem, worunter sie leiden müssen. Ihre Ironie stammt also ganz aus dem überwältigenden Erlebnis des Mangels, dem sie zuzustimmen versucht."

darstellend, die andere, ebenso große Hälfte auszumachen erlauben wird."[10] Ähnlich wie in seinen das Theater thematisierenden Prosastücken reagiert Walser mittels der eigenen Dramen auf den durch die bürgerliche Literatur vermittelten Sinnentwurf mit einem parodierenden und kombinatorischen Wechsel zwischen einzelnen Formen und Mustern der etablierten Literatur.[11] Aus den Scherben zerfallener Gattungen und trivialer Mitteilungsmuster fügte er wie aus Mosaiksteinen Sprachfelder zusammen, die Neues kundtun konnten.[12] Da über das Komische[13] und die Ironie[14] in Walsers Werk ausführliche Untersuchungen vorliegen, werden wir uns im folgenden bemühen, Walsers Darstellung dieser zweiten, nämlich tragischen Hälfte des Erdenlebens, wie sie in dem Märchen-Dramolett *Aschenbrödel* zum Ausdruck kommt, zu untersuchen.

In seinen Märchen-Dramoletten greift Walser auf den Stoff der bekanntesten Volksmärchen zurück. *Aschenbrödel*, *Schneewittchen* und *Dornröschen* sind Teil der populären Literaturtradition. Es erweckt beinahe den Eindruck, als habe Walser die Produktionsart der griechischen Tragödiendichter nachahmen wollen, welche bekanntlich ihre Stoffe aus der Mythenüberlieferung übernahmen, um diese durch für sie aktuelle Aspekte zu modifizieren: Auf diese Weise stellt sich die tragische Dichtung als

---

[10] Jochen Greven (Hg.), *Robert Walser. Sämtliche Werke in Einzelausgaben, Bd. 18*, Zarte Zeilen. Frankfurt/M. Suhrkamp 1986, S. 7.

[11] Vgl. Jochen Greven, "Die Geburt des Prosastücks." Paolo Chiarini u. Hans Dieter Zimmermann (Hg.), *>Immer dicht vor dem Sturze...< Zum Werk Robert Walsers*. Frankfurt/M., Athenäum 1987, Ss. 83-94, hier S. 87.

[12] Ebd., S. 89.

[13] Vgl. Dieter Borchmeyer, "Robert Walsers Metatheater. Über die Dramolette und szenischen Prosastücke." Paolo Chiarini u. Hans Dieter Zimmermann (Hg.) *>Immer dicht vor dem Sturze...< Zum Werk Robert Walsers*. Frankfurt/M., Athenäum 1987, Ss 129-143. Annette Fuchs, *Dramaturgie des Narrentums. Das Komische in der Prosa Robert Walsers*. München Wilhelm Fink Verlag 1993.

[14] Martin Walser, *Selbstbewußtsein und Ironie*, a. a. O., Ss. 116-152. Lukas Rüsch, *Ironie und Herrschaft*. Königstein/Ts. Athenäum 1983. Ferruccio Masini, "Robert Walsers Ironie." Paolo Chiarini u. Hans Dieter Zimmermann (Hg.) *>Immer dicht vor dem Sturze...< Zum Werk Robert Walsers*. Frankfurt/M., Athenäum 1987, Ss. 144-152.

tendenziöse Umformung der Tradition entgegen.[15] Ähnlich wie in der Praxis der griechischen Tragödiendichtung und deren Rezeptionsgeschichte baut Walser ebenso auf überlieferte Stoffe und Handlungsgerüste auf. Gleichzeitig wird die auf Märchentexte gerichtete konventionelle Erwartungshaltung zerstört. Das dem Publikum Selbstverständliche und Bekannte wird in irritierender Weise durch zusätzliche Bedeutungen, Einfälle und Sinnauslegungen umgestaltet und bereichert.

Die Märchenfiguren und ihre Handlungen verweisen auf eine einzig innerhalb der Literatur existierenden Kunstwelt, welche von Walser, sicher von einer gewissen Wehmut getragen, als nur schöner Schein ausgewiesen wird hinter dem sich Abgründe aufzeigen lassen. Walser fügt in die wirklichkeitsferne, stilisierte Personenkonstellation Beziehungen zur außerliterarischen Wirklichkeit ein, die Dramolette verweisen sowohl auf den allein innerhalb des Märchens existierenden fiktiven Bereich als auch auf die zeitgenössische Wirklichkeit. Walsers Märchen-Dramolette beschäftigen sich mit der Problemstellung, inwiefern der Märchendiskurs nicht etwa vitale Grundsituationen des menschlichen Lebens sondern weitaus eher bürgerliche Wertvorstellungen, die sich seit der Aufklärung und dem Frühkapitalismus durchzusetzten begannen, tradiert. Von dieser Perspektive ausgehend verzeitlicht und aktualisiert Walser die im Märchen enthaltenden Verhaltensnormen und Wertvorstellungen indem er mit besonderem Nachdruck auf autoritäre Macht- und Herrschaftsverhältnisse und die damit verbundene Eingrenzung der weiblichen Entscheidungsfreiheit verweist.

Während das Märchenschema einfache binäre Oppositionen zwischen den Figuren ausbildet, bleiben widersprüchliche psychologische oder soziale Beweggründe ausgespart. Walser mißtraute der Wahrheit der überlieferten Geschichten (...) und ihren einfachen Lösungen, die psychische Widerstände zielbewußt übersehen.[16] Der lineare Märchenverlauf, in der sich die

---

[15] Walter Benjamin, "Ursprung des deutschen Trauerspiels." Rolf Tiedemann u. Hermann Schweppenhäuser (Hg.), *Walter Benjamin Gesammelte Schriften*, Band 1-1 Abhandlungen. Frankfurt/M., Suhrkamp 1978, Ss. 207-430, hier S. 285.

[16] Jens Tismar, *Das deutsche Kunstmärchen des zwanzigsten Jahrhunderts*. Stuttgart Metzler 1981, S. 39.

Hauptfiguren zu Beginn in einer unglücklichen Situation befinden, die durch das unerwartete Eintreffen des Helfers mit einem "glücklichen" Idealzustand abschließt, wird von Walser als eine einzig in der Märchenwelt vorstellbare Konfliktlösung dargestellt. Diese durchaus erstrebenswerte, wenn auch unrealistische Scheinwelt mit ihrem als notwendig vorausgesetzten glücklichen Ausgang wird in den Dramoletten mit konkreten, auf die Wirklichkeit verweisenden Konfliktsituationen angereichert. Somit hebt Walser hervor, daß eine Rettung einzig und allein in der fiktiven Scheinwelt der Kunst möglich ist. Weiterhin verfällt er nicht der illusionären Wunschvorstellung, das Märchenschema könnte einer harmonischen und gerechten sozialen Ordnung entsprechen.

Die weiblichen Protagonistinnen Aschenbrödel und Dornröschen versuchen, dem vom Märchen vorgeschriebenen Lebensweg zu entkommen. Sie entwickeln einen eigenen Willen und bemühen sich, ihr Leben eigenständig und unabhängig von gesellschaftlichen Konventionen zu gestalten. Die weiblichen Hauptfiguren hinterfragen sowohl die Märchenordnung als auch das angeblich glückliche Ende. Da sie sich weigern, ihr Leben durch die festgesetzte (Märchen-) Ordnung vorausbestimmen zu lassen, unterminieren sie das Märchenschema und widersetzen sich der tradierten, typischen Rollenerwartung, wonach Mädchen z.B. keinen eigenen Willen zeigen dürfen.[17] Durch diese Rebellion gegen vorgeschriebene Ordnungsmuster halten tragische Aspekte Einzug in den vollkommen untragischen Märchenverlauf, in denen psychische oder gesellschaftliche Konflikte weder motiviert noch mitreflektiert werden. In den Dramoletten *Aschenbrödel* und *Dornröschen* beschäftigt sich Walser mit der Frage, was geschieht, wenn die Protagonistinnen ihre anfängliche Situation nicht als Mangel empfinden und aus diesem Grund die märchenhafte Rettung durch den Prinzen und den damit verbundenen sozialen Aufstieg nicht als Lebensalternative ansehen können. Sie weigern sich, das sie determinierende, angeblich glückliche Märchenende zu akzeptieren, da sie längst erkannt haben, daß die vom Märchen vorgeschriebene gesellschaftliche Funktion,

---

[17] Vgl. Max Lüthi, *Märchen*, Stuttgart Metzler [7]1979.

heiraten und Königin werden, ihren elementaren Grundbedürfnissen zutiefst widerspricht. Gerade weil sie ihre konkrete Situation mitreflektieren und sich nicht vom Märchendiskurs blenden lassen, stoßen sie bei ihren sogenannten Rettern und der Umwelt auf Unverständnis.

Die Prinzen versuchen den jungen Mädchen vorzugaukeln, daß das Märchenschema, d. h. der Übergang aus einer bösen Welt des Mangels in eine naiv gerechte Ordnung durch den Sieg der Guten, sich auf ihr Leben übertragen läßt. Die weiblichen Hauptfiguren dagegen verkörpern die Aufgabe, den kritischen Blick auf die Vergangenheit und Zukunft aufrecht zuerhalten. Während im Märchen die Hochzeit das glückliche und ersehnte Ende bedeutet, stellen sie die Frage, inwiefern das Märchen eine für alle Beteiligten gerechte Ordnung darstellt und wie sich ihr eigenes Leben nach der Hochzeit gestalten wird.

Zu Beginn des Aschenbrödel-Dramoletts befindet sich die Protagonistin in einer für Walsers Werk spezifischen Konfliktsituation. Sie übt eine Arbeit aus, die auf der niedrigsten Stufe der sozialen Hierarchie angesiedelt ist. Die Schwestern können jeder Zeit über Aschenbrödel verfügen, weil sie ihnen zum Dienen verpflichtet ist. Dieses Abhängigkeitsverhältnis wird, wie wir alle wissen, im Märchen zu Gunsten der positiven Heldin mit der Hochzeit abgeschlossen. Walser dagegen zeigt auf, inwiefern dieser naive Sieg der Guten durch einen unerwarteten Zusatz in sein Gegenteil verkehrt wird: Was geschieht, wenn Aschenbrödel ihre Dienertätigkeit sowohl bezüglich der inneren Disposition als auch der äußeren Abhängigkeit vollkommen akzeptiert hat? Und was geschieht, wenn für sie die Heirat mit dem Prinzen keine Lebensalternative darstellt?

Während Aschenbrödel im Märchen bekanntlich unter der Macht der Schwestern leidet, fügt Walser diesem Motiv einen gegensätzlichen Aspekt hinzu. Aschenbrödel erscheint hier als die Freundliche, die sogar während der harten Arbeit singt, lacht und nicht verzweifelt, denn sie hat das Abhängigkeitsverhältnis des Dienens so weit verinnerlicht, daß sie den Befehlen der Schwestern widerspruchslos gehorcht. Wenn Aschenbrödel also diese unannehmbare Situation ausdrücklich auch noch gutheißt und den

Schwestern beweist, daß sie mit ihrer niedrigen gesellschaftlichen Position einverstanden ist, müssen diese zu Ausflüchten greifen, um ihre eigene Unmenschlichkeit verbergen zu können. Aschenbrödel weist deutlich auf die realen Bedingungen des Dienerdaseins hin, auf die harte, schmutzige Arbeit, vor der die Schwestern selbstverständlich die Augen verschließen. Erste Schwester: "Schwatz" nicht soviel, verwende du die Zeit, die mit dem Reden geht, zum Tun und eifrigem Bemühen. Die Hand da von dem Kleide weg!"[18] Dagegen wendet Aschenbrödel ein, daß es für die Pflichterfüllung nun einmal notwendig ist, die Hände zu gebrauchen. Diesen unschönen Bereich der körperlichen Arbeit wollen die Schwestern nicht sehen, sie nennen Aschenbrödel eine Faulenzerin, die sich die Zeit mit überflüssigem Schwatzen vertreibt.

Zusätzlich bezeugt Aschenbrödel die Notwendigkeit, ihre Eigenständigkeit und Individualität so weit aufgeben zu müssen, bis diese sich ihrer sozialen Rolle als Dienerin angepaßt haben: "Hand und Sprache küssen sich, vermählt sind beide auf das innigste."[19] Indem Aschenbrödel ihrer Situation als Dienerin zustimmt, konkretisiert sie, daß ihre physische und psychische Lage unter den gegebenen sozialen Umständen nicht zu ändern ist. Um die Ausbeutung ertragen zu können, kommt es Aschenbrödel überhaupt nicht in den Sinn, von einer gerechteren Zukunft zu träumen. Auch sucht sie den Ausweg nicht etwa in einer offenen und aktiven Rebellion gegen die Schwestern, sondern in der steten Bejahung, das unterste Glied auf der sozialen Stufenleiter zu sein. Durch dieses bewußt ausgesprochene Gutheißen der eigenen Unterdrückung sehen sich die Schwestern gezwungen, das Furchtbare der Ausbeutung durch Worte zu verschleiern. Um nicht auf die real existierenden schlechten Arbeitsbedingungen, auf welche sie Aschenbrödel aufmerksam macht, eingehen zu müssen, verweigern sie selbstverständlich die Analyse der Situation, da diese konsequenterweise nur

---

[18] Robert Walser "Aschenbrödel." Jochen Greven (Hg.), *Robert Walser. Sämtliche Werke in Einzelausgaben, Bd. 14, Komödie. Märchenspiele und szenische Dichtungen.* Frankfurt/M. Suhrkamp 1986, Ss. 29-73, hier S. 38.
[19] Ebd., Aschenbrödel, S. 38.

zu einem kritischen Hinterfragen des eigenen Herrschaftsanspruchs führen könnte.

Aschenbrödel hat ihre Daseinsberechtigung im Dienen gefunden, denn jeglicher Fortschrittsoptimismus hinsichtlich einer möglichen Überwindung des Herrn-Knecht-Verhältnisses wird von ihr als legendärer Schein ausgewiesen. Bei Hegel heißt es, das Selbstbewußtsein des Herrn entstehe durch das Anerkanntsein vom Diener, das des Dieners durch Arbeit und Nützlichsein.[20] Anstelle der möglichen Befreiung aus diesem Zweiklassensystem, mündet die Perspektive der Knechtschaft nach Walsers Modell in die Unfreiheit und Ohnmacht in der gesellschaftlichen Isolation.[21] Der Diskurs der Schwestern ähnelt den bürgerlichen Vorstellungen, wonach eine Änderung der sozialen Verhältnisse "selbstverständlich" nicht sofort erfolgen kann, jedoch unbedingt die Hoffnung auf eine Änderung in einer unbestimmten Zukunft aufrecht erhalten werden müsse. Denn der Verweis auf die Zukunft soll die Menschen davon abhalten, an ihrer gegenwärtigen Situation zu verzweifeln. Die Rede der Schwestern ist Ausdruck für die paradoxe Situation der Mächtigen. Sie brauchen, um angenehm leben zu können natürlich eine Dienerin, können es jedoch nicht ertragen, wenn diese ihre schlechten Arbeitsbedingungen konkret beschreibt, statt sich durch illusionäre, utopische Vorstellungen über ihre eigene gegenwärtige Not hinwegzusetzen. Aschenbrödel macht sich nämlich keine Hoffnungen mehr, dem Zwang der Herrschaft entkommen zu können. Durch Aschenbrödel wird eine extreme psychische und soziale Anpassung aufgezeigt, die auch eine fiktive kompensatorische Lösung wie im Märchen oder durch utopische Zukunftserwartungen negiert. Denn für Aschenbrödel gehört die Möglichkeit einer Überwindung des Arbeits- und Abhängigkeitsverhältnisses weder dem auf die Vergangenheit verweisenden Märchen noch den auf die Zukunft gerichteten Wunschvorstellungen an. Mit diesem Hinweis auf die gegenwärtige Situation, die nicht durch illusionäre Verweise auf die Vergangenheit oder Zukunft beschönigt werden kann, erscheint der

---

[20] Martin Walser, *Selbstbewußtsein und Ironie*, a. a. O., S. 117.
[21] Vgl. Lukas Rüsch, *Ironie und Herrschaft*, a. a. O., Ss. 185-206.

gesellschaftliche Wahnsinn in Walsers Werk in seiner unverfälschten Brutalität.

Aschenbrödel ist also den Schwestern hinsichtlich der historischen Analyse ihrer Situation einen Schritt voraus. Deshalb bemerkt sie sofort, daß in der Figur des Prinzen eine recht zweifelhafte Rettung naht. Dieser Prinz entstammt zwar dem Märchen, womit auf den ersten Blick das nicht mehr Zeitgemäße seines Erscheinens unterstrichen wird. Auf der anderen Seite jedoch verhält er sich durch sein autoritäres und Forderungen stellendes Verhalten wie ein typischer Vertreter der Regierenden und der Staatsraison. Seinem Vater gegenüber begründet er seine Heiratsabsicht mit dem Verweis, daß Aschenbrödel eine durchaus nützliche Person ist: "Sie ist, die ich mir nehmen will, des Throns in jedem Sinne wert. Zur Zierde wird sie unserem Stamm; dein Alter wird sie süß erfreuen."[22] Der Märchenprinz verbindet also hierarchische, patriarchalische Modelle aus der vergangenen (Märchen-)welt mit dem aktuellen, gesellschaftlich sanktionierten Zweckrationalismus. Geschickt versteht er es, beide Prinzipien zu kombinieren, um seinen Machtanspruch auf Aschenbrödel geltend zu machen. Aschenbrödels Schicksal ist vom Märchen vorbestimmt. Jedoch erweist sich das Märchen hier als ein Mittel, den vom bürgerlichen Vernunftsprinzip geleiteten gesellschaftlichen Diskurs zu untermauern. Der Prinz verweist auf das unabdingbare Märchenende, welches hier als Realitätsprinzip fungiert, wonach Aschenbrödel sich seiner Meinung nach zu richten hat: "Begib dich in das strenge Los, dem du verfallen bist."[23]

Diesem Zwang zur sozialen Anpassung setzt Aschenbrödel ihre inneren Werte wie Freundlichkeit, selbstloses Dienen und Träumen entgegen. Diese humanen Werte beeindrucken den Prinzen überhaupt nicht, da sie in seiner zweckrationalistisch organisierten Welt überflüssig geworden sind. Stattdessen gibt er zu verstehen, daß Aschenbrödel sich seinen Zukunftsplänen anzupassen habe. "Mein Vater will auf seinem Schloß als

---

[22] Aschenbrödel, S. 44.
[23] Aschenbrödel, S. 44.

sein gekröntes Kind dich sehn."[24] Der Prinz fordert Aschenbrödel auf, sich aus ihrer jetzigen Lage zu befreien, jedoch nur, um sie gleich darauf in ein noch unabänderlicheres Abhängigkeitsverhältnis einfangen zu können. Konnte Aschenbrödel unter der schwesterlichen Dominanz noch ihren Träumereien nachgehen, konnte sie also ihren, wenn auch prekären, persönlichen Ausdruck und Freiraum aufrechterhalten, so wird diese Möglichkeit durch den Anspruch des Prinzen vollständig unterbunden. Walser macht hier auf die historische Entwicklung aufmerksam. Das Verhalten der Schwestern gehört noch dem ständischen Denken mit seiner klaren Unterscheidung zwischen oben und unten an, während der Prinz ein Vertreter des zweckrationalistischen (kapitalistischen) Systems ist, welches in seinem (märchenhaften) Diskurs den Glauben erwecken möchte, daß dem Einzelnen durch Anpassung und Leistung die Möglichkeit eröffnet wird, dem Abhängigkeitsverhältnis zu entkommen.

Aschenbrödel glaubt weder an das Märchen, noch an ihre märchenhafte Rettung. Sie befindet sich auf dem Boden der Realität und hält den Märchendiskurs für eine irreale Erscheinung der Phantasie: "Das Netteste am Schauspiel ist, das man es still belachen muß, ganz leise, daß es niemand hört, vor allem meine Schwestern nicht, die neben dem Gelächter sind, von ihm betroffen werden, und es doch nicht spüren."[25] Sie gibt den Machtanspruch der Schwestern der Lächerlichkeit preis, denn deren Herrschaft ist längst dem Untergang geweiht, wie es das Eintreffen des Prinzen zeigt.

Die Figur, die in dem Dramolett das personifizierte Märchen verkörpert, bestätigt und unterstützt eindeutig den Anspruch des Prinzen: "Märchen bin ich, aus deren Mund dies alles hier Gesprochene klingt, (...) Sieh, diese Kleider machen dich zum schönsten Fräulein, geben dir die Hand des Prinzen in die Hand."[26] Walser deckt die ideologischen Komponenten auf, in denen das Märchen ein starres gesellschaftliches Ordnungsprinzip

---

[24] Aschenbrödel, S. 49.
[25] Aschenbrödel, S. 50.
[26] Aschenbrödel, S. 51.

vertritt, aus dem es für Aschenbrödel kein Entweichen gibt. Das personifizierte Märchen erscheint wie eine böswillige Schicksalsgöttin, vor der Aschenbrödel erschrickt und deren Machtausübung sie erzittern läßt. Sie soll ihre schmutzigen Kleider ablegen und neue prächtige Kleider anziehen, damit das Märchen und der Prinz ein für sie befriedigendes Resultat erzielen. Aschenbrödel weigert sich, die neuen Kleider anzulegen, da diese für sie ein Symbol für die konventionelle Rollen- und Aufstiegsmentalität sind. Der dritte Page, der auf Aschenbrödels Seite steht, empfindet wie sie das Tragen der neuen Kleider als Einengung: "Es preßt wie eine Sünde sich um meinen jungen, weißen Leib, macht mich erstarren."[27] Die aufgezwungene körperliche Selbstkontrolle und die Einengung der Bewegungsfreiheit können für Aschenbrödel, die im Springen, Tanzen und allen nicht zweckgebundenen Handlungen ihren persönlichen Ausdruck sieht, keine erstrebenswerte Alternative sein.

Die Tragik der Protagonistin ergibt sich nicht aus dem oberflächlichen Gegensatz zwischen freiem Künstlerleben und einer bürgerlich-angepaßten Existenz. Vielmehr bemüht Aschenbrödel sich, anderen zu dienen und träumt von einer Arbeitssituation, in der hierarchische Abhängigkeitsmechanismen überflüssig wären. Denn Dienen bedeutet in diesem Kontext die Idealvorstellung für eine Betätigung, die ihr Prinzip nicht auf zweckdienlicher Leistung und Herrschaft aufbaut, sondern die ihre Berechtigung durch den Dienst am Mitmenschen erhält. Diese weder abstrakte noch entfremdete, sondern an den menschlichen Bedürfnissen orientierte Arbeit erhielte die Lust am Gespräch, am Singen und Tanzen aufrecht. "Arbeit soll nicht als Zwang empfunden werden, sie soll auch nicht ein Mittel der Bewährung sein, sondern sie wird in Hinsicht auf den Nächsten geleistet. Insofern ist sie Dienst und moralisches Gebot."[28]

Aschenbrödel erscheint in diesem Dramolett als die Figur, die von ihrer Außenseiterposition her keinen Einfluß auf den einmal festgesetzten

---

[27] Aschenbrödel, S. 54.
[28] Vgl. Marian Holona, "Zur Sozialethik in Robert Walsers Kleinprosa. Mediocritas - oder die Aufhebung des Rollenspiels." Klaus-Michael Hinz u. Thomas Horst (Hg.), *Robert Walser*, Frankfurt/M. Suhrkamp 1991, Ss. 152-166, hier S. 157.

Handlungsverlauf ausüben kann. Das personifizierte Märchen vertritt hier allein die Funktion, Aschenbrödel zu domestizieren und sie den Zukunftserwartungen des Prinzen anzupassen: "Die Szene schmücken, wie dein Traum und wie das Märchen es verlangt."[29] Das personifizierte Märchen vertritt hier eine den Schicksalsgöttern der griechischen Tragödie vergleichbare Funktion. Die Götter oder das personifizierte Märchen stellen auf der Bühne tatsächlich wirkende Mächte dar, denen der Mensch hilflos ausgesetzt ist. Mit Ödipus vergleichbar ist auch Aschenbrödel nur Spielball der Götter oder in diesem Falle des Märchens, deren Fäden von ihnen gezogen werden.[30] Auch Aschenbrödel beharrt auf ihrem persönlichen Recht und empfindet kein Verlangen, sich dem Schicksal zu ergeben und sich dem Märchen oder dem Prinzen zu unterwerfen. Sie hofft auch weiterhin, unabhängig von konventionellen Lebensmaximen, ihren Träumereien nachgehen zu können.

Der Prinz hingegen, da es seinen Interessen dienlich ist, fügt sich bedingungslos in die Märchenordnung ein. Aschenbrödel weiß, daß Tanz, Spiel und Träumereien unweigerlich mit dem Realitätsprinzip in Konflikt geraten müssen. Der Prinz verspricht ihr materielle Sicherheit, sozialen Aufstieg und eine Machtposition als Königin. Aschenbrödel jedoch sieht in der vom Prinzen dargebotenen Zukunftsvision ihre Eigenständigkeit und sprachliche Ausdrucksfähigkeit bedroht: "Ganz die gefangne Nachtigall, die zitternd in der Schlinge sitzt und ihren Laut vergessen hat."[31]

Aschenbrödel bemüht sich, ihre Identität als Dienerin zu verteidigen, denn sie stellt Armut, Demut und Gleichberechtigung den geforderten Bestrebungen nach Macht, Herrschaft und Reichtum entgegen. Folglich stellt sie fest, daß sie nicht mit dem Prinzen verlobt ist, weil in seinem Einflußbereich ihr bisheriges Leben ein Ende finden würde: "Ich bin nicht dir, ich bin mir selber noch verlobt."[32] Damit verweigert sie eindeutig sowohl die

---

[29] Aschenbrödel, S. 55.
[30] Vgl. Erika Fischer-Lichte, *Geschichte des Dramas*, Band 1, Tübingen Francke 1990, S. 44.
[31] Aschenbrödel, S. 68.
[32] Aschenbrödel, S. 70.

innere als auch äußerliche Anpassung an die Welt der Reichen und Mächtigen. Durch diese Weigerung, die schicksalsträchtige Ordnungsmacht anzuerkennen, macht sie sich der Tragödienvorstellung nach der *Hybris* schuldig. Sie besteht konsequent auf ihren eigenen Ansichten und ist nicht gewillt, sich der herrschenden Ordnung, hinter der sich die Praktiken des kapitalistischen Systems verbergen, zu unterwerfen. Ihr Widerstand charakterisiert sich dabei nicht durch eine anmaßende, trotzige Arroganz gegen das vorbestimmte Schicksal. Vielmehr sondert sie sich von den nach Macht strebenden Personen ab, um in der Bedeutungslosigkeit verschwinden zu können. Das personifizierte Märchen und der Prinz verkörpern das mächtigere Realitätsprinzip, welches sich durchzusetzen vermag, indem es Aschenbrödels Vorstellungen von einer humanen Gesellschaft, die frei wäre vom Leistungs- und Karrieredenken, annulliert. Aschenbrödel vertritt hier die Aufgabe, christliches oder auch sozialistisches Gedankengut[33] nicht nur auszusprechen sondern, und das ist in diesem Fall das Entscheidende und Provokative, auch konsequent danach zu handeln.[34]

Der Prinz kann sie nicht verstehen, denn aus seiner Perspektive bietet seine Zukunftsvision doch geradezu alle begehrenswerten Vorteile, die sich eine junge Frau nur wünschen kann: "Alles wird eilfertig dir zu Diensten stehn, wenn es dir nur gefällt, es ganz nur unter dir zu fühlen, ganz es heiter zu beherrschen."[35] Da Aschenbrödel weiterhin Einwände gegen das Rationalitätsprinzip macht, welches Beherrschung und Domestizierung voraussetzt, bleibt dem Prinzen zum Schluß nur noch der autoritäre Hinweis, daß das Märchenende unweigerlich über sie bestimmen wird und daß es aus dem Anerkennen der festgeschriebenen Ordnung kein Ausweichen gibt: "So

---

[33] Zimmermann stellt den bezeichnenden Zusammenhang zwischen Sozialismus und Christentum bei Walser heraus: "Walser interessierte sich früh für den Sozialismus. (...) die Unterdrückten und Armen, die Mühseligen und Beladenen, die Letzten in der sozialen Hierarchie sind für Walser die Ersten, aber erstaunlich ist es doch, daß er sie so eindeutig als Proletarier und Arbeiter bezeichnet." Hans Dieter Zimmermann, "Walser und die pietistische Ethik." Paolo Chiarini u. Hans Dieter Zimmermann (Hg.) >*Immer dicht vor dem Sturze...*< *Zum Werk Robert Walsers*. Frankfurt/M., Athenäum 1987, Ss. 237-251, hier S. 247.

[34] Ebd. "Christentum ist für Walser eine Sache der Tat, des Lebens, nicht der Worte, nicht des Denkens.", S. 241.

[35] Aschenbrödel, S. 69.

Süßes war dir vorbestimmt, und du entkommst der Fessel nicht, so sehr zehntausend Launen sich in dir dagegen sträuben. (...) Sieh, es wär' schade für dich. Die Feinheit, die du an dir hast, bestimmt dich zur Gemahlin mir."[36]

Der Prinz zwingt Aschenbrödel zur Annahme ihrer neuen Rolle, welche im heftigen Widerspruch zu ihrer Forderung nach Gleichberechtigung und Herrschaftsfreiheit steht. Sobald ihm die Argumente ausgehen, kann er sich immer noch auf den vom Märchen konstatierten Ausgang berufen. Obwohl Aschenbrödel sich unweigerlich ihrem Schicksal fügen muß, behält sie dennoch das letzte Wort. Während der Prinz und der König dem Märchenende zujubeln und davon ausgehen, daß Aschenbrödel sich nun ein für alle Mal in die vorbestimmte gesellschaftliche Rolle eingepaßt hat, gibt diese im letzen Satz zu erkennen, daß für sie das Dienen unabänderlich weiterbesteht. Sie nennt den Prinzen nicht etwa ihren Geliebten sondern ihren Herren, womit sie durchaus realistisch bemerkt, daß der durch den Prinzen verkörperte Abhängigkeitsmechanismus weiterbestehen wird.

Aschenbrödels gesellschaftliche Isolierung ist komplett, denn sie träumt von einer freundlichen Welt, in der das Tanzen und Lachen gestattet ist. Sie muß sich allerdings eingestehen, daß diese Umgangsformen weder von ihren Schwestern noch vom Prinzen akzeptiert werden. Bei den Schwestern war es ihr zumindest noch möglich, ihre wenn auch eingeschränkte Eigenständigkeit aufrecht zu erhalten. Beim Eintreffen des Prinzen wird von diesem eine zielgerichtete rationale Ordnung eingefordert, um Aschenbrödel zu zwingen, die Staatsraison und das Herrschaftsverhältnis als oberstes Prinzip anzuerkennen. Zum Herrschen, zum Erfolg im Kampfe ums Daseins, so stellt Walser immer wieder dar, gehört Rationalität im Sinne eines strengen Gefühlsreglements, ausgefeilter Affektkontrolle.[37] Die Schwestern hatten ihrer Macht noch durch körperliche Züchtigung Ausdruck gegeben, eine Machtausübung, mit welcher sie sich in den Augen Aschenbrödels nur lächerlich machten, weil dadurch einzig ihre Ohnmacht zum Ausdruck kam. Der Prinz hingegen verkörpert ein neues, weitaus

---

[36] Aschenbrödel, S. 72.

[37] Vgl. Dieter Borchmeyer, *Dienst und Herrschaft. Ein Versuch über Robert Walser*, Tübingen 1980, S. 60f.

perfekteres Herrschaftssystem. Aschenbrödels Reaktion darauf ist eindeutig. Der Prinz kann sie nicht überzeugen, daß die zukünftigen materiellen Vorteile für sie einen besonderen Wert darstellen werden. Aschenbrödel lebt also nicht mehr in der Zeitlosigkeit des Märchens, sondern in der Gegenwart, in einer Zeit, die bürgerlich-prosaisch genannt worden ist und in der Könige und Märchendinge nur noch als erträumte Vergangenheit gegenwärtig ist."[38]

Aschenbrödel erkennt, daß auch die Märchenwelt für sie nicht mehr gültig ist, ihr bleibt nur noch, sich einen Freiraum zu schaffen, der sowohl unabhängig vom Märchen als auch vom Rationalitätsprinzip ist, um ihre souveräne Existenz zu verteidigen. Weder das märchenhaften Ende, noch der Prinz mit seinem Nützlichkeitsdenken, bedeuten für Aschenbrödel eine erstrebenswerte Alternative. Aschenbrödel ist eine Träumerin. Wenn sie sich über die Boshaftigkeit der Schwestern und über das kalte Ordnungsprinzip des Prinzen hinwegsetzt, dann kann sie das nur, indem sie auf die Träumereien und den Willen zur Ohnmacht[39], dem demutsvollen Verhalten, besteht. Und gerade dieses Verbleiben im Kleinen, Geringen[40] und in der Armut ist in einer vom Aufstiegsgedanken um jeden Preis besessenen Gesellschaft gleichzusetzen mit einer unerhörten Provokation. Die Erfahrung, daß weder der Hunger nach Macht noch das Streben nach Rang zur Souveränität verhelfen, gehört zum Solitären von Walsers Werk und Leben in seiner Zeit.[41] Aschenbrödel widersetzt sich der Zweckrationalität, dem leistungsorientierten bürgerlichen Entwicklungsgedanken[42] und der Forderung nach sozialem Aufstieg durch ihr höfliches und freundliches Wesen. In diesem Bestehen auf ihrer Außenseiterposition ist das Scheitern jedoch schon vorprogrammiert. So muß sie sich der Märchenordnung fügen, das angeblich glückliche Ende erscheint aus Aschenbrödels Perspektive als ein von der Gesellschaft auferlegter Zwang, dem sie sich nicht entziehen

---

[38] Borchmeyer, Robert Walsers Metatheater, a. a. O., S. 136.
[39] Ebd., S. 133.
[40] Vgl. Hans-Dieter Zimmermann, Robert Walser und die pietistische Ethik, a. a. O., S. 243.
[41] Klaus-Michael Hinz, Robert Walsers Souveränität, a. a. O., S. 160.
[42] Vg. Marian Holona, Zur Sozialethik in Robert Walsers Kleinprosa, a. a. O., S. 162.

kann. Ihr bleibt einzig der Hinweis, daß sie den Prinzen nicht als ebenbürtigen Partner anerkennt. Zum Schluß scheint es so, als ob sie weiterhin an ihrer Überzeugung festhält und das Erziehungsprogramm des Prinzen, weil es gegen ihre innerste Überzeugung spricht, nicht anerkennen wird.

In dem neunzehn Jahre später verfaßten Märchen-Dramolett *Dornröschen* befaßt sich Walser erneut mit dem Motiv, wie die Rettung durch den Prinzen abgelehnt wird. In diesem Stück unterstützen die Eltern und der gesamte Hofstaat Dornröschen, um ihrem Unwillen darüber Ausdruck zu geben, wie sich der Prinz erdreisten konnte, sie aus dem hundertjährigen Schlaf zu erwecken. Der Schlaf (...) ist eine bedeutungsvolle Chiffre im Werk Walsers. Er steht für das tiefere, der Ratio entgegengesetzte, in der Totalität des Seins aufgehobene Leben.[43] Aus diesem Grund erscheint es im Gegensatz zum Märchentext durchaus verständlich, warum der in seinem Schlaf gestörte Hofstaat so unerfreut auf das Eindringen des Prinzen reagiert. Der Hausmeister faßt die Gedanken des gesamten Hofpersonals zusammen, die alle lieber weiterschlafen als arbeiten zu müssen: "Ging es uns nicht im Schlafe prächtig, war's uns darin nicht üb'raus wohl?"[44] Hier erscheint also die Arbeit nicht mehr als Dienst am Menschen, sondern als eine störende Verpflichtung, die den Menschen von sich selbst entfernt.

Da der Prinz davon ausgeht, ein Held zu sein, steht er unter dem Zwang, sich legitimieren zu müssen. "Freilich, freilich, und ich genier mich förmlich, so erfolgreich vor dir zu stehen."[45] Auch in diesem Drama sieht sich Dornröschen gezwungen, den Prinzen anzuerkennen, denn schließlich kann sie sich dem Märchenende nicht widersetzen. Sie muß den Prinzen annehmen, obwohl er durchaus nicht ihrem Ideal entspricht: "Nein, ich bin mit mir selbst durchaus einig, und er ist jetzt mein Herr, zwar hätt ich mir den Helden anders denken mögen, viel hübscher, etwas gefälliger und eleganter,

---

[43] Dieter Borchmeyer, Robert Walsers Metatheater, a. a. O., S. 130.

[44] Robert Walser "Dornröschen", Jochen Greven (Hg.), *Robert Walser. Sämtliche Werke in Einzelausgaben, Bd. 14, Komödie. Märchenspiele und szenische Dichtungen*. Frankfurt/M. Suhrkamp 1986, Ss. 167-176, hier S. 168.

[45] Dornröschen, S. 173.

(...) muß ihn nun eben nehmen, wie er ist, und tu´s auch herzlich gern."[46] Obwohl das Dramolett dem Hypotext entsprechend glücklich endet, überschattet das Andenken an die weniger Erfolgreichen und weniger Überlegenen Dornröschens Leben. "(..) nur du langtest an, ihnen gewährte es das Schicksal nicht. (...) Doch fang ich an zu glauben, du hab´st ein Recht auf mich, und es sei billig, daß ich nun dir gehöre."[47] Dornröschen fügt sich gehorsam und mit einem Anflug von Resignation in den von der Schicksalsmacht Märchen vorbestimmten Ausgang.

Beide Protagonistinnen müssen erkennen, daß sie ihr Lebensideal nicht verwirklichen können. Hier ergibt sich die Tragik des Lebens aus der Unmöglichkeit, die eigene humane Lebensführung gegen bürgerliche Wertvorstellungen realisieren zu können. Die Dramolette enden mit dem tragischen Bewußtsein, daß es aus der Anpassung an den Zweckrationalismus und das Leistungsprinzip keinen Entkommen gibt, selbst dann nicht, wenn der Ausweg in einer sozial unterpriveligierten Randposition gesucht wird. Eine Gesellschaft, die die Aufstiegsmentalität verkündet, um von der real existierenden Ungerechtigkeit abzulenken, kann es nicht gestatten, wenn jemand seine Stimme für ein Leben in den unteren Regionen, in Bedeutungslosigkeit und Demut erhebt.

---

[46] Dornröschen, S. 174.
[47] Dornröschen, S. 174.

La ciega mirada de Edipo*

José Vte. Bañuls Oller & Patricia Crespo Alcalá
Universidad de Valencia

El interés que desde la misma Antigüedad ha despertado el *Edipo Rey* de Sófocles y, en consecuencia, las numerosas e incluso contrapuestas interpretaciones que ha generado, hace que hablar de la singularidad del personaje del Edipo de Sófocles, en particular del de *Edipo Rey* sea de todo punto innecesario. El eje en torno al cual se halla en no poca medida articulada la tragedia de Sófocles, ser/parecer, visión/ceguera, adquiere una complejidad muy marcada en el *Edipo Rey*, y hace que la acción de este Edipo esté toda ella dominada por una falta de visión, de perspicacia que no puede ser interpretada como otra cosa más que como una ἄτη que le lleva a creer, en un alarde de confianza extrema en sí mismo, que ha logrado dejar atrás los oráculos y construirse su propio destino. Confluyen en Edipo una serie de rasgos caracterológicos que dan como resultado un personaje de una singularidad pocas veces lograda y que curiosamente guarda en no pocos aspectos cierta semejanza con Odiseo, uno de los grandes héroes épicos, que desde su propio mundo anticipa un mundo nuevo, un personaje también no menos singular que Edipo.

En la tragedia más antigua de las conservadas, el *Ayante*, Sófocles introduce por medio de la presencia del personaje de Odiseo a los dos tipos de héroes, Ayante, el héroe épico auténtico, el de unos tiempos ya superados, y el héroe nuevo, Odiseo, hijo un tanto prematuro de un tiempo que aún no es pero que ya se vislumbra en el horizonte de la historia. Odiseo se nos muestra como el héroe nuevo que apoyándose en su voluntad y sirviéndose de su inteligencia se mueve de forma consciente en unas circunstancias y en unos hechos que van configurando su propio destino, colaborando de forma activa

---

* El presente trabajo se encuadra dentro de la línea de investigación "Adaptación del teatro clásico al teatro moderno occidental" GV98-09-116, subvencionada por el *Programa de Projectes d'Investigació i Desenvolupament Tecnològic* de la Generalitat Valenciana.

con un destino afortunado o bien luchando por enderezar una suerte de la que se encuentra poco o nada satisfecho. Su ἀρετή y su σοφία son activas y creadoras, positivas y esperanzadas. En todo momento y situación, haciendo valer su inteligencia y su voluntad, no adopta una actitud pasiva ante unas circunstancias y, en suma, ante un destino que no le son favorables. Este héroe nuevo sirviéndose de su inteligencia interviene con su acción en cada situación y contexto para que le sea favorable, para que devenga en su favor. Voluntad e inteligencia están presentes en Edipo, también esa actitud y ese posicionamiento activos ante las circunstancias y los hechos que el devenir en cada momento le va deparando, pero lo que se echa en falta en el personaje de Edipo es la capacidad de llegar a una interpretación correcta de la realidad que le rodea y, en consecuencia, poder dar una orientación correcta a su acción, esa realidad circundante en la que Odiseo sabe como pocos intervenir para tornarla favorable.

En *Edipo Rey*, Sófocles reviste con el rasgo más distintivo de ese nuevo héroe a su Edipo al subrayar uno de los rasgos de esa figura central de la saga de Lábdaco, pero a diferencia de Odiseo, aquí la acción de este héroe trágico no discurre, como la de Odiseo en el *Ayante*, en el marco de una relación armoniosa con el ámbito divino. Sófocles recoge en su *Ayante*, en el personaje de Odiseo, al héroe de los nuevos tiempos, tal y como ya había hecho el poema épico al que da nombre[1] en el que le veremos anteponer el regreso al hogar junto a los suyos, a la inmortalidad, opción ésta que contrasta con la opción de Aquiles en la *Ilíada*, que ante una disyuntiva análoga, una gran gloria y fama eternas o bien el regreso al hogar, un regreso obscuro y sin gloria, opta por lo primero aún sabiendo que tras esa opción le aguarda la muerte, un héroe este Odiseo opuesto a Ayante, que junto a su mundo y a la mayor parte de los valores en que se sustenta, ha pasado a

---

[1] También la *Ilíada* se aleja del mundo que supuestamente le da sustento en la medida en que cuestiona los héroes y los valores que supuestamente canta. Cf. a este respecto Carmen Morenilla, "Aquiles, héroe a su pesar", *Studia Philologica Valentina* 2, 1997, pp. 37-51, y José Vte. Bañuls, "Oralidad y escritura en la épica homérica", *Quaderns de Filologia. Oralitat/escritura*, Valencia 1997, pp. 63-80. Sobre la evolución del héroe cf. Carmen Morenilla, "La humanización del héroe", en el *Simposi d'estudis clàssicas. Homenatge a Miquel Dolç*, Palma de Mallorca, 1 de febrero de 1996, publicado en 1997, Palma de Mallorca, pp. 233-236.

mejor vida, tal y como ocurre de hecho en la tragedia de Sófocles con el héroe que le da nombre. Pero este héroe nuevo, Odiseo, actúa en el *Ayante* en perfecto acuerdo con la divinidad, en este caso Atenea. No son pocos los puntos de contacto que podemos observar entre Odiseo y Edipo. Ambos son dos grandes viajeros. Edipo inicia un viaje a lo largo del cual apoyándose en su voluntad y haciendo uso de su inteligencia, una inteligencia activa y creadora, pretende cambiar su suerte, su destino, y de ello, del éxito de su empeño, acaba sintiéndose este Edipo de Sófocles muy seguro, y hasta tal punto esto es así, que le oiremos afirmar: ἐγὼ δ' ἐμαυτὸν παῖδα τῆς Τύχης ... (*Edipo Rey* v. 1080). Se da también un cambio en el destino de Edipo, un cambio que procede de los propios dioses, en la forma de un nuevo oráculo por el que encamina sus pasos hacia el demo ático de Colono, una suerte que será ya anticipada por Tiresias en los versos 454-456. Considerado en su conjunto el viaje de Edipo presenta un punto de inflexión en la ciudad de Tebas, con Yocasta, al igual que el viaje de Odiseo lo tiene en la isla de Ogigia, con Calipso. Tras ambos puntos de inflexión el retorno al hogar se produce, Odiseo a Ítaca, de donde en realidad nunca tuvo intención de salir[2], y Edipo a abandonar el mundo de los vivos, un mundo al que nunca debió llegar. En el caso de Edipo, las referencias al viaje por mar están presentes en esta tragedia en la forma de metáforas navales, con el consiguiente acercamiento a través de ellas a ese otro gran viajero que es Odiseo. Y así, en los versos 417-423, en boca de Tiresias encontramos el primero de estos usos metafóricos:

βοῆς δὲ τῆς σῆς ποῖος οὐκ ἔσται λιμήν,   420
ποῖος Κιθαιρὼν οὐχὶ σύμφωνος τάχα,
ὅταν καταίσθῃ τὸν ὑμέναιον, ὃν δόμοις
ἄνορμον εἰσέπλευσας, εὐπλοίας τυχών;

---

[2] En *Agamenón* 841 s. encontramos una referencia a este hecho, el que Odiseo no marchó en la expedición de buen grado.

En estos versos, que forman parte del parlamento de Tiresias, que será interrumpido por una de las temidas explosiones de ira de Edipo, en los que expone la vida, el destino, si se prefiere, de Edipo, habla incluso del lugar en el que el niño fue expuesto en vez de ser muerto, como se había ordenado, de ese primer puerto zarpó el desgraciado, cuando debía de haber sido muerto ya que contraviniendo la reiterada advertencia de Apolo había visto la luz. El monte Citerón fue el primer puerto de esa travesía fatal, plagada de desgracias para sí y para los suyos. El segundo puerto, las bodas con Yocasta, se ve notablemente realzado, y será reiterado más tarde, mientras se desarrolla en el interior del palacio los acontecimientos que ponen fin al conflicto trágico y el coro entona el estásimo en el que a través de la responsión estrófica procede a proclamar la identificación de Edipo con el hijo de Layo. Al hacerlo, al hablar en la estrofa del Edipo que errabundo huye de un destino que le horroriza, encontramos empleada de nuevo la metáfora del navegante. Se trata de los versos 1208 s.:

ᾧ μέγας λιμὴν   1208
αὑτὸς ἤρκεσεν
παιδὶ καὶ πατρὶ
θαλαμηπόλῳ πεσεῖν.

Es cierto que Odiseo cuenta siempre con el favor de Atenea, y que es en realidad objeto de las iras de Posidón por haber cegado a su hijo Polifemo, pero es precisamente el ámbito de este dios, el marino, el que debe atravesar Odiseo para regresar a casa. La travesía de Odiseo, si bien no es trágica, está plagada de sinsabores y de sufrimientos. Pero el Odiseo de los poemas homéricos, en particular el de la *Odisea,* sabe hacer que las cosas concitadas en su contra se le tornen favorables, y es precisamente en esa habilidad, unida al hecho de actuar en sintonía con la divinidad, donde radica su diferencia con Edipo.

Al comienzo mismo de la tragedia, Edipo se muestra ante los ojos de los espectadores caracterizado con un rasgo, el hecho de acudir él en persona al encuentro de la comitiva de ciudadanos suplicantes, que referido a otra persona se podría interpretar como una muestra sin más de vivo y sincero interés por todo lo que está sufriendo el pueblo de Tebas, pero sin negar que esa interpretación sea correcta, esto es, no dudando de la existencia en Edipo de ese noble sentimiento, constituye éste el primer indicio de una posición vital que está presente ya en este Edipo de Sófocles, la posesión de un conocimiento, una σοφία, que en gran medida es fruto de la propia experiencia, que se verá corroborada por la acción de esta tragedia, la hallamos aquí planteada de forma que no admite duda:

ἀγὼ δικαιῶν μὴ παρ' ἀγγέλων, τέκνα,   6
ἄλλων ἀκούειν αὐτὸς ὧδ' ἐλήλυθα,
ὁ πᾶσι κλεινὸς Οἰδίπους καλούμενος.

Edipo no confía en las palabras, en lo que le puedan relatar otros, el empleo del verbo ἀκούειν subraya este rasgo; Edipo quiere ver él mismo las cosas, desea experimentarlas. Esta actitud de Edipo descansa, por un lado, en una cierta posición racionalista consciente del valor de la experiencia y de la constatación directa de los hechos como fuente de conocimiento seguro, por otro, en que para el griego, y esto está relacionado con la visión como vía dominante del conocimiento, el relato de los hechos transmitido por la tradición oral no es fiable[3]. Por ello Edipo sale a recibir a la comitiva que suplicante acude a él encabezada por el sacerdote de Zeus. La majestad con la que Edipo ante esta comitiva se presenta revestido, ofrece un cierto contraste con el hecho de que sea él en persona el que acude a averiguar qué quiere la comitiva suplicante. En una situación también extrema, de grave peligro sobre la ciudad de Tebas, otro descendiente de Lábdaco, Eteocles, hijo de

---

[3] Por ello el aedo, el poeta inspirado por la divinidad, por las Musas, transmite la visión renovada de los hechos, una visión que le es dada por la divinidad, del mismo modo el vidente, el adivino, ve directamente o a través de su capacidad para interpretar las palabras o las señales enviadas por la divinidad lo que va a ocurrir o lo que ha ocurrido. El conocimiento que transmiten las Musas es también de naturaleza ocular y alejado conscientemente de la tradición oral, como de naturaleza visual es también el que transmiten los adivinos.

Edipo, no acudirá él en persona, sino que enviará a un mensajero para que observe lo que está ocurriendo en el campo enemigo y le informe de ello. Y cuando se tiene noticia de su llegada, pues la situación tan tensa que se vive en el interior de Tebas hace que ésta le preceda, Eteocles dominado por la impaciencia salga precipitadamente a su encuentro para informarse del despliegue de los atacantes perdiendo al hacerlo la compostura, por lo que su proceder ofrecerá un contraste con la dignidad real que en su persona encarna, como observa el coro, muy atento a todo lo que ocurre:

καὶ μὴν ἄναξ ὅδ ' αὐτὸς Οἰδίπου τόκος   372
εἰσ ' ἀρτίκολλος ἀγγέλου λόγον μαθεῖν·
σπουδῇ δὲ καὶ τοῦδ ' οὐκ ἀπαρτίζει πόδα.

Un modo de proceder éste que la Antígona de las *Fenicias* de Eurípides, digna hija de Edipo y hermana de Eteocles sigue, mostrándose más como un defensor ansioso por lanzarse al combate que como una indefensa mujer temerosa ante el peligro que amenaza a la ciudad de Tebas.

En los ocho versos que abren esta tragedia y muy en particular en el último de ellos, en el verso 8, encontramos a través de la palabra la primera descripción, ya muy completa a pesar de su brevedad, de este Edipo que nos presenta aquí Sófocles, un Edipo que, en la plenitud de su poder y de su buena fortuna, espuma confianza en sí mismo, la confianza propia de un hombre que se ha hecho a sí mismo y que, además, es plenamente consciente de ello, una imagen de Edipo que culmina condensada en el verso 8. En este verso, muestra Edipo una seguridad y confianza en sí mismo y en su fama tales que no pocos editores, por diversas razones, pero muy en especial por considerar las palabras en él contenidas poco propias de Edipo, lo han atetizado. Pero este verso será retomado en parte por el coro en el estásimo cuarto, en el punto culminante de esta tragedia, cuando se produzca la identificación del hijo de Layo con Edipo, cuando a través de la responsión estrófica se pongan en relación de identidad ambas entidades:

ἰὼ κλεινὸν Οἰδίπου κάρα,   ~   ἰώ, Λαΐηιον τέκνον,

Es precisamente en esos dos versos en los que tiene lugar la tan temida y a la vez buscada identificación, la de Edipo con el hijo de Layo, y todo lo que ello supone. A través de la responsión estrófica el coro procede a la identificación: Edipo y el hijo de Layo son la misma persona. El verso 1207 retoma en no poca medida el verso 8, como se puede apreciar con claridad:

ὁ πᾶσι κλεινὸς Οἰδίπους καλούμενος.	8
ἰὼ κλεινὸν Οἰδίπου κάρα,	1207

Este verso, en consecuencia, no sólo no nos parece impropio de Edipo por su contenido, ya que recoge muy bien y al principio de la tragedia uno de los rasgos, el que podemos adscribir al ámbito de lo racional, distintivos de este Edipo, su plena y absoluta confianza en sí mismo y en su buena fama y fortuna, uno de los dos rasgos distintivos más señalados de su carácter. El otro rasgo, sus violentos y temidos arranques de ira, es bien conocido.

Confluyen en Edipo, como ya hemos dejado dicho antes, una serie de rasgos caracterológicos que dan como resultado un personaje de una singularidad pocas veces lograda. Dotado de una inteligencia activa que se va autoalimentando con las diversas experiencias vitales -no en vano el sacerdote de Zeus emplea en el verso 33 la expresión ἔν τε συμφοραῖς βίου, y en el verso 45 la referencia al pasado, al origen del conocimiento, a la experiencia, τοῖσιν ἐμπείροισι-, una inteligencia orientada hacia una necesidad ineludible e inaplazable por conocer la verdad, rasgos todos ellos de carácter racional, que ofrecen un fuerte contraste con otro rasgo no menos distintivo de Edipo, éste emotivo y no racional, la cólera ascendente, con súbitas explosiones de ira, uno de los rasgos de carácter más definitorio del linaje de los Labdácidas que mueve sus actos. Él es, junto a ese deseo de conocer y esa voluntad firme, el motor principal de la acción. Es el mismo Edipo el que creyendo que busca a un asesino se está buscando a sí mismo, y también el que creyendo alejarse de su destino se precipita hacia él y en un arranque de ira, en un cruce de caminos, se enfrenta a Layo y le da muerte. Son sus temidas explosiones de ira, junto a esos dos componentes racionales de su carácter, lo que impulsa a Edipo, lo que impulsa su destino, un Edipo que en un alarde de confianza en sí mismo y en su buena fortuna desoye la advertencia que le hace Yocasta (vv. 1064, 1066), que, ante la determinación firme de Edipo de llevar hasta el final la investigación, se precipita al interior del palacio del que ya no saldrá con vida. Y este Edipo, cuando descubra la terrible verdad (vv. 1182-1185), al igual que Yocasta, se precipitará también al interior del palacio de donde ya no saldrá, pues el Edipo que sale es el nuevo Edipo, cegado y en posesión de la verdad, sale el hijo de Layo, pues al Edipo hijo de Mérope y Pólibo le ha dado muerte la voluntad de saber del propio Edipo. Este Edipo, que se ha hecho a sí mismo, cuando un asunto le interesa, sólo confía en sus propios sentidos, no considera a los intermediarios fiables. ¿Pero por qué ha enviado a Creonte a consultar al oráculo, y no ha acudido él también en persona? La explicación hay que buscarla en el distanciamiento del género de sabiduría que el oráculo representa, una forma más antigua y de la que Tiresias es un representante notable, un distanciamiento que está en la base del problema que Sófocles plantea en esta tragedia. Ha sido Creonte quien ha traido la respuesta del oráculo, ha sido también Creonte quien ha aconsejado hacer venir a Tiresias para que arroje alguna luz sobre la respuesta. A Edipo le parece bien y recibe al ciego vidente con unas palabras en las que descarga en él la solución del problema. Edipo en principio le reconoce plena competencia en todo aquello que hace referencia al ámbito de los dioses, pero como si de un funcionario estatal se tratara le exige que ejerza de inmediato esas funciones, que cumpla con sus deberes hacia la polis:

Οι. οὔτ᾽ ἔννομ᾽ εἶπας οὔτε προσφιλῆ πόλει   322
τῆδ᾽, ἥ σ᾽ ἔθρεψε, τήνδ᾽ ἀποστερῶν φάτιν.

En estas palabras de Edipo subyace una de las formas que puede presentar el problema central de esta tragedia, a saber la subordinación de lo religioso a lo político, una relación no armónica.

La respuesta del oráculo plantea un problema de índole jurídico, ha habido un magnicidio y es necesario encontrar y castigar al magnicida. Pero dado que la respuesta tiene un origen divino y la peste[4] que esta sufriendo Tebas está causada por el magnicidio, Edipo hace venir a Tiresias, la instancia pertinente. La condición de Edipo, su posición como señor de Tebas, es puesta a prueba. Una situación similar a ésta lo elevó al trono y le proporcionó gran fama y autoridad, la causa directa fue la Esfinge, hija de la transgresión de Layo, como lo es también Edipo. Ahora, en cambio, la causa directa es el propio Edipo, ahora va a tener que enfrentarse a sí mismo, un enfrentamiento inevitable y que es posible por la dualidad ontológica que sustenta a Edipo, un enfrentarse a si mismo que será cantado de forma muy plástica por el coro en el cuarto estásimo a través de la responsión de los versos 1207-1216 a la que antes hemos hecho referencia. Los vástagos de

---

[4] No han sido pocos los que han querido ver en la peste que asola Tebas una referencia a la peste que asoló a Atenas en el segundo año de la Guerra del Peloponeso, e incluso ha habido quienes se han servido de este hecho como un elemento pretendidamente objetivo para la datación de esta tragedia en los años inmediatos a aquella peste. Sin negar que en la mente de los atenienses estuviera esa desgracia, la peste que presenta Sófocles en esta tragedia se asemeja más a la que encontramos en el canto primero de la *Ilíada*, la peste enviada por Apolo sobre el ejército griego, en unas circunstancias que guardan algunos puntos de contacto con la acción de esta tragedia. Las circunstancias son bien conocidas. Agamenón rechaza violentamente a Crises, sacerdote de Apolo, que ha acudido al campamento griego a rescatar a su hija Criseida, obtenida por Agamenón en el reparto del botín. (*Ilíada* 1. 8-32). Y Apolo responde a las súplicas de Crises enviando una peste sobre el ejército griego (*Ibid.* 1. 33-52). Se convoca una Asamblea,

ἐννῆμαρ μὲν ἀνὰ στρατὸν ᾤχετο κῆλα θεοῖο,
τῇ δεκάτῃ δ' ἀγορήνδε καλέσσατο λαὸν Ἀχιλλεύς
τῷ γὰρ ἐπὶ φρεσὶ θῆκε θεὰ λευκώλενος Ἥρη·   55
nueve días sobre el ejército venían las flechas del dios y el décimo a Asamblea convocó al pueblo Aquiles: pues en su entendimiento lo había puesto la diosa de blancos brazos Hera.

Obsérvese además -y esto estaría en la línea de interacción del ámbito divino y del humano- que si bien es Aquiles quien convoca la Asamblea ante la peste enviada por Apolo, es también una divinidad la que pone en su entendimiento tal decisión. Y en esa Asamblea a propuesta de Aquiles se consulta al adivino Calcante, que aconseja devolver a Criseida, al igual que Creonte aconseja consultar a Tiresias. Y Agamenón, como las palabras del adivino no son de su agrado, se enfrenta a Calcante, al igual que Edipo se enfrenta a Tiresias. Pero al final Agamenón se ve obligado a devolver a su padre la cautiva (*Ibid.* 1. 53-120).

27

Layo son una amenaza constante para Tebas mientras estén sobre la faz de la tierra las desgracias se irán abatiendo una tras otra sobre el pueblo de Tebas. Edipo es consciente que peligra su poder, su posición, que lo mismo que lo hizo subir, lo puede hacer caer, por ello Edipo implica a la instancia religiosa, en la que por propia experiencia tiene muy poca confianza. La experiencia le ha demostrado que los oráculos no necesariamente se han de cumplir, que cuando los hechos no responden a las palabras éstas no se sostienen, o bien persiguen otros fines, como él mismo acaba creyendo al ver una conspiración urdida por Tiresias y Creonte para hacerse con el poder.

El cuestionamiento de la capacidad mántica de Tiresias por parte de Edipo tiene, por una parte, un fundamento racionalista, y así lo podemos ver en los argumentos que va esgrimiendo, y, por otra, responde a esa dualidad de planos de conocimiento: un conocimiento forjado por uno mismo mediante la propia inteligencia y la voluntad, aquí representado por Edipo, frente a un conocimiento cuya competencia está en todo aquello del ámbito de los dioses y cuya procedencia se suele fijar también en ese mismo ámbito, encarnado en la persona de Tiresias, un conocimiento y unas instituciones sustentadas en él, que, si bien no son objeto de desprecio, al menos sí se es consciente de que en cualquier situación y ante los más variados problemas es necesario hacer todo cuanto esté en manos de los hombres y no esperar a que la salvación venga sin más de mano de los dioses, pues ese conocimiento, como más tarde pondrá de manifiesto el coro, no es patrimonio de ningún hombre en particular. Se trata -y es precisamente lo que el coro va a postular- de buscar un equilibrio entre las dos esferas, que no se conciben necesariamente como excluyentes, sino como complementarias conformando ambas una unidad indisoluble, dos esferas, en particular la divina, que no son en modo alguno terreno reservado para nadie. Pero la separación, en la forma de un progresivo alejamiento de la esfera divina por parte de Edipo desde su partida de Corinto, se muestra ante los ojos de los espectadores, una separación que es fruto del devenir, del curso de los acontecimientos, de los que Edipo se muestra como una pieza importante, una separación ésta de consecuencias fatales, pero lamentablemente inevitable. En esa misma intervención, en los versos siguientes, el argumento que emplea nos muestra indirectamente a un Tiresias dentro del orden divino, al igual que la Esfinge, instrumentos ambos de un destino que pesa sobre la casa de Layo, un destino que necesariamente se ha de cumplir:

  ἐπεί, φέρ' εἰπέ, ποῦ σὺ μάντις εἶ σαφής; 390
  πῶς οὐχ, ὅθ' ἡ ῥαψῳδὸς ἐνθάδ' ἦν κύων,
  ηὔδας τι τοῖσδ' ἀστοῖσιν ἐκλυτήριον;
  ...
  ...· ἀλλ' ἐγὼ μολών, 396
  ὁ μηδὲν εἰδὼς Οἰδίπους, ἔπαυσά νιν,

El conocimiento, la σοφία, hay que demostrarla con los hechos, no basta el parecer, sino que se exige el ser. La dualidad ser/parecer, que en gran medida articula esta tragedia, se encuentra aquí presente. Tiresias debía haber resuelto el enigma de la Esfinge, debía haber salvado a Tebas, al menos haber proporcionado los medios necesarios para ello, ya que él es el adivino, el que goza de la capacidad mántica. Pero no ha ocurrido así, sino que un simple mortal, un extranjero, sin saber nada resuelve el problema. Al que las apariencias señalaban como el poseedor de los medios y de los conocimientos para liberar a Tebas de las garras de la Esfinge, los hechos lo han mostrado por completo incapaz de llevar a cabo tal cosa, mientras que al que nadie hubiera atribuido tales conocimientos y medios, los mismos hechos lo han mostrado poseedor de ellos. Las palabras, las apariencias, por un lado, por otro, la visión de los hechos, la realidad. Pero el plan divino es bastante más complejo que todo esto, y en este caso en realidad los hechos obscurecen las palabras, aunque, para ser exactos, habría que decir más bien que es la interpretación errónea que se hace de los hechos, de la realidad, la que resta credibilidad a las palabras. La función de la Esfinge no es otra que posibilitar la elevación de Edipo al trono de Tebas a través del matrimonio con la reina viuda, con Yocasta, y al ejercer esa función, como fruto que es de la transgresión de Layo, traerá males y desgracias sobre los tebanos. La Esfinge es hija de la transgresión de Layo, al igual que lo es Edipo, y al igual que se dualizará la generación de Edipo en Eteocles y Polinices para hacer posible el avance del destino por medio del enfrentamiento y la aniquilación mutua, así se dualiza también para que Edipo avance en ese destino en Edipo y la Esfinge. Su σοφία, esa sagacidad e inteligencia que le caracterizan, tiene para Edipo el efecto contrario, no el buscado, ya que le conduce de error en error.

El coro, que conoce bien a Edipo, en medio de la agria y violenta discusión que mantienen el rey y el ciego vidente, ante las amenazas que comienza a proferir Edipo, se apresura a intentar calmar los ánimos mediando con unas palabras que igualan a Edipo y a Tiresias, al menos en lo que respecta a dejarse llevar por impulsos irracionales:

Χο. ἡμῖν μὲν εἰκάζουσι καὶ τὰ τοῦδ' ἔπη   404
ὀργῇ λελέχθαι καὶ   τὰ   σ', Οἰδίπου, δοκεῖ.

Ambos, Edipo y Tiresias se han dejado llevar por la ira, por lo que las palabras de uno y de otro pueden estar sino, por completo falseadas, al menos sí instrumentalizadas con el fin de causar daño al contrario. El hecho de que el coro sitúe a Edipo y a Tiresias en el mismo plano, aunque sea en el marco de la discusión en la que se hallan enzarzados, es un claro indicio de que no se inclina por ninguna de las dos instancias por exclusión de una de ellas, ni excluye la que por oposición a Tiresias representa Edipo, ni la que representa Tiresias, sino que preconiza la igualdad de principio de todos los hombres en el acceso a ambos planos de conocimiento, un acceso efectivo, no nominal, acceso que deberá ponerse de manifiesto por los hechos y no únicamente por la condición que pueda detentar un hombre por el mero hecho de que se le atribuya nominalmente esa capacidad. Pero sobre este punto el coro volverá con más claridad. A juzgar por las palabras del coro el tono de la discusión ha debido de ser muy alto y violento. Pero las palabras del coro hacen que Tiresias cobre confianza y hable con toda claridad en unos versos en los que anuncia a Edipo todo su destino. La claridad con la que habla Tiresias es tal y sus palabras apuntan de un modo tan inequívoco hacia Edipo que éste estalla y le insta a marcharse de inmediato. En el breve diálogo que mantienen se nos hace saber que Edipo se muestra en orgulloso de su capacidad heurística, hecho éste que es presentado como sabido de todos, y el mismo Edipo no lo niega, antes bien lo confirma y se muestra orgulloso no sin cierta ironía de ello:

Τε. οὔκουν σὺ ταῦτ' ἄριστος εὑρίσκειν ἔφυς;   440
Οι. τοιαῦτ' ὀνείδιζ', οἷς ἔμ' εὑρήσεις μέγαν.

Ya antes, al principio de esta tragedia, cuando sale Edipo al encuentro de la comitiva que encabeza el sacerdote de Zeus, éste, en los versos 40 ss., deja bien claro con sus palabras qué tratamiento da el pueblo a Edipo, νῦν τ', ὦ κράτιστον πᾶσιν Οἰδίπου κάρα, qué actitud adopta ante su persona y en qué términos de dirige a él, ἱκετεύομέν σε πάντες οἵδε πρόστροποι, y por último qué esperan de él, ἀλκήν τιν' εὑρεῖν ἡμῖν, ... Naturalmente todo esto responde también a un modo de ver la propia realidad por parte de Edipo, su propia realidad, y en especial a la opinión que de sí mismo tiene Edipo, una opinión que esta comitiva suplicante, en las circunstancias en las que se halla el pueblo de Tebas y en aras de la consecución de lo que le ha llevado ante Edipo, no puede en modo alguno dejar de tener presente.

Después de la segunda intervención de Tiresias, en ausencia ya de Edipo[5] y poco antes de abandonar él también la escena, el coro entona el

---

[5] Tiresias, cuando al fin se decide a hablar, lo hace en un parlamento fragmentado, los versos 408-428 y 447-462, la razón de esta framentación de su esperado parlamento posiblemente haya que buscarla en la interrupción brusca de que es objeto por parte de Edipo, que en una de sus temidas explosiones de ira le interrumpe bruscamente espetándole en la cara los versos 429-431, unos versos de una gran dureza, en los que con una combinación de ira e indignación le insta a que se vuelva por donde ha venido. La aceptación de tal exigencia es formulada por Tiresias después de un breve diálogo en el v. 444, en el que expresa de forma inequívoca la resolución de marchar de inmediato: ἄπειμι τοίνυν· καὶ σύ, παῖ, κόμιζέ με. Edipo de malos modos le anima a que haga efectivas sus palabras y abandona la escena. Tiresias ya solo desarrolla la segunda parte de su parlamento. Edipo debe haberse ausentado por varias razones, el diálogo así lo hace pensar, y sobre todo resulta muy extraño que después de escuchar las palabras de Tiresias en la segunda parte de su parlamento Edipo guarde silencio, tal proceder no está en modo alguno de acuerdo con el carácter de Edipo. Por otro lado, la escena de un Tiresias solo exponiendo los avatares de la vida de Edipo, debía ser de una fuerza dramática muy alta, además subraya el carácter irascible de Edipo y pone de relieve una vez más la ὕβρις de su gobierno.

primer estásimo, en el que, más que cuestionar la capacidad mántica de Tiresias, cuestiona, ante la evidencia de los hechos, la atribución sin más de una capacidad determinada a un hombre. A los ojos de todos Edipo es un benefactor y es a él a quien acude el pueblo de Tebas encabezado por el sacerdote de Zeus. Se reconoce a cualquier hombre la posibilidad de establecer una relación armoniosa con el plano divino, y así, de una forma que no deja lugar a duda, lo ha demostrado Edipo. Su poder, así lo ponen de manifiesto los hechos, goza de la aquiescencia y de la simpatía de los dioses, con su acción personal y de gobierno Edipo está en sintonía con el orden divino, con el cosmos, un hecho éste de cuya importancia podemos hacernos una idea más precisa si examinamos un pasaje de *Filoctetes*, en el que el coro, que habla a Neoptólemo, hace además una declaración del origen divino acerca del poder de los reyes. Se trata de los versos 138 ss. del *Filoctetes* de Sófocles:

τέχνα γὰρ τέχνας ἑτέρας   στρ. α 138
προύχει καὶ γνώμα παρ' ὅτῳ τὸ θεῖον
Διὸς σκῆπτρον ἀνάσσεται·

Así pues, la clave está en el origen, en la vinculación con el ámbito divino, en caso contrario no encaja en ese ordenamiento holístico que es el cosmos y, en consecuencia, la armonía no se da y el desorden impera con las consabidas consecuencias para el que lo causa. Vemos confirmado este hecho al ver qué dice Edipo a Tiresias en lo que hace a su arte: τὴν τέχνην δ' ἔφυ τυφλός. Una ceguera que en realidad afecta a Edipo, a su mirada, una mirada la suya que no le reporta conocimiento alguno, sino profundizar cada vez más en la ignorancia y en el error. El uso del término remite al estado de cosas existente en la Atenas en la que escribe sus tragedias Sófocles. Frente al 'saber tradicional, γνώμη, transmitido de generación en generación y que se considera propio de una clase determinada, se introduce la σοφία, el conocimiento susceptible de alcanzarse por medio del intelecto humano, un conocimiento sistematizado en una τέχνη, que permite servirse de ese conocimiento con una finalidad determinada.

Abre el coro el primer estásimo preguntándose por el causante de tantas desgracias con una apelación directamente a Delfos, y al final del estásimo apelando a Apolo y a Zeus, a la palabra de los dioses, y del lado de los mortales observa con atención los hechos y exige implícitamente que éstos sean expresión en el plano de la acción de las palabras. Y en medio quedan los hombres, Tiresias, Edipo. No cuestiona el poder y el conocimiento de los dioses, más bien todo lo contrario:

ἀλλ' ὁ μὲν οὖν Ζεὺς ὅ τ' Ἀπόλλων   ἀντ. β 498
ξυντοὶ καὶ τὰ βροτῶν
εἰδότες·

Sí cuestiona, en cambio, el que un hombre por el mero hecho de recibir el nombre de mantis se le atribuyan unas habilidades y unos conocimientos que no sólo no se ven corroborados por los hechos, sino que incluso esos mismos hechos estan cuestionando o incluso negando lo que se le atribuye:

ἀνδρῶν δ' ὅτι μάντις
πλέον ἤ'γὼ φέρεται,   500
κρίσις οὐκ ἔστιν ἀληθής·
σοφίᾳ δ' ἄν σοφίαν
παραμείψειεν ἀνήρ.

En esa línea de no dejarse llevar por las apariencias, sobre todo en aquello que los hechos están mostrando lo contrario, el coro pone en cuestión la competencia de Tiresias, cuyas terribles palabras ni las considera aceptables ni rechazables, οὔτε δοκοῦντ' οὔτ' ἀποφάσκονθ'· ... (v. 485), exponiendo las razones que le llevan a hacerlo. Con la pareja σοφίᾳ ... σοφίαν contenida en el verso 502, el coro parece más que contraponer dos sabidurías, deslindar con claridad, por un lado, el ámbito divino y la verdad que en él impera, por otro, la capacidad de los hombres para acceder a ese ámbito y en particular a los designios que de él emanan, por ello un hombre puede superar en saber a otro hombre, con independencia de su apariencia, de si éste parece un adivino o no. El mismo coro reconoce de forma explícita su dificultad, si no incapacidad, para entender las palabras del oráculo y la interpretación que de ellas hace Tiresias, así como el rechazo por parte de Edipo de esa interpretación. Pero los hechos inclinan de forma inequívoca la balanza a favor de Edipo, y así lo hace patente el coro, ya que cuando la Esfinge asolaba Tebas, Edipo con su sabiduría la liberó de ella:

ἀλλ' οὔποτ' ἔγωγ' ἄν,
πρὶν ἴδοιμ' ὀρθὸν ἔπος, μεμ-   505
φομένων ἂν καταφαίην.
φανερὰ γὰρ ἐπ' αὐτῷ
πτερόεσσ' ἦλθε κόρα
ποτέ καὶ σοφὸς ὤφθη
βασάνῳ θ' ἡδύπολις·

Expresa el coro el sentir de la Atenas en que escribe Sófocles, una Atenas cada vez más racionalista y que concede el beneficio de la duda cuando las cosas no están del todo claras, una Atenas en la que el relativismo antropológico ha arraigado y cada día va cobrando más fuerza en detrimento de la tradicional visión teonómica de la vida. Pero no es que el coro dude de los dioses, ni del conocimiento que éstos puedan poseer de las cosas de los mortales, y bien claro lo deja dicho, sino que juzga la capacidad mántica de un mortal por los resultados, por los hechos, o dicho de otro modo, el adivino, en tanto que mortal, puede, como cualquier mortal, equivocarse, puede, si se prefiere, no estar inspirado, no estar en buena armonía con lo divino, sobre todo si se deja llevar por impulsos irracionales, por la ὀργή, como es el caso de Tiresias ya denunciado abiertamente por el coro antes, mientras que otro mortal que no goce de la consideración de adivino, en cambio, sí puede estar en relación armónica con el plano divino. Los versos de *Filoctetes*, antes citado, 138 ss., en los que el coro habla a Neoptólemo, resultan muy esclarecedores a este respecto, pues nos hablan del fondo del problema, de la ausencia de relación armónica entre el ámbito humano y el divino, dos ámbitos -y esto es lo que propugna Sófocles- indisociables que se complementan conformando el cosmos. Esto mismo lo vemos confirmado en las palabras que Edipo dirige a Tiresias referidas a su arte, en las que se pone de manifiesto el aspecto negativo de esa falta de sintonía: τὴν τέχνην δ᾽ ἔφυ τυφλός, una falta de sintonía que realmente sufre él.

Nos movemos por un lado en el ámbito de las palabras, ἔπος 505, y ya en boca de Creonte, en el verso 513, ἔπη, pero también nos movemos en el de los hechos, φανερὰ γὰρ .... ἡδύπολις. Y también Creonte ante las graves acusaciones de que está siendo objeto por parte de Edipo esgrime el mismo argumento, como podemos oir en el verso 517: λογοισιν εἴτ᾽ ἔργοισιν. Las palabras por sí solas no son suficientes sino se ven corroboradas por los hechos. En una Atenas en la que la palabra posee una fuerza considerable y es realmente el instrumento dominante en la acción política, ignorar esa exigencia puede traer consecuencias más que desagradables. No vamos a entrar aquí en la cuestión de la fecha exacta de esta tragedia, si fue representada inmediatamente después del desastre de Sicilia o no, si tras el personaje de Edipo se esconde Alcibíades, si el ambiente en la Atenas de aquel momento era de abierta hostilidad a los oráculos, en especial al de Delfos, a pesar de ser todas estas cuestiones de gran interés. Nosotros nos vamos a limitar al texto y al contexto más general, conectando de este modo con el carácter que es propio de la tragedia, el ir a los problemas profundos que agitan a la polis. Y el contexto más general nos informa de que en la Atenas en la que desarrolla su actividad Sófocles el par formado por λέγειν τε καὶ πράττειν no sólo permanece vigente sino que constituye para el hombre la exigencia primera para la acción política[6], pero, y aquí radica el

---

[6] Los dos grandes sistemas de educación griegos, el aristocrático, nucleado en lo sustancial en torno a los poemas homéricos, y el democrático, consolidado en sus aspectos fundamentales en gran medida por la tragedia y articulado y desarrollado posteriormente en torno a la Retórica y la Sofística, reconocen ambos la autoridad de los poemas homéricos. Ambos persiguen en realidad el mismo objetivo: capacitar al hombre para hablar y actuar correctamente. En el marco del sistema democrático, los sofistas, sensibles a la demanda

problema, el hombre en su acción política comienza a disociar el primer formante del segundo y a actuar de espaldas a los dioses manteniendo en todo caso una relación formal con el ámbito divino vacía de contenido:

Χο. εἴ μοι ξυνείη φέροντι μοῖρα τὰν   στρ. α
εὔσεπτον ἁγνείαν λόγων
ἔργων τε πάντων, ὧν νόμοι πρόκεινται   865
ὑψίποδες, οὐρανίᾳ 'ν
αἰθέρι τεκνωθέντες, ὧν Ὄλυμπος
πατὴρ μόνος, οὐδέ νιν
θνατὰ φύσις ἀνέρων
ἔτικτεν, οὐδὲ μήποτε λά-   870
θα κατακοιμάσῃ·

social, como diríamos hoy día, se proponen, tomando como marco la polis, enseñar la excelencia (ἀρετή) práctica, entendiendo por ella el arte de la vida y el dominio de ella, en especial la capacidad de dirigir los asuntos propios y los públicos. El objetivo principal es el de desarrollar la capacidad de pensar, hablar y obrar correctamente, y en esto coincide plenamente con los objetivos de la educación aristocrática. Dos autores, Tucídides y Jenofonte, desde posiciones distintas pueden servirnos de testimonio de este punto de coincidencia por ellos mismos y por lo que dicen. El primero de ellos, Jenofonte, buen representante del pensamiento aristocrático y pretendido continuador confeso de la obra del primero, en *Anábasis* III. 1, 45, escribe: ἀλλὰ πρόσθεν μέν, ὦ Ξενοφῶν, τοσοῦτον μόνον σε ἐγίγνωσκον ὅσον ἤκουον Ἀθηναῖον εἶναι, νῦν δὲ καὶ ἐπαινῶ σε ἐφ' οἷς λέγεις τε καὶ πράττεις καὶ βουλοίμην ἂν ὅτι πλείστους εἶναι τοιούτους. Y en el mismo sentido también Tucídides, un demócrata convencido y admirador sincero de Pericles, cuya independencia de criterio le permite escribir desde una posición crítica, escribe en I. 139, 4: καὶ παριόντες ἄλλοι τε πολλοὶ ἔλεγον ἐπ' ἀμφότερα γιγνόμενοι ταῖς γνώμαις καὶ ὡς χρὴ πολεμεῖν καὶ ὡς μὴ ἐμπόδιον εἶναι τὸ ψήφισμα εἰρήνης, ἀλλὰ καθελεῖν, καὶ παρελθὼν Περικλῆς ὁ Ξανθίππου, ἀνὴρ κατ' ἐκεῖνον τὸν χρόνον πρῶτος Ἀθηναίων, λέγειν τε καὶ πράσσειν δυνατώτατος, παρῄνει τοιάδε. La paideia democrática no supone una ruptura, más bien continúa en lo esencial por el camino de la antigua educación cuyos objetivos coinciden sustancialmente con las necesidades de los nuevos tiempos. En el que es uno de los rasgos diferenciadores más claros, el carácter asistemático de la educación aristocrática frente al sistemático de la democrática, aunque restringido a la retórica y a los oradores, descansan las palabras con las que Josef Martin abre su obra: "Redner und Reden gibt es schon in den homerischen Epen, aber keine Rhetorik" (*Antike Rhetorik. Technik und Methode*, München 1974, p. 1.) El ideal que el anciano Fénix declara haberse propuesto en la educación de Aquiles resume lo que los griegos de toda la Antigüedad consideraron como fin último de la educación: hacer de él un buen orador y un buen realizador de hazañas. Podemos oírlo de boca del propio Fénix, que habla en la Asamblea intententando persuadir a Aquiles de que desista de regresar abandonando la guerra, *Ilíada* 9. 438-443. Además, las intervenciones de los héroes homéricos son verdaderos discursos tanto por la forma como por la extensión y, en la mayor parte de las ocasiones, también por el hecho de producirse la alocución en un marco que es presentado como una institución, sea la Asamblea o el Consejo, y que se distinguen netamente, como podemos apreciar, por citar un ejemplo en *Ilíada* 2. 50-53.

μέγας ἐν τούτοις θεός, οὐδὲ γηράσκει.

Se está refiriendo el coro al principio rector del cosmos, un principio que no es otro que la justicia, entendiendo por ella la expresión de la voluntad de la divinidad, la justicia que debe inspirar todos los actos y todas las leyes de los mortales, un sentido éste, el de la justicia, que no es fruto de una convención de los hombres ni se halla en su naturaleza, sino en la misma naturaleza del cosmos en tanto que es el principio que lo rige y lo informa. A través del hecho de presentar al hombre por aquello que mejor lo define como perteneciente el ámbito cultural griego, esto es, en la forma del par λόγων ἔργων τε, además de remitirnos al eje en torno al cual gira toda la educación griega en su conjunto y al fin último que persigue, que podemos encontrar formulado en gran número de lugares y en autores y épocas muy diversas, Sófocles está haciendo con esta tragedia y en este caso por boca del coro que el público tome conciencia de los peligros que conlleva el proceso de secularización de la actividad del hombre en la polis, y un hecho que en otro contexto no sería relevante, el que el coro diga ἀνέρων (v. 869) y no ἀνθρώπων, aquí en cambio lo es ya que subraya la referencia al hombre, al ciudadano, pues si bien con uno y otro se puede designar al ser humano en general, con el primero de ellos la referencia al hombre es más marcada. El hombre que ignore o incluso llegue a dar la espalda a lo divino en sus actividades, se atrae sobre sí el riesgo de caer en el exceso, cuyas consecuencias se hallan concretadas en la antístrofa de forma unívoca y extrema en la tiranía.

Aquí, en esta tragedia, además de informarnos de la condición de monarca -información de todo punto innecesaria- que detenta Edipo, el empleo del término tirano revela que el modo como es presentado y sobre todo el modo como ejerce el poder Edipo se consideraba un tanto desmesurado, y ésta debía ser la impresión general que el Edipo de esta tragedia dejaba en las mentes de los espectadores. Edipo es un rey un tanto especial, dotado de una majestad plena, se encuentra en extremo seguro de sí mismo y de su poder y de su buena fortuna, desde esa posición, muy elevada, entra en relación con unos y con otros, y entre ellos con el oráculo. Y es precisamente hacia la persona de Edipo hacia quien apuntan sin pretenderlo las palabras que el coro pronuncia en la antístrofa del primer par estófico de este segundo estásimo:

> ὕβρις φυτεύει τύραννον· ὕβρις, εἰ   ἀντ. α   872
> πολλῶν ὑπερπλησθῇ μάταν,
> ἅ μὴ 'πίκαιρα μηδὲ συμφέροντα,
> ἀκρότατα γεῖσ' ἀναβᾶσ'
> ἀπότομον ὤπουσεν εἰς ἀνάγκαν
> ἔνθ' οὐ ποδὶ χρησίμῳ
> χρῆται.

Es indudable que estas palabras que pone Sófocles en boca del coro hacen referencia a Edipo, y al hacerlo pone de manifiesto el modo en que Sófocles plantea su tragedia: presenta al hombre que elevado a las más altas cotas de poder y buena fortuna cae a la más profunda de las desgracias, la contemplación del héroe caído es hacia donde conduce el desarrollo de la tragedia. La finalidad de la dramaturgia de Sófocles se cumple con este Edipo, al igual que con Ayante, por un lado, poner de manifiesto que el ser humano no puede vivir de espaldas a la divinidad, en el *Ayante* en positivo en lo que hace a Odiseo, por otro, poner ante los ojos de los ciudadanos atenienses la caída del hombre que cree haberse elevado por sí mismo a las más altas cimas del poder y de la gloria por sus propios medios. En el *Edipo Rey* pasamos del espectáculo de un Edipo en la plenitud de su fortuna y de su poder, que contrasta con las desgracias que se estan abatiendo sobre Tebas, a la amarga realidad que bajo aquella apariencia se ocultaba, éste se muestra a sí mismo ante los ojos de los espectadores, y contrasta también con las palabras "hijo de la fortuna". Después de la narración de lo acontecido en el interior del palacio, se anuncia el espectáculo:

> δείξει δὲ καὶ σοί. κλῇθρα γὰρ πυλῶν τάδε

διοίγεται· θέαμα δ' εἰσόψῃ τάχα   1295
τοιοῦτον οἷον καὶ στυγοῦντ' ἐποικτίσαι.

Espectáculo que es corroborado por las primeras palabras que salen de la boca del coro ante la terrible imagen que ante sus ojos se ofrece:

Χο. ὦ δεινὸν ἰδεῖν πάθος ἀνθρώποις,
ὦ δεινότατον πάντων ὅσ' ἐγὼ   1298
προσέκυρσ' ἤδη.

El objetivo instrumental que persigue la tragedia de Sófocles para el fin último que se propone, se cumple, como podemos apreciar en estos versos que acabamos de citar, la contemplación de una caída que ha de llevar al espectador a la reflexión, tal y como podemos leer en los versos que cierran esta tragedia, unos versos cuya atribución no está falta de polémica.

La opinión que en esta tragedia muestra Edipo sobre Tiresias contrasta con la que muestran las palabras del sacerdote que al comienzo del *Edipo Rey* se dirige a Edipo encabezando a un grupo de ciudadanos en actitud suplicante. El sacerdote apela a Edipo y a través de sus palabras deja muy claro la imagen que de su soberano tiene en lo que hace a su σοφία, a sus conocimientos y habilidades intelectuales:

θεοῖσι μέν νυν οὐκ ἰσούμενόν σ' ἐγὼ   31
οὐδ' οἵδε παῖδες ἑζόμεσθ' ἐφέστιοι,
ἀνδρῶν δὲ πρῶτον ἔν τε συμφοραῖς βίου
κρίνοντες ἔν τε δαιμόνων συναλλαγαῖς

La fe de los ciudadanos de Tebas en Edipo es a ese respecto completa, su σοφία es competente no sólo en los asuntos que al ser humano le puedan ir aconteciendo sino también en aquello que hace referencia a la intervención de fuerzas divinas en el ámbito humano, en este punto se puede ver una extensión de su σοφία al terreno propio de Tiresias, aunque más bien se trata de una nueva forma de concebir esa relación con la esfera de lo divino, muy en particular en aquellas cosas que pueden afectar a los mortales. Sin embargo no lo consideran igual a un dios, y de dejarlo bien claro se cuida mucho, aunque la σοφία, los conocimientos y habilidades intelectuales de Edipo son tales y tan grande e incuestionable su buena fortuna que fácilmente alguien podría hacelo. Para poder hacernos una idea del alcance de estas palabras debemos tener presente la imagen majestuosa de este Edipo que en la plenitud de su poder y fortuna recibe a la comitiva suplicante. Y es precisamente aquí donde podemos encontrar una de las claves para una comprensión más completa de esta tragedia de Sófocles: el héroe aparentemente en la cima del poder y de la buena fortuna cae en la realidad de miseria y desgracias en las que sin saberlo se halla sumido. Aquí hay una advertencia a aquellos que fiados en sus propias capacidades intelectivas y llevados por una firme voluntad puedan, si no creerse dioses, al menos ignorarlos e incluso llegar a caer en la tentación de prescindir de ellos, una advertencia a un Edipo que confia plenamente en sí mismo y en su buena fortuna, una capacidad que le permitió liberar a la ciudad de Tebas de la Esfinge, cosa que llevó a cabo en palabras del sacerdote de Zeus:

καὶ ταῦθ᾽ ὑφ᾽ ἡμῶν οὐδὲν ἐξειδὼς πλέον   37
οὐδ᾽ ἐκδιδαχθεὶς, ἀλλὰ προσθήκῃ θεοῦ
λέγει νομίζει θ᾽ ἡμὶν ὀρθῶσαι βίον.

Los ciudadanos de Tebas, por boca del sacerdote que encabeza la comitiva, en el planteamiento que presenta, armoniza los dos ámbitos exhortando con ello a la acción armónica de ambas σοφίαι. En esta apelación al ambito divino, aunque realizada por un sacerdote, no debemos ver el recurso a una instancia irracional para dar explicación plena a la hazaña de Edipo, sino más bien el reconocimiento de que la empresa que tuvo que superar Edipo fue tal que excede las posibilidades de acción de los simples mortales, se trata por tanto de dar respuesta a una exigencia, de dar una explicación más completa de lo acontecido, armonizando a tal fin la esfera humana del saber con la esfera divina. Al comienzo de *Los siete contra Tebas*, Esquilo por boca de Eteocles plantea no sin un cierto humor ácido esa misma dualidad interpretativa: el peligro es tan grande y la situación de una gravedad tan extrema que si las cosas van bien los tebanos dirán que ha sido obra de un dios, pero si las cosas salen mal, todos responsabilizarán a Eteocles. Esta exigencia de racionalización se hace necesaria y responde en no poca medida al nuevo espíritu de los tiempos, pero al mismo tiempo enlaza también con aquella antigua práctica surgida de las propias limitaciones del ser humano de fijar la causa y el origen de todo en los dioses. Para los tebanos no hay otra explicación, es difícil creer que Edipo solo, sin saber prácticamente nada, haya podido enfrentarse a la Esfinge y salir victorioso, tiene que haber contado en tamaña empresa con la ayuda de alguna divinidad, como ocurre con el Odiseo de *Ayante*. Pero incluso aquí, en este punto, se hace una concesión a la duda, reflejo inequívoco de los tiempos en los que Sófocles escribe esta tragedia, λέγει νομίζει τε. Y el sacerdote es coherente con la interpretación y sigue en la misma línea de acción no excluyente de ambas esferas, de ambas σοφίαι.

En este Edipo de Sófocles confluyen, como ya hemos dejado dicho al principio, una serie de rasgos caracterológicos que dan como resultado un personaje de una singularidad pocas veces lograda. Dotado de una inteligencia activa que se va autoalimentando con las diversas experiencias vitales. No es casual que para referirse a Edipo el sacerdote de Zeus emplea para referirse a Edipo unas palabras que evocan el fin último que persigue todo ciudadano que se precie, unas palabras que traen a la memoria la descripción que de Pericles hace Tucídides: Περικλῆς ὁ Ξανθίππου, ἀνὴρ κατ' ἐκεῖνον τὸν χρόνον πρῶτος Ἀθηναίων, λέγειν τε καὶ πράσσειν δυνατώτατος (Pericles el de Jantipo, el primero de los atenienses en aquel tiempo y el más capaz para la palabra y la acción, les aconsejo lo siguiente:). La primera de ellas la hallamos en los versos 33 s.:

ἀνδρῶν δὲ πρῶτον ἔν τε συμφοραῖς βίου   33
κρίνοντες ἔν τε δαιμόνων συναλλαγαῖς

Y poco después de nuevo emplea unas palabras que contienen la segunda de las expresiones empleadas por Tucídides para describer a Pericles, ἀνὴρ κατ ἐκεῖνον τὸν χρόνον πρῶτος Ἀθηναίων:

νῦν σ᾽, ὦ κράτιστον πᾶσιν Οἰδίπου κάρα, 40
ἱκετεύομέν σε πάντες οἵδε πρόστροποι
ἀλκήν τιν᾽ εὑρεῖν ἡμίν, εἴτε του θεῶν
φήμην ἀκούσας εἴτ᾽ ἀπ᾽ ἀνδρὸς οἶσθά που·

Y un poco más abajo, concretamente en el verso 46, una expresión más, ἴθ᾽, ὦ βροτῶν ἄριστ᾽, ἀνόρθωσον πόλιν. En ambos casos encontramos juntos, como instancias no disociables, el ámbito humano y el ámbito divino, muy acorde todo ello con el objetivo que Sófocles se propone. Propugna una relación armónica entre el ámbito divino y el humano, que en esa relación se vea inmerso también el par λέγειν τε καὶ πράσσειν, que define el objetivo último del hombre en la πόλις, un objetivo que si pretende alcanzar y llevar a la práctica de espaldas a los dioses, va a traer antes o después desgracias y sinsabores, Edipo es un ejemplo magnífico de ello. Y en las palabras que cierran la tragedia, en unas palabras cuya atribución al coro o al propio Edipo viene siendo objeto de controversia, encontramos a modo de síntesis todo esto:

ὦ πάτρας Θήβης ἔνοικοι, λεύσσετ᾽, Οἰδίπους ὅδε,
ὃς τὰ κλείν᾽ αἰνίγματ᾽ ᾔδει καὶ κράτιστος ἦν ἀνήρ, 1525
οὗ τίς οὐ ζήλῳ πολιτῶν ταῖς τύχαις ἐπέβλεπεν,
εἰς ὅσον κλύδωνα δεινῆς συμφορᾶς ἐλήλυθεν.
ὥστε θνητὸν ὄντ᾽ ἐκείνην τὴν τελευταίαν ἔδει
ἡμέραν ἐπισκοποῦντα μηδέν᾽ ὀλβίζειν, πρὶν ἂν
τέρμα τοῦ βίου περάσῃ μηδὲν ἀλγεινὸν
παθών. 1530

En el segundo par estrófico el coro hace una declaración de que la justicia se cumpla, de que el orden alterado por las acciones contrarias a la justicia sea restablecido. Comienza con una nueva referencia al pareja formada por λόγων ἔργων τε, pero ahora bajo una forma más concreta:

εἰ δέ τις ὑπέροπτα χερσίν
ἢ λόγῳ πορεύεται,   στρ. β
Δίκας ἀφόβητος ἕδη σέβων   885
κακά νιν ἕλοιτο μοῖρα,
δυσπότμου χάριν χλιδᾶς
εἰ μὴ τὸ κέρδος κερδανεῖ δικαίως
καὶ τῶν ἀσέπτων ἔρξωται,
ἢ τῶν ἀδίκτων θίξεται ματάξων.
τίς ἔτι ποτ' ἐν τοῖσδ' ἀνὴρ θυμοῦβέλη
τεύξεται ψυχᾶς ἀμύνειν;

Describe el coro la apariencia que presenta aquel que es objeto de ὕβρις, una mirada altiva, ὑπέροπτα, soberbia, desdeñosa, apariencia que transmite a sus manos, a sus movimientos, a lo que sale de su boca, a sus palabras; χλιδᾶς, muelle, ostentoso, vácuo, término que cierra la descripción, remite a las formas deslumbrantes, lujosas, pero vacías de contenido. El coro con la pregunta que se plantea apunta inconscientemente a Edipo, pues él se ufana de tales cosas, naturalmente. Que se refiere a Edipo se ve confirmado por lo que sigue, por los versos 895ss., incluso la antístrofa redunda en ello. La antístrofa toda expone las consecuencias que depara a los hombres el vivir de espaldas a los dioses, verso 893 s.

La transformación de la Liga Ático-Délica por necesidades de la propia dinámica interna de la democracia ateniense en un instrumento de dominación y explotación de otros pueblos[7], en una arqué, que desborda el marco de la

---

[7] Pericles llegará a decir a los atenienses que han convertido su arqué en una tiranía, si bien se apresura a advertir que dadas las circunstancias no sería conveniente al abandonarla, como podemos leer en Tucídides II, 63, 2.

polis, conlleva necesariamente la transformación de todas las instituciones en un proceso de adecuación y de instrumentalización de ellas y de los valores y principios que les dan sustento[8], todo ello en aras del mantenimiento de un más que delicado equilibrio interno y del mantenimiento de una política exterior imperialista. Este estado de cosas genera una serie de contradicciones que escapan al control del hombre, a su conocimiento y a su capacidad de comprensión. Estas inquietudes que agitan en lo más profundo a la Atenas de Sófocles son las que mueven su tragedia. El ser humano es objeto de los altibajos y contingencias de la fortuna, y en esta misma tragedia tenemos en palabras de Yocasta testimonio de ello. Yocasta, que empieza a sospechar la verdad, por lo que intentará, aunque en vano, hacer desistir a Edipo de su empeño por llevar hasta el final la investigación iniciada, dirige a éste unas palabras que constituyen un reproche y a la vez una mezcla de consejo y advertencia, vv. 977-979:

τί δ' ἂν φοβοῖτ' ἄνθρωπος ᾧ τὰ τῆς τύχης   977
κρατεῖ, πρόνοια δ' ἐστὶν οὐδενὸς σαφής;
εἰκῇ κράτιστον ζῆν, ὅπως δύναιτό τις[9].

El hecho de ser objeto de las contingencias y de las alternancias de fortuna, de las que hay testimonios ya en los autores de los siglos VII y VI, hace que aflore en el ser humano la exigencia de una actitud racional que halla en el concepto de σωφροσύνη[10], un concepto presente ya en los poemas homéricos, pero relegado a un plano secundario por la moral agonal, una, noción válida. Desde el principio la noción de σωφροσύνη aparece ligada al

---

[8] Tucídides, en III, 82 denuncia el cambio de valores que sufren los términos éticos, por efecto de la guerra del Peloponeso, y Platón, más tarde se hará eco de estas reflexiones de Tucídides en su *República* 560d.
[9] Estas palabras de Yocasta, si bien son interesadas, constituyen, por la contundencia con la que se expresa, un anticipo de la posición vital desde la que se moverán los personajes trágicos de Eurípides. En esas circunstancias, la indefensión del hombre es tal que, incapaz de conocer la suerte que le aguarda, se ve sometido a lo que el azar, el destino o los dioses dispongan, o también sus propias pasiones, las explosiones de ira de Edipo pertenecerían a ese ámbito.
[10] Platón llamará a la σωφροσύνη "armonía", y afirmará que el hombre que la posee está "bien armonizado" ἡρμοσμένος. *República* 431 ss.

concepto de medida, una medida cuya acción se dirige preferentemente a limitar los impulsos espontáneos, impulsos que podemos calificar de irracionales. Δίκη y σωφροσύνη se complementan, ya que ésta última en tanto que elemento racional y de acción restrictiva frente a las tendencias excesivas irracionales hace posible una adecuación de la acción humana al principio rector del cosmos, a la justicia, entendida como expresión de la voluntad de la divinidad. La exigencia de racionalidad y de acción sobre la realidad cambiante se cumple de este modo sin volver la espalda a los dioses y sin ignorar una realidad sobre la que es necesario actuar.

No hay lugar a duda del ámbito al que hace referencia el coro, la polis, pero en ella el hombre debe inspirar e informar toda su actividad en el principio que rige el cosmos, la justicia, hija de del propio Zeus, o si se prefiere principio rector del cosmos y expresión de la voluntad de la divinidad. Las νόμοι (v. 865) a las que hace referencia en el primer par estrófico el coro y de las que se dice que Ὄλυμπος πατὴρ μόνος (v. 867), en la estrofa del segundo par las encontramos bajo la forma en la que hallan concreción entre los hombre, bajo la forma de Δίκας (v. 885), la Justicia, pues, como principio rector de la actividad del hombre, el mismo principio que rige el cosmos[11]. Del mismo modo en la estrofa del primer par hallamos el lugar de origen de esas νόμοι, un lugar que les confiere la condición de divinos, οὐρανίαν δι' αἰθέρα (v. 866), y en la estrofa del segundo par hallamos la forma que presenta entre los hombres, una forma en la que se explicita su adscripción a lo divino, δαιμόνων ἕδη. En las antístrofas hallamos la hybris, la tiranía, por un lado, concretadas en el descrédito de los centros mánticos y el no cumplimiento de los oráculos, un no cumplimiento que en realidad esconde una incapacidad del hombre para entenderlos, para establecer contacto a través de ellos con la divinidad, un hombre que ha

---

[11] En unos escritos atribuidos a Platón, en *Leyes*, se plantea también este asunto, en concreto la relación que existe entre el modo como conciben los hombres a los dioses y el modo como los primeros plasman ese concepto a través de sus palabras y de sus actos: Θεοὺς ἡγούμενος εἶναι κατὰ νόμους οὐδεὶς πώποτε οὔτε ἔργον ἀσεβὲς ἠργάσατο ἑκὼν οὔτε λόγον ἀφῆκεν ἄνομον, ἀλλὰ ἓν δή τι τῶν τριῶν πάσχων, ἢ τοῦτο, ὅπερ εἶπον, οὐχ ἡγούμενος, ἢ τὸ δεύτερον ὄντας οὐ φροντίζειν ἀνθρώπων, ἢ τρίτον εὐπαραμυθήτους εἶναι θυσίαις τε καὶ εὐχαῖς παραγομένους. (885b).

vuelto la espalda a los dioses vaciando de contenido sus formas tradicionales de vinculación. Y para concluir ἔρρει δὲ τὰ θεῖα (v. 910), que resume a la perfección aquello que más preocupa al coro.

Y el coro llegará a plantear abiertamente al declarar con temor, a tenor del discurrir de la acción, que los oráculos ya no se cumplen, con todo lo que ello implica de cuestonamiento de los dioses. Y así, cuando llega un mensajero procedente de Corinto anunciando el fallecimiento por muerte natural de Pólibo y la decisión del pueblo de Corinto de que Edipo, hijo de Pólibo, asuma el poder, la propia Yocasta, conocedora de las razones por las que Edipo abandonó Corinto, exclama retomando la opinión expresada poco antes por el coro:

ὦ θεῶν μαντεύματα,   946
ἵν' ἐστέ. τοῦτον Οἰδίπους πάλαι τρέμων
τὸν ἄνδρ' ἔφευγε μὴ κτάνοι· καὶ νῦν ὅδε
πρὸς τῆς τύχης ὄλωλεν οὐδὲ τοῦδ' ὕπο.

El saber toma la forma de palabra, de logos, para ser exactos, esto es, el pensamiento articulado en el discurso, en la palabra, es un conocimiento "lógico" un conocimiento que permite descifrar las palabras del dios, transmitir los conocimientos que el dios transmite a través del discurso, de la palabra, es lo que define al conocimiento, a la σοφία, pero comienza a surgir una nueva forma de conocimiento, una nueva vía, un conocimiento que tiene su origen en la propia experiencia, en la indagación a través de la palabra, un conocimiento que tiende a ser autónomo y a operar de forma independiente del plano divino, se podría hablar de un desplazamiento de las fuentes del conocimiento desde la divinidad hacia el cosmos, y en especial hacia el hombre, esta forma que encontrará una propuesta clara e inequívoca en los planteamientos socráticos transmitidos por Platón, encuentra esbozado en este Edipo de Sófocles uno de sus exponentes dramáticos primeros. Sófocles pretende que el público tome conciencia del problema que supone volver la espalda a lo divino y propugna indirectamente una relación armónica entre el hombre en todas sus actividades y los dioses en todas sus manifestaciones. La cultura griega es una cultura de la palabra, y es precisamente a través de la palabra en la forma de oráculos, mensajes que hay que interpretar y cuya interpretación mueve a los mortales a actuar de un modo u otro, cómo la divinidad se comunica con los mortales. En esa interpretación el mortal se equivoca y el destino, un destino trágico, se cumple inexorablemente. Puede resultar paradójico el que las consultas oraculares, que tienen por finalidad proporcionar a los mortales una solución a los diferentes problemas que el discurrir vital va presentando, o bien advertir a los mortales del camino erróneo que ante ellos se abre, en suma la de dar solución a todo aquello que los simples mortales son incapaces de resolver por sí solos, son en realidad trasladadas al campo de la tragedia uno de los elementos que mueven la acción en el sentido contrario al que se pretende.

El coro, en las palabras de respuesta a las quejas de Creonte por las acusaciones de Edipo que antes hemos examinado, da muestras de conocer muy bien a Edipo, conoce tan bien a su soberano que sabe de ese rasgo de su carácter que actúa como motor de su destino o, si se prefiere, de la acción: la cólera, sus temidos y temibles arranques de ira[12]:

Χο. ἀλλ᾽ ἦλθε μὲν δὴ τοῦτο τοὔνειδος, τάχ᾽ ἂν δ᾽
ὀργῇ βιασθὲν μᾶλλον ἢ γνώμῃ φρενῶν.   524

El posicionamiento racional de Edipo y sus arranques de ira, componente éste último irracional, actuan como rasgos del carácter de Edipo de los que se sirve la divinidad para que el destino que pesa sobre el linaje de Layo se cumpla; al mismo tiempo, desde el otro ámbito, desde el divino, Tiresias como si de la persona de confianza de Apolo se tratara, coadyuva eficazmente a eso mismo, a que la advertencia de Apolo a Layo, desoida por éste tres veces, no quede sin efecto, esto es, a que el destino se cumpla. Edipo ve en Tiresias a un enemigo de su persona y de la posición social que

---

[12] Cf. a este respecto Patricia Crespo Alcalá, "Sófocles, *Antígona* 88" (X Congreso Nacional de Estudios Clásicos, Alcalá de Henares, 21 al 25 de Septiembre de 1999) Madrid, (en prensa).

ocupa, y no anda en realidad mal encaminado, ya que Tiresias, o mejor aún, lo que representa Tiresias es su enemigo: el destino, la voluntad de la divinidad, todo aquello que el horrorizado hijo de los soberanos de Corinto pretendió evitar poniendo tierra de por medio. Edipo hace de Tiresias un farsante y racionaliza el proceder del ciego vidente fijando como móvil el interés material y personal:

ὑφεὶς μάγον τοιόνδε μηχανορράφον,   387
δόλιον ἀγύρτην, ὅστις ἐν τοῖς κέρδεσιν
μόνον δέδορκε, τὴν τέχνην δ' ἔφυ τυφλός.

Edipo racionaliza el proceder del ciego vidente fijando como móvil el interés material y personal, de ahí el uso del término μηχανορράφον, cuya razón la encontramos en ἐν τοῖς κέρδεσιν, es decir, en las riquezas, para las cuales es para lo único que, en opinión de Edipo, posee visión este adivino. La razón frente al destino, un destino que no se puede evitar, pero un destino que se obscurece tras los hechos en la medida en que esos hechos contradicen las palabras. La razón, como ocurrirá con la tragedia de Eurípides, creará monstruos, unos monstruos que podrán llegar incluso a destruir al hombre, y así, Edipo caerá víctima de su razón, de su σοφία y de su voluntad. Considera Edipo el proceder de Tiresias impropio de quien se supone que posee el divino don mántico, pues en su condición de adivino no debía poner ese don al servicio de intereses materiales personales, de ambiciones más propias de un simple mortal, y no de quien tiene una relación estrecha con la divinidad. Y es precisamente en ese sentido en el que hay que entender ese μάγον del verso 387, en el sentido que ya apuntó Bollack[13], con un valor político de "faiseur de roi", maquinador e intrigante, explicitado en ese μηχανορράφον, "urdidor de historias increíbles". Aflora aquí, en estos versos, la consideración que Edipo tiene de Tiresias, al que considera más próximo a un funcionario estatal que a un verdadero adivino, pero la opinión

---

[13] Jean Bollack, *L'Oedipe roi de Sophocle. Le texte et ses interprétations*, Presses Universitaires de Lille, Lille 1990.

de Edipo, que racionaliza el proceder de Tiresias, coincide en lo fundamental con la expresada por el coro: las apariencias, el hecho de que Tiresias sea un vidente debe verse corroborado por los hechos. El conocimiento, en suma, sea del ámbito que sea, no es patrimonio de nadie. A este respecto las palabras del sacerdote al comienzo son muy reveladoras, palabras que contrastan con la opinión que oiremos expresar a Edipo sobre el ciego Tiresias[14]:

ἄνακτ' ἄνακτι ταῦθ' ὁρῶντ' ἐπίσταμαι
μάλιστα Φοίβῳ Τειρεσίαν, παρ' οὗ τις ἂν   285
σκοπῶν τάδ', ὦναξ, ἐκμάθοι σαφέστατα.

El políptoto inicial ἄνακτ' ἄνακτι[15] formando un peculiar colon inicial, y el quiasmo que forma con Φοίβῳ y Τειρεσίαν, que se retrasan hasta el verso siguiente, ponen de manifiesto de modo muy expresivo, incluso en la forma, lo que antes decíamos, la idea de un Tiresias en relación perfecta con Apolo, su señor, pero también, y esto es lo que más nos interesa, el carácter formal de la relación, formalismo que se refleja muy bien en estos versos. La razón por la que Edipo hace venir a Tiresias no es otra que la condición de adivino oficial de Tebas que detenta este ciego vidente, algo así como si de un funcionario público se tratara, al que hay que acudir necesaria e inevitablemente, ya que en cuestiones mánticas y oraculares es la instancia preceptiva procedimental. El hacer venir a Tiresias tiene esa función en la tragedia, mostrar la entidad oficial y no poco formal de este conocido vidente tan implicado en la saga de Layo como el mismo Apolo. Edipo hace venir a Tiresias porque si no lo hubiera llamado estaría haciendo algo impropio de la persona a quien los ciudadanos de Tebas confiaron las riendas del poder y con ellas sus propios destinos, pero le hace venir, como ya hemos indicado

---

[14] A. Moreau, "Les prophéties de Tirésias: un devin trop humain (*Oed. Roi*, 300-462)", A. Machin et L. Pernée, *Sophocle. Le texte, les personnages*, Publications de l'Université de Provence, 1993, pp. 219-232.
[15] Cf. Brigitte Gygli-Wyss, *Das nominale Polyptoton im älteren Griechisch*, Göttingen 1966, aquí pp. 124 y 140.

antes, para descargar en él el problema. Pero Edipo ignora que a través de Tiresias, al igual que a través de la Esfinge y del carácter del propio Edipo, el destino avanza, la divinidad ejecuta sus designios, no puede ser de otro modo, pues en caso contrario no sería Tiresias, no sería el gran vidente. Y esto es y será así, será así porque va a ser Tiresias, la propuesta de Tiresias para ser exactos, la que va a dejar sembrada la semilla del enfrentamiento, una semilla que en la tierra de la casa de Layo, empapada de sangre, germinará con rapidez y dará los frutos fijados por el destino, la extinción del linaje maldito de Layo.

En el fragmento de Estesícoro conocido por su nombre técnico, Papiro de Lille, ya que no tenemos noticias de su título ni podemos saber con seguridad en qué parte del mito tebano se centra la obra, contiene una propuesta de la madre de Eteocles y Polinices a partir de unas palabras de Tiresias no conservadas. Con todo, del fragmento se puede inferir que acaba de vaticinar la muerte mutua de los hermanos en palacio, esto es, en Tebas, como hijos de Edipo disputándose la herencia, o bien la toma de la ciudad. Eurigania[16], pues de ella debe tratarse, propone como solución la partición de la herencia. Conforman este fragmento los últimos versos de una antístrofa, el epodo, un par estrófico y el epodo correspondiente. En los últimos versos de la antístrofa y en el epodo primero, Eurigania reacciona contra una interpretación negativa de las palabras del adivino y manifiesta su fe en que ni la discordia ni el amor son constantes, al hacerlo entra de lleno Estesícoro en la polémica sobre la omnipresencia del mal:

ἐπ' ἄλγεσι μὴ χαλεπὰς ποίει μερίμνας		201
μηδέ μοι ἐξοπίσω		
πρόφαινε ἐλπίδας βαρείας.		
οὔτε γὰρ αἰὲν ὁμῶς	ἐπ.	204
θεοὶ θέσαν ἀθάνατοι κατ' αἶαν ἱρὰν		
νεῖκος ἔμπεδον βροτοῖσιν		

---

[16] Para la edición y comentario de este fragmento, cf. C. Morenilla y J. Vte. Bañuls, "La propuesta de Eurigania (P. Lille de Estesícoro)", *Habis*, 22, 1991, pp. 63-80.

οὐδέ γα μὰν φιλότατ', ἐπὶ δ' [ἀλλοῖ ' ἂν νόον ἀνδρῶν
θεοὶ τιθεῖσι.

A la visión pesimista de la vida, muy extendida entre los poetas de la época arcaica[17], opone Estesícoro a través de estas palabras de Eurigania la reflexión en la alternancia de opuestos. A partir de su observación en opuestos naturales, como el día y la noche, no sólo se elaboran teorías cosmogónicas, sino también reflexiones de carácter ético. Sófocles, fr.787 N, lo manifiesta con claridad cuando dice que el destino gira en círculo, o bien en la párodos de las *Traquinias*, en especial en los vv. 126-135, cuando reflexiona sobre la mudanza de sufrimientos en alegrías.[18] El vaticinio de Tiresias abre con su alternativa una vía de esperanza.[19] En la estrofa encontramos el problema central, el destino vaticinado a los hijos:

αἰ δέ με παίδας ἰδέσθαι ὑπ' ἀλλάλοισι δαμέντας   στρ. 211
μόρσιμόν ἐστιν, ἐπέκλωσαν δὲ Μοίρα[ι,

...

παίδας ἐνὶ μμεγάροις

---

[17] El fr. 15 de Solón constituye un buen ejemplo, aunque el mismo Solón, en 1, 63, habla también de la alternancia de bienes y males. También es grande el pesimismo de Hesíodo en *Los trabajos y los días,* aunque deje entrever un rayo de esperanza, 100-104 y 176-180.
[18] También Píndaro en su *Olímpica* II, 33 s. habla de las cambiantes corrientes acompañadas de dichas y dolores que llegan a los hombres. Al conocimiento de esta alternancia exhorta Arquíloco en el fragmento 211, 7 A. En *Fenicias,* la Yocasta de Eurípides, que se esfuerza en convencer a sus hijos de que lleguen a un acuerdo, argumenta en 84-87, al igual que nuestra Eurigania en 204 ss., que Zeus no puede dejar αἰεί en la desgracia al mismo mortal, y más tarde, en 541-548, se sirve de un par natural, la luna y el sol, como modelo de alternancia sobre los hombres. En aquellas obras que desarrollan el asunto de la disputa, hallamos siempre un intento de evitarla. En el caso de Esquilo ignoramos los prolegómenos del conflicto. El papel mediador de Eurigania está asimilado en parte al coro, sobre todo a partir del momento en que Eteocles anuncia que él mismo va a enfrentarse a Polinices. Aunque Sófocles no se ocupa de la disputa, ésta en fase final sirve de fondo a su *Edipo en Colono,* donde aparte de lo que se pueda deducir de la mención de un acuerdo y de su ruptura por Eteocles, el único intento explícito de solución procede de Antígona, al pedir a Polinices que regrese a Argos. En *Fenicias* acuerdan turnarse en el poder; pero Eteocles se niega a abandonar el trono y expulsa a Polinices; la Yocasta de Eurípides, al integrar la figura de Eurigania, desarrolla un prolongado intento de mediación.
[19] De este vaticinio se servirá Esquilo y también Helánico, fr.4 F 98, e incluso es probable que Eurípides se inspirara en esta escena de Estesícoro para el asunto de Meneceo, pues en ambos casos Tiresias llega con un vaticinio en forma de alternativa: tu hijo o la ciudad Un destino alternativo presenta también el oráculo que reciben los espartanos con relación al enfrentamiento con los persas, cf. Heródoto VII, 220, 4.

θανόντας ἢ πόλιν ἀλοίσαν.   217

Y en la antístrofa Eurigania va a proponer una salida posible a través precisamente del vaticinio de Tiresias. En los versos 218-224 propone a sus hijos que se partan la herencia paterna: uno se quedará en Tebas y reinará, pero sin las riquezas, que pasarán a manos del otro, que deberá exiliarse. Propone que la elección se someta al azar con el propósito de implicar a la divinidad en el intento de solución[20]:

τὸμ μὲν ἔχοντα δόμους ναίειν πό[λιν εὐκλέα Κάδμου
τὸν δ' ἀπίμεν κτεάνη
καὶ χρυσὸν ἔχοντα φίλου σύμπαντα [πατρός,
κλαροπαληδὸν ὃς ἄν
πρᾶτος λάχηι ἕκατι Μοιρᾶν.   224

Al hombre le es posible llevar a cabo una acción positiva a partir de una interpretación también positiva de la realidad[21]. Y esto es lo que pretende Eurigania. Pero el destino ha de cumplirse[22], uno de los posibles destinos ha de ser μόρσιμον, ha de ser hilado por las Moiras. Ignoramos cómo presenta el final Estesícoro, pero sabemos que los hermanos se enfrentan y se dan muerte, pues en caso contrario nos habría llegado noticia de una modificación de tal calado. La actitud de Eurigania no puede ser considerada impía, pues no

---

[20] Algo similar a lo que ocurre en *Ilíada* 7. 171, donde Néstor propone echar a suertes qué guerrero va a enfrentarse a Héctor, sirviéndose de una expresión que recuerda la de estos versos, y los hombres piden a Zeus por su favorito, 179 s. Es posible que también en este punto haya seguido Esquilo a Estesícoro, pues ciertas expresiones de *Siete contra Tebas* ahora, a la luz de este papiro, parecen alusiones a un sorteo En el verso 885 señala el coro que los hermanos han hecho las particiones con el hierro, y en 906 s. insiste en que han obtenido igual parte, si bien en este caso el árbitro es Ares y el lote obtenido se halla en la tumba paterna: τάφων πατρώων λαχαί (914). Según la propuesta de Eurigania, el elegido por las Moiras deberá abandonar Tebas, al igual que en ocasiones una ciudad elegía por sorteo a los ciudadanos que debían fundar una colonia. La insistencia en el sorteo y en la necesidad de la partida está vinculada, sin duda, a los problemas de sucesión y fundación de colonias.

[21] Arquíloco fr. 211, 7 A nos ofrece una exhortación al conocimiento de esa realidad alternativa que posibilita una acción positiva.

[22] La idea de que nadie puede sustraerse al destino aparece formulada con toda claridad desde el principio, cf. *Ilíada* 487-489, Calino 1. 8 s., Solón 1. 63 s., Esquilo *Siete contra Tebas* 281, etc.

pretende pasar por encima del destino fijado por la divinidad. Su propuesta, en la medida en que aleja el destino que amenaza a sus hijos, favorece al que amenaza a Tebas, de lo cual ella es consciente, por lo que al final expresa la esperanza de que aquello que le ha de suceder a Tebas, se retrase lo más posible. Y desde esa posición esperanzada, que se apoya en la fe en la no omnipresencia del mal en la tierra, confía en un cambio de actitud de los dioses. Este cambio, frecuente en la épica, aparecerá en su aspecto positivo en *Edipo en Colono* vv. 385-387 y 394, al informar Ismene a su padre de los nuevos oráculos.

En el epodo cierra Eurigania su parlamento insistiendo de un modo concreto en la idea expresada en el epodo anterior. En uno y otro manifiesta el mismo deseo, un deseo semejante al que podemos leer en unos versos de los *Persas*, en 739-742, en los que Darío deplora el cumplimiento de unos vaticinio que él esperaba que se retrasasen mucho tiempo. Aquí ocurre otro tanto: Apoyándose en la alternancia de opuestos, que niega la omnipresencia del mal, y en el efecto positivo, dulcificador del tiempo, confía Eurigania en que la divinidad no lleve a término todo lo que pesa sobre el linaje y la ciudad de Layo:

μαντοσύνας δὲ τεὰς ἄναξ ἑκάεργος Ἀπόλλων
μὴ πάσας τελέσσαι.   210

...

τοῦτο γὰρ ἂν δοκέω   ἐπ. 225
λυτήριον ὕμμι κακοῦ γένοιτο πότμο[υ
μάντιος φραδαῖσι θείου,
αἴ γε νέον Κρονίδας γένος τε καὶ ἄστυ [σαώσαι
Κάδμου ἄνακτος
ἀμβάλλων κακοτατα πολὺν χρόνον [ἅ περὶ Θήβα]ς
πέπρωται γεν[έσθ]αι.   231

Con su propuesta pretende Eurigania alejar la primera alternativa del vaticinio, separando a sus hijos e implicando a las Moiras y a Tiresias, para lo cual utiliza, sino sus mismas palabras, al menos expresiones del lenguaje mántico. Así lo indica el προφαίνω del verso 219, y en el epodo, en el 227, μάντιος φραδαῖσι θείου. Los tres últimos versos del fragmento nos muestran la actitud de los hijos de Edipo y la implicación en la propuesta de solución de Tiresias:

ὣς φάτ[ο] δῖα γυνά, μύθοις ἀγ[α]νοῖς ἐνέποισα,   στρ. 232
νείκεος ἐμ μεγάροις π[αύο]ισα παῖδας,
σὺν δ' ἅμα Τειρ[ε]σίας τ[ερασπό]λος, οἱ δὲ πίθο[ντο

En el último verso encontramos la aceptación de los hijos, tras lo lo cual se produce la partida de Polinices, de lo que quedan míseros fragmentos en otros papiros, y la participación activa de Tiresias, σὺν δ' ἅμα Τειρεσίας. Sin embargo, la esperanza de que la partición de la herencia sea λυτήριον κακοῦ πότμου, 226, se verá defraudada por los acontecimientos Ya que realmente lo será, pero no del que pesa sobre el linaje de Layo, sino del que amenaza Tebas a través de su vinculación a la estirpe maldita: con su propuesta desde una posición activa Eurigania secundada por Tiresias no hace otra cosa que facilitar el cumplimiento del destino que amenaza a sus hijos, como ya hemos indicado antes[23]. Encontramos, pues, en este fragmento de Estesícoro algo que es una de las cárácterísticas del Edipo de Sófocles: el héroe trágico se afana adaptando una posición activa positiva en evitar su destino sin darse cuenta de que sus acciones en tal sentido no hacen más que conducirlo directamente a él.

---

[23] Con todo, esta nueva situación permitirá a la Yocasta de Eurípides plantear una nueva alternativa, *Fenicias* 560: o se aleja del poder Eteocles respetando el orden preestablecido o la ciudad perecerá; el desenlace ya lo conocemos. Y en la tragedia de Esquilo, en *Siete contra Tebas*, vemos como ese λυτήριον se transforma en el acero, en Ares:

λυτὴρ νεικέων ὁ πόντιος
ξεῖνος ἐκ πυρὸς συθείς,
θηκτὸς σίδαρος, πικρὸς δ' ὁ χρημάτων
κακὸς δατητὰς Ἄρης, ...   945

Y es identificado a través de la responsión como el signo que rige la estirpe de Layo κοὺ διχόφρονι πότμῳ 899 en responsión con οὐδ' ἐπίχαρις Ἄρης 910. Esta separación acabará en la unión cantada al final de *Siete contra Tebas* los dos hermanos, ya un único πῆμα, se unirán a su padre en la tumba.

Encontramos en este fragmento de Estesícoro una reacción contra una interpretación negativa de las palabras del adivino por parte de Eurigania, que declara su fe en que ni la discordia ni el amor son permanentes. De este modo se reconoce al ser humano la posibilidad de llevar a cabo una acción positiva sobre las circunstancias y hechos que van conformando su destino, a partir de una interpretación también positiva de esas mismas circunstancias y hechos. Y esto es, precisamente, lo que pretende Eurigania. Propone que la elección del que se ha de quedar y del que se ha de marchar se someta al azar con la intención de implicar de ese modo a la divinidad en el intento de solución. No hay en el proceder de Eurigania impiedad alguna, pues no se propone pasar por encima del destino, sino que éste se retrase en su cumplimiento en la confianza de que el tiempo pueda actuar dulcificándolo, incluso confía en que pueda producirse un cambio de actitud de los dioses. Este cambio, no extraño en la épica, aparece con toda claridad en su aspecto positivo en *Edipo en Colono* 385-387 y 394, al informar Ismene a su padre de los nuevos oráculos. Pero el vaticinio de Tiresias y la solución que propone Eurigania, que cuenta con su apoyo y aquiescencia del adivino, llevará a los dos hermanos al enfrentamiento y a que la maldición que sobre ellos pesa se cumpla. Al marchar uno con las riquezas, con los atributos reales, el que se queda en el poder carece de legitimidad, mientras que el otro con la legitimidad que le confieren las riquezas paternas carece del poder que va parejo a ellas. Tiresias, pues, se muestra de nuevo como el agente del destino que pesa sobre el linaje de Layo, como un fiel servidor de Apolo. Con todo el proceder de esta madre, de Eurigania, presenta no pocos elementos comunes con el del coro de *Edipo Rey*, que propugna un acercamiento de Tiresias y de Edipo a un punto intermedio en el que cree posible una solución, un punto de encuentro del que la ὀργή de ambos, como deja dicho el coro con total claridad, les ha alejado, una interpretación positiva de los vaticinios, una acción positiva a partir de una interpretación positiva de las circunstancia y de los hechos que van conformando el destino. Todo esto se producirá, pero tarde, demasiado tarde, y en otra tragedia, en el *Edipo en Colono*, cuando el destino que pesa sobre la estirpe de Layo siga su camino, cuando Edipo emprenda de nuevo su viaje para abandonar el mundo al que nunca debió llegar.

Edipo inicia un viaje a lo largo del cual apoyándose en su voluntad y haciendo uso de su inteligencia, una inteligencia activa y creadora, pretende cambiar su suerte, su destino, pero éste Edipo que se mostrará muy seguro de sí mismo y de su buena fortuna, ha sido incapaz de llevar a cabo una acción positiva, tal y como hace el Odiseo homérico, a partir de una interpretación positiva de las circunstancia y de los hechos que van conformando el destino Edipo, movido por el oráculo que le desvela su destino, huye precisamente hacia ese destino, ha sido la interpretación del oráculo, su contextualización, lo que le hace alejarse de los que considera sus padres y su tierra y encaminarse hacia Tebas, lo que le lleva a coincidir en una encrucijada con su padre al que da muerte, lo que le conduce a enfrentarse con la Esfinge. Edipo cree interpretar correctamente las palabras del oráculo, y su interpretación sería correcta si las cosas fueran como el cree que son, si su verdad fuera la verdad, pero la ignorancia en que se encuentra -él cree saber cuando en realidad nada sabe- le lleva al error, y en su andadura no hará otra cosa más que ahondar en su error, en su ignorancia, como el mismo Tiresias le llegará a decir:

λέγω δ', ἐπειδὴ καὶ τυφλόν μ' ὠνείδισας·   412
σὺ καὶ δέδορκας[24] οὐ βλέπεις ἵν' εἶ κακοῦ,
οὐδ' ἔνθα ναίεις, οὐδ' ὅτων οἰκεῖς μέτα.

Edipo también da una interpretación correcta a las palabras de la Esfinge y resuelve el enigma que le plantea, pero de nuevo es la ignorancia de la situación en la que realmente se encuentra, la que hace que la interpretación en cuanto a la acción que de ella se va a derivar, sea de nuevo errónea, ya que va a ser lo que le conduzca a ocupar sin saberlo el lugar de su padre, va a

---

[24] En realidad habría que leer tras ese δέδορκας no "aunque tienes vista", sino más bien "aunque crees tener vista", ya que se está refiriendo a aquello que Tiresias sabe por su condición de adivino; cf. a este respecto Patricia Crespo "La dualidad del Edipo de Sófocles a través de τυφλός / δέρκομαι" en *La Dualitat en el teatre*, (K. Andresen, J.V. Bañuls, Fr. De Martino edd.), Bari, (en prensa).

sustituirlo en el trono de Tebas y en el lecho de su madre. El destino se va a ir cumpliendo de forma inexorable y va a ser la σοφία de este Edipo, su capacidad para descifrar los enigmas y misterios más obscuros, la que le va a conducir a lo más bajo cuando en apariencia le están alzando a las cotas de poder y riqueza más altas.

La figura de Edipo es en este sentido paradigmática: él, que sabía descifrar enigmas, él, que tenía la fortuna a sus pies; nadie, sin embargo, ha habido más ciego que él, en nadie se muestra de forma más incontestable la incapacidad del hombre para conocer la suerte que le aguarda, para conocer su propio destino. Edipo, que adoptó una posición activa frente al destino, que creyó poder evitarlo, ha sido, sin embargo, su principal motor y se ha visto sumergido de lleno en él. La seguridad de Edipo en su buena fortuna, su fe ciega, contrasta con la verdad. Edipo inicia un viaje a lo largo del cual haciendo uso de su inteligencia, una inteligencia activa y creadora, y apoyándose en su voluntad pretende cambiar su suerte, su destino, y del éxito de su empeño, acaba sintiendose este Edipo de Sófocles muy seguro. Edipo ha puesto toda su voluntad y ha orientado toda su acción para que el oráculo que pesa sobre él no se cumpla o, como él mismo dice en la conversación que mantiene con el mensajero corintio, en los versos 1010 s.:

Αγ. εἰ τῶνδε φεύγεις οὕνεκ ' εἰς οἴκους μολεῖν.
Οι. ταρβῶν γε μή μοι Φοῖβος ἐξέλθῃ σαφής.

Y una vez que es conocido que el destino que sobre el linaje de Layo pesaba, se ha cumplido, Creonte le dice abiertamente a Edipo:

Κρ. καὶ γὰρ σὺ νῦν γ ' ἂν τῷ θεῷ πίστιν φέροις.   1445

Estas palabras de Creonte, revelan la opinión de Edipo sobre los oráculos, una opinión fruto de su experiencia, de su acción personal. Pero la referencia al λέγειν τε καὶ πράσσειν, a la que antes hemos hecho referencia, como eje que articula la acción del hombre, desarrollado en el marco del respeto a los dioses y a las leyes divinas, enlaza, como es presentada por Sófocles, con esa idea de armonización que incluye al ámbito divino en esa concepción de la acción del hombre, esa armonización a la que hemos hecho referencia y que en última instancia es lo que postula Sófocles. La confianza en sí mismo y en su buena fortuna, su deseo de saber y su voluntad actúan como el componente racional de su carácter que junto al componente irracional mueve su destino. Ese buscar, ese indagar, característico del proceder de Edipo, de su saber, le va a conducir a dónde en realidad nunca quiso ir, al lugar y a los hechos que con ese mismo proceder creía haber evitado. La exhortación a que el ser humano no confíe únicamente en sí mismo ignorando o menospreciando el ámbito divino está presente en esta tragedia en la persona de un Edipo al que los hechos le están demostrando que se puede vivir de espaldas a los dioses[25].Pero todo ha sido apariencia, la realidad es otra muy diferente, como el mismo Edipo reconoce abiertamente. En este sentido habría que decir, como al final reconoce el propio Edipo:

Οι.   Ἀπόλλων τάδ᾽ ἦν, Ἀπόλλων, φίλοι,

---

[25] Esta posición en cierto modo anticipa ya lo que en Eurípides va a ser un elemento recurrente, si bien por una razón diferente, por la toma de conciencia de la incapacidad del hombre de llegar a conocer cómo actúan los dioses. Eurípides ve el mundo golpeado por fuerzas, en las que algunos han querido ver divinidades, pero que en el fondo no son más que pasiones humanas, pasiones destructoras. El hombre con sus pasiones no puede hacer nada para lograr un orden, sino que acrecienta el desorden, y a dar prueba de ello se dedican todas las peripecias de sus héroes, que de este modo ya no son accesorias, como en más de una ocasión se ha dicho, sino fundamentales. Se trata de pasiones individuales, de ahí el aumento de los solos en las tragedias de Eurípides. Los versos 958-960 de su *Hécuba*, son un buen ejemplo de lo dicho:

φεῦ·
οὐκ ἔστι πιστὸν οὐδέν, οὔτ᾽ εὐδοξία
οὔτ᾽ αὖ καλῶς πράσσοντα μὴ πράξειν κακῶς.
φύρουσι δ᾽ αὐτοὶ θεοὶ πάλιν τε καὶ πρόσω
ταραγμὸν ἐντιθέντες, ὡς ἀγνωσίᾳ
σέβωμεν αὐτούς.   960

La exhortación al conocimiento, expresión de un deseo consciente de dar cuenta de la totalidad, del cosmos, fue aceptada, pero sus resultados no han sido los esperados, el hombre se ha convencido ya, la realidad se ha encargado de hacérselo ver, de que es incapaz de llegar a un conocimiento de los principios que rigen el cosmos, suficiente al menos para poder moverse con una cierta seguridad. Plenamente consciente de su incapacidad, lo único que queda ahora es inseguridad y desasosiego, y esto es precisamente lo que hallamos en los personajes de las tragedias de Eurípides.

ὁ κακὰ κακὰ τελῶν ἐμὰ τάδ' ἐμὰ πάθεα.   1330

En realidad esta tragedia de Sófocles alerta del peligro de caer en impiedad, en la peor de las impiedades: aquella que en el proceso de revisión y adecuación de las viejas estructuras tiende a hacer de lo divino algo vacío de contenido, algo formal, motivado en gran medida por un exceso de confianza del ser humano en sí mismo, en sus propias capacidades cognoscitivas de carácter racional y en sus posibilidades de acción. En el personaje de Edipo encontramos encarnado de forma trágica una forma resultante de ese proceso de extrañamiento.

Las *Suplicantes* de Esquilo y el héroe trágico*

José Vte. Bañuls & Patricia Crespo
Universidad de Valencia

Uno de los problemas que presenta esta tragedia de Esquilo a la hora de su estudio e interpretación es, como ya se viene indicando desde hace años, la presencia tan notoria del coro así como el papel éste que desarrolla a lo largo de esta obra, lo que hizo pensar durante mucho tiempo que ésta era una de las primeras tragedias de Esquilo, fundándose para hacer tal consideración en la evolución interna de los elementos dramáticos de la tragedia griega. La datación de las *Suplicantes*, al igual que en otros muchos casos, no ha estado exenta de problemas. La presencia tan notoria del coro hizo pensar durante mucho tiempo que ésta era una de las primeras obras de Esquilo. Incluso se intentó con aparente exito encontrar un referencia histórica externa que a la vez que explicase determinadas partes de esta tragedia ofreciese elementos en los que apoyar una datación aproximada. Las palabras de Paul Mazon en la Notice a su edición y traducción[1] de las *Suplicantes* nos pueden ilustrar sobre esta situación: "Un indice extérieur permet enfin de proposer une date qui s'accorde avec ces données. Un des morceaux les plus importants de la pièce, le chant d'actions de grâces des Danaïdes (625-709), ne s'explique pleinement, dans sa structure générale et dans ses détails les plus significatifs, que si l'on admet qu'il a été écrit sous l'impression du désastre infligé par Cléomène à Argos vers 493. Pareille impression a dû s'affaiblir vite à Athènes devant le péril médique. La composition des *Suppliantes* doit donc se placer entre le désastre argien et la victoire de Marathon, entre 493 et 490." Pero este estado de cosas cambió bruscamente. El hallazgo de los restos de una didascalia en un papiro de Oxirrinco (*P. Oxir.* 2256 fr. 3) ha revelado que la representación de esta tragedia tuvo lugar después de los *Persas* y de los

---
* El presente trabajo se encuadra dentro de la línea de investigación "Adaptación del teatro clásico al teatro moderno occidental" GV98-09-116, subvencionada por el *Programa de Projectes d'Investigació i Desenvolupament Tecnològic* de la Generalitat Valenciana.
[1] *Eschyle*, tome I, p. 3.

Siete contra Tebas, muy probablemente en torno al año 463.[2] A pesar de que esa datación tiene fundamento y parece sensato el aceptarla, algunos, sin embargo, la restringen a la representación, y no a la composición de la obra, en lo que no parece más que un intento desesperado por mantener la tesis de que esta tragedia es una de las primeras que escribió Esquilo argumentando para ello que Esquilo, después de escribirla y considerando la inoportunidad de su puesta en escena, habría dejado reposar la obra en un cajón. Este argumento "es -como señala Albin Lesky con muy buen juicio -atribuir a los antiguos una manera de creación propia de las literatos modernos"[3]. Este hecho nos conduce a reafirmar un fenómeno en la técnica de composición que no por ser bien conocido en ocasiones parece que lo hayamos olvidado, que el proceso evolutivo de una forma literaria, dramática en este caso, no es necesariamente lineal, sino que puede presentar retornos a formas anteriores, supuestamente superadas, que el autor retoma con una finalidad determinada. En consecuencia, una vez fijada la fecha, las *Suplicantes* no se explican por el proceso de evolución de los elementos dramáticos, por la progresiva evolución del coro trágico que hace que cada vez tenga menos presencia en la acción. Hay que buscar la explicación, la interpretación en otras razones.

Una de las claves para interpretar la acción del coro la encontramos en sus continuas referencias a la συγγένεια y la posición relativa del coro en la acción. La afirmación de relaciones de parentesco no era en la Grecia antigua una simple fórmula de estilo, sino que era tenida por algo real. El prentesco entre ciudades se remonta a la época mítica.[4] Por otro lado el recurso a la συγγένεια remite a uno de los elementos que conforman el eje en torno al cual articula su tragedia Esquilo, el eje formado por la oposición γένος/πόλις, presente también en esta tragedia, como veremos, si bien en una forma un tanto especial, tan especial como es esta tragedia.

---

[2] Sobre la discusión en torno a los datos aportados por el papiro cf. G. Salanitro, "La data e il significato politico delle Supplici di Eschilo", *Helikon*, 8, 1968, pp. 311-318; A. F. Garvie, *Aeschylus' 'Supplices': Play and Trilogy*, Cambridge 1969, en especial el capítulo primero; R. Bohme, *Aeschylus correctus*, Bern-München 1977.

[3] *Historia de la Literatura Griega*, (versión española de José Mª Díaz Regañón y Beatriz Romero a partir de la 2ª ed. alemana, Bern 1963) Madrid 1976, p. 271.

[4] Olivier Curty, "À propos de la συγγένεια entre cités", *REG*, CVII, 1994, 2, pp. 698-707.

Esta vez no hay, advierte al principio de esta tragedia Esquilo por boca de las Danaidas, sangre vertida que pueda explicar la huida. Pero lo que no dice esta tragedia es que sí la habrá, y no poca sangre. Y la habrá cuando la πόλις se encuentre sujeta al γένος por los lazos de la hospitalidad surgidos en gran medida de la relación de συγγένεια. Lazos que el coro esgrime una y otra vez y que contradicen la apariencia externa de estas mujeres que conforman el coro. Pero las hijas de Danao en tanto que descendientes de Io, la mujer argiva de Zeus, tenían relaciones de συγγένεια con los argivos:

Χο.- Βραχὺς τορός θ' ὁ μῦθος· 'Αργεῖαι γένος.
    ἐξευχόμεσθα σπέρματ' εὐτέκνου βοός·   275
Βα. ἄπιστα μυθεῖσθ', ὦ ξέναι, κλύειν ἐμοί,   277
    ὅπως τόδ' ὑμῖν ἐστιν 'Αργεῖον γένος·
    Λιβυστικαῖς γὰρ μᾶλλον ἐμφερέστεραι
    γυναιξίν ἐστε κοὐδαμῶς ἐγχωρίαις·   280

A la συγγένεια, la comunidad de raza, esgrimida una y otra vez por las hijas de Danao, y todo lo que ella implica, pelasgo opone la polis democrática, sus mecanismos más distintivos. Una y otra postura se concretan en sendas formas institucionales del poder y del modo correspondiente de ejercerlo, un concepto del poder el de las Danaidas que se opone frontalmente al que presenta Pelasgos. Puede ilustrarnos muy bien sobre el carácter del Pelasgo que presenta Esquilo en *Suplicantes*, y de lo que representa, y también sobre el carácter de las hijas de Danao, sobre todo a partir del concepto de poder que estas tienen, la comparación de las palabras de Atosa, μῆτερ ἡ Ξέρξου γεραιά, Δαρείου γύναι (v. 156), en *Persas*, dirigidas al coro, cuando concluye la narración de sus sueños con las palabras de Pelasgo y la respuesta que le dan las hijas de Danao. Veamos lo que dice en *Persas* la reina Atosa:

    εὖ γὰρ ἴστε, παῖς ἐμὸς   211
πράξας μὲν εὖ θαυμαστὸς ἂν γένοιτ' ἀνήρ,

κακῶς δὲ πράξας - οὐχ ὑπεύθυνος πόλει,
σωθεὶς δ' ὁμοίως τῆσδε κοιρανεῖ χθονός.

Esta concepción del poder, una concepción ajena al ámbito cultural griego, la encontramos expresada en una forma todavía más contundente en la respuesta que dan las hijas de Danao a las palabras de Pelasgo sobre las posibilidades de su poder:

Βα. ἐγὼ δ' ἂν οὐ κραίνοιμ' ὑπόσχεσιν πάρος,   368
     ἀστοῖς δὲ πᾶσι τῶνδε κοινώσας πέρι.
Χο. σύ τοι πόλις, σὺ δὲ τὸ δήμιον.
     πρύτανις ἄκριτος ὤν,
     κρατύνεις βωμόν, ἑστίαν χθονός,
     μονοψήφοισι νεύμασιν σέθεν,
     μονοσκήπτροισι δ' ἐν θρόνοις χρέος
     πᾶν ἐπικραίνεις   375

Además, si comparamos estas palabras de respuesta del coro a Pelasgo con unas palabras del mismo coro en las que ofrecen la idea de Zeus, nos acabarémos de hacer una idea del concepto de poder tan diferente al de Pelasgo que tiene el coro:

πᾶν ἄπονον δαιμόνιων·   100
ἥμενος ὃν φρόνημά πως
αὐτόθεν ἐξέπραξεν ἔμ-
πας ἑδράνων ἀφ' ἁγνῶν.

El concepto de poder que parece tener el coro, las hijas de Danao, se aproxima a la impiedad, como se aproxima esta descripción del poder de Zeus a la descripción, que en respuesta a Pelasgo, hemos visto antes.

Pero si la acción frente al rey Pelasgo las hijas de Danao la ejercen desde el ámbito del γένος, frente a sus primos, los hijos de Egipto, estas actuan desde el ámbito de la πόλις. Los hijos de Egipto, representados por el heraldo, a pesar de tener también relaciones de συγγένεια con los argivos, Esquilo los aleja del ámbito griego, al igual que aleja del ámbito griego a los atacantes de *Siete contra Tebas* sirviéndose a tal fin entre otras cosas del juramento con sangre relatado por el espía en los versos 42-48. Este extrañamiento lo podemos ver aquí, en *Suplicantes*, en el diálogo entre el rey y el heraldo, vv. 916 s.:

Κη. Τί δ' ἡμπλάκηται τῶνδ' ἐμοὶ δίκης ἄτερ;   916
Βα. Ξένος μὲν εἶναι πρῶτον οὐκ ἐπίστασαι.

Y ya mucho antes, el rey Pelasgo los ha alejado del ámbito cultural griego al equipararlos a los persas por medio de la atribución del mismo género de acciones que contribuyeron poderosamente a la ruina de aquellos:

BA. Οὐ γὰρ ξενοῦμαι τοὺς θεῶν συλήτορας.   927

La sombra de Darío en *Persas*, en los versos 807-812, denuncia con total claridad los actos de sacrílega impiedad cometidos por los persas que en gran parte fueron la causa de sus desgracias. Y ya en el plano histórico, Heródoto también nos transmite esta información de las sacrilegas tropelías de los persas en VIII, 109, 3, así como de las funestas consecuencias que les acarrearon.

No basta con que uno llegue con la afirmación de συγγένεια para que sea aceptado, para que se establezcan lazos más estrechos que los habituales, del mismo modo la apariencia externa no es motivo para rechazar a nadie, hay que mirar aquello que realmente importa, aquello que define al griego frente al bárbaro. Los hijos de Egipto y las hijas de Danao han de decidir, desde su posición entre bárbaros, a qué lado inclinan su corazón, hacia el de los griegos o hacia el de los bárbaros, y esa inclinación se hace patente a través de aquello que define al griego. La lengua es uno de ellos, y a este respecto Esquilo caracteriza al heraldo de los hijos de Egipto poco menos que como bárbaro, ya que pone en su boca una secuencia casi ininteligible en 847ss.[5] El culto, que para los griegos es uno de los elementos de importancia capital en la definición de la identidad como pueblo, también deja claro este asunto, como podemos ver en los versos 921s. y 927:

Βα.   Θεοῖσιν εἰπὼν τοὺς θεοὺς οὐδὲν σέβῃ.   921
Κη.   Τοὺς ἀμφὶ Νεῖλον δαίμονας σεβίζομαι.
Βα.   οἱ δ' ἐνθάδ' οὐδέν, ὡς ἐγὼ σέθεν κλύω.

Estas palabras del heraldo de los hijos de Egipto presentan un fuerte contraste con las que sobre un asunto tan definitorio de su identidad como de raza argiva, como es todo aquello que hace referencia la culto, dirige el coro de Danaidas:

ἴτε μὰν ἀστυάνακτας   στρ.
μάκαρας θεοὺς γανάοντες
πολιούχους τε καὶ οἳ χεῦμ' Ἐρασίνου   1020
περιναίουσιν παλαιόν·

...

... , μηδ' ἔτι Νείλου
προχοὰς σέβωμεν ὕμνοις,   1025

La oposición ser/parecer, que en la obra de Sófocles tiene una función articulatoria muy relevante, aquí, en esta obra de Esquilo, si bien su función e importancia son secundarias, está presente y tiene la función de dar por contraste más relevancia a uno de los rasgos que definen a los griegos, el culto a los dioses olímpicos, y todo aquello que está en relación, como es la hospitalidad. Y así, al principio, cuando se presenta Pelasgo con su séquito lo primero que dice es:

---

[5] Sobre este género de recurso en Esquilo cf. Carmen Morenilla "Die Charakterisierung der Ausländer durch lautliche Ausdrucksmittel in den *Persern* des Aischylos sowie den *Acharnern* und *Vögeln* des Aristophanes", *Indogermanische Forschungen*, 94, 1989, pp. 158-176.

Ποδαπὸν ὅμιλον τόνδ' ἀνελληνόστολον
πέπλοισι βαρβάροισι κἀμπυκώμασι   235
χλίοντα προσφωνοῦμεν; οὐ γὰρ Ἀργολὶς
ἐσθὴς γυναικῶν οὐδ' ἀφ' Ἑλλάδος τόπων.

...

Κλάδοι γε μὲν δὴ κατὰ νόμους ἀφικτόρων   241
κεῖνται παρ' ὑμῶν πρὸς θεοῖς ἀγωνίοις·
μόνον τόδ' Ἑλλὰς χθὼν συνοίσεται στόχῳ.

En cambio, a los hijos de Egipto, representados en esta tragedia por el heraldo que han enviado tras las Danaidas, a pesar de tener también lazos de sangre con los argivos, Esquilo los aleja ostensiblemente del ámbito griego. La razón no es otra que detrás del heraldo se vislumbra la vieja ciudad, la vieja estructura gentilicia que desde el pasado despliega su soberbia ante la mirada de los espectadores. Subyace aquí también el problema de las relaciones entre Atenas y sus aliados, se fundamenten estas relaciones en lazos de συγγένεια o no. Los griegos que habitan en áreas de influencia no griega, como es el caso de Egipto y de Libia,[6] deben poder decidir libremente si permanecen dentro del ámbito griego o si por el contrario se inclinan al no griego. Pero se inclinen por una u otra alternativa deben respetar la ley que prohibe verter la propia sangre, en el caso de las Danaides, la de sus maridos. En suma, los aliados o protegidos bajo vínculos de hospitalidad deben atenerse a la justicia y no transgredirla, pues las consecuencias pueden afectar

---

[6] No vamos a entrar a considerar las posibles relaciones de esta tragedia con acontecimientos históricos concretos, que sin duda los tiene, somos de la opinión de que si bien el establecimiento de este género de relaciones es posible, y el caso de la *Orestiada* lo demuestra de forma fehaciente, la tragedia griega por su propia naturaleza va a las cuestiones estructurales, a las cuestiones profundas que agitan a la πόλις en sus fundamentos. Y los problemas derivados de los vínculos establecidos sobre la base de la συγγένεια tienen ese carácter. No obstante no han faltado quienes han relacionado esta tragedia con el clima previo a la expedición ateniense a Egipto, decidida por Atenas después de varios debates en torno al 461 y destinada a convertirse en un verdadero desastre. La intervención ateniense había sido solicitada por el rey libio Inaro que se había colocado a la cabeza de una revuelta antipersa iniciada en Egipto en el 463-462 (cf. Diodoro Sículo XI, 71) y que muy pronto tuvo serias dificultades sobre todo porque la mayor parte de los egipcios se negaron a seguir la revuelta contra Artajerjes.

no sólo a ellos como transgresores, sino también a todos aquellos que de un modo u otro a través de vínculos diversos se hallan unidos. La acción de una ciudad vinculada a otra puede acarrear las consecuencias de la acción a ambas, al igual que la acción de un meteco o de cualquiera que resida en una polis puede tener consecuencias no sólo sobre él sino también sobre la ciudad que lo ha acogido. Pero todo este marco de leyes, de acciones justas o injustas, de relaciones de hospitalidad o de alianzas, todo él debe estar dominado por los principios que rigen la democracia, principios muy bien definidos por Pelasgo en las últimas palabras que cruza con el heraldo:

Ταύτας δ' ἑκούσας μὲν κατ' εὔνοιαν φρενῶν   940
ἄγοις ἄν, εἴπερ εὐσεβὴς πίθοι λόγος·
τοιάδε δημόπρακτος ἐκ πόλεως μία
ψῆφος κέκρανται, μήποτ' ἐκδοῦναι βίᾳ
στόλον γυναικῶν·

Con estas palabras responde Pelasgo a la soberbia del heraldo, a sus amenazas de guerra, amenaza reiterada de forma abierta en la respuesta, en las que son las últimas palabras del heraldo, v. 950. Pero la libertad que Pelasgo esgrime ante el heraldo debe ser ejercida dentro del marco de la responsabilidad en el respeto a las leyes y a la justicia, y su ejercicio debe conjugarse con los intereses de la *polis*, de toda la comunidad. Hay un hecho que no debemos pasar por alto: Pelasgo somete al pueblo la decisión sobre algo que desde el plano religioso ya está decidido: el acoger y proteger a unas suplicantes. Pelasgo consigue persuadir al pueblo y este toma la decisión de respetar la ley vinculándose con ello al destino de las Danaidas, al destino de la otra Argos. El uso de κέκρανται, v. 943, por Pelasgo para referirse a la voluntad popular confiere al pueblo una autoridad máxima de origen divino, la misma que tiene también un rey a imitación de la autoridad divina[7], pero este hecho no legitima al pueblo la puesta en cuestión de aquello que está

---

[7] Cf. a este respecto Emile Benveniste, *Vocabulario de las Instituciones indoeuropeas*, Madrid 1983, (trad. de la ed. Paris 1969), cápitulo 4°, en especial la p. 261.

fijado por los dioses, como es el derecho que protege a las suplicantes, la obligación de acogerlas y darles protección. La clave posiblemente se encuentre como en otras ocasiones, al final de la tragedia, en este caso en boca de las doncellas que acompañan a las hijas de Danao. Se trata del verso 1061, el último antes del postrer par estrófico, un verso de un tono gnómico muy marcado:

Θε. τὰ θεῶν μηδὲν ἀγάζειν.   1061   ἀντ. γ

Posiblemente una de las claves para entender la trilogía, debe ir en el sentido de intentar, en situaciones como la planteada, llegar por todos los medios a soluciones de compromiso, a no llevar nada al extremo, ni tan siquiera lo referente a los dioses, y que retoma la antigua pero siempre vigente máxima del "nada en exceso" También una advertencia ante el argumento de antiguos lazos de parentesco, una advertencia ante el género de argumentos que, sin duda, estaban siendo esgrimidos por el sector conservador ateniense en aquellos momentos. El exceso no referido no sólo al plano humano sino también al divino, esto es, a las relaciones del hombre con la divinidad y el modo cómo éstas se plasman en el discurrir vital del ser humano. Esta parece ser una de las conclusiones de la tragedia, conclusión y a la vez eje temático, que estaría acorde con el planteamiento general de Esquilo, que en este aspecto enlaza con la antigua tradición del exceso y de los propios límites. Así pues, debemos tomar este verso como una llamada a la moderación en el planteamiento de acciones por exigencias religiosas tales como la hospitalidad, los lazos por comunidad de culto, incluso la συγγένεια argumentada por las hijas de Danao, se trata en suma de un llamamiento a intentar conjugar siempre las obligaciones religiosas con los intereses públicos, a un cierto pragmatismo en las relaciones internacionales, en las que decisiones tomadas en la Asamblea con argumentos religiosos pueden tener consecuencias desastrosas, porque, en el fondo,

Θε. σὺ δέ γ' οὐκ οἶσθα τὸ μέλλον   1056   στρ.

Las que son las últimas palabras pronunciadas en esta tragedia arrojan luz para una comprensión más plena de ella a la vez que dejan entrever el futuro, y lo dejan entrever concretamente en la palabra λυτηρίοις, palabra que hallamos también en *Siete contra Tebas*: referida al acero con el que se ha derimido la disputa entre los dos hermanos. Este final y en particular el término λυτηρίοις anuncia que habrá una desvinculación de la ciudad, una liberación de unos lazos que la sujetan, unos vínculos con una estirpe, estirpe maldita por haber ido más allá en lo de los dioses aceptando la boda, -ignoramos en qué circunstancias,- e intentar solventar el problema creando un problema mucho mayor, vertiendo la propia sangre.

Ya hemos visto la posición medial del coro entre Pelasgo y los hijos de Egipto, también hemos hablado del ámbito desde el que ejercen su acción éstos últimos. Pero de Pelasgo nada hemos dicho. Su acción de forma consciente se confunde con la del pueblo de Argos. No asume el papel de héroe trágico que la acción de esta tragedia le está ofreciendo, no sólo rechaza abiertamente ese papel sino que ante el dilema que se le presenta traslada al pueblo de Argos la decisión. Van a ser, por tanto, los ciudadanos quienes en Asamblea afronten el dilema trágico y quienes inevitable y fatalmente tomen una decisión que acarreará a todo el pueblo de Argos pesares y desgracias. Las palabras de Pelasgo son a este respecto muy claras y no dejan lugar a dudas:

Βα.   οὐκ εὔκριτον τὸ κρῖμα· μή μ' αἱροῦ κριτήν.
      εἶπον δὲ καὶ πρίν, οὐκ ἄνευ δήμου τάδε
      πράξαιμ' ἄν, οὐδέ περ κρατῶν, μὴ καί ποτε
      εἴπῃ λεώς, εἴ πού τι μὴ τοῖον τύχοι,   400
      ἐπήλυδας τιμῶν ἀπώλεσας πόλιν

Pelasgo se muestra plenamente consciente del dilema que afronta y de las consecuencias que va a tener aquello por lo que se opte, por lo que no duda en planteárlo de nuevo al coro de Danaidas, de ahí la pregunta que dirige al final al coro, una pregunta que no espera respuesta:

μῶν οὐ δοκεῖ δεῖν φροντίδος σωτηρίου;   417

Pelasgo es consciente de que cualquiera que sea la decisión que tome al respecto los ciudadanos de Argos, la tragedia es inevitable:

ἢ τοῖσιν ἢ τοῖς πόλεμον αἴρεσθαι μέγαν
πᾶσ' ἔστ' ἀνάγκη, ...   440

....

ἄνευ δὲ λύπης οὐδαμοῦ καταστροφή.   442

Pero al coro de Danaidas no le bastan las palabras, por ello ante la ausencia de una resolución clara por parte de Pelasgo amenaza el coro con hacer caer sobre él la mancha de su muerte, de su suicidio, cosa que el coro comienza a comunicarle de forma no muy clara, si bien al final, ante las preguntas de Pelasgo lo declara abiertamente:

Χο. ἐκ τῶνδ' ὅπως τάχιστ' ἀπάγξασθαι θεῶν.   465

La disyuntiva va cobrando tintes cada vez más siniestros: o muerte de las Danaidas colgándose del altar de Zeus al que se han acogido, por no haber obtenido la hospitalidad de Pelasgo, con todo lo que ello supone, o bien acogerlas dándoles hospitalidad y protección en Argos y enfrentarse por ello en una guerra a los hijos de Egipto y, como el propio Pelasgo reconoce,

ἄνδρας γυναικῶν οὕνεχ' αἱμάξαι πέδον;   477

Pelasgo finalmente toma partido movido por el temor piadoso a faltar al deber religioso de la hospitalidad, el temor a atraerse las iras de Zeus protector de suplicantes, como él mismo reconoce en los versos 478 s., pero lo hace en el marco del sistema democrático. Incluso el hecho de tener que instruir y aconsejar en el hablar en público necesaria para la actividad en la polis democrática de todo ciudadano está aquí presente:

καὶ σὸν διδάξω πατέρα ποῖα χρὴ λέγειν.   519

La implicación de los ciudadanos es completa, ni una sola voz discrepante, el voto unánime a mano alzada evoca con la evocación del aire agitado por las manos alzadas al unísono la imagen de las lanzas, la imagen terrible de las consecuencias que va a tener para Argos la decisión tomada en la Asamblea, una imagen que recuerda el verso 155 de *Siete contra Tebas*, donde otro coro también presa del miedo por el peligro seguro de una agresión inminente a través de sus sentidos agudizados en extremo por el miedo oye el sonido de las lanzas del enemigo que toma posiciones:

δοριτίνακτος αἰθὴρ ἐπιμαίνεται·   155

πανδημίαι γὰρ χερσὶ δεξιωνύμοις   607
ἔφριξεν αἰθὴρ τόνδε κραινόντων λόγον,

La implicación de Pelasgo es completa, pero dentro del marco de acción de la polis democrática, pues es él, con su intervención personal, el que la hace triunfar en la Asamblea. Pero Pelasgo, aunque el rey, es en el marco democrático de una Asamblea un voto más, por lo que la vinculación es obra de los ciudadanos de Argos, y como tales les aguarda el sufrimiento y el dolor.

A partir del último verso de las *Suplicantes*, las cosas se complican mucho. Y es que a partir de ese verso, nos movemos ya en el campo de las hipótesis, porque si tratándose de una tragedia conservada las interpretaciones pueden ser muy diversas, como la experiencia nos ha demostrado, e incluso contrapuestas, cuando se trata de tragedias no conservadas, cualquier hipótesis, siempre que sea verosímil, es posible.

Las *Suplicantes* es la primera y única pieza que ha llegado hasta nosotros de una trilogía formada por *Suplicantes, Egipcios, Danaidas*, y complementada por el drama satírico *Amimone*. En la segunda pieza de la trilogía, Pelasgo muere, probablemente en lucha contra los hijos de Egipto, y las hijas de Danao aceptan el matrimonio con la intención oculta, al parecer aleccionadas por su padre, de hacer de la noche de bodas una trampa mortal para sus primos. Todas llevan a cabo el plan, a excepción de Hipermestra, planteándose con ello una contradicción en el seno del derecho, entre el derecho del genos, el de la familia y la sangre, por un lado, y el que hace referencia la culto a los dioses, en concreto el que obliga a respetar a Cipris, como ya quedó dicho al final de *Suplicantes*

Θε. Κύπριδος δ' οὐκ ἀμελὴς ἑσμὸς ὅδ' εὔφρων.
δύναται γὰρ Διὸς ἄγχιστα σὺν Ἥρᾳ· 1035

Las palabras del coro de Danaidas dejan ya entrever que en ellas hay una inclinación a tomar el camino equivocado, a ir contra la justicia. Se niegan a aceptar una boda por la fuerza, una boda en la que vendrían a ser como un trofeo, bodas que finalmente llevarán a cabo, vv. 1030 s.:

Ἐπίδοι δ' Ἄρτεμις ἁγνὰ
στόλον οἰκτιζομένα, μηδ' ὑπ' ἀνάγκας
γάμος ἔλθοι Κυθερείᾳ·
στυγερὸν πέλοι τόδ' ἆθλον.

Pero las palabras del coro de sirvientas, en *Suplicantes*, inmediatamente después de declarar abiertamente las hijas de Danao que se niegan a aceptar una boda por la fuerza:

Θε Κύπριδος δ' οὐκ ἀμελὴς ἑσμὸς ὅδ' εὔφρων. στρ.
δύναται γὰρ Διὸς ἄγχιστα σὺν Ἥρᾳ· 1035

Φυγάδεσσιν δ' ἔτι ποινὰς κακά τ' ἄλγη   ἀντ.
πολέμους θ' αἱματοέντας προφοβοῦμαι·   1045

Estas palabras revelan que en la actitud de las Danaidas las doncellas ven algo que les va a llevar más allá, a no respetar la justicia, como muy posiblemente en la pieza siguiente, si estuviera a nuestra disposición, se podría ver, cuando aceptan, no sabemos en que circunstancias, casarse con la intención de matar a sus esposos en la misma noche de bodas. Ignoramos cómo se llevó a cabo el matrimonio, en qué condiciones, qué circunstancias concurrieron

En la tercera pieza, las *Danaidas*, Hipermestra, la única que ha desobedecido a su padre no secundando el plan y ha seguido las leyes de Afrodita, con lo que se aleja del ámbito del derecho se sangre, del genos, y se aproxima a la polis, por lo que al ser acusada de ello será defendida por Afrodita (fr. 44 N) llegándose a una solución de compromiso, solución de compromiso a la que también se llegará en *Euménides,* a partir también de una contradicción en el ámbito del derecho de sangre, del derecho del γένος, contradicción que halla solución en un tribunal de la πόλις.

No es por una sangre vertida, por lo que han tenido que salir huyendo. ¿Pero de qué huyen? Huyen, y así lo declaran abiertamente, del matrimonio con sus primos los hijos de Egipto. El rechazo del vínculo matrimonial es, por un lado, el rechazo a un vínculo de sangre, y a la vez, en ese marco de relaciones en el que se mueve la tragedia esquilea, supone también el rechazo a lo que representan los Egipcios, el γένος, y el propósito abierto y declarado de que se reconozca su vínculo con Argos, con la πόλις con la que desea estrechar sus lazos, unos lazos que serán fuente de desgracias para los argivos. Aquello de lo que huyen las hijas de Danao, aquello que rechazan, es precisamente sobre lo que fundamentan sus exigencias y lo que ofrecen a los argivos: el argumento de la ξυγγένεια encierra para la πόλις ese abrazo de muerte que debe ser evitado por todos los medios, y en el que Pelasgo y el pueblo de Argos va a caer, y que una vez consumada la vinculación sólo por el dolor e incluso la muerte será posible la ruptura de ese vínculo con el que el γένος atenaza a la πόλις, pues la ξυγγένεια comporta, como bien dice Fedra en *Coéforas* 197-200 ante la tumba de su padre Agamenón, συμπενθεῖν:

ἀλλ' εὖ σάφ' ἤινει τόνδ' ἀποπτύσαι πλόκον,
εἴπερ γ' ἀπ' ἐχθροῦ κρατὸς ἦν τετμημένος.
ἢ ξυγγενὴς ὢν εἶχε συμπενθεῖν ἐμοί,
ἄγαλμα τύμβου τοῦδε καὶ τιμὴν πατρός.   200

Esquilo, dejando a un lado el *Prometeo*[8], el fragmento 305 N, de marcado tono proverbial[9], y los usos de *Suplicantes* que estamos considerando, sólo se sirve de este término en sentido propio aquí, en *Coéforas* 199, pues en *Agamenón* 832 y en *Euménides* 691 hace de este término un uso figurado.

El rechazo al vínculo del matrimonio nos introduce por negación en el marco de relaciones en el que se mueve la tragedia de Esquilo, el γένος. Pero en el coro se produce un rechazo, una negación, y a la vez un deseo, una afirmación, niega el γένος, del que huye, y desde su opuesto, desde la πόλις, habla a quien representa al genos, al heraldo que representa a los hijos de Egipto, pero cuando habla con Pelasgo, que representa a la πόλις, el coro habla desde el ámbito del genos y esgrime como argumento la ξυγγένεια. La razón que esgrimen las hijas de Danao para encaminar sus pasos a la tierra de Argos es precisamente el linaje, la vuelta a los orígenes:

.... Ἄργους γαῖαν, ὅθεν δὴ
γένος ἡμέτερον   16

La oposición γένος/πόλις está presente. Pero por si no hubiera quedado suficientemente clara, en las palabras que siguen la establece de forma que no

---

[8] De las cuatro ocasiones en las que este término aparece usado en el Prometeo, dos las emplea Hefesto para referirse a su parentesco con Prometeo, las hallamos en los vv. 14 y 39, una tercera por Océano, tío paterno de Prometeo, para referirse a su sobrino, y la cuarta ocasión aparece usado por el propio Prometeo en el v. 855 para referirse en el contexto de las bodas a la relación de parentesco que une a las hijas de Danao y a los hijos de Egipto.

[9] El fragmento, que no es más que un verso, τὸ συγγενὲς γὰρ καὶ φθονεῖν ἐπίσταται, es recogido por Aristóteles en su *Retórica* al hablar de la *inuidia* divina.

deja lugar a dudas: ὦ πολις, ὦ γῆ (v. 23). El uso, además, de la forma jonia γαῖαν en el verso 15, que en otro contexto no sería relevante, frente a la forma ática, pone de relieve esa dualidad, esa oposición que se opera en el seno mismo del coro, a la vez que refuerza la identificación de esa irreal Argos con la Atenas de Esquilo, una πόλις con unos lazos de συγγένεια con los jonios.

La singularidad de esta tragedia radica, además de ser la única que ha llegado hasta nosotros de una trilogía en la que era la primera pieza, en el hecho que el coro representa al conjunto de ciudadanos de la ciudad de aquel momento. Esta es la razón del distanciamiento, de que no sean un grupo de ciudadanos concreto, estamos ante un mecanismo semejante al que hace que la mayor parte de las tragedias tegan tema mítico y que cuando no la tienen éste tenga un tratamiento mítico: el distanciamiento necesario para hacer posible el abordar problemas profundos, estructurales. De los tres niveles que se distinguen en esta tragedia, dos pertenecen a la πόλις, el que representa al sector demócrata, que podemos singularizar en la figura de Temístocles, y el sector conservador poco amante del sistema que instaurara Clístenes, al que en esta tragedia se intenta atraer e integrar, sector que podemos concretar y singularizar históricamente en la figura de Cimón. Hay además un tercer nivel, como ya hemos dicho, y es el que está representado por los hijos de Egipto. El coro formado por las hijas de Danao, con su declarado y continuado empeño de acercamiento a la πόλις democrática representada por Argos, pues no de otro modo hay que entender su huida de los hijos de Egipto, representa a ese sector de la polis conservador y poco o nada amante del ordenamiento democratico, por ello, en la medida en que representa a la πόλις, aunque sólo sea a una parte de ella, su papel es pasivo, pero en todo aquello que lo relaciona con el pasado, con el γένος, con la forma de convivencia anterior a la democracia, su papel es activo. Así, pasivo es su papel ante el heraldo, mientras que ante Pelasgo es claramente activo. Y es que tras los hijos de Egipto, representados muy bien por la figura del heraldo, se esconde la vieja ciudad, el antiguo ordenamiento fundado en los lazos de sangre. Pelasgo, en cambio, encarna a la πόλις democrática, y en tanto que representa a la πόλις su papel es pasivo, pues atrapado por la trampa que le tienden las hijas de Danao no hace otra cosa ante sus continuas exigencias de acción que insistir una y otra vez en que la capacidad de decisión y, consiguientemente, de acción están en el pueblo. Tan atrapado se encuentra en realidad Pelasgo como lo están las jovenes tebanas de los *Siete contra Tebas*. La afirmación de que Esquilo atribuye un papel pasivo a sus coros puede resultar equívoca, en realidad lo que Esquilo hace es atribuir la acción a los que de una forma u otra encarnan el viejo sistema gentilicio, pues va a ser por la acción, por un intento de transgresión del orden divino, del cosmos, cuyo principio rector es la justicia entendida como expresión de la voluntad de la divinidad, por lo que las desgracias y sinsabores incluso la aniquilación les va a sobrevenir. Lo que sí es cierto es que, por lo general, no es el coro el que detenta ese papel, esa representación, sino los personajes de las sagas heroicas, los heroes trágicos, los miembros de los antiguos linajes. La oposición γένος/πόλις está aquí presente, pero la peculiaridad de la esta tragedia reside en que el coro participa de ambas. En las *Suplicantes* encontramos tres niveles en la acción trágica, según funcione uno u otro, el coro actúa prácticamente como héroe trágico o bien del modo como por lo general funciona un coro trágico. La entidad del personaje se define por la acción, acción que aquí, en esta tragedia, se nos muestra más como reacción: el coro actúa de una forma ante Pelasgo, y de otra muy diferente ante el heraldo de los hijos de Egipto.

Esquilo considera en esta tragedia la oposición interna γένος/πόλις, oposición que se daba de hecho en el interior de la Atenas del siglo V, entre los partidarios de la democracia y aquellos que añoraban el viejo sistema. Esquilo, que presenta una Argos muy semejante a la Atenas de su tiempo, al llevar a escena una *polis* marcada políticamente como democrática, ha de integrar en el coro, el colectivo que la representa, esa dualidad política. En este sentido el coro de *Siete contra Tebas* no tiene marca política, como tampoco la tiene el coro de Persas, aun cuando está formado por nobles persas. En cambio, sí que tiene marca política el coro de *Euménides*, pero es la contradicción que se genera en el plano del derecho de sangre en la

Orestíada la que da a esta trilogía marca política, muy perceptible en la última tragedia, en las *Euménides*. No cabe duda de que las Erinis representan ese aspecto del *genos* que saca a escena Esquilo, y por ello, aunque conforman el coro, son un elemento activo de la tragedia. Y es que tanto las *Danaidas* como la *Orestíada* se produce una contradicción en el seno del derecho y ambas trilogías tienen un referente político muy claro, tras el que, naturalmente, subyace el problema de fondo, la oposición γένος/πόλις, que articula toda la tragedia de Esquilo

"Non seulement c'est le sort des Danaïdes qui se joue dans les *Suppliantes*, mais c'est leur volonté qui fait le sujet du drame et mène l'action." afirmaba Paul Mazon en 1921, en la ya referida Notice, p. 3, cuando aún se creía que las *Suplicantes* era una de las primeras tragedias de Esquilo. Estas palabras de P. Mazon encierran la verdadera naturaleza doble del coro, sólo intuida al parecer por P. Mazon, ya que ni tan siquiera la llega a apuntar en su exposición y menos aún a desarrollar. La primera parte hace referencia al coro tal y como suele ser configurado por Esquilo, la segunda, en cambio, hace referencia al genos, el verdadero asunto y motor de la acción en la tragedia esquílea. A esta entidad doble, tan peculiar, del coro de *Suplicantes* se debe el papel tan dominante del coro en esta tragedia, que sirvió de fundamento para, cuando aún no había más elementos de datación que la propia obra, hacer de ella una de las tragedias primeras de Esquilo y a la vez un ejemplar raro de tragedia primitiva. Nos pueden dar una idea bastante exacta de esa apreciación a partir de la peculiaridad del coro las palabras con las que abre el mismo P. Mazon su Notice a su edición y traducción de *Suplicantes*, palabras que preceden inmediatamente a las antes citadas: "La date des *Suppliantes* est inconnue. Il semble bien pourtant qu'elles soient la plus ancienne des pièces conservées d'Eschyle. Elles apparaissent en effet comme le seul exemplaire qui nous reste d'une forme vite disparue de la tragédie, où le véritable protagoniste était le Choeur" Y esa es precisamente la clave de esta tragedia, el verdadero protagonista es el coro, como coro unas veces y como héroe trágico otras, pero de un modo u otro "le véritable protagoniste".

Tragedia greca e cultura Europea

Vittorio Citti
Universidad de Trento

τῆ Μούσῃ

Ho sentito più di una volta affermare che il problema del tragico non riguarda i filologi: secondo alcuni studiosi, questi debbono occuparsi dell'esegesi dei testi e non già dell'interpretazione che si può darne in una prospettiva universale, stabilendo in linea astratta "ciò che debbono avere tutte le tragedie per essere tali"; un simile passaggio dal documento concreto all'ideale astratto dovrebbe essere invece compito dei filosofi[1]. Si potrebbe aggiungere che di fatto il dibattito sul tragico è stato condotto in gran parte dai filosofi, e, se volessimo dare il colpo di grazia all'argomento, potremmo anche osservare che esso ha riguardato soprattutto i filosofi tedeschi del secolo scorso, e dopo di loro i teorici della letteratura, in un ampio dibattito che è proseguito da Fichte a Benjamin, come è illustrato in un esemplare saggio di Peter Szondi[2]. Si potrebbe credere addirittura che questo problema non riguardasse nemmeno i filosofi in generale, ma solo gli storici della filosofia del secolo XIX. Perché mai dunque ci sono dei filologi tanto insensati da occuparsi di un problema che non li riguarda?

In realtà credo che il problema del tragico investa i filologi classici non già per il fatto che sono impegnati nella costituzione e nell'esegesi dei testi delle letterature classiche, cioè in quanto filologi, ma perché sono (o dovrebbero essere) anche intellettuali che interpretano la cultura del loro tempo, e vi portano il loro contributo, sulla base dell'esperienza che hanno del loro specifico ambito disciplinare. Del resto, la formulazione classica di questo problema non è dovuta né a un filosofo né a un filologo, bensì a un

---

[1] Così C. Miralles, intervenendo su *Il tragico in Sofocle* nel convegno "Forme e interpretazioni del tragico" (Torino, 11-12 aprile 1997), *Lexis* 15, 1997, pp. 33-44.
[2] P. Szondi, *Versuch über das Tragische*, pubblicato per la prima volta nel 1961, ed ora in P. S., *Schriften I*, Frankfurt am Main 1978, pp. 149-286, tr. italiana, *Saggio sul tragico*, Torino 1996.

poeta, che è stato indubbiamente uno dei maggiori interpreti della coscienza dell'Europa moderna, e che con la sua opera di intellettuale ha contribuito in modo determinante a costituire questa coscienza. In uno dei colloqui con il cancelliere von Müller, riferito nel diario di quest'ultimo, Wolfgang Goethe ebbe ad affermare: "ogni tragicità è fondata su un conflitto inconciliabile; se interviene o diventa possibile una conciliazione, il tragico scompare"[3]. Da queste e da altre analoghe riflessioni, in cui egli illustrava il suo modo di intendere la tradizione classica, ebbe origine un dibattito in cui filosofi romantici e postromantici, da Fichte a Hegel a Schopenhauer, parlando della contraddizione tragica, riportavano al mondo greco, in cui riconoscevano la matrice della cultura europea e con cui avvertivano una connessione privilegiata, l'origine della dialettica, che nelle loro concezioni era la forza della dinamica universale[4]; assai più tardi, intorno agli anni Trenta di questo secolo, filologi classici come Friedländer, Geffcken, Pohlenz, Jaeger e poi Reinhardt e Schadewaldt (non a caso tutti di lingua e di scuola tedesca) ripresero la discussione fondandosi sulla loro esperienza filologica: essi avevano peraltro ben presenti, a distanza di un secolo e più, i termini in cui era stato proposto il problema, ed in particolare il punto di vista espresso da Goethe e quelli che erano successivamente emersi, e comunque a quel dibattito prevalentemente si rapportavano[5].

Oggi la discussione sul tragico, riproposta in Italia dalla traduzione del libro di Szondi e dal saggio di Lanza compreso nel volume einaudiano[6], può

---

[3] F. von Müller, *Unterhaltungen mit Goethe*, hrsg. von E. Grumach, Weimar 1956, p. 118. La citazione del luogo è di solito omessa dai tedeschi, evidentemente come del tutto ovvia ("come dice il poeta"); la trovo in Szondi, 176 (tr. it., 33: ma mantengo la traduzione che avevo fatto a suo tempo).

[4] Cf. Szondi, tr. it., pp. 9-63.

[5] Un'efficace rassegna di questo secondo dibattito è stata compiuta da Diego Lanza or sono ormai diversi anni, su un numero di *Belfagor* del 1976, che traeva occasione dalla pubblicazione in italiano di un articolo di Lesky; oggi tutta la materia è ripresa in un saggio compreso nel primo volume della serie einaudiana *I Greci:* cf. D. Lanza, "Alla ricerca del tragico", *Belfagor 31*, 1976, pp. 33-64 e oggi *La tragedia e il tragico*, in *Greci, Storia, cultura, arte, società*, a c. di S. Settis, I, *Noi e i Greci*, Torino 1996, pp. 469-505. Si veda ancora il contributo che aveva dato occasione all'intervento di Lanza: A. Lesky, D*ie griechische Tragödie*, Stuttgart 1968, tradotto in *La tragedia greca. Guida storica e critica* a c. di Ch. R. Beye, Roma-Bari 1974.

[6] Cf. supra n. 5.

essere l'occasione per un altro dibattito, in cui si parli dell'antico, ancora una volta, per riflettere su noi stessi, su quello che siamo, su quello che vogliamo essere in questo momento della storia, nostra e del mondo moderno: l'occasione in cui i filologi classici riflettano per riconoscere e per proporre agli altri intellettuali del loro tempo un motivo qualificante della tradizione culturale greca e romana, in un momento in cui quest'ultima può sembrare in crisi di fronte al trionfo delle scienze e delle tecnologie, che caratterizza la società contemporanea, per il semplice fatto che il progresso tecnologico è condizione necessaria per la vita stessa dell'uomo moderno. Di fatto la cultura classica ha perduto oggi il monopolio dei modelli educativi, ma sta invece rivelando sotto molti aspetti una vitalità e un' essenzialità che i suoi sostenitori più accesi non sospettano, forse perché sono troppo accesi e parziali per sospettarlo[7]. La civiltà latina e greca appare talvolta agli uomini di oggi come qualcosa di remoto e concluso in sé, sia rispetto ai valori civili e politici, sia alla loro espressione linguistica. Il latino e il greco sono lingue morte, chiuse definitivamente nei rispettivi corpora di testi che sono stati scritti un tempo e che non possono più essere integrati: essi si arricchiscono solo accidentalmente per qualche scoperta di papiri e di iscrizioni, il cui interesse è di solito limitato ad una cerchia assai ristretta di specialisti[8]. L'uso medievale del latino come lingua veicolare è finito con l'età moderna, e la pretesa umanistica di farne la lingua universale della cultura e del sapere fa oggi sorridere: con la morte di Giovanni Pascoli è scomparso l'ultimo gran signore

---

[7] Mentre la civiltà classica è una conquista perenne per l'umanità, molte delle interpretazioni che ne sono state date servono solo a interessi di parte e come tali sono caduche e perfino nocive. Carità di patria mi vieta di proseguire questo triste argomento su una rivista internazionale.

[8] Questa affermazione è intenzionalmente paradossale. Dopo i bilanci che all'inizio del secolo ci hanno dato Powell e Barber (*New Chapters in the History of Greek Literature*, Oxford 1921-33), e il lucido ma conciso capitolo di E. G. Turner, *Greek Papyri, An Introduction*, Oxford 1980 2, pp. 97-100 (= E. G. T., *Papiri greci*, tr. it., Roma 1984, pp. 117-20), debbo ricordare, come particolarmente significativo nella valutazione della qualità del fenomeno, nonostante la circolazione limitata del volume in cui è apparso, uno dei saggi più vivaci di G. Bona, in cui si dimostra che dalle scoperte papiracee dell'ultimo secolo è venuta fuori, prendendo progressivamente forma man mano che la documentazione si ampliava, una visione radicalmente rinnovata e non convenzionale dell'antichità classica, sottratta al filtro ideologico delle selezioni tardoantiche: cf. G. B., "La nuova facies della letteratura greca", in *Insegnare l'antico*, a c. di V. Citti e U. Margiotta, Foggia 1986, pp. 97-120.

di questo gioco raffinato ed esclusivo che è stato per qualche secolo lo scrivere in latino[9]. Il latino vivente, se mai, sono le lingue romanze, in cui i popoli eredi del latino ne continuano in forme necessariamente diverse la tradizione linguistica. La civiltà latina ed ancor più quella greca appaiono remote anche dal punto di vista della storia civile e politica, egemonizzate dal primato accordato in esse alla dimensione intellettuale, anche nei suoi aspetti più propriamente formali, come le lettere e le arti, da un'oligarchia di grandi e medi proprietari che disprezzava il lavoro manuale come attività degna di schiavi ed accordava troppo spesso alle scienze applicate e alle tecnologie una posizione limitata nel quadro del sapere[10], e che fondava il proprio potere sociale sull'emarginazione e sullo sfruttamento di altri gruppi, a partire dalle donne e dagli schiavi, fino alle comunità minori della propria etnia e alle etnie contigue alla propria[11]. In quel sistema di valori avveniva, paradossalmente, che il possesso di un metodo induttivo di ricerca scientifica, quale era indubbiamente il modello ippocratico già nel V secolo a. C., e le grandi conoscenze acquisite sia nel campo matematico sia in quello fisico, non venissero spesso applicate in tutta la loro potenzialità: è rimasto classico il caso del mulino ad acqua, descritto compiutamente nel trattato di Erone di Alessandria, e che però non trovò applicazione se non come sofisticata

---

[9] Ed è pur significativo che questo gran signore, che ha espresso in latino sentimenti profondi e delicati in modo originale e degno dei grandi poeti di Roma, abbia talvolta commesso dei solecismi che a nessuno di quelli sarebbero mai sfuggiti: cf. A. Traina, "Introduzione", in G. Pascoli, *Thallusa*, a c. di A. T., Bologna 1984, p. 14.

[10] Arist. *PA* 687 a 7, riferendo l'affermazione di Anassagora (DK 59 A 102) che l'uomo è superiore agli altri animali perché possiede le mani, osserva con tono di sufficienza che è invece la mente a consentire all'uomo l'attività delle mani. Anche nella tradizione latina, dove le necessità di organizzazione politico-economica concedono uno spazio alle tecnologie, esse hanno una funzione subordinata e la loro *institutio* si modella su quella delle discipline guida di tipo intellettuale e retorico, come l'oratoria: d'altronde Vitruvio scrive per la classe dirigente, che deve commissionare le opere architettoniche e sorvegliarne l'esecuzione, e gli scrittori latini *de re rustica* rivolgono le loro opere ai grandi proprietari, perché sfruttino per il meglio le loro fattorie, mediante un impiego accorto della mano d'opera servile.
Su questo tema resta fondamentale il saggio di D. Lanza e M. Vegetti, "L'ideologia della città", *QS 2*, 1975, pp. 1-37, ripreso nel volume omonimo pubblicato dagli stessi autori insieme ad altri, Napoli 1977.

[11] Cf. G. Traina, *La tecnica in Grecia e a Roma*, Bari 1994; C. Franco, recensendo il volume in *QS 41*, 1995, pp. 149-56, illustra in modo pertinente il contesto di studi in cui deve essere inteso questo significativo lavoro.

decorazione di giardini, perché il mulino mosso dalle braccia degli schiavi e dal tiro dei cavalli (pur rudimentalmente attaccati) si presentava come economicamente più redditizio e soprattutto tecnicamente meglio collaudato. Il quadro che l'interpretazione "primitivistica" ha tracciato della tecnologia antica (come già dell'economia) è stato giustamente ridimensionato da alcune recenti ricerche[12], ma resta il fatto che un mondo in cui erano molti quelli che vivevano di pane e olive (magari cipolle) e in cui la denutrizione che abbreviava le previsioni di vita della maggior parte degli esseri umani[13] faceva meno notizia (quanto meno, sembra, secondo le nostre fonti storiche) degli *exitus virorum illustrium*, non poteva alimentare un mercato che stimolasse la produzione differenziata e su larga scala di generi di consumo; l'alto livello raggiunto dalla poliorcetica costituisce piuttosto la riprova che la confutazione di questo assunto. Infine, nel nostro mondo policentrico, in cui è tramontata l'idea che l'Europa fosse il centro dell'universo, fa un'impressione strana una civiltà incentrata nell'ambito di una singola città, quale era la polis greca[14] e come fu anche Roma, che per molti secoli non fu organizzata diversamente da una polis, anche se nel 212 d. C. un imperatore riconobbe la cittadinanza romana a tutti gli abitanti dell'Impero [15].

La tradizionale cultura umanistica metteva a base della formazione umana lo studio delle letterature latina e greca, mentre il mondo moderno concede uno spazio sempre maggiore alle scienze matematiche e fisiche, alla

---

[12] Cf. M. D. Grmek, *Les maladies à l'aube de la civilisation occidentale*, Paris 1983, tr. it. *Le malattie all'alba della civiltà occidentale*, Bologna 1985, pp. 177-86 e pp. 193-200, che rende conto ampiamente dei risultati ottenuti dalle ricerche paleopatologiche nel bacino del Mediterraneo, soprattutto per merito di J. L. Angel.

[13] "L'uomo è portato per natura a vivere in una polis" dice Aristotele in un famoso passo che normalmente, con calcolata violenza, viene frainteso e ammodernato.

[14] La *Constitutio Antoniniana* non fu peraltro un episodio isolato: fu una delle molteplici manifestazioni di quella tendenza universale che l'impero romano ereditò dall'ellenismo, la cui efficacia è tuttora attiva ed è divenuta una acquisizione della civiltà moderna, sotto tutte le latitudini (cf. infra n. 18). D'altronde questa tendenza non era nata nell'area mediterranea: Alessandro Magno la riprese dalla tradizione dell'impero achemenide in cui intese inserirsi.

[15] La *Constitutio Antoniniana* non fu peraltro un episodio isolato: fu una delle molteplici manifestazioni di quella tendenza universale che l'impero romano ereditò dall'ellenismo, la cui efficacia è tuttora attiva ed è divenuta una acquisizione della civiltà moderna, sotto tutte le latitudini (cf. infra n. 18). D'altronde questa tendenza non era nata nell'area mediterranea: Alessandro Magno la riprese dalla tradizione dell'impero achemenide in cui intese inserirsi.

tecnologia ed alle scienze della comunicazione e alle metodologie della distribuzione commerciale: ed è inevitabile che così sia, se vogliamo che il genere umano sopravviva e che le condizioni di vita della maggior parte degli uomini siano, se possibile, meno precarie di quanto sono state finora e sono tuttora. Da quando abbiamo scoperto che alla base della civiltà non c'è solo la tradizione classica, l'educazione umanistica ha subito una progressiva crisi di interesse: anzi che essere limitata, come dovrebbe, ad una componente della cultura moderna, nell'immaginario collettivo della nostra società essa tende ad essere emarginata come qualcosa di stantio e di poco utile. Un tempo la scuola classica era ritenuta, in tutte le grandi nazioni europee, la scuola per eccellenza, erede delle scuole umanistiche e di quelle gesuitiche dell'età della Controriforma, dove veniva formata la classe dirigente: oggi essa si trova in una fase evidente di recessione, almeno nelle parti d'Europa che hanno conosciuto uno sviluppo economico e sociale più marcato.

Tuttavia è singolare che da qualche anno a questa parte si stia risvegliando un forte interesse per il mondo classico in molte parti del mondo occidentale. Negli Stati Uniti, per esempio, gli studi umanistici hanno conosciuto una ripresa significativa, a livello dell'attenzione del pubblico come della qualità delle pubblicazioni che vengono prodotte; dappertutto in Europa si stampano (ed evidentemente si vendono) classici latini e greci con testo a fronte: per quel che vedo dal mio osservatorio italiano, trovano mercato spesso anche autori rari e difficili, come Licofrone ed Artemidoro[16]. Gli studi di antichità classiche tentano nuove vie, integrando la prospettiva un tempo orgogliosamente isolata ed esclusiva della filologia classica tradizionale, destinata alla costituzione dei testi ed alla loro puntuale esegesi: alla civiltà greco-romana vengono applicati metodi di indagine sperimentati per le letterature moderne, come l'indagine storico-sociale, l'antropologia, le metodologie di analisi letteraria più sofisticate ed originali[17]. I testi latini e

---

[16] Artemidoro, *Il libro dei sogni*, a c. di D. Del Corno, Milano 1975; Licofrone, *Alessandra*, a c. di M. Fusillo, A. Hurst, G. Paduano, Milano 1991.

[17] Difficile dare in una nota una sintesi anche molto approssimativa della vera e propria esplosione di nuove vie all'antichistica che ha caratterizzato gli ultimi trent'anni del secolo XX. Quello che annoto è solo un rapido richiamo per chi queste cose sa: si va dalla riscoperta della misura umanistica implicita nel marxismo, conseguente anche al

greci reagiscono positivamente a questi nuovi metodi di indagine. Ed ancora, nel momento in cui abbiamo preso le distanze dal carattere elitario proprio della società antica, siamo in grado di vedere come la civiltà antica comportasse dei valori incredibilmente superiori alla realizzazione storica che gli antichi ne diedero in determinati momenti della loro storia, e che fu privilegiata e assunta a modello dall'ottica elitaria degli umanisti e dei loro successori fino all'Ottocento: nella sofistica riscopriamo la matrice di un modello culturale empirico e pragmatico, nel metodo ippocratico le radici della scienza sperimentale. Più in generale, nella cultura ateniese del V secolo è stata additata la prima origine delle nostre scienze umane. Nell'ambito di quella stessa cultura che ci è stata trasmessa in una lettura trascendente e formalmente retorica, noi ritroviamo tutte le possibili antinomie rispetto a quella interpretazione che le è stata imposta a un certo momento della storia d'Europa.

Ma soprattutto esiste una ragione profonda, ineludibile, di questo ritorno ai classici. Abbiamo scoperto una volta per tutte che la civiltà latina e greca non è l'unica matrice della civiltà in cui viviamo, e che essa si deve integrare, come modello educativo, con il mondo delle scienze e delle tecnologie che la rivoluzione industriale ha dischiuso, come un tempo si è integrata con il cristianesimo. Tutti sappiamo altresì che la prospettiva dell'uomo di oggi non ha più per centro l'Europa, come era avvenuto fino a tutta l'età moderna[18]. Oggi nel mondo convivono vari tipi di culture, che sono

---

Sessantotto (con le ricerche di storia sociale della scuola di Besançon, non prive talora di qualche rigidità ideologica engelsiana, il movimento di studi antichistici sollecitato in Italia dall'Istituto Gramsci -di tutto questo ho detto in *DHA* 17, 1991, pp. 79-90 = *Tragedia e lotta di classe in Grecia,* Napoli 1996, pp. 1-12), allo sviluppo di varie scuole antropologiche tuttora fiorenti in tutta l'Europa latina, e penso all' École parigina, al gruppo di Barcellona, ai centri italiani di Siena e di Urbino. Infine la scuola linguistica di A. Ernout e A. Meillet ha suscitato in Italia ricerche soprattutto nell'ambito del latino, con l'opera di A. Traina e diversi suoi allievi.

[18] Anche questo del resto è un ampliamento di prospettive conforme alla linea di sviluppo e di progressiva apertura che la storia d'Europa ha recepito e fatto sua, dall'evo antico a quello moderno: l'ellenismo ha ampliato l'orizzonte della civiltà greca al di fuori della penisola ellenica e dell'Egeo, l'Impero romano è andato certamente oltre l'ellenismo nella funzione sociale di questo ampliamento e nella prospettiva di partecipazione ai dominati dei vantaggi del dominio (si pensi al discorso di Claudio in Tac. *ann.* 11. 24), il Medio Evo e l'età moderna hanno integrato tutta l'Europa in una prospettiva culturale che un tempo si limitava essenzialmente al bacino del Mediterraneo.

certo lontane dalla nostra ma hanno pari dignità e pari autenticità: le tradizioni culturali dell'Asia ed anche quelle dell'Africa, che un tempo l'imperialismo europeo ha disprezzato e calpestato, rivendicano e impongono i loro diritti in un mondo policentrico, e noi stessi ne avvertiamo non solo la presenza, ma l'influenza positiva. Esse sono portatrici di valori significativi per la vita dell'umanità, non meno di quella tradizione che l'Europa ha ereditato e rielaborato, e fanno dunque parte integrante della civiltà del XX, e ormai del XXI secolo, sulla Terra. Ma è pur vero che tra le varie componenti di questa civiltà moderna, tecnologica e policentrica, una è esclusivamente caratteristica di noi europei, e individua il nostro essere composto, e la differenzia delle altre tradizioni storiche presenti nel mondo[19]. Inoltre, la tecnologia industriale, per la logica stessa del mercato che la fa essere, tende all'omogeneità ed alla massificazione, ed ogni giorno diventano più urgenti per ognuno di noi, uomini ormai del ventunesimo secolo, la ricerca e la tutela della propria individualità culturale, per difendersi dall'anonimato della produzione di massa, della pubblicità e della comunicazione dei mass media, che minaccia a tutti gli uomini del nostro tempo una crisi di identità culturale. La vicenda del Sosia plautino che, a confronto con il suo doppio impersonato dal dio Mercurio, tenta disperatamente di restare Sosia e alla fine è costretto, a forza di botte, a rinnegarsi e a confessare di non esser Sosia, è in qualche modo emblematica del rischio che corre quotidianamente l'homo technologicus. Chaplin ha espresso questa crisi di identità in *Tempi moderni*, già nel 1936, e potremmo anche ricordare lo smarrimento dell'io e della ragione documentato nel teatro di Beckett e in quello di Ionesco, nei romanzi di Kafka e di Musil. Al fondo della crisi sta soprattutto il fatto che la tecnologia può essere solo un mezzo e mai un fine: quando gli uomini aspettano da essa la soluzione dei loro problemi, ne sperimentano dolorosamente i limiti[20]. Tra le varie componenti della civiltà moderna, la

---

[19] Parlo qui di Europa come entità culturale e non geografica: questa entità comprende a pieno titolo le Americhe come l'Australia

[20] Leggo su un quotidiano italiano (Repubblica, 5 settembre 1999) la presentazione, scritta da Mario Vargas Llosa, dello spettacolo salisburghese de *La dannazione di Faust* di H. Berlioz, prodotto da La Fura dels Baus, con la regia di Jaume Plensa. Il critico, riflettendo

tradizione classica è esclusivamente propria di noi europei, e costituisce la cifra individuante del nostro essere uomini di cultura, o meglio, del nostro essere uomini: essa ed essa sola ci distingue dagli altri uomini che vivono nel mondo e che si sono formati in altre tradizioni altrettanto valide ma diverse dalla nostra. Per questo oggi la consapevolezza dei valori della tradizione che più propriamente li individua è una necessità primaria per gli intellettuali europei, indipendentemente dalle loro specifiche scelte professionali o ideologiche: per la cultura classica è questa una funzione nuova rispetto a quella che essa ha avuto nel passato, ma ci sono motivi per credere che questa non sia oggi meno importante di quella che essa esercitò in passato. Noi non dobbiamo più cercare di identificarci con i nostri padri, come in altri momenti vollero fare gli umanisti, e come poi ancora vollero i maestri dell'Altertumswissenschaft: dobbiamo anzi saper prendere le distanze da quel tipo di civiltà elitaria e prevalentemente autoritaria[21]; ma dobbiamo saper riconoscere e difendere la nostra identità culturale come quelli hanno mostrato di saper fare, e nel rapporto con le nostre radici riconoscere i modi specifici della nostra tradizione intellettuale. Nello stesso tempo, se vogliamo dialogare proficuamente con gli intellettuali dell'Africa, del Medio e dell'Estremo Oriente, di tutti i settori del mondo che possano entrare in comunicazione con noi e partecipare a noi i loro valori, dobbiamo anche noi essere portatori di qualcosa, che non può essere altro che la tradizione che ha formato il nostro particolare modo di pensare e di agire. Oggi più che mai l'imperativo goethiano "divieni ciò che sei!" è condizione di sopravvivenza per l'intellettuale moderno: divenire ciò che siamo significa per noi europei sottrarci all'anonimato diffuso dai mass media e dalle catene industriali e

---

sul messaggio inquieto di questo avatar del mito faustiano, si chiede "come mai il formidabile sviluppo della conoscenza e della tecnica, che è stato in grado di portare l'uomo sulla luna, assicurare la vittoria definitiva contro la malattia e creare strumenti atti a sradicare la povertà e l'ignoranza in cui vivono i tre quarti dell'umanità è ancora incapace di vincere altrettante battaglie sul terreno della giustizia, la morale, i diritti umani, la pace e la solidarietà?". Certo, gli strumenti per combattere la povertà e l'ignoranza sono forniti a tutti dalla moderna tecnologia: fatto sta che gli uomini continuano a morire di fame e nel trionfo dei mass media l'analfabetismo di ritorno si insedia nelle masse dei paesi più sviluppati.

[21] Non è passato invano il Sessantotto e la riscoperta dei *Grundrisse* marxiani e della loro dimensione profondamente umanistica e libertaria.

commerciali di produzione e distribuzione, per approfondire la consapevolezza delle nostre radici e dei modi specifici che caratterizzano il nostro comportamento intellettuale[22]. Così rinnoveremo in noi, in un'altra tormentata età di passaggio, il dantesco "Fatti non foste a viver come bruti/ ma per seguir virtude e canoscenza"[23].

Uno dei modi specifici in cui si esprime la tradizione di cui siamo eredi è la scelta in una situazione di contrasto, quella contraddizione di cui parlava Goethe, in cui ha luogo specificamente la scelta tragica. Il tragico, sia quello greco sia quello moderno al quale si può applicare con maggior pertinenza la definizione goethiana (giacché il tragico greco tende invece alla composizione delle tensioni)[24], è vicenda di una lacerazione, che si instaura nel mondo antico tra la coscienza del singolo ed il mondo divino in cui egli è inserito, mentre nel mondo moderno avviene nell'ambito della coscienza stessa dell'uomo, e da questa lacerazione, questa davvero inconciliabile, avrà origine la tragedia moderna[25]. In ogni caso, perché si instauri il tragico è necessaria la presenza di una contraddizione all'interno del sistema dei valori. Questa contraddizione è una caratteristica del pensiero greco, ed in termini formali è espressa nella logica di Aristotele dal principio di non contraddizione o del terzo escluso: A o è B o è non B, questo foglio di carta è bianco o non bianco. L'alternativa è sempre assoluta e non ammette via di uscita: Oreste ucciderà oppure non ucciderà la madre, non c'è per lui alternativa a questo dilemma. Ma la contraddizione nella sfera della logica è assolutamente ferma, come le facce di un cristallo che si intersecano senza creare sofferenza né tensione:

---

[22] Qualcuno potrebbe obiettare che la riflessione sui classici non può essere medicina adeguata per sanare la crisi della ragione. Potrebbe invece essere un avvio per uscirne, se ci avviasse a ritrovare i fondamenti del nostro stesso modo di pensare, che portiamo in noi stessi come un'eredità della quale non siamo sempre interamente consapevoli.

[23] *If.* 26. 119 s.; per lettori non italofoni, "canoscenza" è forma arcaica per "conoscenza", la forma banalizzata che corre tuttora in molte edizioni.

[24] Questa distinzione, credo, è nota: tuttavia sto cercando di chiarirmela meglio, e su di essa sto lavorando da qualche anno per un saggio che un giorno forse pubblicherò.

[25] Il punto d'inizio della tragedia moderna è stato indicato nelle ultime tragedie di Seneca: "il nodo tragico non più costituito per lui dall'urto tra la persona umana e la legge divina, ... ma dallo scatenamento di una passione che sorge non come un castigo inflitto dagli dei, ma come un istinto del cuore umano ... Seneca ha compiuto insomma il miracolo di trasferire la tragedia dal cielo alla terra, dalla religiosa trascendenza all'immanenza del nudo dato passionale" (E. Paratore, *Storia del teatro latino*, Milano 1957, pp. 271 s.)

altra è la situazione di una opposizione portata nel dramma, che istituzionalmente è azione, e dove l'antitesi deve necessariamente essere risolta da una scelta. Se Oreste ucciderà la madre commetterà un delitto spaventoso, come lo commetterà se non vendicherà l'assassinio del padre[26]. In un modo o nell'altro Oreste non potrà sottrarsi alla colpa, e la contraddizione viene portata nell'ambito stesso della giustizia, che nel momento in cui viene eseguita si scopre terribilmente, tragicamente ingiusta[27]. Altra è la scelta di Aiace o di Edipo, l'uno e l'altro alla ricerca di se stessi in un mondo dominato da forze che li trascendono assolutamente, o quella di Penteo, in un mondo ormai senza possibilità di composizione delle tensioni e destinato alla dissoluzione [28]. La contraddizione è insita nell'azione stessa dell'uomo, che non ha alcun modo per sottrarvisi. Nella tragedia il principio di contraddizione non sta nella sfera della logica -in cui, per dire il vero, entrò solo più tardi, appunto con Aristotele- ma viene rappresentato in

---

[26] A proposito della scelta tragica in Eschilo, dopo il fondamentale articolo di A. Lesky, "Decision and Responsibility in the Tragedy of Aeschylus", *JHS 86*, 1966, pp. 78-85, è esemplare l'esposizione che A. F. Garvie fa della tensione dialettica "of human and divine responsibility", nell' *Introduction a Aeschylus, Choephori* by A. F. G., Oxford 1986, pp. xxvi-xli.

[27] Mi è caro ricordare a questo proposito una pagina esemplare delle *Interpretazioni eschilee* di A. Maddalena, Torino 1951, 51, che trovo riportata nell' *Introduction* di Garvie (p. xxxiii n. 75). In generale per la presenza del tragico nel teatro greco e latino e sulle sue proiezioni successive, si vedano gli interventi di B. Zimmermann, G. Bona, C. Miralles, P. Judet de la Combe, G. Mazzoli e G. Aricò nell'incontro torinese dell'aprile 1997, pubblicati sul numero di *Lexis* ricordato supra in n. 1.

[28] Con la crisi del sistema politico classico, ove non abbia più luogo la composizione delle tensioni politiche, verrà meno anche la tragedia, che ne rappresenta la composizione sulla scena. Riguardo al teatro e alla sua funzione nell'ellenismo, ha qualche ragione l'ingegnoso lavoro di B. Le Guen, "Théâtre et cités à l'époque hellénistique", *REG 108*, 1995, pp. 59-90, che contrasta la valutazione corrente in merito (e si vedano anche gli atti del colloquio di Toulouse dedicato al teatro ellenistico, pubblicati in Pallas 47, 1997 -riassunti efficacemente nelle *Conclusions* di J.- C. Carrière, *ibid.* pp. 261-67): pure il saggio citato della Le Guen conclude (p. 74) che "tragédie et comédie ont inévitablement évolué du V au I siècle av. J. C." e "que nous n'avons pas ... les moyens d'apprécier cette évolution": fino al momento in cui avremo questi mezzi riterremo per buono il punto di vista vulgato, tenendo presente che esso dipende dallo stato attuale della nostra documentazione. Nonostante gli argomenti della Le Guen, che lo assume tra i suoi referenti polemici (p. 67, n. 28), per ora saremo d'accordo con quanto dice Ch. Segal, che conclude il suo saggio *L'uditore e lo spettatore*, in *L'uomo greco*, a c. di P.-P. Vernant, Roma-Bari 1991, pp. 187-218, in part. 217 (= *L'homme grec spectateur et auditeur*, in *L'Homme gre*, Paris 1993, pp. 239-76), "les spectateurs d'Eschyle et de Sophocle sont devenus les lecteurs de Platon et d'Aristote" (la traduzione italiana, che ho consultato, è totalmente fuorviante).

modo assolutamente evidente ed ineludibile. La contraddizione tragica viene rappresentata sulla scena dall'attore e vissuta simultaneamente da lui e dai cittadini presenti in teatro, per effetto dell'empatia teatrale. L'attore è Oreste, in quel momento, ma Oreste sta vivendo una situazione che è quella degli esseri umani, direi meglio dei cittadini della polis[29], soggetti in ogni momento della loro vita a scelte, per lo più meno laceranti di quella messa in scena, ma altrettanto dirimenti nel momento in cui si propongono. Per questo la tragedia è momento centrale per la civiltà che l'ha creata, momento in cui la città rappresenta i valori fondamentali per cui è stata costituita, e li trasmette dalla scena ai suoi membri, radunati per una solenne festa religiosa e civile, come messaggio di formazione permanente per tutti loro[30].

A noi oggi sembra che il principio aristotelico di non contraddizione sia assolutamente ovvio e universale, solo perché è connaturato al nostro modo di essere e di pensare e non riusciamo ad immaginare un ragionamento che non lo implichi[31]. Esso invece non è per nulla un principio universale, quanto piuttosto un modello razionale legato alle forme e ai modi della sensibilità occidentale. Questa affermazione risulta più chiara se prendiamo in mano una pagina di un grande intellettuale di una tradizione diversa dalla nostra, una pagina tratta dai *Discorsi lunghi* del Buddha: in essa ci si manifesta una dimensione logica assolutamente differente e per noi tutt'altro che agevole da capire, dove non ha luogo l'esclusione del terzo, e dove quelle che per noi sono contraddizioni si conciliano e quindi vengono annullate. Un giorno il re di Maagadha, Ajaatasattu Vedehiputto incontrò l'Illuminato, e gli chiese quale

---

[29] Il rapporto tra la mimesi teatrale e l'alterità implicita nella divinità di Dionisio, dio dell' ἔκ-στασις, del transfert potremmo dire, è illustrato in quello che è forse il saggio più bello di J.-P. Vernant, *Le dieu de la fiction tragique*, in J.-P. Vernant - P. Vidal-Naquet, *Mythe et tragédie deux*, Paris 1986, pp. 17-24 (= tr. it., Torino 1991, pp. 3-10).

[30] Sulla funzione della tragedia come momento di educazione permanente della comunità della polis, la bibliografia è ovviamente sterminata: vorrei ricordare in particolare il saggio di Lanza e Vegetti citato supra, che sottolinea questa funzione, in relazione all'assenza di un apparato ideologico di stato come è normalmente la scuola.

[31] Esistono logiche matematiche che prescindono da questa struttura categoriale. Questo fatto implica due conseguenze fondamentali. La prima coincide con l'esperienza della logica indiana che si illustra in seguito, la seconda è che viene chiarito che una struttura tradizionale di pensiero a un certo momento della storia deve allargarsi se vuole conservare senso.

fosse per lui il frutto che si deve perseguire mediante l'ascesi. Il Buddha gli chiese a sua volta se aveva interrogato già qualche saggio: il re glie ne nominò diversi, e di ognuno riferì la risposta. Ognuno di questi discorsi costituiva un'approssimazione alla risposta giusta. Così un giorno aveva detto il saggio Sanjayo Belatthiputto, prospettando le varie possibilità che l'anima raggiunga la pace assoluta dopo la morte: "Esiste il Compiuto dopo la morte? Non esiste il Compiuto dopo la morte? Esiste e non esiste il Compiuto dopo la morte? Non esiste né non esiste il Compiuto dopo la morte? che tu possa chiedere, non esiste né non esiste il Compiuto dopo la morte?- Che ciò per me abbia senso - non esiste, né non esiste il Compiuto dopo la morte? che così da qualcuno sia insegnato, il primo non può essere, il secondo non può essere, il secondo non può essere, né può non essere, né non può non essere"[32]. Come qui si vede, le opposizioni sono dialettizzate nella loro compresenza, ma Ajaatasattu Vedehiputto non fu soddisfatto. Nella risposta finale che il Buddha fornisce al re, esse sono invece interamente assorbite in una contemplazione assolutamente indifferenziata: "e come vi fosse un lago tra i monti trasparente, limpido, chiaro, e un uomo di buona vista fermo sulla sponda vedesse ostriche e conchiglie, cristalli e ghiaia, frotte di pesci che vanno e che stanno, a' lui così sarebbe: "Questo è un lago tra i monti trasparente, limpido, chiaro e quivi sono ostriche e conchiglie, cristalli e ghiaia e frotte di pesci che vanno e che stanno", così ... un monaco essendo nella mente raccolta, perfetta, trasparente, non affetto da scorie, senza resti di combustioni, malleabile, forgiabile, non oscillante, raggiungente l'impassibilità, la drizza, la rivolge all'intelligenza distruttrice degli *aasava*. Egli "ecco il dolore" così secondo realtà realizza, "questa è l'origine del dolore" secondo realtà realizza, "questa la fine del dolore", secondo realtà realizza, "questa è la via che mena alla fine del dolore", secondo realtà realizza, ... ed a lui che così sa, che così vede la mente si libera dagli *aasava* del desiderio, si libera dall' *aasava* dell'essere, si libera dall' *aasava* dell'ignoranza. ... "Esausta la vita, estinta la condizione di purezza, fatto ciò

---

[32] *Il frutto dell'ascesi*, da *Canone Buddhista, Discorsi lunghi*, Intr. e trad. di E. Frola, I, Bari 1960, p. 83.

che era da fare, non esiste altro stato condizionato" realizza allora. Questo è, o re, un visibile frutto dell'ascesi, e, tra i migliori frutti dell'ascesi eccellentissimo, altissimo"[33].

Sia nella fase provvisoria sia nel frutto totale dell'ascesi che è illustrato conclusivamente dall'Illuminato (Buddha) la logica del terzo escluso non esiste: le antitesi o coesistono in una pluralità assoluta di vie, oppure sono annullate nella contemplazione. Ma questa non è solo la logica del buddhismo, è in generale la forma del pensiero propria della tradizione induistica, della quale il buddhismo costituisce una autorevole ed importante potenzialità[34]. La tragedia classica invece è tipica di un modello culturale in cui l'azione è scelta[35], come la conoscenza è individuazione di differenze tra gli oggetti conosciuti (così la vista è canale privilegiato per la conoscenza in quanto πολλὰς δηλοῖ διαφοράς, "manifesta molte differenze", dice ancora Aristotele in *met*. 1.1.980 a): nella logica del canone buddhista invece la conoscenza si realizza in pieno attraverso la soppressione progressiva di ogni dialettica. Ecco perché la tragedia nella sua essenza costituisce una marca distintiva della cultura occidentale, un elemento che contraddistingue la nostra cultura ed il nostro essere in relazione ad altre culture e ad altri modi di essere[36]. La tragedia va assai oltre l'antitesi che più tardi sarà formalizzata nella logica aristotelica. Essa assume dall'epos il motivo della scelta, ma lo radicalizza in modo assoluto, giacché la scelta eroica sta all'interno di un

---

[33] *Ibid.*, 110.
[34] Così mi viene confermato da autorevoli intellettuali indiani, così ricordo che Luigi Heilmann illustrava agli studenti che seguivano le sue lezioni di sanscrito il monismo assoluto e totalmente indifferenziato esposto nel commento di Sankara alla Bhagavad-gita.
[35] Con una sfumatura accentuata di radicalità osservava Mario Untersteiner, nella *Prefazione* alla sua edizione mondadoriana dell' *Orestea*, "la tragedia occidentale è nata nell'Ellade, perché lo spirito critico dei Greci è fatto più per illuminare i contrasti che per pacificarli" (cito da Eschilo, *Orestea*, edizione di M. U., introduzione e aggiornamenti di W. Lapini, Milano 1994, xiii).
[36] Almeno una parte di ragione avevano i filosofi romantici, anche se poi ad esempio avevano torto ad identificare la dialettica della tragedia greca con la loro, come faceva Hegel quando pretendeva di interpretare l' *Antigone* di Sofocle sulla base delle sue antinomie fra famiglia, società civile e Stato. E qui capisco bene i motivi che suggeriscono a Carles Miralles i suoi sospetti e le sue inquietudini nei confronti di questo tipo di problemi; spero che lui, filologo sì ma anche intellettuale di buona levatura, resti convinto dei miei argomenti.

sistema di valori condivisi (Ettore ed Achille scelgono tra la propria sopravvivenza biologica e quella della loro immagine eroica, e nella civiltà omerica di vergogna tale scelta, per quanto terribile, ammette una sola soluzione corretta), mentre la scelta tragica contrappone tra loro sistemi altrettanto sacri e riconosciuti, i diritti della polis contro quelli del genos, l'imperativo di Apollo contro quello delle Erinni, in una dilacerazione totale[37]; assume dalla tradizione letteraria la parola, ma la complica con la collaborazione della musica, della danza e della scenografia in uno spettacolo globale che avvince a sé lo spettatore creando l'empatia teatrale, quel fenomeno che Gorgia aveva efficacemente definito ἀπάτη[38]: in questo spettacolo di qualità assolutamente nuova, la scelta tragica esplica con tutta efficacia il suo carattere altrettanto nuovo di dilacerazione radicale. Diversi indizi ci accertano che tra i Greci, ancor dopo la crisi della polis e la morte della tragedia, fosse diffusa l'idea che essa fosse una forma d'arte del tutto preminente[39]: possiamo suggerire l'idea che, oltre alle evidenti novità formali,

---

[37] La distinzione tra scelta epica e scelta tragica è ben indicata da J. Carrière, "Sur l'essence et l'évolution du tragique chez les Grecs", *REG* 79, 1966, pp. 6-37, in part. 7-9 e quindi da A. Lesky, *Decision and Responsibility, op. cit.*.

[38] Esemplare per rappresentare l'effetto dell'empatia teatrale A. Ubersfeld, *Lire le théâtre*, Paris 1982.

[39] Non solo Aristotele dedica alla tragedia diciassette dei ventisei capitoli a noi giunti della *Poetica* (l'esistenza di un secondo libro, dedicato alla commedia e al giambo, è stata postulata ma allo stato dei fatti è tutta da dimostrare), ma le riconosce chiaramente il primato sia dal punto di vista della rappresentazione (drammatica e non diegematica come l'epos) sia da quello etico in quanto rappresenta ἐσθλοί e non già φαῦλοι come la commedia: si veda per tutto questo l'*Introduzione* di D. Lanza ad Aristotele, *Poetica*, Milano 1987, in part. 22-32. F. Montanari, in un saggio recente ("Antichi commenti ad Omero, Alcune riflessioni", in *Omero, gli aedi, i poemi, gli interpreti*, a c. di F. M., Atti del seminario omerico di Genova, 15-16 aprile 1996, Firenze 1998, pp. 1-17), ha mostrato la tendenza dei commentatori alessandrini di Omero a ritrovare nei poemi, in nuce, quelle che poi sarebbero state le strutture dell'azione drammatica: il che significa che implicitamente quei critici vedevano nella tragedia il τέλος di tutta la poesia greca, compreso lo stesso Omero. Ma il fenomeno è assai ampio. Polibio (2. 56) critica Filarco che ha abbandonato il compito proprio di uno scrittore di storia, e che invece di stabilire e tramandare il vero ha scelto di scuotere e trascinare il sentimento, ἐκπλῆξαι καὶ ψυχαγωγῆσαι appunto da Filarco e Duride (e, prima di loro, da Ctesia) ha inizio un indirizzo storiografico, la così detta "storiografia tragica", contro il quale non senza fondamento hanno polemizzato i sostenitori di una storiografia scientifica (cf. L. Canfora, "Pathos e storiografia *drammatica*", *Elenchos* 16, 1995, pp. 179-92). La tragedia poteva esercitare questo influsso al di fuori della sua area specifica proprio in quanto era avvertita come culturalmente egemone, pur se il suo *floruit* era concluso da tempo. Il fatto stesso che nell'età ellenistica

essi vi riconoscessero l'espressione più propria della loro identità culturale. Il dibattito sul tragico non è un discorso su una forma ideale cui dovrebbero adeguarsi le tragedie, un discorso che sarebbe quindi più proprio dei teorici della poetica del Rinascimento e dell'Illuminismo, a caccia di modelli universali per qualsiasi opera d'arte: in quei termini, non costituisce problema per nessuno e semplicemente non esiste. Il dibattito sul tragico vuole essere una presa di coscienza sul modo di comunicazione teatrale che rappresenta sensibilmente ma specificamente la forma mentis dialettica, propria del nostro modo di rappresentarci i concetti e di organizzarli, la forma mentis con cui la tradizione culturale europea, erede della cultura greca e romana, sta oggi in rapporto e in confronto con le altre tradizioni esistenti in un mondo in cui il trionfo della tecnologia rischia di diventare uno scacco tragico e disperante. Per dare un esempio, gli intellettuali arabi ed ebrei, albanesi e serbi, oggi possono comunicare tra loro mediante la tecnologia, ma se essi non riusciranno a ritrovare nel *Corano* e nella *Bibbia* gli insegnamenti che impongono loro di far cessare le sanguinose guerre che un ossimoro blasfemo[40] vorrebbe chiamare "di religione" e che da generazioni li

---

"la reprise des "classiques" apparaît comme un attachement aux origines" (Le Guen, *Théâtre et cités, op. cit.*, 76) è una riprova di questa funzione che d'altronde perdura nelle riprese contemporanee del teatro classico. Del resto questo fenomeno non è esclusivo dell'età ellenistica e ha con ogni probabilità illustri precedenti: proprio in questo ultimo anno mi è avvenuto di leggere due saggi che riconoscono un modello tragico nel logos erodoteo di Creso, sia pur secondo una proiezione esemplare piuttosto che in quella antinomica che abbiamo delineato. Penso a L. Bottin, *La tragedia di Creso* in ΔΙΔΑΣΚΑΛΑΙΑ, *Tradizione e interpretazione del dramma attico*, a. c. di G. Avezzù (Studi, testi, documenti 9, Dipartimento di scienze dell'antichità, Univ. di Padova), Padova 1999, pp. 5-39 e all'introduzione di L. Belloni alla sua edizione del logos di Creso, in corso di pubblicazione presso l'ed. Marsilio, che ho potuto leggere per la cortesia dell'autore: quest'ultimo studio si sofferma soprattutto sulla struttura tragica assunta dalla narrazione erodotea. Anche Erodoto, dunque, dovrebbe aver avvertito l'esemplarità formale del modello narrativo della tragedia. Alla luce di quest'ultimo saggio sarebbe forse possibile riprendere la vicenda della "storiografia tragica" non solo in età ellenistica, considerandola non più nella valutazione negativa di Polibio, ma come un documento della proiezione del modello tragico nella cultura greca e romana.

[40] Ricordo una cronaca senese del Trecento, che descrive lo svolgimento della battaglia di Montaperti, e l'angoscia dei cittadini di Siena che da lontano assistevano al sanguinoso scontro, "e noi pregavamo ardentemente Iddio, e la sua santa Madre, la beata Vergine Maria, che dessero ai nostri forza e vigore contro quelli cani maladetti fiorentini nostri nemici"

oppongono[41], la tecnologia fornirà solo mezzi raffinati di morte e di distruzione, in una tragedia senza prospettive di conciliazione, oscura e disperata per loro e per tutti gli abitanti del mondo.

---

[41] La riflessione sui principi non risolve certo i grandi conflitti di interessi, può forse essere un avvio perché ognuno calcoli i propri interessi nel modo più avveduto.

Entre philosophie et philologie.
Définitions et refus du tragique

Pierre Judet de la Combe
C.N.R.S., Lille

Même si la lecture "scientifique" de la tragédie grecque se dit depuis longtemps émancipée de toute forme d'inspiration philosophique, elle se heurte toujours à la question du sens et, surtout, de la pertinence de la notion de Tragique, que la philosophie lui a léguée depuis la fin du XVIIIe siècle[1]. Régulièrement, les philologues, mais aussi les sociologues ou les anthropologues qui s'intéressent au drame ancien, reviennent sur le contenu et l'utilité de ce concept. L'accent est en général mis sur l'impossibilité de reprendre telles quelles les définitions du Tragique qui ont été proposées par la philosophie: les philologues-historiens rappellent qu'un événement culturel aussi complexe que la tragédie athénienne ne se laisse pas subsumer sous un seul concept et surtout qu'une production historique ne se laisse pas réduire à un contenu défini de manière quasi *a priori*. Ils s'accordent néanmoins, pour une grande partie d'entre eux, à admettre que le concept de Tragique renvoie, de façon certes inadéquate et simplificatrice, à quelque chose comme un contenu ou une fonction possibles de la tragédie. Il y a bien, dans les textes, quelque chose comme une idée du destin, du héros, du sacrifice, etc. Cette idée serait en propre le contenu des tragédies, mais elle ne le serait que sur un mode relatif (et non plus absolu comme dans les théories du Tragique), c'est-à-dire dépendant de circonstances historiques particulières (état du langage, de la religion, du droit, etc.).

Seuls quelques interprètes rompent radicalement avec une telle

---

[1] Sur les contenus et l'histoire de ce concept, on renverra toujours à l'essai de Peter Szondi, *Versuch über das Tragische*, Francfort-sur-le-Main 1961, repris dans *Schriften*, vol. 1, Francfort-sur-le-Main, pp. 149-286. Trad. fr. partielle dans P. S., *Poésie et poétique de l'idéalisme allemand*, Paris 1975; trad. fr. complète par J.-L. Besson et M. Gondicas à paraître à Belfort, Éditions Circé.

discussion: une tradition scientifique maintenant solidement établie en Grande Bretagne, mais également représentée en Allemagne, développe une interprétation de la tragédie qui récuse d'emblée toute pertinence à un tel contenu philosophique et s'en tient fermement à l'analyse de la tragédie considérée comme forme esthétique productrice d'affects et non de "pensées".

Un examen rapide des positions actuellement dominantes dans le "champ" de la production philologique montre toutefois que la relation de la philologie à la philosophie n'est pour le moins pas clarifiée, et que la philologie n'a pas véritablement rompu avec des modèles philosophiques d'interprétation.

Je voudrais proposer l'hypothèse que "sous" les positions philologiques actuelles dans le débat autour de l'interprétation de la tragédie se reconnaissent en fait des positions philosophiques bien marquées, qui se sont comme "réifiées", c'est-à-dire qui sont devenues des principes déterminant l'essence de l'objet sans être plus argumentées ou discutées pour elles-mêmes, et que ces positions correspondent chaque fois à des définitions précises du Tragique ou de l'art tragique. Il y a un inconscient philosophique dans la philologie, qui s'est pourtant constituée comme discipline en partie contre la philosophie au début du XIXe siècle[2].

Si l'on part du simple fait que la tragédie est la représentation d'un événement violent, catastrophique, qui, sur un mode ou sur un autre, détruit irréversiblement et spectaculairement une vie ou un mode de vie d'abord triomphants, plusieurs options s'ouvrent pour l'interprétation selon le pôle ou l'élément de cette représentation que l'on "décide" d'accentuer:

— ou bien (1) on "décide" que compte d'abord la violence du désastre représenté et que l'histoire racontée compte moins que l'effet théâtral que la représentation du désastre produit sur le spectateur. L'instance qui décide de la signification du drame lui est dès lors extérieure (le public), et il n'y a pas

---

[2] Cette présentation développe et, j'espère, clarifie des éléments donnés dans des études plus anciennes: "Événement et repère dans la tragédie grecque. Quelques repères", *Lalies* 7, 1987, pp. 115-149, et "Euripide et le Tragique du non-Tragique. À propos de l'*Hippolyte*", pp. *Europe* 837-838, janvier-février 1999 (*Les Tragiques grecs*, dir. B. Mezzadri), pp. 183-200 (trad. ital. par R. Saetta-Cottone, *Lexis* 15, 1997, pp. 45-58).

de place pour un concept comme le Tragique;

- ou bien (2) on "décide" que l'action représentée (la catastrophe) fait sens par elle-même, sans référence au public, en raison de sa cohérence propre. Selon la manière dont cette action est analysée, plusieurs conceptions du Tragique peuvent alors être convoquées. En effet, quelle que soit la définition qu'on en donne, le Tragique renvoie toujours à l'idée que la catastrophe est d'une manière ou d'une autre nécessaire, qu'elle exprime la vérité d'un "état des choses" (c'est même pour cela qu'il n'est pas spécifiquement un concept théâtral mais peut s'appliquer à toute forme d'histoire, fictive ou réelle - ce qui fait, d'ailleurs, sa faiblesse première).

Chaque fois la "décision" renvoie à une philosophie implicite.

I.

Les analyses de ceux qui se refusent à admettre une "pensée" tragique comme constituant de la tragédie parce que le but de la tragédie serait d'abord de susciter des émotions et non de communiquer une vérité quelconque sur le monde, renvoient en fait directement sur une tradition philosophique précise (avec notamment l'essai *Of Tragedy* de David Hume, publié en 1757[3], qui explique le plaisir pris au spectacle tragique par une économie complexe d'affects contraires). Mais dans sa version contemporaine (cf. par exemple Malcolm Heath, *The Poetics of Greek Tragedy*, Londres, 1987, après et avant beaucoup d'autres), ce type de lecture fait un pas de plus que Hume, et on peut parler là de "réification". Hume répond seulement à la question classique du plaisir que, paradoxalement, procure le spectacle d'événements affreux; il ne donne pas une théorie de l'essence de ce spectacle et des raisons qui ont pu décider de son invention par un auteur ou par une culture. Dans sa version philologique contemporaine, cet intérêt empiriste pour les affects (on

---

[3] Trad. fr. par M. Malherbe dans D. H., *Essais et traités sur plusieurs sujets. Essais moraux, politiques et littéraires*, vol. 1, Paris 1999, pp. 257-264.

dirait maintenant pour la *réception* de la tragédie) est comme projeté au cœur même de l'objet interprété, et la production d'affects, et uniquement d'affects, devient la raison d'être du drame tragique. Le point de vue de l'interprète est ainsi transféré sur son objet. Ce transfert, qui n'est pas explicité, vient sans doute de ce que la philologie se veut *historique*, et prétend établir des faits (alors que Hume posait une question d'esthétique générale, sans considérer l'époque des tragédies qu'il prend comme exemples). Mais c'est dès lors une théorie implicite de l'histoire et de la science historique qui est ainsi mobilisée:

- les savants qui se rattachent à cette tradition font *comme si* une œuvre d'art était intégralement l'effet d'une intention (avec ici l'idée d'un auteur considéré comme un technicien, spécialiste de la production d'affects);

- cette conception de l'objet a pour corrélat, comme il est fréquent dans nos disciplines, une conception analogue du travail de l'interprète: de même que l'auteur étudié est censé travailler avec des règles qui préexistent à son travail, de même l'interprète applique à son objet des règles qui valent indépendamment de l'existence de tel ou tel objet particulier: règles de la production dramatique (ou règles grammaticales, métriques, etc.) auxquelles telle œuvre est censée se conformer; cela a notamment pour conséquence:

- qu'en posant que le texte tragique est une source de *stimuli* dont les effets sont expérimentalement repérables par le lecteur moderne, on admet une série d'invariants anthropologiques (les ressources sensibles de la scène théâtrale; l'identité des réactions des "récepteurs", qu'il s'agisse de l'auditoire ancien ou des savants modernes); enfin, et surtout,

- qu'on traite les œuvres comme si elles étaient analysables par elles-mêmes, de manière quasi expérimentale, c'est-à-dire comme si le "sens" de ces textes se limitait à leur efficacité observable, sans qu'interfèrent de manière décisive les autres attaches avec la réalité (la théologie, le droit, la politique, la langue) que ces textes, comme œuvres de langage, comme systèmes sémantiques, déploient également. Une telle position suppose une conception "discontinuiste" de l'histoire et de la culture, qui seraient constituées d'ensembles clos sur eux-mêmes (de même que dans la philosophie analytique les propositions sont prises, "interprétées", selon leur logique interne et non en fonction de leur contexte).

Ces caractères, propres à une position philologique qui revendique une scientificité (quand ce n'est pas la seule scientificité possible), renvoient pour le moins à une position philosophique "lourde".

II.

Du côté de la philologie de tradition dite "continentale", qui se réfère encore, avec toutes les réserves nécessaires, au concept de Tragique parce qu'elle pense que la tragédie dit quelque chose de particulier sur le monde, deux tendances majeures se laissent, je crois, reconnaître. Ces deux tendances viennent de la manière dont on conçoit l'événement complexe qui est au centre de la tragédie, à savoir la "crise" qui rend impossible la poursuite de la vie selon les règles d'un ordre antérieur (on peut rappeler que le concept moderne de crise est issu en fait de la théorie idéaliste de la tragédie). Cette crise a en effet deux pôles (selon l'analyse classique qu'en donne Hegel): un *pôle objectif*, à savoir le monde tel qu'il est *avant* la catastrophe, et dont l'impossibilité est rendue manifeste par la catastrophe (ainsi, pour prendre l'exemple de l'*Antigone* selon Hegel, l'état des relations entre cité et famille *avant* le désastre causé par la décision de Créon), et un *pôle subjectif*, à savoir l'impossibilité pour le héros individuel (ou les héros...) de surmonter cette crise (dans l'*Antigone*, les désastres de Créon, d'Antigone, d'Hémon et d'Eurydice). Les analyses ont tendance à privilégier l'un ou l'autre pôle. En effet, comme il s'agit d'analyser une action, on mettra l'accent ou bien sur les contenus de l'action (2 a), à savoir les normes auxquelles elles se réfèrent (ainsi l'acte à la fois juste et monstrueux d'Oreste fait ressortir l'impossibilité du droit ancien et oblige à en inventer un nouveau: on peut parler d'une "crise de système"); ou bien (2 b) on mettra l'accent sur le fait qu'un individu, pour des raisons obscures (malédiction ou folie, etc.), a dû, *lui*, entreprendre une telle action et y perdre son identité.

a. Selon le premier modèle, on aura les interprétations de type "historicistes", qui reconnaissent dans la tragédie le passage douloureux et catastrophique d'un ordre ancien à un nouvel ordre: c'est la lecture de Hegel, et, pour parler d'auteurs contemporains, de Kurt von Fritz[4], de Harald Patzer[5] (la crise, selon lui, concourt chez Sophocle à l'instauration d'un nouvel ordre divin, sur un mode analogue aux "processus naturels d'autorégulation"), parmi de nombreux autres. C'est aussi le modèle sous-jacent aux interprétations de Jean-Pierre Vernant[6]: le drame est rendu intelligible à la lumière des tensions qui traversent la cité entre un droit ancien et un droit nouveau.

b. Selon le second modèle, on aura les interprétations qui montrent dans la tragédie l'impossibilité que s'instaure un ordre normatif juste, puisque toute tentative d'instauration nouvelle laisse se déchaîner le désastre, la violence et l'injustice radicales. La crise ne débouche sur rien; elle sert à rendre impossible l'oubli de la négativité (démonique) qui est la condition de toute action humaine. On reconnaît les interprétations de Karl Reinhardt pour Eschyle[7] et pour Sophocle[8], où le démonique est l'arrière-fond oublié mais impérieux des tentatives "rationnelles" des personnages, mais c'est aussi, à l'autre extrême de l'espace politique, la lecture de Walter Benjamin[9], avec une inversion toutefois; il évite en effet de ramener naïvement le drame à un arrière-fond mythique déjà donné, substantiel, et, de manière dialectique, fait jouer à la "raison" (le progrès, le droit) ce rôle du démonique: le malheur du

---

[4] *Antike und moderne Tragödie*, Berlin 1962.

[5] "Methodische Grundsätze der Sophoklesinterpretation", *Poetica* 15, 1983, pp. 1-33, repris dans *Gesammelte Schriften*, Stuttgart 1985, pp. 433-465, avec un "Nachtrag" inédit.

[6] Notamment dans les volumes publiés avec Pierre Vidal-Naquet, *Mythe et tragédie en Grèce ancienne*, 2 vol., Paris 1972-1986.

[7] *Aischylos als Regisseur und Theologe*, Berne, 1949. Trad. fr. par E. Martineau, "Eschyle. Dramaturgie et théologie", dans K.R., *Eschyle, Euripide*, Paris 1972, pp. 31-174.

[8] *Sophokles*, Francfort-sur-le-Main 1933. Trad. fr. par E. Martineau, sous le titre Sophocle, Paris 1971.

[9] Voir notamment "Schicksal und Character" (1919), repris dans *Gesammelte Schriften*, vol. 2 (1), Francfort-sur-le-Main 1977, pp. 171-178. Trad. fr. par M. de Gandillac sous le titre "Destin et caractère", dans W.B., *Œuvres*, vol. 1, *Mythe et violence*, Paris 1971, pp. 151-159.

héros, qui a été condamné à la faute par les dieux censés incarner la justice, montre la monstruosité du droit rationnel, qui fonctionne en fait comme une malédiction archaïque. Sur un mode nettement plus adouci (et moins en prise avec la réalité historique), on retrouve l'idée d'un héros par avance victime dans les lectures récentes dites "post-structuralistes" de la tragédie: toute prise de parole, tout engagement est prisonnier de la "malédiction" qu'impose l'ambiguïté fondamentale du langage en tant que tel. Le héros est condamné parce que dans ce qu'il dit, il y a sans qu'il le sache la présence négative, la trace, de ce qu'il ne dit pas. Au-delà ou en-deçà de leurs divergences, ces lectures renvoient aux définitions du Tragique que Hegel rejetait, à savoir à celles qui insistaient sur le caractère insurmontable de la contradiction tragique (cf. Goethe, Hölderlin, Solger).

J'ai employé dans cette présentation très schématique le terme de "décision"; on peut en effet se demander ce qui commande le choix de telle ou telle option (alors que l'interprétation porte toujours sur les *mêmes* textes). La réponse est je crois dans la cohérence que ces options présentent en tant que système.

En effet les figures du Tragique qui sont reconnaissables sous les positions philologiques ou historiennes que je viens de décrire (figures différentes selon que la contradiction entre le héros et les conditions objectives de son action est considérée comme surmontable ou comme insurmontable) correspondent à autant de positions théoriques concernant la *philosophie de l'histoire*; on peut même avancer l'hypothèse que ce sont les difficultés propres au concept de philosophie de l'histoire qui structurent encore les inteprétations modernes de la tragédie. Cela correspondrait d'ailleurs à une relation historique bien établie, puisque c'est d'abord à partir de la réflexion sur la tragédie qu'a pu se mettre en place, dans l'idéalisme allemand, le débat théorique sur le statut qu'il fallait donner à l'événement singulier dans le processus historique général: la tragédie, où une catastrophe individuelle prend par sa radicalité une ampleur quasi totale, oblige en effet à définir les relations possibles entre contingence et universel. Or on voit bien qu'à travers les interprétations que j'ai rappelées, deux thèses majeures sur la nature de l'événement singulier s'affrontent:

- ou bien, selon le schéma d'une ruse de la raison, le désastre singulier est comme malgré lui porteur d'une signification générale qui l'excède et qui se réalise à travers lui (selon l'interprétation hégélienne de la tragédie mais, plus généralement, de l'histoire);

- ou bien, le sens d'un événement ne se laisse pas déduire de ses conditions générales mais s'impose dans la radicalité et la nouveauté de son surgissement, comme manifestation abrupte d'une négativité plus fondamentale que toute mise en ordre: on retrouve là la conception de l'événement comme apparition, comme déchirure, et non comme produit, qui est propre aux conceptions "existentialistes" de l'histoire.

Si ces options ont leur cohérence propre et renvoient l'une à l'autre dans un débat théorique en fait fermé[10], puisque chaque thèse est l'antinomique de l'autre, on comprend qu'elles aient continué à dominer le débat scientifique. Aucun "fait" ne pouvait venir contredire l'une ou l'autre thèse: à partir du moment où l'on s'attachait à comprendre la tragédie comme une histoire qui fait sens en tant qu'histoire (et non, par exemple, comme dialogue), on était alors nécessairement renvoyé aux possibilités théoriques qu'offre le débat conceptuel sur la philosophie de l'histoire.

Quant au refus du Tragique (selon la position 1), il est aussi déterminé à son tour par une position philosophique qui récuse la possibilité de développer une philosophie de l'histoire qui ne soit pas spéculative, c'est-à-dire non scientifique.

Pour sortir de cet enfermement, on n'a peut-être intérêt ni à simplement rejeter la tradition théorique liée au concept de Tragique (ce serait la position 1, qui n'est pas moins philosophique que l'autre), ni à essayer de complexifier ou d'historiser le concept de Tragique, mais plutôt à essayer de renoncer à toute forme de *réification*. Il y a eu réification dans les interprétations dont j'ai parlé au sens où elles ont fait de l'un des éléments de

---

[10] Voir L. Ferry, *Philosophie politique*, vol. 2, *Le système des philosophies de l'histoire*, Paris 1984.

la représentation tragique l'instance chargée de donner son sens au tout: le public ou l'histoire racontée. On cherchait à reconstruire alors ou bien les multiples états affectifs d'*une* conscience (individuelle ou collective), ou *un* concept rendant compte de la complexité des événements. Dans chacune de ces options on néglige le simple fait que ce qui est donné à voir sur la scène n'est précisément pas *un*, mais multiple, brisé en autant de voix qu'il y a de personnages, sans qu'aucune voix puisse jamais prendre le dessus sur les autres: il n'y a sur scène pas *une* histoire mais une multiplicité de réactions aux événements d'une histoire; de même qu'il n'y a pas *un* public, puisque le public est confronté aux réactions du public sur scène que sont déjà le chœur et les antagonistes.

L'interprétation a donc à définir la manière dont s'organise cette multiplicité. Or c'est à ce niveau qu'un concept comme le Tragique peut être utile: comme concept interprétatif, cherchant à rendre compte du sens d'événements paradoxaux, il est peut-être au centre de la représentation tragique, mais simplement comme proposition interprétative, comme hypothèse que les personnages se donnent à eux-mêmes pour comprendre ce qui arrive; cette hypothèse pourra à son tour être discutée, et rejetée.

Ainsi, pour prendre un exemple particulièrement frappant, aux vers 1560-1575 de l'*Agamemnon* d'Eschyle[11], on voit le chœur tenter une interprétation "tragique" du meurtre d'Agamemnon: le droit y est (comme dans la lecture de Walter Benjamin!) assimilé à une malédiction ("On saccage à qui saccage. Mais l'assassin paye./ C'est immuable, comme Zeus immuablement traverse le temps: /quand on agit on subit. Voilà le droit. /Qui débarrassera la maison de la semence d'exécration?/La famille est collée au désastre"). Ces phrases proposent une analyse de la violence en trois temps: (1) sous le désordre apparent des coups qui se succèdent ("on saccage qui saccage"), comme la mort d'Agamemnon succède à celle d'Iphigénie, se laisse (2) malgré tout reconnaître une régularité ("mais l'assassin paye"): Clytemnestre, pas moins qu'Agamemnon, est vouée à trouver son justicier,

---

[11] Je renvoie à mon commentaire de ce passage, dans *L'Agamemnon d'Eschyle. Le texte et ses interprétations*, vol. 3, *Commentaire des épisodes*, à paraître dans la série des *Cahiers de Philologie*, Lille.

selon la règle d'un droit fondé sur l'autorité divine. La réalisation de la justice dans la famille des Atrides, avec la série des vengeances, prend donc la forme d'une nécessité monstrueuse déchaînée par une malédiction (3). Loin d'opposer un droit moderne, "éclairé", dont Zeus serait le garant, à une forme archaïque de droit, avec la malédiction, comme le font la plupart des interprètes modernes, le chœur analyse ici ce que signifie le droit dans la situation nouvelle qu'a créée le meurtre du roi: la justice divine la plus rationnelle ("quand on agit, on subit") lui paraît dès lors se réaliser à travers une sombre compulsion meurtrière. Le droit ne permet pas de vivre bien, dans un ordre réglé, mais oblige seulement à se résigner à un état de fait insupportable, la nécessité de la violence dans la maison royale.

Clytemnestre récusera cette analyse "tragique". S'il y a malédiction, et donc s'il y a un "démon" qui la porte, il n'y a aucune raison que le langage comme pratique sociale ouverte et permettant des solutions perde ses droits: le destin devient de fait une entité identifiable avec laquelle on peut traiter: "Tu t'avances sur cet oracle accompagné / de la vérité. Cela dit, je veux / jurer alliance avec le démon / des enfants de Plisthène: je me satisfais de ces choses[12],/ quelque pénibles qu'elles soient, et lui, à l'avenir, qu'il laisse/ la maison et épuise une autre lignée/ par des morts bien à elle. /De mon côté, un petit reste de mes biens /me comble absolument si j'ai vidé le palais / de la fureur de se tuer l'un l'autre" (vv. 1567-76). Or cette idée d'un contrat passé avec le démon n'est pas absurde puisque, de fait, le démon sera "traitable", il deviendra le partenaire d'un dialogue, avec les Érinyes des *Euménides*. Mais pour que le démon devienne traitable, il faudra d'abord que se vérifie la thèse du chœur, et qu'Oreste vienne venger son père. Les deux thèses n'étaient pas incompatibles: l'action représentée dans le drame suivant, les *Choéphores*, assure le passage entre l'une et l'autre. Mais elle fait aussi plus: l'acte qu'elle impose, le meurtre de sa mère par Oreste, ne coïncide évidemment pas, dans sa violence singulière, avec la vérité générale sur le droit qu'expose le chœur; le contenu de cet acte aberrant obligera à redéfinir les relations entre humains,

---

[12] Le verbe "se satisfaire" a pour sujet Clytemnestre, et non le démon de la famille; voir notamment les arguments de V. Di Benedetto, dans son introduction à *Eschilo. Orestea*, trad. E. Medda et al., Milan (B.U.R.) 1995, pp. 84 s.

dieux olympiens et Érinyes, et, avec retard, à accéder à la demande de Clytemnestre. Le "Tragique" est ainsi posé par les personnages, de manière contradictoire, pour servir de point de départ à une action qui dépasse les conceptions exposées et qui, dans sa simplicité de fait, contraint à les critiquer. Quant à l'orientation, à la signification de cette action, elle ne se laisse précisément pas réduire aux idées des personnages; elle demande à chaque fois une interprétation particulière, en situation.

Cette tension entre une conception "tragique" explicite et la nouveauté qu'impose l'action structure une pièce comme Médée; elle lui donne sa dynamique. Au début, la nourrice, en bonne porte-parole de la tradition, définit déjà clairement les questions que le drame va affronter et pose son "horizon de sens". Reprenant les débats contemporains sur la nature de la responsabilité, individuelle ou collective, elle écarte les enfants de sa maîtresse, qu'elle sait menacés, de tout schéma de culpabilité: "Iô! Pauvre! En quoi, selon toi, participent-ils aux errements de leur père?" (vv. 115 s.). Plus loin elle rend compte par des termes généraux et convenus de la catastrophe qu'elle pressent: "Ce qui va trop loin / n'équivaut à aucun intérêt pour les humains. Il produit des désastres plus grands, / quand le démon s'est irrité sur la maison" (vv. 128-130). Tout semble dit: les victimes futures, les enfants; l'excès dont ils seront victimes. Mais ce que cette anticipation de la tragédie à l'intérieur de la tragédie laisse ouvert, sans pouvoir atteindre la réalité du drame singulier qui va être donné, est la forme singulière que prend ici ce "démon" en colère: à savoir, dans cette pièce étonnamment sans dieux, Médée elle-même[13].

Les personnages ne sont pas prisonniers du Tragique, ils sont confrontés à lui et le construisent chacun différemment, et la scène donne à voir la multiplicité de ces constructions. Quant à l'action, qui s'appuie sur ces conceptions du Tragique et s'en libère pour élaborer un événement nouveau, singulier, elle ne se laisse pas résumer sous un tel concept synthétique.

---

[13] Selon une ligne d'interprétation développée par Fabienne Blaise dans son séminaire à l'Université de Lille.

Reflexiones sobre la *opsis* aristotélica*

Anastasio Kanaris de Juan
Universidad de Salamanca

Aristóteles enumera las partes o componentes de la tragedia según un orden, es decir: de lo más externo (*espectáculo*) a lo más interno (*argumento*), de la imitación a través de lo visual (*espectáculo* ὄψις), pasando por la imitación a través de la música (*canto* μελοποιία), hasta la imitación a través de la voz en su aspecto de significante y en su aspecto de significado (λέξις, διάνοια, ἤθη y μῦθος, *dicción, designio, caracteres y argumento*)[1]. Es del todo evidente que de las seis partes de la tragedia Aristóteles puso mayor énfasis en el trío *argumento- caracteres- intriga*, y en menor medida en las restantes partes, es decir, ὄψις, μελοποιία y λέξις, aunque de estas últimas es a la λέξις[2] a la que dedica especial atención. Tanto la ὄψις como el μέλος son las partes que para nosotros están perdidas irremisiblemente. Así, nos vemos obligados a valorar las obras según la propia proposición de Aristóteles, es decir, basándonos sólo en los textos en que de alguna forma sobreviven, casi íntegras, las cuatro restantes partes de la tragedia, μῦθος, *argumento*, ἦθος, *carácter(es)*, διάνοια, *designio, intenciones* de los personajes y la λέξις, *lenguaje*. En cuanto a la *opsis*[3], parece que el término se usa con doble sentido. El primero que es más general abarca el resultado conjunto de la realización escénica de una tragedia desde el punto de vista de la percepción visual. En el segundo, que es más especial, Aristóteles sitúa la *opsis* jerárquicamente en un nivel inferior, dado que la hace depender más de

---

* Nuestro agradecimiento a la ayuda de la DGICYT, proyecto PB 96-1268.
[1] A. López Eire, "La lexis de la tragedia según la Poética de Aristóteles", en *Helmantica Thessauremata Philologica Josepho Orozio Oblata*, Salamanca 1993, pp. 91-131, cf. 95.
[2] A. López Eire, *op. cit.*, cf. pp. 96 ss.
[3] Aristóteles, *Poética*, 1449b 31ss. Ἐπεὶ δὲ πράττοντες ποιοῦνται τὴν μίμησιν, πρῶτον μὲν ἐξ ἀνάγκης ἂν εἴη τι μόριον τραγῳδίας ὁ τῆς ὄψεως κόσμος.. y 1450 b 18 ss. ... ἡ δὲ ὄψις ψυχαγωγικὸν μέν, ἀτεχνότατον δὲ καὶ ἥκιστα οἰκεῖον καὶ ἄνευ ἀγῶνος καὶ ὑποκριτῶν ἐστιν.

la habilidad del σκευοποιός *(Po.* 1450b 19-20)[4] que de la habilidad creativa del poeta. En ese último caso, el elemento visual tiende a superar los límites que se describen por la necesidad dramática para adquirir un fin. Hoy hablaríamos de *elemento espectacular* o simplemente de *espectáculo*.

Antes de comenzar a desarrollar nuestras reflexiones nos gustaría citar un corto pasaje de la *Poética* de Aristóteles: *El poeta debe conseguir la acción y complementar sus efectos por medio del lenguaje, conservando siempre, en lo posible, la escena ante la vista: así la realizará con mayor claridad, como si asistiera a la representación, y podrá descubrir lo que es adecuado sin que se le oculten las contradicciones.*[5]

Cuando el Estagirita dice πρὸ ὀμμάτων τιθέμενον nos conduce directamente al objetivo central sobre el cual versará nuestra breve disertación. Es comprensible que estamos hablando de un elemento externo, *algo que se pone ante nuestros ojos* en una tragedia griega. Sin embargo, no debemos olvidar que el teatro griego es un teatro poético, es decir, es un teatro en el que el *logos* poético tiene la capacidad de representarlo todo[6],

---

[4] P. Arnott, *Greek Scenic Conventions in the Fifth Century B.C.*, Oxford 1962, p. 109.
[5] Aristot. *Po.* 1455a 22. Texto, Introduccción, Traducción y Notas de José Alsina Clota, Barcelona 1996.
[6] En términos idénticos se expresa 'Ι. Μπάρμπας (I. Barbas) en su estudio Σκηνική παρουσία των ὑπηρετικῶν προσώπων στήν 'Αρχαία 'Ελληνική Τραγωδία, Θεσσαλονίκη 1984, que versa sobre la presencia en escena de los personajes de la servidumbre en la tragedia griega. Barbas (cf. pp. 11-12), aunque no llega a hacer hincapié expresamente sobre la opsis, sin embargo, deja entrever que con el término **presencia en escena** se refiere a la presencia en ésta de dichos personajes no sólo como factores de la acción dramática, sino también como personajes que tienen su propia personalidad. Estos personajes de la servidumbre, al ser partícipes de una representación teatral, manifiestan una doble presencia: **interna y externa**. Desde el punto de vista externo se estudia el lugar de la acción dramática, la manera como se mueven, hablan y gesticulan, así como su edad, sexo, indumentaria (vestuario) y las máscaras. Desde el punto de vista interno se estudia el grado de su participación en la acción dramática, las consecuencias de dicha participación tanto para ellos mismos como para sus amos, así como para el desarrollo del mito, su situación y origen social, etc. También vid. Λιγνάδης, Τ., "Προβληματισμοί καί σύγχρονες παραστάσεις τοῦ ἀρχαίου δράματος" εν Διεθνής Συνάντηση 'Αρχαίου 'Ελληνικοῦ Δράματος, Δελφοί 4-2 'Ιουνίου 1985, 'Αθήνα 1987, pp. 191-201, cf. 198. Las mismas propuestas de Lignadis, ahora más detalladas en Το ζώον καὶ τὸ τέρας. Ποιητική καὶ ὑποκριτική λειτουργία τοῦ 'Αρχαίου 'Ελληνικου Δράματος, 'Αθήνα 1988, pp. 127-163; del mismo "'Η Ποιητική τοῦ 'Αριστοτέλη καί τά προβλήματα τοῦ σύγχρονου θεάτρους εν Θεατρολογικά Ι, 'Αθήνα 1990, pp. 109-124. En el mismo sentido se expresan L. Faggi, "Leggere e visualizzare", *Dioniso*

donde los acontecimientos suceden incluso en la fantasía de los espectadores a pesar de que no se hayan presentado ante sus ojos[7], tal como lo expresa Aristóteles: *pues la fuerza de la tragedia existe tanto sin acción como sin actores* (*Po.* 1450b).

Nos referiremos en el presente trabajo a la propuesta de Lignadis (1988)[8], dado que fue el primero en referirse de forma expresa a los dos tipos de *visión* del espectador a las que apunta el drama: *opsis interna* y *opsis externa*. El drama antiguo ofrece en imágenes una acción, ya sea visualmente y acústicamente, o en forma de narración, es decir, representada de forma automática en el subconsciente del espectador. El espectador, según la cantidad y duración de un proceso descriptivo, al ser provocado por el discurso que está oyendo produce en su interior, de acuerdo con los mecanismos naturales (re)generativos y de concatenación, un sinfín de imágenes, consiguiendo ampliar así el limitado marco no sólo de la trama, sino también del espacio. Este elemento de reproducción de imágenes, sin sonido audible en el interior del espectador, tanto el director como el actor han de cuidarlo con especial atención[9]. Es decir, los factores de una representación por la propia naturaleza del drama se ven obligados a servir las dos *opseis* : la interna y la externa.

Entendemos por *opsis interna* la capacidad de representación que tiene la fantasía del espectador -por cierto ilimitada-, cuyo mecanismo de funcionamiento pone en acción la propia naturaleza del discurso poético, que, a su vez, es el desencadenante de un resultado de representación. Para que

---

63, 1993, pp. 25-34, cf. p. 25 y G. Monaco, "La scena allargata", *Dioniso 53*, 1982, pp. 5-18, cf. 5.

[7] O. Taplin, *Greek Tragedy in Action*, London 1978, si bien en el presente trabajo nos vimos obligados por razones ajenas a nuestra voluntad a manejar la versión griega, Η Αρχαία Ελληνική Τραγωδία σε Σκηνική Παρουσίαση, (Μετάφραση-Σχόλια-Ελληνική Βιβλιογραφία Βασίλη Δ. Ασημολύτη, Αθήνα 1988, pp. 29-30; véase, también del mismo autor, *The Stagecraft of Aeschylus*, Oxford 1977, especialmente pp. 39-49 y pp. 477-479.

[8] Casi lo mismo propone N. Χουρμουζιάδης, Όροι και μετασχηματισμοί στην Αρχαία Ελληνική Τραγωδία, Αθήνα 1991, pp. 117-175, donde dedica todo un capítulo interesantísimo y de excelente exposición sobre la *opsis*.

[9] Cf. Lignadis, 1987, p. 198 y cf. Arnott, p. 109.

ese resultado sea factible la configuración de la *lexis* ha de estar confeccionada por el poeta de forma que esto que pone el discurso poético en su finalidad puramente narrativa, pueda ser transformado de forma automática lo audible en imágenes, mientras que, por el otro lado, el interior del espectador traduzca las palabras en figuras, en formas de visión interna. Para que una similar metamorfosis tenga lugar, se exige que el discurso poético tenga la capacidad de incitar la fantasía para ella a su vez pueda materializarse, creando de esta forma un espectáculo interno. Este es un teatro (representación) no visible que tiene lugar en el interior del receptor o receptores de una tragedia griega.

En el teatro antiguo griego hay escenas que, por regla, las provoca el anuncio de un suceso que tuvo lugar fuera de la escena. Según Lignadis, este anuncio lo formula escénicamente una *rhesis* narrativa en general, y/o una *rhesis* de mensajero en especial. Sin embargo, no sólo son las *rheseis* de mensajero, sino también las de otros personajes. Estas *rheseis* son el medio que tiene el drama para ampliar los límites de la acción (trama) de la obra, y así poder dar una cierta movilidad al desarrollo de una escena aparentemente estática. Es decir, estamos ante una escena que es descrita y desprovista de acción, pero que aporta dimensión finalmente al resultado escénico. Esto se consigue con la ayuda de la *opsis interna* por medio de la cual el espectador llega a ser partícipe de la función dramática.

Para otro tipo de teatro cuyos mecanismos dramáticos no inciden en el funcionamiento de la *opsis interna*, estas *resis* representativas y largas de la tragedia griega acabarían siendo tediosas para el público. Sin embargo, estas extensas descripciones que ponen en funcionamiento la visión interna constituyen una especie de cine, pero sin motor[10]. Este mecanismo de proyección sin máquina tiene infinidad de posibilidades, dado que la fantasía de la naturaleza humana es igual de infinita. No cabe duda de que la técnica

---

[10] Es una sugerencia que nos la ofrece P. Walcot, *Greek Drama in its Theatrical and Social Context*, Cardiff 1976, cf. p. 7.

óptico-visual tiene sus límites y especialmente impone al espectador su visión propia, aprisionando, mientras dure su señal, la fantasía del receptor, a la vez que la obliga a la inactividad. Sin embargo, en el teatro el oír llega a ser estímulo de su transformación en un espectáculo interno después de haber sido provocada la fantasía. Este proceso sí que tiene relación con la naturaleza y educación de una sociedad acústica, donde el *logos* reinaba en toda su dimensión[11].

Lignadis pone especial atención a las *rhesis* pronunciadas por un mensajero, pero no son éstos, como acabamos de decir, los únicos casos que provocan las *opsis interna*.[12] A modo de ejemplo referiremos una pequeña muestra de circunstancias distintas a las propuestas de Lignadis. En las *Fenicias* de Eurípides (vv. 1-203), después de la presencia de Yocasta en escena (vv. 1-87) entra en acción el Pedagogo, que tras haber subido (¿por medio de una escalera?)[13] al διῆρες ἔσχατον (v. 90), y mirando hacia esa misma escalera que conduce a la *torre,* se dirige a Antígona, que se encuentra abajo y no es visible para los espectadores. En el v.106 Antígona está ya en compañía del Pedagogo y ambos miran hacia el campamento argivo al que los espectadores son conducidos por medio del discurso. El diálogo que tiene lugar entre el Pedagogo y Antígona (vv. 88-201) traslada a los espectadores al pie de las murallas de ciudad y con la ayuda de las palabras de los actores pueden formar una imagen del orden de la batalla del los enemigos.

Otro ejemplo lo tenemos en la *Electra*: de Eurípides, en la figura del anciano (vv. 486-684). En primer lugar, el anciano aparece en escena sin que se anuncie su entrada. Viene del campo donde había encontrado a Egisto, y al entrar en la escena se queja por lo escarpado del camino que conduce a la casa de Electra. La casa es una choza de un agricultor, esposo de Electra. La

---

[11] P. Walcot, *op. cit.*, cf. pp. 23-43.
[12] T. Lignadis, 1988, cf. pp. 14-146.
[13] En cuanto al sitio exacto en que se encuentran el Pedagogo y Antígona, véase T. B. L. Webster, *Greek Theatre Production*, London 1956, p. 12; P. Arnott, cf. p. 42; N. Hourmouziades, *Production and Imagination in Euripides*, Athens 1965, pp. 31 ss.

escena se ha confeccionado, pues, de tal forma que tengamos la presencia de una humilde choza. Según Pickard-Cambridge[14] los espectadores, al oir las palabras del anciano, palabras llenas de queja, tenían la impresión de una cuesta, si es que la párodos tenía inclinación. También el anciano se nos presenta vestido de harapos. No cabe duda de que el manto del anciano hecho harapos es un elemento realista de las tragedia eurípídeas. Sin embargo, en estos casos en los que Eurípides presenta a los actores vestidos de harapos no estamos seguros de si realmente los viste de esta forma o simplemente los imagina así vestidos, sugiriendo a los espectadores, por medio de la palabra, esta impresión[15].

Pasemos ahora a ver la *opsis externa*[16]. Hemos referido, según la propia formulación de Aristóteles, que los actores hacen la *imitación* o *representación* ($\mu\acute{\iota}\mu\eta\sigma\iota\varsigma$) actuando ($\pi\rho\acute{\alpha}\tau\tau o\nu\tau\epsilon\varsigma$). De este modo no sólo se limitan a imitar o mimetizar el *argumento* ($\mu\tilde{u}\theta o\varsigma$), pues de este modo no habría drama, sino también los *caracteres* ($\check{\eta}\theta\eta$) y las *intenciones* o *designios* ($\delta\iota\acute{\alpha}\nu o\iota\alpha$) de los personajes que interviene en la acción. Y hacen la imitación como *espectáculo* ($\check{o}\psi\iota\varsigma$) en un escenario valiéndose de *canciones* ($\mu\epsilon\lambda o\pi o\iota\acute{\iota}\alpha$) y del *lenguaje* en verso (*Po.* 1449b 31). Y para que los lectores de la *Poética* no nos olvidemos de que estos dos últimos elementos de la tragedia, es decir, la *melopoiía* y la *lexis* son, junto con el *buen efecto del espectáculo* [17], son los medios con los que se realiza la imitación, lo afirma tajantemente Aristóteles: *Pues con esos medios se hace la imitación* (*Po.* 1449b 33).

---

[14] Pickard-Cambridge, *The Theatre of Dionysus in Athens,* Oxford, 1973, pp. 52 ss. y I. Barbas, *op. cit.*, p. 95.
[15] Este segunda opinión la sostiene T. B. L. Webster, *Greek Theatre ... op. cit.*, pp. 28 ss. Para el vestuario *vid.* Pickard-Cambridge, *The Dramatic festivals of Athens,* pp. 190-196 y pp. 203-204, B.C. Baldry, Το τραγικό θέατρο στήν 'Αρχαία 'Ελλάδα,' Αθήνα 1981, pp. 87-89.
[16] T. Lignadis, 1988, cf. pp. 148 ss.
[17] A. López Eire, cf. p. 95.

Dado que los personajes son representados en un lugar concreto, son visibles y en consecuencia están abocados a una apariencia escénica. Esta apariencia es la *opsis*. De los seis elementos de la tragedia, μῦθος, διάνοια, ἦθος y λέξις son asequibles al lector. Sin embargo, los dos últimos, es decir, μέλος y ὄψις, presuponen especialmente como receptor al espectador. Y decimos especialmente para hacer una clara distinción entre el oyente que oye el recitado de un texto y el acompañamiento musical de éste, que se produce al margen del propio escenario. La opsis nos conduce obligatoriamente a la realidad de la imitación activa, dado que el teatro, el lugar desde el cual los espectadores ven el espectáculo, funciona sobre presupuestos ópticos.

En Aristóteles leemos: *Ahora bien, puesto que la imitación se realiza por medio de personajes que actúan, necesariamente una parte de la tragedia será el buen efecto del espectáculo; luego, la composición musical y el lenguaje, pues realiza la imitación con esos elementos. Llamo lenguaje a la composición misma de los versos y composición musical a lo que por ella entienden todos*[18].

Dado que la mimesis en el teatro se expresa por medio de personajes en acción, en primer lugar, necesariamente, hemos de aceptar que el *buen efecto del espectáculo* es una imagen perceptible y que podría considerarse como parte de la tragedia. Sigue, ahora desde el punto de vista acústico, la confección del canto -con música- y la expresión del *logos* poético compuesto de *metra*. Con estos medios, ópticos y acústicos, los personajes llevan a término la mímesis en el teatro. Aquí el término *lexis* alude al proceso de versificación y la *melopea*, en cambio, a algo comprensible por su propio nombre, pero directamente comprensible sólo en la época de Aristóteles, es decir, algo irrecuperable para nosotros[19].

---

[18] *Po.* 1450 b 31.
[19] Hermann Koller, *Musik und Dichtung im alten Griechenland*, Bern 1963, cf. "Tragödie und Komödie", pp. 165 ss.

El *melos* nos interesa sólo como uno de los elementos con cuyo concurso imitan los que actúan durante la representación teatral. Tanto la *lexis* como el *melos* guardan una relación directa con el *logos* puesto que son el propio producto del poeta. Sin embargo, la *opsis* en una representación teatral no es algo propio del poeta sino de la misma representación, independientemente de si sirve al *logos* en su formulación *necesariamente* escénica.

¿Entiende Aristóteles por opsis el espectáculo que la escena ofrece en su conjunto en ocasión de la representación de una obra, lo que nosotros llamamos escenografía, o tal vez algo más, o sólo el aspecto externo de los actores, es decir, atuendo, máscaras, es decir, lo que nosotros llamamos vestuario y maquillaje? Aquí tendríamos que decir que el propio texto nos ayuda: Hemón es joven, Tiresias es ciego y, como hemos referido anteriormente el anciano en la *Electra* de Eurípides está vestido de harapos, etc. Lo que nos interesa aquí es el aspecto representativo concreto. Este aspecto representativo pertenece al ámbito de la imitación, es decir, al aspecto óptico, que junto con el comportamiento acústico, comunican con el receptor. Es decir, el espectador escucha el *discurso agradable* del drama por medio de la voz de los actores y danzantes y al mismo tiempo ve movimientos y gestos que tienen una concreta forma escénica.

Aristóteles en su *Poética* nos da una escala de valores por orden de prioridad: 1) *argumento*, 2) *caracteres*, 3) *designio*, y 4) *lenguaje*, dando más importancia, como es natural, al quehacer puramente poético. En cuanto al resto de los elementos de la Tragedia, *música* y *espectáculo*, dice lo siguiente: *De entre los restantes elementos, la música es el más importante de los medios que añaden atractivo. El espectáculo, aunque muy atrayente, es del todo ajeno al arte, es menos propio de la poesía. El efecto de la tragedia, en verdad, subsiste incluso sin representación y sin espectáculo. Pero, por otra parte, para la puesta en escena es más importante el arte de la escenografía que el del poeta (Po.* 1450b 15).

Aristóteles, al decir *de entre los restantes elementos,* parece emparejar dos de ellos, *canto* y *espectáculo,* que, según la tesis *poética,* no deberían emparejarse, dado que la *música* es parte orgánica de la tragedia y como tal, la *música* pertenece al *lenguaje agradable,* según la definición de la tragedia. Mientras que el *espectáculo,* en cambio, no es parte (elemento) orgánica y, al parecer, no es declarada como tal en la definición. Tenemos la impresión de que este emparejamiento en el fragmento anterior se hace en el terreno de una combinación puramente de necesidad teatral. La *música* y el *espectáculo* son aderezos que se ofrecen para provocar el *placer propio* (οἰκεία ἡδονή). Los oídos disfrutan oyendo canciones, lo mismo que los ojos viendo colores y movimientos. Hemos referido la combinación de necesidad teatral porque la formulación aristotélica no muestra una gran estima a los *medios atractivos (aderezos o sazones).* De esos *aderezos* la *melopoía* es lo más importante. En cambio el *espectáculo,* a pesar de que encierra cierto encanto para el alma (ψυχαγωγικόν), como *aderezo* no pertenece a la función artística y guarda poca relación con la creatividad poética. Y eso porque la fuerza de la tragedia existe sin que haya necesidad de certámenes dramáticos, sin nada, es decir, como un texto poético autosuficiente que puede ser leído. Tampoco debemos olvidar que en cuanto al aspecto externo de los actores el *skeuopoiós* era más determinante que el poeta.

De todas formas, desde mi punto de vista, la observación más significativa relativa a la *opsis* está en otra parte de la *Poética.* Y digo significativa en cuanto al significado o significados teatrales de la *opsis* que a mí me interesa.

En la *Poética* 1453b 1-4 leemos: *Es posible que el temor y la compasión resulten por efecto del espectáculo, pero también pueden resultar del entramado mismo de los hechos, lo cual es, sin duda, preferible y propio de un poeta mejor. La obra debe estar compuesta de tal modo que, aun sin verlos, el que escucha el relato de los hechos se estremezca y sienta compasión por lo que ocurre, que es la sensación que experimenta el que escucha el relato del destino de Edipo. En cambio, conseguir tal efecto sólo por medio del espectáculo es menos artístico y exige recursos materiales. Pero quienes pretenden suscitar, con el simple espectáculo, no el temor, sino lo monstruoso, nada tienen que ver con la tragedia, porque con la tragedia no se debe buscar alcanzar cualquier tipo de placer, sino sólo el que le es propio. Y puesto que el poeta debe procurar, a través de la imitación, el placer que suscitan el temor y la compasión, está claro que este efecto debe conseguirse por medio de la acción misma.*

Así, según lo anterior, es posible que aquello que provoca temor y compasión al espectador sea hecho por la *opsis*, es decir, por el atuendo, máscaras o supongamos por el aspecto general, o sea, la escenografía[20].

Observamos que Aristóteles desautoriza el uso de la violencia criticando de antemano toda la producción caracterizada por la brutalidad en escena[21]. Es posible, nos dice el anterior pasaje, que el espectador quede impresionado con cualquier artificio de este género. Pero también es posible, nos dice a continuación, que el miedo y la compasión funcionen por la propia constitución o estructura de la obra, esto es, por el propio arte de su construcción, hecho que hace del poeta el más determinante. Con esto entendemos que el primer responsable para el temor y la compasión es el poeta. A continuación observamos algo que nos interesa desde el punto de vista práctico: aun sin que haya visión de por medio, la composición de la obra se hace de tal forma que el que oye siente miedo y compasión por lo que está sucediendo. En consecuencia, tanto el que lee como el que es oyente de una tragedia puede ser partícipe de ella como receptor emocional. Es decir, si el espectador de una tragedia cierra sus ojos a lo largo de toda la duración de

---

[20] ¿Aquí el Estagirita se refiere a un hecho concreto de su época o es que Aristóteles alude a las monstruosidades de Esquilo? En *Vita Aeschyli* 7 leemos: ταῖς γὰρ ὄψεσι καὶ τοῖς μύθοις πρὸς ἔκληξιν τερατώδη μᾶλλον ἢ πρὸς ἀπάτην κέχρηται.

[21] Compárese con el teatro isabelino, en el que son habituales este tipo de escenas violentas o, como mínimo, altamente desagradables para con la sensibilidad de la mayoría de espectadores.

la representación, aun así debería ser partícipe de ella, ya que se verá ayudado no sólo por medio de la voz de los actores, sino también de los danzantes. Todo ello nos ayuda con suficiente seguridad en cuanto a la función de la opsis interna de la que ya hemos dado unos apuntes.

Avanzando en el pasaje aristotélico, leemos: (...) *el que escucha el relato de los hechos se estremezca y sienta compasión por lo que ocurre, que es la sensación que experimenta el que escucha el relato del destino de Edipo.*

¿En este pasaje Aristóteles se refiere a la terrible historia de la leyenda de Edipo o la obra de Sófocles *Edipo Rey*?[22]. En nuestra opinión sucede que, como desde la audición pasa directamente a la *opsis,* se refiere a la obra en sí. De todas formas, ¿de qué manera podríamos tener espectáculo del mito sin que intermedie la propia obra? Así, el *espectáculo* sigue el siguiente silogismo: llegar al temor y a la compasión por medio del *espectáculo* es algo *menos artístico* y que necesita de la ayuda de la χορηγία.

Aristóteles no pone en duda de que la producción del terror por medio de la *opsis* no sea placer para los espectadores -antiguos y modernos-. Simplemente apunta que ese placer no guarda relación con el arte trágico, puesto que cada cosa presupone su propio placer. Esto se expresa con claridad: *porque con la tragedia no se debe buscar alcanzar cualquier tipo de placer, sino el que le es propio,* es decir, el placer que emana de la propia naturaleza del género trágico. Según nos dijo anteriormente este *placer propio* de la tragedia no se produce por los efectos de espectáculo sino por la propia obra (σύστασις τῶν πραγμάτων). En consecuencia, se trata de un placer puramente poético. En la última frase de esta unidad llega precisamente a esa conclusión redondeando su silogismo tal como lo comenzó: *Y puesto que el poeta debe procurar, a través de la imitación, el placer que suscitan el temor y*

---

[22] Una amplia exposición sobre ese tema nos la ofrece G. F. Else, *Aristotle's Poetics: The Argumentum*, Leiden 1957, cf. p. 108 y nota 3. Véase también Lucas, D. W., *Aristotle Poetics*, Oxford 1968[1] reimp. 1983, p. 150 y R. Dupont-Roc et Jean Lallot, *Aristote. La Poétique*, Paris, pp. 252-253.

la compasión, está claro que este efecto debe conseguirse por medio de la acción misma (no sin ella, con la sola intervención del *espectáculo*).

Así, el *placer propio* es la fuerza del texto poético. El *espectáculo* y, en sentido más amplio, la representación son el resultado final, la indispensable vestimenta de la idea, que por su propia naturaleza es inconsistente y ocasional. Cada representación tiene el comportamiento de un un ser vivo efímero, mientras que el ser vivo del texto permanece inamovible. Esto no vale sólo para la tragedia griega sino para todo género dramático cuyo principal vehículo es el *logos* [23].

Todo lo que está contando el héroe, cuando lo leemos en el texto nos hace sentir temor y compasión porque reconocemos las verdades que encierran sus palabras, y ello es lo que provoca en nosotros el placer.

En el terreno de la función dramática, aceptamos que la *imitación de una acción elevada y completa* es un hecho poético, es decir, que la obra como tal adquiere su propio fin en el texto antes de que pase al campo de lo perceptible por los sentidos (teatro), que es su aplicación práctica. Basándonos en todo esto hemos de responder a la pregunta: ¿Cómo es posible que se provoque placer partiendo del temor y de la compasión, es decir, de entre los sufrimientos de los roles que son terribles y dignos de compasión (sinónimos de φοβερό καὶ ἐλεεινόν)? De estos *hechos que parecen terribles y dignos de compasión* nos habla la *Poética* acto seguido (*Po.* 1453b 14):

Veamos, pues, cuáles son los hechos que parecen terribles y dignos de compasión.

Creemos que la respuesta está en *a través de la imitación*, que constituye un zeugma semasiológico con el *procurar el placer*. El espectador o el lector no siente placer con los propios sucesos de sufrimientos terribles y

---

[23] T. Lignadis, 1988, cf. pp. 156-158.

compasivos, sino con aquel arte bello (el poético) que le hace reconocer verdades de la existencia humana en la narración dramática. Esto para el receptor que por su propio instinto es *el hecho de que goza con la imitación* (*Po.* 1448b 8); para el poeta que imita, que ejerce su arte, su trabajo consiste en la producción del placer, *procurar el placer*. Esta metábasis silogística de la compasión y el miedo hacia el placer empuja al lector de la *Poética* a la definición aristotélica: *con el recurso a la piedad y el terror, logra la expurgación de tales pasiones* (δι' ἐλέου καὶ φόβου περαίνουσα τὴν τῶν τοιούτων παθημάτων κάθαρσιν) (*Po.* 1449b 27)[24].

Hasta aquí, en lo que se refiere a la *opsis externa*. Hemos insistido, intencionadamente, más en el proceso poético que en el óptico, para que quede evidente que la obra es un texto y que no sólo presupone sino que también encierra en sí misma su propia representación. El punto de vista de que la *opsis* determina exclusivamente la indumentaria y máscaras de los actores, a pesar de que parezca irrebatible, necesita sin embargo de algunas aclaraciones en su confrontación puramente práctica. El teatro en es un acontecimiento visual, óptico, por ello, aunque sea *necesariamente* (ἐξ ἀνάγκης) la *opsis* es *parte* del drama. La cuestión es hasta qué punto y con qué intención.

---

[24] *Ibidem.*

Sobre lo trágico en Schopenhauer y Nietzsche

Joan B. Llinares
Universidad de Valencia

I. Lo "trágico", las tragedias griegas, la filología clásica y la filosofía

Es evidente que hablar de lo trágico es, ante todo, hablar de la tragedia ática. Hacerlo con fundamento implica, siempre, referirse de algún modo a lo que se nos ha conservado de los dramaturgos griegos que cultivaron ese inconfundible género que ya mereció un notable tratamiento por parte de las reflexiones poéticas de Aristóteles. Es obvio, pues, que sean los filólogos clásicos y los filósofos preocupados por las cuestiones de estética quienes, en principio, más legitimados se hallen a la hora de esclarecernos qué sea eso a lo que llamamos lo "trágico". Ahora bien, este síndrome tan complejo y de calado antropológico tan esencial implica fuertes dificultades y compromisos en todo aquel que se lance a interpretarlo. Ciertamente, al abordarlo no sólo se está hablando de cuestiones referentes al "teatro" antiguo, la realidad humana -nuestra vida y sus circunstancias- puede muy bien definirse con esa característica que aquellos dramaturgos supieron descubrir y revelar con imperecedera fuerza. Así pues, no basta para ello con adquirir una entrada y con asistir a una buena representación de varias de las principales obras de Esquilo, Sófocles y Eurípides, porque, para poderlas comprender -y al margen de la edición crítica que se utilice, y de la traducción que se prefiera, y de los actores y directores que las interpreten-, dependemos ya de determinada puesta en escena y de inevitables criterios en la concepción de su significado; es decir, a nosotros nos llegan ya reconstruidas desde cierta perspectiva y para determinado momento histórico, el de nuestro presente y el de nuestra generación, con sus problemas, sus necesidades y su sensibilidad particular.

En esa gran distancia que nos separa de la época clásica de la tragedia ateniense, unos dos mil cuatrocientos años, han ido tomando cuerpo varias lecturas tanto filológicas como filosóficas, que son las que permiten que nosotros ahora nos interesemos por aquellas tragedias, las tengamos en gran estima y las podamos -a nuestro modo y manera- comprender. De ahí que sea imprescindible, si se desea tomar conciencia refleja de los presupuestos que ya nos guían a la hora de presenciar una cualquiera de aquellas obras, que reconstruyamos lo que algunos autores fundamentales nos han enseñado sobre ellas y sobre su profundo sentido. Al actuar así no hacemos más que aplicar un básico principio de la hermenéutica, como Gadamer ha recordado con especial insistencia. Esta tarea rememorativa viene exigida también por el abundante uso que suele hacerse de este socorrido concepto de lo "trágico" a la hora de conceptualizar la vida de los seres humanos, e incluso al recomendar el tipo de actitud y de sabiduría que convendría asumir si no se desea permanecer en la más trivial de las frivolidades, o si no se quiere caer en ingenuidades y parcialismos. En esta necesaria labor nos afectan, por consiguiente, cuestiones literarias y filológicas, pero también posiciones filosóficas y antropológicas, e incluso religiosas, que reclaman con rigor estas aclaraciones.

De entre los más importantes pensadores que se han interesado por las tragedias clásicas y cuyas observaciones más incidencia han tenido sobre la posteridad, como Platón y Aristóteles, Hume y Hegel, Jaspers y Max Scheler -o, en nuestros días, George Steiner, Walter Kaufmann, Clement Rosset, Bernard Williams o Martha Nussbaum-, nosotros nos limitaremos aquí y ahora a dos filósofos aparentemente muy cercanos, Schopenhauer y Nietzsche, que han ejercido y continúan ejerciendo una innegable influencia y a quienes es frecuente referirse en esta temática, aunque a menudo tan sólo con indirectas, mediante algún tópico descontextualizado y superficial. Pensamos que la exposición de sus reflexiones sobre la tragedia puede ser de ineludible valor tanto para los filósofos como, en especial, para los filólogos que estudian ese género dramático tan decisivo, tan enigmático y de tan conmovedora profundidad.

II. Schopenhauer y la tragedia

Arthur Schopenhauer abordó directamente el tema de la tragedia en unos pocos lugares de sus escritos, a saber, hacia el final del parágrafo o sección 51 del volumen primero de su obra capital *El mundo como voluntad y representación (Die Welt als Wille und Vorstellung),* cuya primera edición es de 1819, y, sobre todo, a lo largo de varias páginas del capítulo 37 del segundo volumen de dicha obra, titulado *Para la estética de la poesía (Zur Aesthetik der Dichtkunst),* que se publicó por vez primera en la segunda edición de 1844, justamente como una especie de glosa o de suplemento del citado apartado 51. Menos importancia tienen algunos aforismos, como los parágrafos 222, 223, 224 y 227 del capítulo 19, titulado *Para la metafísica de lo bello y la estética (Zur Metaphysik des Schönen und Aesthetik),* que pertenecen al tomo segundo del segundo volumen de *Parerga und Paralipomena,* obra miscelánea que se publicó en 1851.

No es fácil leer en castellano estos textos, que todavía dependen de traducciones muy antiguas y aproximativas, bastante alejadas de la exigente, ondulante y sabia prosa del original. En lo que sigue brindamos una traducción más ceñida y respetuosa de lo que podría ser una especie de antología de los pasajes más significativos, puesto que pensamos que su lectura sigue siendo muy enriquecedora y recomendable para cualquier estudioso de las teorías que las tragedias han generado en las sistemáticas construcciones de los principales filósofos. Si atendemos a su historia efectiva, estas páginas, ciertamente, han tenido una enorme repercusión en los mejores artistas y pensadores de la segunda mitad del XIX y de nuestra centuria, desde Richard Wagner y Marcel Proust, pasando por Nietzsche, Adorno y Horkheimer, hasta Franz Kafka, Thomas Mann o Samuel Beckett. El desparpajo y la originalidad del pensador germano son evidentes y, sin embargo, la seductora frialdad de su lacerante mirada quizá nos arrebate nuestra aquiescencia con mayor facilidad de la que la estricta justicia de sus tesis obtendría, si tomamos como referente primordial lo que la historia nos ha legado de los trágicos atenienses. Conviene leerlo, así pues, con los ojos bien abiertos.

Comencemos por el texto más antiguo, escrito todavía en plena juventud. Allí se nos dice que la cima de la poesía, tanto en lo que respecta a la medida de su efecto, como a la dificultad de su realización, es la tragedia *(das Trauerspiel),* la cual ha merecido por ello justo reconocimiento. Ella tiene por finalidad presentar el lado horrible de la vida, ya que en tales obras dramáticas se nos exponen el dolor indescriptible y la desolación de la humanidad, el triunfo de la maldad, el sarcástico imperio del azar y la irremisible caída de los justos y los inocentes. Todo lo cual nos permite lanzar una significativa mirada sobre la condición del mundo y de la existencia *(Daseyn).* Aquí se introduce con estremecimiento -añade el filósofo con la consabida terminología de su propio sistema- la pugna de la voluntad consigo misma, desarrollada por completo y en el grado máximo de su objetividad. En efecto, en el sufrimiento de la humanidad se visualizan el predominio del error y la casualidad, como efectos del capricho del destino, y las ansias entrecruzadas de la voluntad de los diferentes individuos, a menudo llenos de maldad. En todos ellos vive una y la misma voluntad, cuyas manifestaciones individualizadas se combaten y se desgarran unas a otras. Su presencia en el individuo sufriente consigue que éste, finalmente, alcance ese punto de conocimiento en el que las apariencias, o el velo de Maya, ya no le engañen, pues es capaz de taladrar la forma de la apariencia, es decir, el *principium individuationis,* y de aplacar la violencia de los motivos del poder del egoísmo, con lo cual la voluntad se aquieta y produce resignación, esto es, renuncia, pero no sólo a la vida, sino a la misma voluntad de vivir. De ahí que veamos en la tragedia que los más nobles, después de mucho sufrir y combatir, renuncien a los objetivos que con tanta pasión perseguían y se despidan para siempre hasta con alegría de los placeres de la vida, como hacen el príncipe prisionero de Calderón, o Hamlet, o la Gretchen del *Fausto.*

Por el contrario, la exigencia de la llamada justicia poética se basa en el más completo desconocimiento de la esencia de la tragedia e incluso de la esencia del mundo. Ello aparece osadamente y en toda su trivialidad en las críticas que el Dr. Samuel Johnson ha ofrecido a las piezas individuales de Shakespeare, donde se lamenta muy ingenuamente de la constante negligencia de tal justicia, pues ¿de qué son culpables Ofelia, Desdémona o Cordelia? Ahora bien, tan sólo la banal, optimista concepción del mundo racionalístico-protestante, o la genuinamente judía, reclaman una justicia poética y, si ésta se lleva a cabo, encuentran en ella su propia satisfacción. El verdadero sentido de la tragedia es la visión más profunda de que aquello que el héroe ha de expiar no son sus pecados particulares, sino el pecado original, esto es, la culpa de la misma existencia:

Pues el delito mayor
Del hombre es haber nacido

Como justamente lo expresa Calderón, en el acto primero, escena segunda, de *La vida es sueño*.

Por lo tanto, lo único esencial en la tragedia es la presentación de una gran desgracia. Los muchos caminos diferentes que el poeta puede escoger para esa finalidad son reducibles a tres. En efecto, ello puede suceder, dice Schopenhauer, por la maldad extraordinaria de un carácter, que roza los límites extremos de la posibilidad. Tamaña malignidad es la que ocasiona la desgracia, como, por ejemplo, Ricardo III, Yago en *Otelo*, Shylock en *El mercader de Venecia*, Fedra en *Hipólito* de Eurípides, o Creonte en *Antígona* de Sófocles. También puede suceder por el destino ciego, esto es, por azar o por error, como en ese ejemplo modélico que es *El rey Edipo* de Sófocles, en la mayor parte de tragedias de la Antigüedad y en *Romeo y Julieta*. Y la desgracia puede desencadenarse, en tercer lugar, por la mera posición recíproca de los personajes, mediante sus relaciones mutuas, aunque sus caracteres sean bastante normales desde un punto de vista moral. Por consiguiente, sin que haya injusticia sólo en una de las partes, su trabazón es la que, defendiendo cada cual su lugar, produce la máxima calamidad. Esta vía le parece preferible al filósofo alemán, ya que nos muestra la desgracia suprema no como una excepción, no como fruto de circunstancias fortuitas o de caracteres monstruosos y perversos, sino como algo que se deriva casi por esencia, fácilmente y como de suyo, de la conducta y el carácter de los seres humanos, con lo cual la tragedia se nos revela afectándonos en horrible cercanía, pues esas fuerzas que destruyen la dicha y la vida no nos miran desde lejos, sino que también tienen vía libre para cebarse sobre nosotros en cualquier momento: podríamos sufrir y cometer acciones similares y, sin la excusa de padecer injusticia, nos hallaríamos de pronto en pleno infierno. Representar esta tercera modalidad es sumamente difícil: usando mínimos medios y motivos, contando tan sólo con unas cuantas posiciones repartidas, se ha de producir un efecto máximo y, por eso, muchas obras fracasan en el intento. *Hamlet,* o el *Fausto* de Goethe, podrían considerarse ejemplos afortunados.

Antes de pasar a las ampliaciones que añadió en la segunda edición de su gran libro, deseamos que se caiga en la cuenta de la dimensión extraliteraria -y extraestética-que también está condicionando el tratamiento schopenhaueriano de la tragedia, porque a ésta no sólo se la interpreta como confirmación de todo un sistema filosófico, el suyo propio, tanto en sus aspectos ontológicos y gnoseológicos como éticos, y por ello el concepto metafísico de la voluntad -y la renuncia a la voluntad de vivir-juegan un papel tan vertebral, sino que esa lectura se introduce de golpe en lo que ya son opciones claramente religiosas, como lo prueban las explícitas referencias al velo de Maya, esto es, al hinduismo y al budismo, y las insinuaciones críticas con respecto al racionalismo protestante y al judaísmo, como si Lutero, o el libro de Job, por ejemplo, reclamasen una justicia poética que les alejase por completo de la tragedia. No será de extrañar que, en consecuencia, la denominada tragedia cristiana merezca sus más encendidos elogios.

Según Schopenhauer, la definición más sencilla y exacta de la poesía es la siguiente: "el arte de poner en juego la imaginación mediante palabras". "El poeta, al poner en movimiento nuestra fantasía, persigue el propósito de revelarnos, es decir, de mostrarnos en un ejemplo, sus ideas en torno a la esencia de la vida y del mundo". "La finalidad del drama en general es -por lo tanto-mostrarnos en un ejemplo la esencia y la existencia *(Daseyn)* del ser humano". Esta expresión ya contiene el germen de la controversia sobre cuál sea el asunto principal del drama, la esencia, esto es, los caracteres, o bien la existencia, es decir, el destino, la acción. Ambos están tan estrechamente unidos que son divisibles conceptualmente, pero inseparables en su representación. El drama, junto con la epopeya, tienen, según esta poética, el fin de presentarnos acciones extraordinarias llevadas a cabo por caracteres significativos colocados en situaciones significativas. Estos son, en muy apretada síntesis, los cimientos de la meditación schopenhaueriana en torno a esos dramas que denominamos tragedias.

El placer que la tragedia nos proporciona no pertenece al sentimiento de lo bello, sino al de lo sublime, y al de éste en su grado supremo. Pues así como al ver lo sublime en la naturaleza nos apartamos del interés de la voluntad para comportarnos entregándonos puramente a contemplar, así también en la catástrofe trágica nos alejamos de la misma voluntad de vivir. En la tragedia, en efecto, se nos expone el lado atroz de la vida, la miseria de la humanidad, el señorío del azar y del error, la caída del justo, el triunfo de los malvados: así pues, ante nuestros ojos se hace comparecer esa característica del mundo que precisamente se opone a nuestra voluntad. Cuando lo vemos nos sentimos compelidos a apartar nuestra voluntad de la vida, a no quererla ni amarla nunca más. Justo entonces caemos en la cuenta de que todavía nos resta algo diferente que de ninguna manera podemos conocer positivamente, sino de forma meramente negativa, como aquello que *no* quiere la vida. Cada tragedia exige una existencia completamente diferente, un mundo distinto, cuyo conocimiento tan sólo se nos da de forma indirecta, como sucede justamente aquí mediante tal exigencia. En el instante de la catástrofe trágica se nos torna más clara que en ningún otro momento la convicción de que la vida es un sueño pesado del que hemos de despertar. El efecto de la tragedia es, en este sentido, análogo al de lo sublime dinámico, pues aquélla, como éste, nos eleva por encima de la voluntad y de su interés y nos transforma de tal manera que hallamos placer mirando precisamente aquello que se le opone a la voluntad. Lo que a todo lo trágico, se presente en la forma que se presente, le otorga el empuje propio para elevarse es la aparición del conocimiento de que el mundo y la vida no pueden garantizar ninguna verdadera satisfacción y que, por lo tanto, no son dignos de nuestra dependencia ni de nuestro apego. En esto consiste el espíritu trágico: en que nos conduce hacia la resignación.

Schopenhauer reconoce que en la tragedia antigua este espíritu de resignación rara vez se manifiesta directamente y se expresa poco, puesto que hay otros elementos que se le unen, como la sed de venganza, o la salvación de la patria, o la serenidad, o la sumisión al destino implacable, a la necesidad, o a la inflexible voluntad de los dioses, pero estos motivos no se reducen, ni mucho menos, a la mera resignación. De ahí que confiese que mientras los héroes trágicos de la Antigüedad se someten a los inevitables golpes del destino, la tragedia cristiana, por el contrario, nos muestra la renuncia a la voluntad de vivir, el gozoso abandono de este mundo, en plena conciencia de su nulo valor y de su nada. El juicio que le merece esta comparación no puede ser más elocuente: "soy de la opinión de que la tragedia de los modernos está en un lugar superior a la tragedia de los antiguos. Shakespeare es mucho más grande que Sófocles." De ahí también que afirme que "varias piezas antiguas carezcan de la más mínima tendencia trágica" y que "casi todas muestren al género humano bajo la horrible dominación del azar y del error, pero no muestran la resignación que de ello resulta y que lo redime. Y todo porque los antiguos todavía no habían alcanzado la cima y la meta de la tragedia, ni, en general, de la concepción de la vida."

No obstante, si bien los antiguos presentan poco el espíritu de la resignación y la renuncia a la voluntad de vivir, tanto en sus mismos héroes trágicos, como en su forma de pensar, sin embargo, la tendencia y el efecto propios de la tragedia continúan siendo los siguientes: despertar en el espectador dicho espíritu y provocarle dicha forma de pensar, aunque sólo sea provisionalmente. Los horrores de la escena le hacen comprender la amargura y la indigencia de la vida, es decir, la nulidad de todas sus aspiraciones: el efecto de esta impresión, aun cuando sólo se logre con un sentimiento oscuro, ha de ser que el espectador llegue a reconocer que sería mejor que su corazón se desapegase de la vida, que su voluntad se separase de ella y que, por lo tanto, dejase de amar el mundo y la vida; gracias a todo ello, así pues, va alcanzando en lo más profundo de su interioridad la conciencia de que para una voluntad diferente también ha de haber una forma distinta de existencia. Porque, si no fuese así, si la tendencia de la tragedia no fuese este elevarse por encima de todos los objetivos y bienes de la vida, este alejarse de ella y de sus seducciones y, además, aquello que ya aquí está presente, a saber, el dirigirse hacia otra forma de existencia, por incomprensible que ésta nos resulte, si la tragedia produjese otros frutos, entonces ¿cómo sería de algún modo posible que la presentación del lado horroroso de la vida, expuesto ante nuestros ojos con la luz más implacable, tuviese en nosotros efectos saludables y pudiese ser para nosotros un disfrute superior?

El terror y la compasión, en cuya consecución sitúa Aristóteles el objetivo último de la tragedia, no forman parte por sí mismos, ciertamente, de las sensaciones agradables: luego no pueden ser el fin, sino sólo los medios de aquélla. Por lo tanto, la exigencia de renuncia de la voluntad de vivir sigue siendo la verdadera tendencia de la tragedia, el objetivo último de la intencionada presentación de los sufrimientos de la humanidad, incluso cuando esta resignada elevación del espíritu no se muestre en el héroe mismo, sino que se provoca meramente en el espectador mediante la contemplación de un gran sufrimiento inmerecido, e incluso justificado. La conclusión que se extrae, directa o indirectamente, es siempre la misma, repite Schopenhauer, a saber, que "la vida no es el supremo bien", como nos dice determinado coro en una obra de Schiller. Este genuino efecto trágico de la catástrofe, la resignación final y la elevación espiritual de los héroes, en ninguna obra lo encuentra el filósofo germano tan puramente motivado ni tan claramente expresado como en la ópera *Norma*.

En su opinión, el poeta dramático debe saber que él es el destino y que, por consiguiente, al poetizar ha de ser, como éste, implacable y ha de ofrecernos una pintura de la vida sin ahorrar asperezas ni excentricidades. De todos modos, llama la atención que tanto los antiguos griegos como los autores de la Modernidad escojan como héroes trágicos a miembros de la realeza, aunque para representar las pasiones humanas, las acciones que nos hacen emprender y los dolores que ocasionamos, tanto vale un caserío de campesinos como la corte principesca o una gran familia burguesa. No obstante, las personas de gran prestigio y poder son las más apropiadas para los principales papeles trágicos, porque la desgracia en la que debemos reconocer el destino de la vida humana ha de tener proporciones suficientes y ha de horrorizar a cualquiera de los espectadores, sean quienes sean. No valen, pues, infortunios que el dinero o las influencias podrían liquidar con mucha facilidad, los cuales dejarían indiferentes a los ricos y a los gobernantes. Por el contrario, las desgracias de los grandes producen horror, ya que no admiten remedios del exterior y las caídas que provocan son impresionantes por la altura desde la que se precipitan. En conclusión, la tendencia y la finalidad última de la tragedia se nos manifiestan -repite una vez más Schopenhauer- como el camino que nos conduce hacia la resignación y la negación de la voluntad de vivir.

Si bien es muy fácil deducir de estas consideraciones que la tragedia antigua tan sólo ocupa en ellas una consideración en fin de cuentas secundaria, por lo menos se les ha de conceder que intentan abarcar el conjunto entero de producciones trágicas de toda la literatura europea; algunos críticos hasta han subrayado que la insistencia en la expiación del delito de haber nacido, esa "culpabilidad sin falta y falta sin culpable" -como ha escrito J. M. Domenach-, anticipa las farsas trágicas de los autores del denominado teatro del absurdo, como Beckett y Ionesco. Conviene también señalar que las críticas tanto al concepto de lo bello como al de justicia poética, reivindicando en su lugar el concepto de lo sublime, que es de raíz kantiana, consiguen explicar ese enigma que vive todo espectador de los horrores de la tragedia, a saber, que su contemplación le resulta placentera, y no precisamente por sadismo, sino porque entonces se vislumbra en negativo la posibilidad abierta de otra vida diferente, como luego explicarán los autores de la Escuela de Frankfurt. Finalmente, las explícitas críticas a la lectura aristotélica y las directas alabanzas a la tragedia cristiana vuelven a recordarnos que la mirada schopenhaueriana está constituida por una inequívoca dimensión moral, que se acerca bastante a la *fuga mundi* de los ascetas cristianos y de los monjes budistas. Por lo demás, la metafísica de la música de su estética personal no puede sino delatar que la ópera de Bellini ejemplificaría el paradigma mejor de lo que su romántico talante considera como "trágico" por excelencia. Gracias a este profundo melocentrismo su apasionado lector Nietzsche, otro gran enamorado de la música, recordará con insistencia esa obviedad que solemos desatender por haber perdido las partituras, a saber, que las tragedias áticas se cantaban y que sus creadores también destacaron no sólo como escritores y poetas, sino como grandes compositores, intérpretes, maestros de baile y directores del coro y de la escena. Valga este recordatorio como exponente de un interesantísimo problema que ahora hemos de posponer, las muy especiales relaciones de la música -las melodías, los efectos escénicos a través del ritmo, los estilos de recitar y cantar, los libretos o textos lingüísticos más apropiados, las óperas y sus motivos, etc.- con la tragedia.

III. Nietzsche y la tragedia

Como es bien sabido, Nietzsche se presentó a la opinión pública en 1869 con un libro centáurico e imposible, *Die Geburt der Tragödie,* que perseguía demasiados objetivos a la vez. En él deseaba legitimarse en muchos respectos entrecruzados y quizá incompatibles, por ejemplo, como el jovencísimo catedrático de filología clásica, a quien la Universidad de Basilea acababa de nombrar para cargo de tanta responsabilidad y competencia; como el nuevo discípulo del dios griego Dionisos, que tenía un desconocido mensaje urgente que transmitir, en un contexto historicista y clasicista que todavía concebía a la Grecia antigua como Winckelmann y Goethe la imaginaron, a saber, llena sobre todo de claridad, de jovialidad, de mesura y de serenidad; como un ilustrado radical que cuestionaba el indiscriminado y paralizante imperio de la ciencia en unos ambientes dominados por el positivismo, la indiferencia y la erudición libresca y bibliotecaria; pero, a la vez, quería salir a la palestra como un filósofo original, enamorado de los presocráticos, en el que resonaban toques muy heraclitianos y muy poco cristianos en el fondo, aunque había tenido que disfrazarse de seguidor de Kant y de Schopenhauer, y como un combativo esteta que pretendía acreditar con antiguas referencias griegas y desde su propia experiencia de espectador genuinamente artístico la genialidad de la revolución recientemente consumada por Wagner en sus todavía incomprendidas creaciones, en sus dramas musicales. El resultado de todo ello es un texto arrebatado y celebérrimo, *El nacimiento de la tragedia en el espíritu de la música,* que, afortunadamente, hoy en día ya no necesita presentación. Los filólogos que deseen ampliar su conocimiento del inmediato eco que suscitó ese texto juvenil entre los mejores colegas de aquella generación, a saber, el amigo Erwin Rohde y el enemigo Ulrich von Wilamowitz-Möllendorff, también pueden consultar el agrio debate que entonces entablaron -*Nietzsche y la polémica sobre "El nacimiento de la tragedia"*-, un libro que contiene el conjunto de panfletos que se entrecruzaron, muy correctamente presentados y traducidos por el profesor Luis de Santiago y publicados en 1994 por la editorial Ágora, de Málaga.

Las obras de ese extraño escritor, de ese pensador tan intempestivo, no olvidan jamás esa dedicación de juventud, esa primera problemática tan propia y personal: casi todas están llenas de finas reflexiones sobre la tragedia, que poco a poco nos van configurando una teoría de firmes trazos, muy alejada de la expuesta por Shopenhauer, entre otras cosas porque suele tomar como modelo esencial el conjunto de obras que conservamos de los dramaturgos atenienses de la Antigüedad. He aquí varios fragmentos de ese interesantísimo mosaico, que pensamos que es mucho más desconocido -y, por lo menos, de tanto o superior interés- que las repetidas y complejísimas relaciones entre Apolo y Dioniso en aquella bellísima y apasionada obra de juventud, que nosotros mismos hemos estudiado en otras ocasiones. Como es obvio, dejaremos de lado el rico epistolario y los extraordinarios y abundantes fragmentos póstumos de su legado, así como apartados que dependen muy estrechamente de lo ya expuesto en *El nacimiento de la tragedia*, como, por ejemplo, los tres escritos preparatorios, titulados *El drama musical griego, Sócrates y la tragedia* y, en especial, el importante trabajo del verano de 1870 titulado *La visión dionisíaca del mundo*, aplicado en cierto modo al caso concreto de Wagner en el § 7 de la *Cuarta Consideración Intempestiva, (Unzeitgemässe Betrachtungen, Viertes Stück)*, esto es, *Richard Wagner en Bayreuth*.

Para empezar, Nietzsche insiste en que no vale la pena elaborar un sistema o una teoría general de lo trágico, que serían inservibles y falsos, ya que cada persona lo vive desde su peculiar fuerza y su propia altura vital, cada cual lo experimenta desde su sensibilidad y su sensualidad particularísimas: "Hay alturas del alma que hacen que, vista desde ellas, hasta la tragedia deje de producir un efecto trágico; y si se concentrase en unidad todo el dolor del mundo, ¿a quién le sería lícito atreverse a decidir si su aspecto induciría y forzaría *necesariamente* a la compasión y, de este modo, a una duplicación del dolor?..." (*Más allá del bien y del mal (Jenseits vom Gut und Böse)*, § 30). "El sentido de lo trágico aumenta y disminuye con la sensualidad" (*Ibid,* § 155).

El problema de dar razón del placer que sentimos al presenciar el horror de una tragedia es particularmente complejo, pues deriva de presupuestos implícitos y muy discutibles acerca de las fuentes de nuestro deleite: "Tenemos que cambiar de ideas acerca de la crueldad y abrir los ojos; tenemos que aprender por fin a ser impacientes, para que no continúen paseándose por ahí, con aire de virtud y de impertinencia, errores inmodestos y gordos, tales como los que, por ejemplo, han sido alimentados con respecto a la tragedia por filósofos viejos y nuevos. Casi todo lo que nosotros denominamos "cultura superior" se basa en la espiritualización y profundización de la crueldad -tal es mi tesis; aquel "animal salvaje" no ha sido matado en absoluto, vive, prospera, únicamente- se ha divinizado. Lo que constituye la voluptuosidad dolorosa de la tragedia es crueldad; lo que produce un efecto agradable en la llamada compasión trágica y, en el fondo, incluso en todo lo sublime, hasta llegar a los más altos y delicados estremecimientos de la metafísica, eso recibe su dulzura únicamente del ingrediente de crueldad que lleva mezclado... En esto, desde luego, tenemos que ahuyentar de aquí a la psicología cretina de otro tiempo, la cual únicamente sabía enseñar, acerca de la crueldad, que ésta surge ante el espectáculo del sufrimiento *ajeno:* también en el sufrimiento propio, en el hacerse-sufrir-a-sí-mismo se da un goce amplio, amplísimo... el tomar las cosas de un modo profundo y radical constituye ya una violación, un querer-hacer-daño a la voluntad fundamental del espíritu, la cual quiere ir incesantemente hacia la apariencia y hacia las superficies, -en todo querer-conocer hay ya una gota de crueldad" (*Más allá del bien y del mal*, § 229).

Esta actitud cruel y radical ante la realidad, que, como sucede en la tragedia, no se anda con subterfugios y prefiere la veracidad del dolor y de la desgracia, contra lo que pueda pensarse -aunque lo haya dicho un filósofo famoso-está en el polo opuesto de la resignación y de la cobardía, del quietismo fatalista y de la pasividad, tal y como enseña Nietzsche desde su propia sensibilidad: "El arte pone de manifiesto también muchas cosas feas, duras, problemáticas de la vida, -¿no parece con ello quitarnos el gusto por ésta?- Y de hecho ha habido filósofos que le han atribuido este sentido: Schopenhauer enseñó que el propósito general del arte era "desligarse de la voluntad", veneró como la gran utilidad de la tragedia el "disponer a la resignación". -Pero esto- ya lo he dado a entender -es una óptica de pesimista y un "mal de ojo"-: hay que apelar a los artistas mismos. *¿Qué es lo que el artista trágico nos comunica acerca de sí mismo?* Lo que él muestra -¿no es precisamente el estado *sin* miedo frente a lo terrible y problemático?- Ese mismo estado es una aspiración elevada; quien lo conoce lo venera con los máximos honores. Lo comunica, *tiene que* comunicarlo, suponiendo que sea un artista, un genio de la comunicación. La valentía y la libertad del sentimiento ante un enemigo poderoso, ante un infortunio sublime, ante un problema que produce espanto -ese estado victorioso es el que el artista escoge, el que él glorifica. Ante la tragedia lo que hay de guerrero en nuestra alma celebra sus saturnales; quien está habituado al sufrimiento, quien va buscando el sufrimiento, el hombre *heroico,* ensalza con la tragedia su existencia, -únicamente a él le ofrece el artista trágico la bebida de esa crueldad dulcísima.-" (*Crepúsculo de los ídolos (Götzerdämmerung),* Incursiones de un intempestivo, § 24).

A diferencia de las alabanzas a la tragedia cristiana y moderna que Schopenhauer realizaba a costa de los trágicos antiguos, Nietzsche, defendiendo lo opuesto, contrapone a fondo la concepción judeo-cristiana con la tragedia griega y precisa la diferente antropología que preside a ambas religiones: "El pecado, tal y como ahora se entiende por todas partes donde el cristianismo domina o ha dominado alguna vez: el pecado es un sentimiento judío y una invención judía, y con referencia a este trasfondo de toda la moralidad cristiana, el cristianismo aspiraba a "judaizar" el mundo entero. En qué grado lo ha conseguido en Europa, esto puede rastrearse con máxima sutileza por el grado de extrañeza que tiene siempre para nuestra sensibilidad la antigüedad griega -un mundo sin sentimientos de pecado-, a pesar de tanta buena voluntad de aproximación y de incorporación, de lo que no han carecido muchas generaciones, ni muchos individuos extraordinarios. "Sólo si *te arrepientes* Dios te será propicio" -esto para un griego es una risa y un escándalo; él diría: "así pueden sentirlo los esclavos". Aquí se presupone un poderoso, un superpoderoso que disfruta con la venganza: su poder es tan grande que no se le puede causar daño alguno en absoluto a no ser en el punto del honor... Si, por otra parte, se ha causado daño con el pecado, si con él se ha dado lugar a una profunda y creciente desgracia, que coge y sofoca a un hombre tras otro como una enfermedad -esto deja indiferente en el cielo a este oriental enfermo de honor: el pecado es un delito para con él, no para con la humanidad... Dios y la humanidad están aquí tan separados, están pensados de manera tan opuesta, que en el fondo no se puede pecar en absoluto contra esta última-... Para los griegos, por el contrario, quedaba más próximo el pensamiento de que también el crimen puede tener dignidad -incluso el robo, como en Prometeo, y hasta la misma matanza de ganado como manifestación de una envidia demencial, como en el caso de Ayax: en su necesidad de atribuir e incorporar dignidad al crimen han inventado la *tragedia* - un arte y un placer que ha sido extraño al judío en su esencia más profunda, a pesar de toda su aptitud poética y de su tendencia hacia lo sublime." (*La gaya ciencia (Die fröliche Wissenschaft)*, § 135).

En ningún momento asume Nietzsche la teoría aristotélica de los efectos de la tragedia, aunque desde su obra de juventud es posible encontrar en sus aforismos diversos argumentos que matizan y complementan su posición al respecto, como en esta tesis: "A los griegos (o por lo menos a los atenienses) les gustaba oír hablar bien: tenían una acuciosa predilección por aquello que los distinguía, más que ninguna otra cosa, de quienes no eran griegos. Así exigían que hasta la misma pasión en el teatro hablase bien y escuchaban con gozo los versos tan poco naturales de los dramas. ¡La pasión es tan parca de palabras en la naturaleza! ¡Es tan silenciosa y tan apocada! O cuando encuentra palabras ¡son tan confusas, tan ininteligibles y tan para vergüenza de sí misma! Ahora, gracias a los griegos, nos hemos acostumbrado todos a esta no-naturalidad en el escenario... ¡Aquí precisamente *debe* contradecirse a la naturaleza! ¡Aquí precisamente *debe* ceder el atractivo común de la ilusión a un atractivo superior! Los griegos van muy lejos por este camino, muy lejos -¡llegan hasta el espanto! Del mismo modo que hacen el escenario lo más estrecho posible, y se prohiben todo efecto mediante trasfondos profundos, del mismo modo que hacen imposible para el actor la mímica y el movimiento fácil, de manera que lo transforman en un espantajo festivo, rígido y enmascarado, así también le quitan el fondo profundo a la misma pasión y le dictan una ley de bien decir. En general han hecho todo para actuar en contra de un efecto elemental de figuras que despertasen el miedo y la compasión: *¡no es miedo y compasión lo que querían* -en honor y mucho honor de Aristóteles! ¡Pero él no encontró con toda seguridad la aguja, y mucho menos la cabeza de la aguja, cuando habló de la finalidad última de la tragedia griega! A este respecto, considérese *qué* es lo que más ha incitado el empeño, la inventiva y la emulación en los trágicos griegos -no ha sido, ciertamente, su intención de subyugar al espectador por los afectos. ¡El ateniense iba al teatro *para oir hablar bien!*..." (*La gaya ciencia*, § 80).

He aquí otra versión de sus críticas contra la poética aristotélica concerniente a la tragedia: "¿De veras la tragedia, como quiere Aristóteles, descarga la compasión y el temor, de modo que el espectador vuelve a casa enfriado y sosegado? ¿Hacen las historias de espíritus menos timorato y supersticioso? Respecto a ciertos hechos físicos, como por ejemplo el goce erótico, es cierto que la satisfacción de una necesidad comporta una mitigación y una moderación temporal del impulso. Pero el temor y la compasión no son, en este sentido, necesidades de determinados órganos que quieran ser aliviados. Y a la larga, pese a esas mitigaciones periódicas, todo impulso es incluso *intensificado* por el ejercicio de su satisfacción. Sería posible que el temor y la compasión fueran en cada caso particular atemperados y descargados por la tragedia; sin embargo, el efecto trágico podría en definitiva robustecerlos en su conjunto, y tendría, pues, razón Platón al sostener que con la tragedia uno se hace en suma más miedoso y emotivo..."(*Humano, demasiado humano (Menschliches, Allzumenschliches)*, I, § 212).

Pero tampoco Platón acierta en sus comentarios, como, entre otros textos, lo podemos ver en el siguiente: "Hombres de talante profundamente guerrero, como, por ejemplo, los griegos de la época de Esquilo, son *difíciles de emocionar,* pero cuando la compasión consigue triunfar por encima de su dureza, entonces ésta les sobrecoge como una especie de vértigo y como una "fuerza demoníaca", -entonces se sienten sin libertad y agitados por un temblor religioso. Después, tienen sus reticencias contra ese estado; mientras se hallan en él, disfrutan el éxtasis de estar-fuera-de sí y el éxtasis de lo maravilloso, mezclado con el más amargo de los licores del sufrimiento: es una verdadera bebida para guerreros, algo infrecuente, peligroso y agridulce que a uno no se le proporciona con facilidad.- A las almas que sienten la compasión de esta manera es a las que se dirige la tragedia, a almas duras y guerreras a las que se vence con dificultad, sea mediante el miedo, sea mediante la compasión, pero a las que les resulta provechoso *tornarse tiernas* de vez en cuando: pero ¡qué puede darles la tragedia a quienes están abiertos a las "afecciones simpáticas", como lo está la vela a los vientos! Cuando los atenienses se hicieron más blandos y más sensibles, en la época de Platón -¡ah, qué lejos estaban todavía de la sensiblería de nuestros burgueses de grandes y de pequeñas ciudades! y, sin embargo, los filósofos ya se lamentaban de la *nocividad* de la tragedia. Una época llena de peligros como la que precisamente ahora empieza, en la que aumentan de precio la hombría y el coraje, quizá consiga poco a poco que las almas vuelvan a ser tan duras, que les sean necesarios los poetas trágicos..." (*Aurora (Morgenröte)* § 172).

El artista trágico, según el maduro Nietzsche, está lejos de haber sido correctamente entendido por el sufriente y pesimista Schopenhauer: "El artista trágico *no* es un pesimista, -dice precisamente *sí* incluso a todo lo problemático y terrible, es *dionisíaco*..." (*Crepúsculo de los ídolos*, La "razón" en la filosofía, § 6).

Retorna aquí el concepto clave de la gran obra de juventud. Con la lucidez de los años, el pensador lo explicó con estas pertinentes consideraciones: "Yo fui el primero que, para comprender el instinto helénico más antiguo, todavía rico e incluso desbordante, tomé en serio aquel maravilloso fenómeno que lleva el nombre de Dioniso: el cual sólo es explicable por una *demasía de fuerza*... Al examinar el concepto "griego" que Winckelmann y Goethe se formaron... lo encontramos incompatible con el elemento de que brota el arte dionisíaco, -con el orgiasmo... Sólo en los misterios dionisíacos, en la psicología del estado dionisíaco se expresa el *hecho fundamental* del instinto helénico -su "voluntad de vida". ¿Qué es lo que el heleno se garantizaba a sí mismo con esos misterios? La vida *eterna*, el eterno retorno de la vida; el futuro, prometido y consagrado en el pasado; el sí triunfante dicho a la vida por encima de la muerte y del cambio; la vida *verdadera* como supervivencia colectiva mediante la procreación, mediante los misterios de la sexualidad. Por ello el símbolo *sexual* era para los griegos el símbolo venerable en sí, el auténtico sentido profundo que hay dentro de toda la piedad antigua. Cada uno de los detalles del acto de la procreación, del embarazo, del nacimiento, despertaba los sentimientos más elevados y solemnes. En la doctrina de los misterios el *dolor* queda santificado: los "dolores de la parturienta" santifican el dolor en cuanto tal, -todo devenir y crecer, todo lo que es una garantía del *futuro* implica dolor... Para que exista el eterno placer de crear, para que la voluntad de vida se afirme eternamente a sí misma, tiene que existir también eternamente el "tormento de la parturienta"... Todo esto significa la palabra Dioniso." (*Crepúsculo de los ídolos,* Lo que debo a los antiguos, § 4).

Desde estas premisas elaboró Nietzsche su concepción de lo trágico, como reconoce con toda claridad en este importante parágrafo: "La psicología del orgiasmo entendido como un desbordante sentimiento de vida y de fuerza, dentro del cual el mismo dolor actúa como estimulante, me dio la clave para entender el concepto de sentimiento *trágico,* que ha sido malentendido tanto por Schopenhauer como especialmente por nuestros pesimistas. La tragedia está tan lejos de ser una prueba del pesimismo de los helenos en el sentido de Schopenhauer, que ha de ser considerada, antes bien, como el rechazo y *contra-instancia* decisivos de aquel. El decir sí a la vida incluso en sus problemas más extraños y duros; la voluntad de vida, regocijándose de su propia inagotabilidad al *sacrificar* a sus tipos más altos, -a *eso* fue a lo que llamé dionisíaco, *eso* fue lo que yo adiviné como puente que lleva a la psicología del poeta *trágico*. No para desembarazarse del espanto y la compasión, no para purificarse de un afecto peligroso mediante una vehemente descarga del mismo -así lo entendió Aristóteles -: sino para, más allá del espanto y la compasión, *ser nosotros mismos* el eterno placer del devenir, -ese placer que incluye en sí también el *placer del destruir...*" (*Crepúsculo de los ídolos,* Lo que debo a los antiguos, § 5).

Muy similar es lo que dice, cuando comenta la bondad de los libros que ha ido publicando, en esa vibrante autobiografía filosófica que es *Ecce homo*. Por ejemplo, recordando las insuficiencias y oscuridades de *El nacimiento de la tragedia,* en el § 1 escribe: "No se oyó lo que de valioso encerraba en el fondo ese escrito. "Helenismo y pesimismo", éste habría sido un título menos ambiguo; es decir, una primera enseñanza acerca de cómo los griegos acabaron con el pesimismo, -de con qué lo *superaron...* Precisamente la tragedia es la prueba de que los griegos *no* fueron pesimistas: Schopenhauer se equivocó aquí, como se equivocó en todo..." Nietzsche reconoce que una de las innovaciones decisivas de ese primer libro es "la comprensión del fenómeno *dionisíaco* en los griegos: el libro ofrece la primera psicología del mismo, ve en él la raíz única de todo el arte griego.... Los valores *estéticos* son los únicos valores que *El nacimiento de la tragedia* reconoce: el cristianismo es nihilista en el más hondo sentido, mientras que en el símbolo dionisíaco se alcanza el límite extremo de la *afirmación*..." El § 2 aporta más detalles sobre esto último, sobre qué es lo dionisíaco: "Este comienzo es extremadamente notable. Yo había *descubierto* el único símbolo y la única réplica de mi experiencia más íntima que la historia posee,-justo por ello había sido el primero en comprender el maravilloso fenómeno de lo dionisíaco... una fórmula de la *afirmación suprema,* nacida de la abundancia, de la sobreabundancia, un decir sí sin reservas aun al sufrimiento, aun a la culpa misma, aun a todo lo problemático y extraño de la existencia... Este sí último, gozosísimo, exuberante, arrogantísimo dicho a la vida no es sólo la intelección suprema, sino también la *más honda*... No hay que sustraer nada de lo que existe, nada es superfluo... Para captar esto se necesita *valor* y, como condición de él, un exceso de *fuerza:* pues nos acercamos a la verdad exactamente en la medida en que al valor le es *lícito* osar ir hacia adelante, exactamente en la medida de la fuerza..." Y el § 3 ratifica la íntima relación de lo dionisíaco con lo trágico, como ya había expuesto -lo hemos transcrito literalmente- en *Crepúsculo de los ídolos:* "Justo con esto, había encontrado yo el concepto de "trágico" y había llegado al conocimiento definitivo de lo que es la psicología de la tragedia... En este sentido tengo derecho a considerarme el primer *filósofo trágico* -es decir, la máxima antítesis y el máximo antípoda de un filósofo pesimista. Antes de mí no existe esta transposición de lo dionisíaco a un *pathos* filosófico: falta la *sabiduría trágica* -en vano he buscado indicios de ella incluso en los *grandes* griegos de la filosofía, los de los dos siglos *anteriores* a Sócrates (a los que dedicó un largo escrito póstumo inacabado, *La filosofía en la época trágica de los griegos (Die Philosophie im tragischen Zeitalter der Griechen)*). Me ha quedado una duda con respecto a *Heráclito*... La afirmación del fluir *y del aniquilar,* que es lo decisivo en la filosofía dionisíaca, el decir sí a la antítesis y a la guerra, el *devenir,* el rechazo radical incluso del mismo concepto "ser" -en esto tengo que reconocer, bajo cualquier circunstancia, lo más afín a mí entre lo que hasta ahora se ha pensado..." Por último, en el § 4, Nietzsche se desmarca de la socorrida tesis de la muerte de la tragedia: si su mensaje tiene éxito, será posible "de nuevo en la tierra aquel *exceso de vida* del cual tendrá que volver a nacer también la situación dionisíaca. Yo prometo una edad *trágica:* el arte supremo en el decir sí a la vida, la tragedia, volverá a nacer cuando la humanidad tenga detrás de sí la conciencia de las guerras más duras, pero más necesarias, *sin sufrir por ello...*" Más adelante, un breve apunte al comentar *Así habló Zaratustra* reafirma la tesis central: pudo escribir esa obra porque durante su gestación predominaba en él "el *pathos afirmativo par excellence,* llamado por mí el *pathos* trágico," que se caracteriza porque en él "el dolor no es considerado como una objeción contra la vida" (§ 1).

Queremos acabar este breve recorrido por algunos de los mejores fragmentos que Nietzsche consagró a la tragedia en los aforismos dispersos de sus obras con una página brillante y bastante desconocida, a la que él mismo hizo referencia en *Ecce homo,* su pasión por Wagner en Bayreuth, entendiendo que con este símbolo se está queriendo aludir al genuino arte trágico, a la mejor tragedia posible que, en el presente, intentaría revitalizar el fuego sagrado que un excelso trío de griegos nos legó para siempre. La dureza y la fortaleza, el talante guerrero de este luchador intrépido ya están muy presentes en este romántico himno, cuyas premoniciones forman una constante a lo largo de su obra, mucho más coherente y persistente de lo que su fragmentación podría sugerir.

"Para nosotros Bayreuth significa la consagración matutina en la jornada de lucha. No se podría cometer con nosotros más grave injusticia que suponer que nos interesa única y exclusivamente el arte: como si hubiese de reputarlo un remedio y narcótico para librarse de todos los demás estados miserables. En la imagen de esa obra de arte trágica de Bayreuth nosotros vemos precisamente la lucha de los individuos contra todo lo que se les opone como necesidad aparentemente invencible, contra el poder, la ley, la tradición, los pactos y los órdenes enteros de las cosas. No cabe para los individuos vida más hermosa que prepararse para la muerte e inmolarse en la lucha por la justicia y el amor. La mirada que fija en nosotros el ojo misterioso de la tragedia no es un hechizo que enerve e inhiba. Aunque exige reposo cuando nos mira; -pues el arte no existe para la lucha misma, sino para las treguas que le preceden y van intercaladas en ella, esos minutos en que mirando atrás al pasado y anticipando el futuro captamos lo simbólico y en los que con una sensación de leve cansancio se nos acerca un sueño reparador. En seguida comienza el día y la lucha, las sombras sagradas se esfuman y el arte está otra vez lejos de nosotros, pero su consuelo se yergue sobre el ser humano desde la hora matutina. Por doquier comprueba el individuo su insuficiencia personal, su medianía y sus incapacidades: ¡con qué coraje tendría que luchar, si antes no hubiera sido consagrado a algo suprapersonal! Los máximos sufrimientos que existen para el individuo, la falta de comunidad de todos los humanos en el saber, la inseguridad de los últimos criterios y la desigualdad de las capacidades, todo ello lo hace necesitado de arte. No se puede ser feliz mientras todo sufra y se acarree sufrimiento en nuestro derredor; no se puede ser ético mientras la marcha de las cosas humanas esté determinada por la violencia, el engaño y la injusticia; ni siquiera se puede ser sabio mientras la humanidad toda no haya rivalizado por la sabiduría y no introduzca al individuo del modo más sabio en la vida y el saber. Cómo podría soportarse este triple sentimiento de insuficiencia, si uno ya en su luchar, aspirar y sucumbir no pudiese percibir algo sublime y lleno de sentido y no aprendiese de la tragedia a tener placer en el ritmo de la gran pasión y en el sacrificio de la misma. El arte, ciertamente, no adiestra ni educa para la acción inmediata... los objetos apetecidos por los héroes trágicos no por ello son las cosas apetecibles en sí mismas... Las luchas que el arte muestra son simplificaciones de las luchas reales de la vida; sus problemas son abreviaciones del juego infinitamente intrincado de las acciones y voliciones humanas. Mas la grandeza y necesidad del arte radica precisamente en que crea la *apariencia* de un mundo más simple, de una solución más breve de los enigmas de la vida..."

"El individuo ha de consagrarse a algo suprapersonal -esto es lo que la tragedia quiere; ha de olvidarse de la terrible angustia que le causan la muerte y el tiempo: pues en el instante más fugaz, en el más mínimo fragmento del curso de su vida puede sobrevenirle algo sagrado que compense con creces toda lucha y todo apremio -esto significa *tener una conciencia trágica (tragisch gesinnt sein)*. Y aunque toda la humanidad haya de perecer un día -¡quién tendría que dudarlo! -para todos los tiempos por venir le está fijada como tarea suprema la meta de fundirse de tal modo en lo uno y común, que *como un todo* se encamine a su ocaso con una *conciencia trágica;* en esta tarea suprema va implícito todo ennoblecimiento de los seres humanos;... No hay más que *una* esperanza y *una* garantía para el futuro de la humanidad: y radica en *que no muera la conciencia trágica*. El más triste de los lamentos tendría que resonar sobre la tierra si los humanos algún día llegasen a perderla por completo; y, por el contrario, no existe goce más reconfortante que el de saber lo que nosotros sabemos -que el pensamiento trágico ha vuelto a nacer y a integrarse en el mundo. Pues este goce es completamente suprapersonal y universal, es un júbilo de la humanidad por la garantizada conexión y perduración de lo humano en general" (*Richard Wagner en Bayreuth,* § 4).

El tràgic i el seu déu

Carles Miralles
Universitat de Barcelona

Dionís i el tràgic sempre planen damunt la tragèdia grega. Prou que hi ha, sovint, filòlegs que ens adverteixen: l'ombra d'aquest déu, avisen, es projecta indegudament sobre la tragèdia -que res no té a veure amb ell, com ja havia dit Plutarc- i, això, per culpa de la filosofia, sobretot d'ençà d'haver estat, Dionís, erigit per Nietzsche en categoria metahistòrica[1]; i, pel que fa al concepte del tràgic, continuen, també ha estat la filosofia que ha colonitzat un gènere dramàtic concret, atenès del segle Vè, i n'ha reduït la riquesa i la diversitat a unes característiques -parcials, en el millor dels casos- que després s'han adverat problemàtiques en ésser confrontades amb les tragèdies concretes[2].

Dionís i el tràgic, tanmateix, continuen a planar sobre la tragèdia grega. I és que, d'una banda, aquest déu té una relació innegable amb la tragèdia, a Atenes, i, d'una altra, no cal descartar d'entrada que la teoria pugui descobrir, per damunt de les obres singulars de cada gènere literari, uns universals que el distingeixin dels altres gèneres: el tràgic, en aquest sentit, no hauria de causar més problemes que l'èpic o el líric o el novel.lesc o qualsevol altra abstracció d'aquesta mena.

Llavors és possible afinar una mica més l'objecció: el déu de la tragèdia, que és el Dionís dels grecs, objecte de coneixement històric, no és el déu de Nietzsche, fruit d'especulació filosòfica, que és, emblemàticament, el Dionís del segle XX; i, el tràgic, tampoc no és un concepte grec -en grec no va

---

[1] Llegeixo *Die Geburt der Tragödie* en l'edició Reclam de Stuttgart 1993. Cito *GT* i la pàgina corresponent. Per a la polèmica sobre aquest llibre faig servir F. Serpa (a cura di), *Nietzsche, Rohde, Wilamowitz, Wagner, La polemica sull'arte tragica*, Florència 1972. El cito *Polemica* i la pàgina corresponent.
[2] Sobre aquesta "colonització" cf. P. Szondi, *Versuch über das Tragische* (1961) in *Schriften*, vol. I, Frankfurt am Main 1978, pp. 149 ss.; D. Lanza, "Alla ricerca del tragico", *Belfagor* 31, 1976, pp. 33 ss.

passar gaire de ser un adjectiu[3]-, sinó un de forjat per poetes i filòsofs alemanys, des de Goethe, per distingir amb ell una concepció del món i de la història genüinament contemporània, del romanticisme a l'existèncialisme. Si això és així, si hi ha el déu dels grecs i el déu de Nietsche i l'adjectiu dels grecs i l'abstracte de filòsofs i poetes, potser encara no s'han acabat les preguntes. Per què poetes i filòsofs han referit sempre, inequívocament, Dionís i el tràgic a la tragèdia grega i n'han llevat exemples? Com és que podien construir un discurs sobre la condició de l'home contemporani i el seu paper en el món si de fet parlaven de les tragèdies, de situacions i herois de les tragèdies gregues? Dit d'una altra manera: el Dionís de Nietzsche no és el Dionís del culte ni tan solament el de les tragèdies, però podem afirmar que no té res a veure amb les tragèdies? De fet, podríem recordar que Plutarc deia que no, que no tenia res a veure-hi, a propòsit de l'altre Dionís, el déu històric. I, el tràgic, com pot ser que, si Hegel pogué exemplicar-lo amb Antígona, no tingui res a veure amb els grecs, amb les tragèdies?.

Al "mite tràgic" i al "prodigiós fenomen del dionisíac" es referia Nietzsche, sintètic, al bell començ de la "Versuch einer Selbskritik" que fa de pròleg a l'edició de 1886 de *Die Geburt der Tragödie* (1872). Sense aquests dos elements no hi ha tragèdia. Ara, el mite tràgic no és només una contalla heroica dramatitzada en una tragèdia: Nietzsche el situa entre el pessimisme -un pessimisme lúcid, que correspon al moment culminant de la cultura grega com l'optimisme il.lumina, serè, la seva decadència- i la imatge de tot allò que hi ha de terrible, de dolent, d'enigmàtic, de destructor, de fatal, en el fons de l'existència[4]. Quant al dionisíac, creu Nietzsche que els grecs romanen, per a qui no el coneix, "desconeguts i incomprensibles". Per definir-lo, és essencial la relació que mantingueren amb el dolor (*Schmerz*) i amb la sofrença (*Leid*), que ve a ser condició del tràgic. El dionisíac se situa de la banda de l'art -l'existència del món només es justifica si el concebem com a fenomen estètic-

---
[3] Que significava "de tragèdia"-a tot estirar "propi de les tragèdies" o "que es troba a les tragèdies"- o bé designava, en bon sentit o no, la gravetat, majestat, grandiloqüència i patetisme d'aquest gènere dramàtic. Un atenès del segle Vè devia reconèixer "el tràgic" en la paròdia d'aquesta mena de llenguatge que era habitual en les comèdies.
[4] *GT*, pp. 6 i 9.

i enfrontat a la moral -que en la tradició occidental vol dir el cristianisme-; deixa enrere el romanticisme i s'oposa explícitament a la concepció schopenhaueriana d'un "esperit tràgic" que porti l'home a la "resignació". No a la consolació ha de dur la tragèdia, diu Nietzsche, sinó al riure-el riure del pessimisme, que Zarathustra, el dionisíac Zarathustra, ha presentat com a cosa santa als homes superiors[5].

De fet, com a esquema, el déu que riu i més tard l'experiència de la bellesa, indeslligable del dolor i de la sofrença, fins a la mort inexorable, això no és difícil trobar-ho després de Nietzsche: per exemple a *Der Tod in Venedig* (1912) de Thomas Mann[6]. Però es tracta d'un relat, d'una novel.la breu, d'un autor contemporani. Si el que hi trobem és el tràgic, el tràgic ha esdevingut un concepte -i ja ve a ser el que molts filòlegs es malicien- que pot separar-se de les tragèdies: s'aplica a la situació de l'home en el món, i arquetípicament a la condició de l'artista, de qui cerca la bellesa, més enllà de la moral, concebut encara, romànticament, com qui pateix per tots, com aquell que, perquè encarna el dolor dels homes, sent la necessitat de dir-lo, d'expressar-lo, en aquest món que només es justifica "com a fenomen estètic"[7]. És per això que, quinze anys després, Nietzsche es plany de no haver escrit *Die Geburt der Tragödie* ni com a poeta ni com a filòleg.

Ell, com a filòleg, no tornaria a escriure i fou Erwin Rohde qui anys a venir va saber expressar i il.lustrar, des de la filologia i la història[8], el que el

---

[5] *GT*, pp. 13 i 15-16.

[6] L'home estrany que apareix i desapareix sobtadament, en el porxo de davant del cementiri, al bell començ de la novel.la, canvia el rumb dels pensaments de von Aschenbach: té un efecte diví, i la seva aparença, no gens habitual, es caracteritza en el rostre pel fet que els llavis, massa curts, no arriben a cloure's sobre les dents-o sigui, riu o fa una ganyota que ho sembla-; tot i que se'ns parla explícitament d'un home, la seva aparició és miraculosa, en un lloc decisiu, i ocupa el dintell del relat: talment es presenta com una epifania que determina el viatge del protagonista cap a la bellesa i la mort. Llegeixo la novel.la de Mann en l'edició de la "Taschenbibliothek der Weltliteratur", *Der Tod in Venedig. Erzählungen*, Berlin 1989, pp. 197-201.

[7] *GT*, p. 11. Cf. M. Heidegger, *Nietzsche*, Pfullingen 1961, vol. I, pp. 280.Per a una lectura de l'obra de Nietzsche "com a sistemàtica de les arts", cf. J. B. Llinares, "Apolo y Dioniso como principios de estructuración del campo estético", *Cuadernos de Filosofía y Ciencia*, 1-2, 1982, pp. 19 ss.

[8] En els capítols VIII i IX del seu llibre *Psyche. Seelencult und Unsterblichkeitsglaube der Griechen*, 2ª ed., Heidelberg 1897 (Darmstadt 1961). Naturalment, hi ha diferències -com ara la insistència de Rohde en l'origen traci de Dionís, que no té res a veure amb Nietzsche-,

llibre de Nietzsche proclamava i prou sobre el Dionís dels grecs. Com a artista, com a poeta, Nietzsche ja havia escrit *Also sprach Zarathustra* (1883) i per aquesta raó s'agradava d'explanar, com hem vist, el dionisíac a partir de Zarathustra. Ara, Nietzsche no s'estava de dir del seu llibre de 1872 que captiva els que saben compartir la seva exaltació, els atreu per noves dreceres i els mena a prats on dansar; val a dir, s'hi referia com si fos Dionís, el llibre, i a la veu que hi parla com emanant d'una "ànima nova", una "ànima mística i quasi de mènade" que es deixa transportar pel déu i que, doncs, més aviat hauria hagut de cantar que no d'enraonar, de parlar [9].

Mentre l'amic Rohde provava de convèncer els lectors que en el llibre de Nietzsche segellaven una difícil germanor "la filologia clàssica i el tractament filosòfic de l'art"[10], el sever Wilamowitz se servia de la filologia per presentar Nietzsche -no tan diferentment de com ell mateix ho havia de fer anys més tard, segons hem vist- com un epoptes del déu, anunciador de tota llei de miracles, ja acomplerts o futurs[11].

El cas és que Nietzsche, que era un excel.lent filòleg, havent pogut plantejar com a filòleg la seva tesi, rodonament s'hi negà, no va voler fer-ho. La idea que, d'haver volgut, hauria pogut conduir la seva exposició sobre *Les bacants* d'Eurípides, que és un text tràgic, explícit, sobre Dionís, no estic segur, però, que hagi d'acceptar-se [12]. Qui va estar interessat a aconseguir que els instruments de l'ofici de filòleg treballessin en la construcció de les afinitats entre el déu dels grecs i el déu del seu epoptes de 1872 va ser Rohde. A Nietzsche, com que tot comptat i debatut el que ell volia dir anava a la música i a Wagner[13], li bastava prendre el ditirambe, que l'autoritat d'Aristòtil permet de situar a l'origen de la tragèdia, com executat per "un cor de transformats que s'han oblidat del passat civil, de la posició pública que

---

però, totes les diferències incloses, hi ha relació i continuitat entre el Dionís de Nietzsche i el de Rohde.
[9] *GT*, pp. 8-9.
[10] *Polemica*, p. 200.
[11] *Polemica*, p. 213.
[12] A. Henrichs, "The last of detractors: Friedrich Nietzsche's condemnation of Euripides", *GRBSt* 27, 1986, pp. 369 ss.; G. Bonelli, "Nietzsche e le Baccanti di Euripide, *AC* 60, 1991, pp. 63 ss.
[13] E. Vintró, "El món grec a Wagner", *Ítaca* 1, 1985, pp. 127 ss. (esp. pp. 132-133).

tenen" i contraposar-lo als cors d'Apol.lo, les noies del qual, en entonar el cant processional, "romanen com són i conserven cada una el seu nom". Rohde mirava d'il.lustrar la simplificació de Nietzsche i Wilamowitz els ajusticiava, tots dos, a base de fer veure, amb fragments de Píndar i altres textos, filològicament, que aquella simplificació no tenia prou fonament, era abusiva [14]. Però Nietzsche havia necessitat, filosòficament, servir-se del ditirambe i de la seva aristotèlica connexió amb la tragèdia perquè en el cant en honor de Dionís havia de situar "la música verament dionisíaca", caracteritzada per "la seva força mitopoètica" i per la qual "el fenomen singular s'enriqueix i s'amplia fins a esdevenir imatge universal". Aquesta música es troba en el ditirambe antic i no en el nou, "apassionat sequaç" del qual fou Eurípides, un poeta "de natura completament no musical", o sigui "antidionisíac", representant d'aquella "concepció teorètica del món" en etern conflicte amb la "concepció tràgica" que va de braçet amb el dionisíac. Essent així, *Les bacants* poc podien servir-li, obra d'un poeta "màscara de Sòcrates", només capaç d'entendre "la música descriptiva" que es troba en el nou ditirambe[15].

El que havia d'expressar a partir del Dionís déu grec de la tragèdia, Nietzsche no va creure del cas tenir la paciència d'exposar-ho filològicament. Perquè entenia formular una veritat d'ordre superior i les formalitats i requisits de l'escriptura filològica li n'haurien estat obstacle. Tanmateix, no és sense conseqüències per a la filologia, que el discurs de Nietzsche fos sobre la tragèdia grega i sobre els déus grecs. Ha estimulat el treball dels filòlegs, tant dels que miraven de justificar sobre els textos les tesis de Nietzsche com dels que n'extreien raons que les invalidaven. I és probablement el déu de Nietzsche el que ha causat el renovellat interès de què han estat objecte, tot al llarg del nostre segle, Dionís el musical, ben cert, el déu de l'embriaguesa (*Rausch*), de la possessió, però també el seu germà, l'Apol.lo que senyoreja, en la concepció nietzscheana, l'àmbit del somni, tot allò que és aparença, imatge o il.lusió, patró del plàstico-figuratiu, del literari. Perquè és clar que el

---
[14] *GT*, p. 55; *Polemica*, p. 100 (Nietzsche); pp. 229 i 285 (Wilamowitz); pp. 275 ss. (Rohde).
[15] *GT*, p. 107.

principi bàsic, fonamental, de la tragèdia és Dionís, però també que sense Apol.lo no hi hauria tragèdia. I el que fa que la tragèdia no pugui tornar, després de Nietzsche, a ser el que era és que, allò que en ella significa l'oposició entre els dos déus, ell ens ho ha presentat com a expressió, més enllà de la història, d'una antítesi profuda en l'interior de cada home.

D'altra banda, la trista, esquinçada i cruel història del Noucents europeu no ha fet sinó donar actualitat i coherència a la justificació del sentit de la vida humana pel dolor i la sofrença: que la llibertat ètica pot assolir-se, en l'alliberament del fenomènic, per mitjà del dolor -de la compassió i del temor-, podria considerar-se, entre Schopenhauer i Aristòtil, xifra d'un temps tràgic i lliçó adquirida, inesquivable, de la història. En aquest sentit, el llibre sobre la tragèdia i l'obra entera de Nietzsche han assolit una excepcional sintonia amb el futur. En gran part, pel que fa a *Die Geburt der Tragödie*, perquè, tot i ser el llibre d'un filòleg -i imprescindible per als filòlegs interessats a entendre i no només a practicar l'ofici- s'inscriu en la tradició, tan característica de l'idealisme alemany, de la reflexió sostinguda de poetes i filòsofs sobre el tràgic. És a dir, considera cosa assentada la percepció de la contemporaneïtat, des del XIX, com a tràgica [16].

La tragèdia és una representació d'esdeveniments terribles, marcats per l'excès, que s'originen en una crisi o en un conflicte insuperable. D'una manera o d'una altra, tradueix la consciència de l'home contemporani que la vida no pot continuar segons el model anterior d'ordre -el de les relacions entre família i estat, en el plantejament de Hegel- i que l'heroi que experimenta la crisi, el conflicte, assoleix el coneixement o escampa la purificació a través del dolor i del sofriment. Amb totes les matisacions i posicionaments intermedis [17], la tragèdia se situa entre el conflicte insuperable dels valors i la crisi de l'heroi que s'hi troba. Això dóna als filòlegs marge per anar aplicant a cada tragèdia la fórmula que més convingui però els colla, d'alguna manera, al jou d'una interpretació de les tragèdies gregues en clau tràgica, en funció del tràgic contemporani. Així, fins el filòleg més analític, que tracta les

---

[16] M. Heidegger, *Nietzsche, cit.*, I, pp. 278-279.
[17] D. Lanza, "Alla ricerca del tragico", *cit.*; "La tragedia e il tragico", in *I Greci* (a cura di S. Settis), vol. 7, *Noi e i Greci*, Torí 1996, pp. 469 ss.

tragèdies d'una manera quasi experimental, limitant-ne el sentit a elles mateixes, no és fàcil que aconsegueixi de mantenir prou a distància la idea del tràgic que la contemporaneïtat li imposa. Caldrà distingir el tràgic de cada poeta i la manera com es realitza en cada tragèdia, però el tràgic, que en grec només era un adjectiu, ara és difícil que no sigui assumit pels filòlegs com a condició indispensable de les tragèdies gregues.

Concepte clau del segle XX, no és estrany que el freudisme i el marxisme hagin mirat de colonitzar-lo; que, en crisi l'absolut filosòfic, l'antropologia i la sociologia hagin provat d'ensenyorir-se'n. Amb conseqüències diferents. De fet, és partint de Marx que Vernant provà de construir un marc "transhistòric" que justifiqués, al costat de la lectura "històrica" de les tragèdies, la "transhistòrica" del gènere, o sigui del tràgic. Alhora que donava tota la importància a l'obra, a cada tragèdia, com a construcció del seu propi sentit, oferia la possibilitat de transcendentalitzar-la més enllà del seu públic, en considerar que no era només un objecte per a un subjecte, el públic, sinó que ella mateixa produïa també el seu subjecte-cosa que pot sostenir-se, és clar, més enllà del públic originari, a través de les representacions, les lectures i les intepretacions successives, tal com també les anàlisis de Vidal-Naquet certifiquen[18]. I el mateix Vernant ha tornat a situar les bases per a la consideració de Dionís, déu de l'alteritat, com a central, necessari històricament i simbòlica en la configuració de l'espectacle tràgic. D'altra banda, tot i que Freud sembla més interessat en l'ús de termes i personatges tràgics per a il.lustrar les seves teories que no pas en la interpetació de les tragèdies gregues de les quals se servia, això no obstant és clar que les seves observacions han obert camí a interpretacions sistemàtiques des de l'òptica de la psicoanàlisi[19] i que, a hores d'ara, en la qüestió de la interacció o relació entre el subjecte i l'objecte, la teoria del tràgic no pot prescindir de Lacan; ha estat observat, en efecte, que els tràgics grecs i Lacan semblen coincidir en el punt de vista que tant nosaltres com els herois de les

---

[18] J.-P. Vernant i P. Vidal Naquet, *Mythe et tragédie en Grèce ancienne*, vol. II, París 1986; cf. C. Miralles, *Gnomon* 60, 1988, pp. 577 ss.
[19] G. Devereux, *Dreams in greek tragedy*, Berkeley 1976.

tragèdies som el locus de les passions: les arrosseguem però no assolim d'ésser-ne els agents [20].

Dionís i el tràgic han romàs en el fons de les diverses aproximacions ideològiques i poètiques a la tragèdia; s'hi han adverat imprescindibles i n'han sortit enfortits i enriquits. En el tràgic els millors hel.lenistes del segle XX han sabut reconèixer un concepte cabdal, prestigiós, que mantenia el lligam privilegiat, herència del romanticisme, entre la Grècia antiga i la contemporaneïtat i han maldat per assegurar-se'n la propietat originària. Tal vegada el discurs feble de la postmodernitat acabi tornant als hel.lenistes, aparentment esgotada, la figura de l'heroi tràgic en conflicte amb la realitat, radicalment separat del món, dins d'una crisi insuperable. Rebre aquesta figura a hores d'ara és un repte que no es veu possible que assumeixi una filologia tancada en ella mateixa, només oficî acadèmic. Mentre el professional de la filologia només es pensi -o es vegi obligat a pensar-se-, com a intel.lectual, en termes de mercat, el tràgic no pot tenir futur, com ha assenyalat Lanza [21]. Perquè, en definitiva, en l'arrel mateixa del sentiment del tràgic en la contemporaneïtat hi ha la identificació, d'alguna manera, de l'artista, del poeta, de l'intel.lectual del segle XX amb l'heroi tràgic. Ara, objectivament, la posició dels hel.lenistes per a rebre-la, la figura de l'heroi, no sembla en principi dolenta, si troben manera de recuperar el discurs sobre la centralitat de l'heroi en la tragèdia, típic dels anys des de la segona guerra europea fins als '60, i de confrontar-lo amb l'altre discurs, més general, sobre la importància dels herois, que ha dominat des de finals de la dècada dels '70 en la filologia i la història gregues. Encara que poguem pensar que aquest últim discurs s'ha inflat, poc o molt, de vegades, roman inqüestionable que el culte dels herois, la funció que tenen en els mites i la manera com la polis la converteix en ideologia, són cabdals tant en la fixació de la poesia grega, de l'èpica a la tragèdia, com en la formació i consolidació de les institucions civils[22]. Més filosòficament, els hel.lenistes que hi estiguin interessats hauran

---

[20] C. F. Alford, *The psychoanalitic theory of greek tragedy*, Yale UP 1992, p. 135.
[21] "La tragedia e il tragico", *cit.*, p. 504.
[22] C. Miralles, *Come leggere Omero*, Milà 1992, pp. 32 ss.; R. Seaford, *Reciprocity and ritual*, Oxford 1994, pp. 109 ss..

de veure si la integren com a nostàlgia de l'absolut que ha estat declarat inabastable o com a paradigma de la realitat que ha estat proclamada fragmentària, feta a trossos com el cos del déu de la tragèdia o de l'heroi que se li oposa en velles contalles místiques. De fet, els hel.lenistes tenen a favor, ara, a més del discurs que dèiem, complex i ric, sobre el culte dels herois i els seus usos ideològics i polítics, també un coneixement més matisat de Dionís i de la religió atenesa- amb l'esplèndida finestra oberta cap a la relació de la tragèdia amb l'experiència dels misteris [23].

Sota el mantell de l'alteritat dionisíaca s'han pogut arrecerar *hippies*, freqüentadors de drogues, tota llei de conreadors de models individuals o col.lectius alternatius[24]. L'alternatiu, però, per més valent que sigui, no és dionisíac, en el sentit tràgic, si no és radical, sentit com a irrenunciable o viscut com a insuperable-heroicament. O sigui, que el dionisíac que fa al cas no és banal i integrat sinó encarnat en un heroi -que és qui el sent o el viu tràgicament.

L'heroi tràgic, ens havien ensenyat a reconèixer-lo a base de plantejar-nos la seva responsabilitat i la seva culpa, la seva acceptació del destí i tot de coses d'aquesta mena. És millor que ens anem avesant a caracteritzar-lo per la situació en què es troba i pel caràcter no polític, asocial, de la seva situació. L'heroi de la tragèdia està sol. La tragèdia grega és poesia i sovint reflecteixen més nítidament aquesta situació les metàfores que s'hi apliquen, les constel.lacions semàntiques i els mots recorrents que la dibuixen, que no els debats i els discursos, sempre més parcials. És en la fragmentació i en l'ambigüitat, en la presó circular dels dobles sentits, de la significació que es va orquestrant al seu entorn, que es perfila més segurament la situació envolvent[25], com un mur que l'aïlla, en què roman clos l'heroi. La seva situació és el seu ésser, la font del tràgic, la presó de la identitat de l'heroi, de la sofrença que el limita i el defineix, sempre sol davant d'ell mateix. És la

---

[23] R. Seaford, "Dionysiac drama and the Dionysiac mysteries", *CQ* 31, 1981, pp. 252 ss.; *Reciprocity and ritual, cit.*, pp. 373 ss., 395 ss..

[24] A. F. H. Bierl, *Dionysos und die griechische Tragödie*, Tübingen 1991.

[25] El terme (*Umgreifende*) és de K, Jaspers (*Über das tragische*, a *Von der Wahrheit*, Munic 1947, pp. 915 ss.); cf. l'estudi preliminar de J. L. del Barco a la seva traducció espanyola d'aquest llibre (Màlaga 1995, pp. 24 ss.

solitud de l'heroi el que ara importa. Tant en sentit grec, perquè l'heroi no participa del polític, en queda exclòs per una raó o per una altra, com en sentit més absolut, perquè la solitud de l'heroi és la condició més universal del tràgic.

Lógico y realista*

Carmen Morenilla Talens
Universidad de Valencia

> *Gesprächsleiter*: Poetisch ist das bestimmt nicht, wenn ein Mensch im Augenblick des Todes zu kalkulieren beginnt.
> *Sophokles*: Aber realistisch. (Brecht blickt erstaunt auf: *Wie? Das sagt er?* und schenkt seinem Partner nach)[1]

I.

1-."Aber realistisch". Con estas palabras responde Sófocles (y Walter Jens) a la crítica que el moderador hace al famoso monólogo de Antígona previo a su muerte, causando el asombro de B. Brecht[2]. Sófocles afirma que la exposición que Antígona hace de los motivos que le llevaron a decidir enterrar a su hermano, es ante todo lógica y realista:

S- Mir scheint es zunächst einmal logisch.

G- Aber ein Drama und eine mathematische Gleichung sind

---

* El presente trabajo se encuadra dentro de la línea de investigación "Adaptación del teatro clásico al teatro moderno occidental" GV98-09-116, subvencionada por el *Programa de Projectes d'Investigació i Desenvolupament Tecnològic* de la Generalitat Valenciana.

[1] Walter Jens, "Sophokles und Brecht. Dialog", *Zur Antike*, München 1978, pp. 413-433, aquí p. 422.

[2] "Sophokles und Brecht. Dialog" es una entrevista televisiva en la que un moderador intenta que Sófocles y B. Brecht hablen de sus respectivas Antígonas, convirtiéndose en realidad en un diálogo entre los dos autores, que discuten sobre sus respectivas dramaturgias. El Grup Sagunt ha preparado y editado una adaptación de este texto, acompañado de un estudio crítico sobre Sófocles, B. Brecht y W. Jens, *Sófocles y Brecht (Talk Show) de Walter Jens*, K. Andresen y J.Vte. Bañuls (edd.), en la Colección Teatro del siglo XX, Serie Crítica, de la Universitat de València, dirigida por J.Vte. Martínez Luciano, Valencia 1998. Asimismo ha representado en varias ocasiones el texto adaptado tanto en versión española como catalana, existiendo de ambas grabación audiovisual a cargo del Taller de Audiovisuales de la Universitat de València.

> verschiedene Dinge.
> B- Glaubt Ihr? Ich glaube es nicht. Im Gegenteil.
> S- Ich auch nicht.
> B- Es gibt, in jedem Fall, Regeln.
> S- Das gesetzliche Kalkul.
> B- Eine berechnete Verfahrensart.
> S-Sichere Prinzipien.
> B- Konvention und Übereinstimmung (p. 422)

Frente a la opinión del moderador los dos autores afirman la importancia de la lógica y la verosimilitud, y eso en obras que conscientemente buscan la Verfremdung, el extrañamiento: ese distanciamiento de la tragedia griega y del teatro épico[3] resulta que no es incompatible con la verosimilitud, sino que es esa cualidad precisamente la que da una especial fuerza dramática a las decisiones que se toman. Pues ¿qué tensión dramática puede haber en un destino fijado por los dioses y asumido por el héroe como inevitable?. El autor precisa de otras motivaciones para la acción que vayan más allá de las decisiones divinas (lo que no quiere decir que éstas no sean relevantes, sino que quedan en un segundo plano inmanente), precisa de una toma de decisión por parte del héroe motivada de manera diversa. Toma de decisión que carga de tensión emocional la obra, que dota de tensión trágica a los hechos.

Lo que W. Jens pone en boca de Sófocles y Brecht, es reiteradamente señalado por Aristóteles en su *Poética*, quien, al hablar de la extensión de la tragedia, señala que debe tener la que convenga para que el cambio de situación se produzca κατὰ τὸ εἰκὸς ἢ τὸ ἀναγκαῖον (1451a 12). Y poco después insiste en este aspecto al definir la tragedia por comparación con la historiografía: es función del poeta contar

> οἷα ἂν γένοιτο καὶ τὰ δυνατὰ κατὰ τὸ εἰκὸς ἢ τὸ ἀναγκαῖον (1451a 37)
> *las cosas que podrían suceder y las posibles según lo verosímil o*
> *lo necesario*

---

[3] Del diálogo entre Sófocles y Brecht se concluye que en absoluto están tan alejados como se cree estos dos tipos de teatro.

La tragedia canta lo universal, y esto consiste en que

τῷ ποίῳ τὰ ποῖα ἄττα συμβαίνει λέγειν ἢ πράττειν κατὰ τὸ εἰκὸς ἢ τὸ ἀναγκαῖον (1451b 8)

a tal persona tales cosas conviene decir o hacer según lo verosímil o lo necesario

Y también señala la causa de ello:

αἴτιον δ' ὅτι πιθανόν ἐστι τὸ δυνατόν (1451b 16)

la causa es que lo posible es convincente

Por ello valora como el mejor tipo de anagnórisis el que se produce como resultado mismo de la acción:

πασῶν δὲ βελτίστη ἀναγνώρισις ἡ ἐξ αὐτῶν τῶν πραγμάτων, τῆς ἐκπλήξεως γιγνομένης δι' εἰκότως (1455 b 18)

De todos el mejor reconocimiento es el que se deriva de los hechos mismos, pues se produce la sorpresa a partir de cosas verosímiles

Pero lo que terminamos de leer no son sólo las reflexiones de un filósofo sobre cómo debe componerse una tragedia, sino que puede comprobarse en los mismos autores dramáticos la observación de este principio que más tarde formulará Aristóteles, hasta el punto que cuestionan la falta de verosimilitud de obras o motivos de sus colegas de profesión. Sirva de ejemplo la crítica implícita de Sófocles y Eurípides al motivo del reconocimiento de Orestes y Electra en *Coéforos* de Esquilo y el modo cómo resuelven este problema los dos autores[4].

2.- Lo primero que nos llama la atención en *Coéforos* es que Esquilo hace que Orestes reconozca de inmediato a su hermana en la mujer que se acerca a la tumba de Agamenón, vv. 16 ss.,

---

[4] Del doble reconocimiento en los tres trágicos se ha ocupado Fr. Solmsen, aunque desde otra perspectiva: "Elektra und Orestes. Drei Wiedererkennungsszenen in der griechischen Tragödie", *Wege zu Aischylos*, H. Hommel (ed.), Darmstadt 1974, vol. II, pp. 275-318. Analiza Solmsen la diferente técnica dramática de los tres autores y los distintos mecanismos de los que se sirven para lograr la tensión dramática: la inseguridad y angustia de la duda en la Electra de Esquilo, el retardamiento del reconocimiento por nuevos sucesos en Eurípides y la contraposición δόξα/ἀλήθεια en Sófocles.

> ... καὶ γὰρ Ἠλέκτραν δοκῶ
> στείχειν ἀδελφὴν τὴν ἐμὴν πένθει λυγρῷ
> πρέπουσαν.
>
> *pues me parece que se acerca Electra, mi propia hermana, en la que su triste duelo se hace visible*

Ni Sófocles ni Eurípides[5] consideran la posibilidad de que ese reconocimiento se produzca de modo inmediato; antes bien en su *Electra* Sófocles de forma intencionada demora el encuentro de los dos hermanos: en la *Electra* de Sófocles, Orestes desea averiguar si los lamentos y gemidos que ha oído, son de una sierva, como indica el pedagogo, o de su propia hermana, pero el pragmático pedagogo le urge a cumplir con sus obligaciones y a no quedarse escuchando. Eurípides, por su parte, en su *Electra*, en los vv. 107 ss., hace decir a Orestes de su hermana:

> ἀλλ' εἰσορῶ γὰρ τήνδε πρόσπολόν τινα
> πηγαῖον ἄχθος ἐν κεκαρμένῳ κάρᾳ
> φέρουσαν,
>
> *Bien, pues ahí veo a una sierva que lleva en su cabeza rapada el peso de un cántaro.*

El Orestes de Eurípides no sólo no la reconoce de inmediato, sino que se equivoca por completo confundiéndola con una criada. Ambos autores rechazan el reconocimiento inmediato, y lo rechazan porque no lo consideran verosímil, ya que Orestes partió de su casa siendo un niño y regresa a ella después de varios años, por lo que difícilmente puede parecer verdad un reconocimiento a primera vista. El Orestes de Sófocles no reconoce a su hermana hasta que ésta en sus lamentos pone de manifiesto el parentesco con el falso fallecido. Y también en Eurípides el reconocimiento se produce gracias a la información que coro y Electra proporcionan en sus lamentos.

Pero también Esquilo hace que Electra reconozca rastros de su hermano con excesiva ligereza (vv. 176 ss.): ella misma encuentra sobre la tumba de su padre un bucle y llega a la conclusión de que es de su hermano porque se

---

[5] No vamos a entrar en el no bien resuelto debate sobre la prioridad cronológica de las dos *Electras*, puesto que no afecta a lo que aquí planteamos.

parece al suyo, e identifica las pisadas con las de aquel, porque sus pies son idénticos a los suyos[6], aunque también indica de pasada un segundo argumento, que ninguna otra persona podía haber hecho estas ofrendas. También este reconocimiento por los indicios es rechazado de forma tajante por Sófocles y por Eurípides. Sófocles hace que sea la inocente Crisótemis la que crea en la llegada del hermano precisamente por esos mismos indicios, sobre todo por el rizo, pero no por la semejanza de éste con el cabello suyo o de Electra, sino apoyándose en el segundo argumento, el secundario, de Esquilo, porque ninguna otra persona se habría atrevido a realizar ofrendas en la tumba de Agamenón, vv. 881 ss.; pero la sensata Electra le hace deponer esas esperanzas, pues ya le han informado de la muerte de Orestes y atribuye las ofrendas a alguien que lo hace en recuerdo de este último. Eurípides, por su parte, no se contenta con aceptar el argumento más verosímil, como Sófocles, sino que realiza una burla de las deducciones de la Electra de Esquilo, ridiculizando sus palabras. En la *Electra* de Eurípides es el anciano pedagogo el que ha visto las ofrendas y, en su senilidad, cree que son las de Orestes: él es quien le insiste a Electra en que acerque a su propio cabello el rizo hallado en la tumba y que ponga su pie sobre las huellas. Pero esta Electra, llena de argumentos racionales y precisiones lógicas[7], afirma con cierto desdén, vv. 527 ss.,

ἔπειτα χαίτης πῶς συνοίσεται πλόκος,
ὁ μὲν παλαίστραις ἀνδρὸς εὐγενοῦς τραφείς,
ὁ δὲ κτενισμοῖς θῆλυς; ἀλλ' ἀμήχανον.

---

[6] Somos conscientes de la opinión de algunos estudiosos que atetizan los vv. 205-211 desde que lo hiciera Ch. G. Schütz en su edición (en 1823), y que ha tenido un eco especial a partir del apoyo de E. Fraenkel (*Appendix D* del comentario a *Agamenón*, Oxford 1962[2], pp. 815-826), pero que también tiene detractores. Quienes atetizan estos versos de Esquilo suelen compartir la opinión de A. Mau, que atetiza los vv. 518-544 de la Electra de Eurípides ("Zu Euripides Elektra", *Commentationes philol. in honorem Th. Mommseni* 1877, pp. 291 ss.).

[7] En varias de sus obras es una constante de Eurípides la insistencia en el escaso poder del *logos* frente al que se impone la fuerza de la realidad, los condicionamientos objetivos, como muy bien señala V. di Benedetto en el capítulo "Condizionamenti oggettivi e demistificazione del logos" en *Euripides: teatro e società*, Turín 1992[2], pp. 72-102. Aquí, de nuevo, la razón jugará una mala pasada, pero en esta ocasión para bien: lo que la argumentación lógica ha rechazado, lo impondrá la realidad, que demostrará que sí son del hermano los cabellos y la huella.

πολλοῖς δ' ἂν εὕροις βοστρύχους ὁμοπτέρους
καὶ μὴ γεγῶσιν αἵματος ταὐτοῦ, γέρον.

....

πῶς δ' ἂν γένοιτ' ἂν ἐν κραταιλέῳ πέδῳ
γαίας ποδῶν ἔκμακτρον; εἰ δ' ἔστιν τόδε,
δυοῖν ἀδελφοῖν ποὺς ἂν οὐ γένοιτ' ἴσος
ἀνδρός τε καὶ γυναικός, ἀλλ' ἄρσην κρατεῖ.

¿cómo, entonces, podrá corresponder el rizo del cabello de un hombre noble, acostumbrado a las palestras, y el de una mujer, acostumbrado a los peines? ¡Ea, imposible!. Además, encontrarás en muchos bucles semejantes y no han nacido de la misma sangre, anciano. ... ¿cómo podría quedar en el suelo duro la impronta de los pies? Pero aún si esto fuera posible, no podría ser igual el pie de dos hermanos, varón y hembra. ¡El varón es más robusto!.

No serán estos indicios, ni tampoco el argumento de Sófocles, sino una cicatriz de la infancia la causa de la anagnórisis, y el agente el pedagogo, puesto que ahora sí parece razonable esperar el reconocimiento por parte de la persona que estuvo al cuidado de Orestes en su niñez, como en la anagnórisis de Odiseo en *La Odisea*[8].

II.

Esa exigencia de verosimilitud, que antes de ser contraria a la tensión dramática, coadyuva a ella, es la que lleva a los autores al desarrollo de una doble motivación de los actos y decisiones de los héroes trágicos: los héroes actuarán no como marionetas de los dioses, empujados por un destino fatal, sino movidos por otras razones, más cercanas y accesibles al hombre corriente, razones que le empujarán, eso sí, al cumplimiento de ese destino. Vamos a comprobar cómo la llevan a la práctica los tragediógrafos en algunas

---

[8] Con todo, Aristóteles señala que la mejor anagnórisis es la que se produce mediante el razonamiento, por lo que no evalúa de modo tan negativo la escena de Esquilo, 1455 a 20 ss.

de sus obras.

1.- Y empezamos por la doble motivación de una mujer fatal, Clitemnestra, a la que los tragediógrafos, sobre todo Esquilo, dotan de una personalidad muy especial: Esquilo, siguiendo las versiones sólo apuntadas en la lírica coral y en Estesícoro[9], subraya su papel de protagonista en la maquinación y ejecución de la muerte de Agamenón, frente a las versiones más antiguas que le confieren un carácter netamente pasivo[10]. Allí donde Clitemnestra participaba en el asesinato de su marido, su papel era secundario, obligada por la relación que a su pesar entabló con Egisto, a cuyos embates intentó resistirse; al final, sin embargo, fue vencida por un destino funesto. Así lo leemos en *Odisea* 3. 269:

ἀλλ᾽ ὅτε δή μιν μοῖρα θεῶν ἐπέδησε δαμῆναι ...
pero cuando ya el destino de los dioses la forzó a someterse ...

En palabras de Rosa-Araceli Santiago "La versión de la *Odisea,* por el contrario, avala, pienso, la visión del personaje de Clitemnestra más que como la auténtica urdidora y ejecutora de la muerte de su esposo, como una víctima de las circunstancias, cogida en la maraña de unas viejas historias de rivalidades familiares" (p. 359); y en nota señala "Incluso en el propio *Agamenón,* la tragedia más dura con el personaje de Clitemnestra, se rastrea la importancia de este motivo en las visiones proféticas de Casandra y en el diálogo de Egisto con el Corifeo, al final de la obra, reclamando la muerte de Agamenón como la venganza debida y justificando que él haya actuado desde la sombra para evitar despertar sospechas. La propia Clitemnestra se ve a sí

---

[9] No creemos que Estesícoro sea autor de lírica coral, sino citaredo, autor de poesía épica cantada, como hemos explicado en trabajos en los que también hemos insistido en el relevante papel que este autor tiene en la modificación de mitos que serán posteriormente seguidos por autores de tragedia; cf. C. Morenilla y J. Vte. Bañuls, "La propuesta de Eurigania (P. Lille de Estesícoro)", *Habis* 22 1991, pp. 49-66 y C. Morenilla "La conciencia humana y sus formas de expresión", *Miscel.lània Homenatge Amelia García-Valdecasas. Quaderns de Filologia* I. 1 1995, pp. 575-591.

[10] Para las distintas versiones del mito, cf. T. Gantz, *Early Greek Myth. A Guide to Literary and Artistic Sources,* Baltimore-Londres 1993, pp. 664-676; en lo que hace a las anteriores a la tragedia cf. en especial R. A. Santiago, "Clitemnestra/Clitemestra: ¿adaptación de un nombre a la evolución de un personaje?", *El teatre, eina política,* K. Andresen, J. Vte. Bañuls y Fr. De Martino (edd.), Bari 1999, pp. 351-379.

misma en los versos finales como un agente de ese genio del mal que golpea a la familia con su pesada garra (*cf.* v. 1660: δαίμονος χηλῇ βαρείᾳ δυστυχῶς πεπληγμένοι) y desea que la de Agamenón sea la última en esa cadena de muertes de familia."

La importancia que en Agamenón tiene este motivo, el del "genio del mal que golpea a la familia con su pesada garra", se debe a que Esquilo se sirve de esta saga para mostrar su opinión sobre las desgracias que acaecen a una estirpe[11]. Con claridad señala por boca del coro su opinión, contraponiéndola a la habitualmente aceptada, vv. 750-762:

παλαίφατος δ' ἐν βροτοῖς γέρων λόγος
τέτυκται, μέγαν τελεσθέτα φωτὸς ὄλβον
τεκνοῦσθαι μηδ' ἄπαιδα θνῄσκειν,
ἐκ δ' ἀγαθᾶς τύχας γένει
βλαστάνειν ἀκόρεστον οἰζύν.
δίχα δ' ἄλλων μονόφρων εἰμί· τὸ δυσσεβὲς γὰρ ἔργον
μετὰ μὲν πλείονα τίκτει,
σφετέρᾳ δ' εἰκότα γέννᾳ·
οἴκων γὰρ εὐθυδίκων
καλλίπαις πότμος ἀεί.

Un dicho antiguo entre los mortales existe, que la gran opulencia que destruye al hombre, engendra hijos y no muere sin descendencia, y de esta buena suerte para su linaje brota una miseria insaciable. Pero frente a los otros yo tengo mi propio pensamiento. Pues el acto impío engendra después más, similares

---

[11] Es éste uno de los temas predilectos al estudiar la tragedia, la responsabilidad del héroe vs. la fuerza ineludible del destino fijado, sobre todo desde el excelente enfoque de A. Lesky (cf. "Entscheidung und Verantwortung in der Tragödie des Aischylos", *Wege zu Aischylos*, vol. I, pp. 330-346). También H. Hommel se ocupa de él en el volumen que edita sobre Esquilo, centrándose en un pasaje de la obra que estamos comentando, "Schicksal und Verantwortung. Aischylos'Agamenon 1562", *Wege zu Aischylos*, vol. II, pp. 232-263. Para planteamientos recientes remitimos al capítulo de E. Mogyoródi "Tragic Freedom and Fate in Sophocles' *Antigone*: Notes on the Role of the "Ancient Evils" in "the Tragic"", *Tragedy and the Tragic*, M. S. Silk (ed.), Oxford 1996, pp. 358-376, y en general J. Vte. Bañuls, "ἦθος ἀνθρώπῳ δαίμων", *El teatre clàssic al marc de la cultura grega i la seua pervivència dins la cultura occidental*, J. Vte. Bañuls, Fr. De Martino, C. Morenilla y J. Redondo (edd.), Bari 1998, pp. 177-200.

a sus padres. Pues el destino de las casas de vasta justicia siempre es de bella descendencia.

Casandra, Egisto, el coro, Clitemnestra, todos harán referencia a esas desgracias que vienen de antaño, como también desde el comienzo mismo de la obra todos hacen palpable el miedo que sienten, una especie de premonición que les lleva a sentir que las desgracias no han terminado[12]. Se teme de modo difuso el exceso en la ejecución de la victoria, hay referencias claras al temor de que se haya ultrajado a los dioses destruyendo sus altares, como señala Clitemnestra en diálogo con el coro, vv. 338 ss., y el coro se hace eco del peligro del exceso de gloria en varias ocasiones, por ejemplo en vv. 463 ss.; ese temor será confirmado por el mensajero, que de pasada informará de esa temida destrucción, vv. 527 s.

Pero junto a esos motivos que presagian el funesto desenlace de Agamenón, Esquilo confiere especial relevancia a un nuevo motivo, más verosímil por más cercano, que es consecuencia de acciones anteriores: el deseo de venganza por la muerte de Ifigenia, motivo del que no hay rastro en la épica. Cierto es que este motivo también aparece en Píndaro, en *Pítica* XI, 24 ss., donde sólo es apuntado, y junto al tema de la venganza por haber traído a casa a Casandra:

... πότερόν νιν ἄρ' Ἰφιγένει' ἐπ' Εὐρίπῳ
σφαχθεῖσα τῆλε πάτρας
ἔκνιξεν βαρυπάλαμον ὄρσαι χόλον;
ἢ ἑτέρῳ λέχει δαμαζομέναν
ἔννυχοι πάραγον κοῖται; ...

¿Acaso a ella Ifigenia, junto al Euripo degollada, llejos de su patria, la irritó y provocó la cólera de su pesada mano? ¿o sometida a otro lecho, uniones nocturas la hacieron desvariar?

Este último motivo, el de los celos o la venganza por el honor ultrajado, apenas tiene relevancia en la tragedia de Esquilo. La presencia es utilizada por

---

[12] Sobre estos estados de miedo premonitorio, que no profético, cf. V. di Benedetto, "La tragicità del conoscere" en *Primeras Jornadas Internacionales de teatro griego*, J. Vte. Bañuls y A. Melero (edd.), Valencia 1995, pp. 189-208; en pp. 190 s. muestra cómo este temor tiene en Esquilo un carácter orgánico que no aparece en Sófocles ni Eurípides, y se convierte en la base de un discurso ético-didáctico con fuertes implicaciones religiosas y políticas.

el autor para llevar a cabo una innovación de gran trascendencia: Esquilo se sirve de múltiples procedimientos para traer a escena la muerte de Agamenón sin que se realice realmente en ella[13]. Utiliza los poderes proféticos de la adivina, la escenificación de la angustia que embarga a la joven al ver los hechos pasado (la historia de crímenes de la familia), que describe con todo detalle, y los futuros, incluida su propia muerte; y después se servirá también Esquilo de los gritos del héroe en el momento de ser muerto, para traer ante los ojos de los espectadores el asesinato que se realiza en el interior de la casa[14].

Apenas hay reproches en Clitemnestra por la llegada de esta cautiva, lo que parece asumir como la consecuencia lógica del regreso de un guerrero vencedor. Sólo de pasada y como un argumento más, en su gran despecho y como muestra de la soberbia de Agamenón, se refiere Clitemnestra a Casandra (y a Criseida) en los vv. 1438 ss., una vez consumados ya los asesinatos. La muerte de Ifigenia, en cambio, es constantemente evocada; a ella se señala como la causa real de la muerte de Agamenón. Pronto, ya en su primera intervención, en coro cantará el asesinato de Ifigenia, vv. 146 ss., al que, reiterando la profecía de Calcante, califica de νεικέων τέκτονα σύμφυτον, οὐ δεισήνορα, y al que teme, pues

... μίμνει γὰρ φοβερὰ παλίνορτος
οἰκονόμος δολία, μνάμων Μῆνις τεκνόποινος
Pues aguarda terrible, quien de nuevo se alza, como intendente dolosa, una ira que recuerda y exige venganza por los hijos.

A continuación describe con qué rapidez y decisión Agamenón asume que ha de sacrificar a su hija, mostrando un rasgo de su carácter que aparece constantemente en la obra, su desmesura y su deseo de gloria. Por ello señala el coro en vv. 218 ss.

ἐπεὶ δ' ἀνάγκας ἔδυ λέπαδνον

---

[13] A este respecto cf. B. Deforge, *Le festival des cadavres. Morts et mises à mort dans la tragédie grecque*, París 1997, cap. X, "Le spectacle horrible à entendre. *Agamenon* ou la pleine mort", pp. 69-76.
[14] Sobre la importancia de que el asesinato se produzca en el interior de la casa, de la que no sale Clitemnestra, cf. V. di Benedetto, "La casa, il démone e la struttura dell' Orestea", *RFIC* 112, 1984, pp. 385-406.

φρενὸς πνέων δυσσεβῆ τροπαίαν
ἄναγνον, ἀνίερον, τόθεν
τὸ παντότολμον φρονεῖν μετέγνω·
βροτοὺς θρασύνει γὰρ αἰσχρόμητις
τάλαινα παρακοπὰ πρωταπήμων.
ἔτλα δ' οὖν θυτὴρ γενέσθαι θυγατρός ...

Después que se colocó el arnés del destino, de su mente soplando un viento contrario, impío, sacrílego, por el que cambió a un pensamiento que a todo se atreve. Pues instiga a los mortales una vergonzosa consejera, desdichada demencia causante de los primeros males. Se atrevió, pues, a realizar el sacrificio de su hija[15] ...

Y sigue una detallada y emotiva descripción de la muerte de la muchacha, insistiendo en su actitud, tan digna de lástima. El lugar que este relato ocupa en la tragedia, en la párodos del coro, y el detenimiento con el que es tratado, son un indicio de la importancia que tendrá esa muerte en el desarrollo de la obra. Y cuando Agamenón entra en palacio, antes de que Casandra inicie su delirio profético, el coro sentirá cercano el desastre, desde las primeras palabras del estásimo, vv. 975 ss.; se referirá a la Erinis, y en vv. 1019 ss. a la sangre vertida en un asesinato, sangre que no puede recogerse.

Pero donde se hace patente la importancia del motivo es en las palabras de Clitemnestra, que se centra en él para explicar sus actos en respuesta a los reproches del coro, vv. 1417 s.:

ἔθυσεν αὐτοῦ παῖδα, φιλτάτην ἐμοὶ
ὠδῖν', ἐπῳδὸν Θρῃκίων ἀημάτων

sacrificó a su hija, mi más amado parto, como hechizo de vientos tracios

---

[15] Nótese la acumulación de términos que señalan el carácter impío de la decisión, realzados en particular ἄναγνον, ἀνίερον, por la reiteración de la negación; y la insistencia en el carácter osado de esa decisión, παντότολμον, ἔτλα, y en el proceso reflexivo, que implica una decisión consciente, φρενὸς, φρονεῖν, -μητις. Para el significado de ἄναγνον y ἀνίερον, insistiendo el primero en el carácter impuro del sacrificio, el segundo en su monstruosidad, fruto de una influencia maléfica, cf. J. Rudhardt, *Notions fondamentales de la pensée religieuse et actes constitutifs du culte dans la Grèce Classique*, París 1992, pp. 36 ss. y 39 ss.

sacrificio impío de la propia descendencia por un deseo desmedido de gloria; y en 1432 s. indica las potencias que movieron sus actos: la Justicia con la que paga en justa medida, la Ate que cegó al esposo y la Erinis que no ha dejado de planear sobre la casa,

μὰ τὴν τέλειον τῆς ἐμῆς παιδὸς Δίκην,
Ἄτην Ἐρινύν θ', αἷσι τόνδ' ἔσφαξ' ἐγώ

¡Por la Justicia vengadora de mi hija, por Ate y por Erinis, a las que lo he sacrificado yo!

En los vv. 1523 ss. insiste en que se trata de una muerte merecida[16], justo pago por su acción anterior, por la muerte de τὴν πολυκλαύτην Ἰφιγενείαν[17]. Por ello, con dura ironía, prohibe el duelo en la casa: ya le rendirá los honores funerarios que se merece la hija en el Hades. Una Clitemnestra ésta siempre con pleno dominio de la situación, que reflexiona con gran lucidez y es plenamente consciente de sus actos.

2.- Como en la tragedia que terminamos de comentar también en *Los Persas* podemos ver cómo se unen destino fijado desde antaño y nueva motivación, más cercana y verosímil, fruto de la situación concreta del protagonista. Jerjes, como Agamenón cuando decide sacrificar a su hija, actuará movido por argumentos acordes a su situación, pero al hacerlo añadirá a la antigua maldición una nueva y definitiva causa para que se haga efectiva en su persona.

También como en *Agamenón* el desastre planea desde el comienzo de la obra: el coro sale a escena angustiado, temiendo males que no conoce y que incluso rechaza cuando la reina Atosa se refiere a ellos al interpretar con tintes sombríos el sueño que ha tenido. Un miedo que, como ya hemos indicado, tiene en Esquilo un significado especial y es utilizado para insistir en unos valores éticos. Desde el principio, en la expresión de ese temor, el coro avanza el tema que después será el central de la obra: en los vv. 65-72 nos

---

[16] De modo altamente expresivo, reiterando el mismo adjetivo con el que califica su acción, y en una construcción paralela, dice la esposa ἀνάξια δράσας, ἄξια πάσχων.
[17] Nótese el adjetivo πολυκλαύτην, propio del lenguaje funerario: con él evoca Clitemnestra los prolongados duelos por su hija.

informa de que el rey ha construido un puente con barcas, con el que ha echado un yugo de muchos clavos como paso (πολύγομφον ὅδισμα ζυγὸν ἀμφιβαλὼν αὐχένι πόντου, 71 s.). Por ello califica a este rey en los versos siguientes de soberano osado, de excesivo (como un dragón sanguinario, κυάνεον δ' ὄμμασι λεύσσων φονίου δέργμα δράκοντος, 81 s.), apunta en los vv. 93 ss. el tema del engaño de los dioses, y señala, en contraste con la iniciativa del nuevo rey, que los persas "aprendieron a contemplar la salada extensión del mar de vastos caminos, espumoso por el impetuoso viento, fiados en cordajes trenzados en lino y en artificios que transporten la hueste" (ἔμαθον δ' εὐρυπόροιο θαλάσσας πολιαινομένας πνεύματι λάβρῳ ἐσορᾶν πόντιον ἄλσος, πίσυνοι λεπτοτόνοις πείσμασι λαοπόροις τε μηχαναῖς, 108 ss.).

Esos temores se ven cumplidos, pues, tras el breve diálogo con la reina, aparece el mensajero que relata la extensión del desastre. En sus palabras, como en el lamento del coro, se hace evidente la participación de una divinidad causante en una desgracia tal; pero también que ha sido Jerjes con su soberbia e insensatez quien lo ha provocado (cf., por ejemplo 361 s., 372 s. o 548 ss.). Y en ese sentido discurre el diálogo entre Atosa y la sombra de Darío: por él nos enteramos de la existencia de un oráculo que predecía la destrucción del imperio, y cómo ha obligado Jerjes a que se cumpla el oráculo en su persona; claro lo señala Darío, vv. 739 ss.:

φεῦ ταχεῖά γ' ἦλθε χρησμῶν πρᾶξις, ἐς δὲ παῖδ' ἐμὸν
Ζεὺς ἀπέσκηψεν τελευτὴν θεσφάτων· ἐγὼ δέ που
διὰ μακροῦ χρόνου τάδ' ηὔχουν ἐκτελευτήσειν θεούς·
ἀλλ', ὅταν σπεύδῃ τις αὐτός, χὠ θεὸς συνάπτεται·

¡Ay! Rápida, sí, ha llegado la realización de los oráculos, sobre mi hijo Zeus descargó el cumplimiento de los vaticinios. Yo suplicaba a los dioses que lo dilataran por largo tiempo, pero, cuando uno mismo se apresura, también la divinidad le echa una mano.

Darío aporta, pues, un nivel superior de conocimiento, como es lógico porque ahora está en otro nivel de existencia, y ese nivel de conocimiento no consiste sólo en saber sobre el oráculo, que, por otra parte, cualquiera podía conocer, sino en saber la causa real del cumplimiento del oráculo: sabe que Zeus lo ha cumplido, pero porque su hijo lo ha provocado, es decir, Darío conoce la relación de los designios divinos y la imprudente actitud soberbia de su hijo. De Atosa sabemos que "las malas compañías" han metido en la cabeza y el corazón de Jerjes deseos desmedidos de gloria y emulación de los éxitos paternos, vv. 753 ss.:

> ταῦτά τοι κακοῖς ὁμιλῶν ἀνδράσιν διδάσκεται
> θούριος Ξέρξης. λέγουσι δ' ὡς σὺ μὲν μέγαν τέκνοις
> πλοῦτον ἐκτήσω σὺν αἰχμῇ, τὸν δ' ἀνανδρίας ὕπο
> ἔνδον αἰχμάζειν, πατρῷον δ' ὄλβον οὐδὲν αὐξάνειν·
> τοιάδ' ἐξ ἀνδρῶν ὀνείδη πολλάκις κλύων κακῶν
> τήνδ' ἐβούλευσεν κέλευθον καὶ στράτευμ' ἐφ' Ἑλλάδα.
> *Eso, en verdad, del trato con hombres malvados aprendía el impetuoso Jerjes. Le dicen que mientras que tú para tus hijos una gran riqueza conseguiste con la lanza, él por cobardía juega con la jabalina dentro de palacio y la paterna prosperidad en nada acrecienta. Al oir muchas veces tales reproches de hombres malvados, decidió esta campaña y la expedición contra Grecia.*

Se trata, ciertamente, de una reacción lógica en un hijo de un padre afortunado, considerado benefactor de su pueblo, como bien claro ha dejado el coro en el estásimo anterior: no quiere el hijo ser acusado de vivir a su sombra, de ser inferior a él dedicándose simplemente a disfrutar de lo que el padre consiguió[18]. Bien lo entiende Darío, que acepta la explicación de la madre, v. 759:

> τοιγάρ σφιν ἔργον ἐστὶν ἐξειργασμένον
> *En efecto, ellos son los que lo han hecho*

Ellos, y la imprudencia de su hijo, vv. 782 ss.:

---

[18] Nótese la cuidada construcción de estos versos, cómo insiste la madre en la reiteración de los argumentos de esos compañeros mediante el uso de las formas verbales (reforzadas mediante πολλάκις) frente a la inmediatez de la resolución, en el carácter de estos hombres (dos veces calificados como ἄνδρες κακοί) y en el elaborado reproche, claramente intensificado por las contraposiciones (μέγαν πλοῦτον ... ὄλβον οὐδὲν; ἐκτήσω σὺν αἰχμῃ ... ἔνδον αἰχμάζειν; τέκνοις ... πατρῷον).

> Ξέρξης δ' ἐμὸς παῖς νέος ἔτ' ὢν νέ' ἀφρονεῖ
> κοὐ μνημονεύει τὰς ἐμὰς ἐπιστολάς·
> *Pero Jerjes, mi hijo, como es joven piensa desvaríos de joven y no tiene en mente mis recomendaciones.*

Palabras éstas que recuerdan las quejas que manifiestan los padres y preceptores ante las actitudes, planes o deseos de los jóvenes, "conflicto generacional" que aparece más de una vez en escena, con frecuencia presentado en forma cómica[19], pero que aquí es la causa lógica de ese proceder imprudente de tan funestas consecuencias, con el que se ha cumplido el designio divino. No decimos en absoluto que Darío esperara el no cumplimiento de ese oráculo, sino que los actos de su hijo han motivado que se cumpliera antes de lo que él esperaba. Conjuga Esquilo, pues, como causa de la destrucción del imperio persa un destino funesto previamente fijado y la acción de un hombre que se mueve llevado por unos impulsos fácilmente comprensibles por cualquier espectador, unos impulsos que el espectador debe evitar si no quiere que como el persa se hunda el poderío ateniense.

3.- La presentación de unos motivos verosímiles que surjan de la acción o de presupuestos anteriores y su argumentación razonada con expresiones muy cuidadas no implica necesariamente la aceptación del poder de la palabra como modificadora de la realidad y de que la persuasión, en tanto que cambio de opinión gracias al poder de la palabra, no sólo es posible sino que se erige en soberana de los actos humanos. Muy al contrario, en varias obras de Eurípides puede verse con claridad que de poco (o de nada) sirve la palabra ante situaciones objetivas de fuerza en sus diversas acepciones, de violencia física como en el caso de *Andrómaca*, donde la protagonista sabe que con sus

---

[19] Presente en todos los períodos de la comedia, el enfrentamiento padre-hijo, normalmente por el deseo del joven de conseguir los favores de una muchacha, se convierte en la comedia nueva en uno de los motivos típicos (cf. Fr. Wehrli, *Motivstudien zur griechischen Komödie*, Zürich-Leipzig 1953, que le dedica un capítulo, "Die Vater-Sohnrivalität", pp. 56-69), pero que también puede ser utilizado para presentar de modo crítico formas nuevas de enseñanza (*Las nubes* de Aristófanes o *Las Bacchides* de Terencio) o incluso nuevos modos políticos (*Las avispas* de Aristófanes).

palabras no puede vencer la fuerza de sus contrincantes, que la amenazan con la muerte; incluso sabe que pueden perjudicarla[20]. O bien la fuerza de un circunstancia impuesta, como en *Hipólito* es el hecho incuestionable para Fedra de que no puede vencer el amor que siente por el hijastro; esa incapacidad de modificar las circunstancias en que vive son las que la llevan, mediante un proceso de reflexión muy consciente, a decidir que debe morir; la razón, pues, le lleva a la destrucción. Como también a Alcestis.

Eurípides creó en su tragedia *Alcestis* un personaje que, por la pureza de sus sentimientos y por la tensión dramática que consigue hacernos sentir, impactó profundamente en el público antes y ahora[21]. En los llamados "cuentos maravillosos" o "de hadas" de diversos pueblos, que, como sabemos desde los estudios de Vl. Propp, encubren ritos relacionados con procesos de integración social, puede observarse el núcleo temático de esta tragedia: un joven al que se le permite aplazar su muerte para que encuentre

---

[20] Terrible es su afirmación de que cuando uno está en situación de inferioridad, ser superior en argumentos puede acarrearle mayores desgracias, vv. 188 ss., como el desarrollo de la tragedia demuestra. Pocos pasajes puede aducirse en los que haya un mayor cuestionamiento del poder del *logos*.

[21] Aparte de la *Alcestis* del comediógrafo *Antífanes, también se ocuparon del tema Nevio, Ennio y Accio e*n la literatura latina. Boccaccio en *Ameto* (1341) se sirve del tema como metáfora del rejuvenicimiento del alma por medio del amor; posteriormente se ha insistido en paritcular en la relación entre los esposos, desde Hans Sachs (1555) hasta M. Youcenar (1963). A lo largo de los siglos XVII y XVIII se dota a Admeto de una cierta generosidad, generosidad que le permite ceder a las súplicas de Alcestis y aceptar el sacrificio de la esposa. Son numerosas las reelaboraciones, sobre todo las obras de teatro: Alexandre Hardy, *Alceste ou la Fidelité;* Alfieri escribe *Alceste seconda* (1798); Aurelio Aureli escribe en 1664 un drama de intriga que es la base de la ópera *Admeto* de Händel; y en este género destacan la ópera de Lully y Quinault (1674), la de Schweitzer y Wieland (1773) y sobre todo la de Gluck, Calzabigi y Lebland (1760, la Reform-Oper de Gluck, provista de un prólogo que es el manifiesto del nuevo concepto de la ópera). Herder escribe *La casa de Admeto* (1803),; también se ocupan del tema Hofmannsthal (1894) y Th. Wilder (1956); en Balaustion's Adventure (1871) de Browning; The love of Alkestis en The Earthhly Paradise (1868-1870) de W. Morris, en Neue Gedichte (1901) de Rilke ... En las artes figurativas, desde los vasos y relieves griegos, se ha plasmado la muerte de Alcestis o la lucha de Heracles y la muerte; destacamos la escultura de Rodin (1899) *La muerte de Alcestis*. (Cf. en general el trabajo ya antiguo, pero parcialmente útil de K. Heinemann, *Die tragische Gestaltung der Griechen in der Weltliteratur*, Leipzig 1920, y el más reciente y documentado E. M. Moormann y W. Uitterhoeve, *De Acteón a Zeus* [trad. L. Horst y R. Mansberger de la 5ª ed. holandesa], Madrid 1997; sobre el tema Alcestis/Admeto cf. en particular E.M. Butler, "Alkestis in modern dress", *Journal of the Warburg Institute* I, 1938, pp. 46-66, y K. Schauenburg, "Zu Darstellungen aus der Sage des Admet und des Kadmos", *Gymnasium* 64, 1957, pp. 210-230).

un sustituto, ve cómo sus ancianos padres se niegan a serlo y lo acepta la joven prometida; o bien, a cambio de un favor, el héroe se compromete a entregar al genio maligno el primer ser que encuentre o que nazca en su casa, con la esperanza de que sea un animal, pero encontrándose con la realidad de que es un hijo; sigue a ello la lucha del héroe o de su descendiente para lograr el rescate, que se consigue normalmente gracias a la astucia. La primera variante está atestiguada en Tesalia, y fue el núcleo en el que se basó Frínico para componer su *Alcestis*; también Sófocles trató el mismo tema[22]. Y sobre estos antecedente compone Eurípides su obra, que ha sido objeto de múltiples interpretaciones tanto por la cualidad intrínseca de la obra como por el hecho de haber sido presentada en el lugar del drama satírico[23].

A nosotros nos interesa ahora el personaje de Alcestis, los motivos por los que decide cambiarse por su marido y cómo lo explica. Un personaje que ha despertado tanto interés como rechazo Admeto: de ella dice Pohlenz, insistiendo en la voluntariedad de su decisión, "Alkestis ist eine wahrhaft grosse tragische Gestalt. ... gibt sie mit selbstverständlichen Heroismus ihr Leben hin" (p. 249).

Para poder entender bien el personaje debemos referirnos a una escena en la que una criada describe al coro la actitud con la que la joven dueña se enfrenta a la muerte. Con gran detenimiento en los detalles del interior de la casa, la criada va contando cómo Alcestis se ha amortajado cuidadosamente[24]

---

[22] Para las versiones anteriores de Frínico y de Sófocles (de cuyo *Admeto* poco puede decirse), cf. Gantz, *op. cit.*, p. 195; sobre la influencia de Frínico en general, cf. M. Marcovich, "Frínico o la primera etapa de la tragedia griega", *Actas del IX Congreso Español de Estudios Clásicos* (Madrid, 27 al 30 de septiembre de 1995), vol. IV, Madrid 1998, pp. 219-224, donde muy de pasada señala el precedente de Frínico en el tratamiento de este tema; con más detenimiento lo trató M. Pohlenz, *Die griechische Tragödie*, Leipzig-Berlín 1930, pp. 243 ss., quien insiste en las modificaciones sucesivas del tema para adaptarse mejor a las intenciones del autor.

[23] Para las interpretaciones que ha tenido esta tragedia sigue siendo útil el capítulo que le dedica C. Del Grande en su *TPAΓΩIΔIA. Essenza e genesi della Tragedia* (Nápoles 1952, pp. 87-98), que nos permite hacernos una idea de las diferentes líneas interpretativas. Sirva como ejemplo de la búsqueda de elementos burlescos en la obra para reforzar la opinión de que se trata de una tragicomedia y poder explicar mejor su presentación como cuarta obra en lugar del drama satírico, las páginas que se le dedican en la monumental *Geschichte der griechischen Literatur* de W. Schmidt y O. Stählin (Munich 1940, pp. 338 ss.).

[24] No creemos que deba verse en este pasaje una muestra de coquetería, como hacen algunos comentaristas, sino más bien una indicación del carácter de la señora de la casa, que, aun

y va rogando ante los altares de la casa. Recoge en especial la criada las palabras de Alcestis a Hestia, vv. 163-169, y que están en consonancia con las que después veremos en boca de Alcestis directamente:

Δέσποιν', ἐγὼ γὰρ ἔρχομαι κατὰ χθονός,
πανύστατόν σε προσπίτνουσ' αἰτήσομαι,
τέκν' ὀρφανεῦσαι τἀμά· καὶ τῷ μὲν φίλην
σύζευξον ἄλοχον, τῇ δὲ γενναῖον πόσιν.
μηδ' ὥσπερ αὐτῶν ἡ τεκοῦσ' ἀπόλλυμαι
θανεῖν ἀώρους παῖδας, ἀλλ' εὐδαίμονας
ἐν γῇ πατρῴᾳ τερπνὸν ἐκπλῆσαι βίον.

Señora, pues que me voy yo bajo tierra, por última vez, postrada ante tí, te suplicaré que seas tutora de mis hijos; al uno con querida esposa casa, y a la otra con noble marido. Y como yo muero, yo que los he parido, que no mueran mis hijos antes de tiempo, sino que dichosos en la tierra patria disfruten de una feliz vida.

Sólo ante el lecho conyugal pierde por un momento la compostura Alcestis, y llora desconsolada, sin poder alejarse de él, mostrando por un instante, más en los actos que en las palabras, su amor por el marido[25]. Sigue la criada describiendo la despedida de la dueña y tras el treno anticipado del coro, salen los esposos a las puertas de palacio para ser vistos por el coro (y los espectadores). Es ésta la primera aparición en persona de Alcestis, y cuando salga estará muerta[26]. En esta escena logra Eurípides caracterizar muy bien al personaje y al momento en que se encuentra. Y para ello crea una escena doble, cuya primera parte es un diálogo entre los esposos en el que Alcestis canta en una especie de trance en el que ve su bajada al Hades entre

---

sabiendo que va a morir, no descuida cumplir con la que considera su obligación y se amortaja ella misma.

[25] En nuestra opinión infravalora Fco. Rez. Adrados el amor que Alcestis siente por Admeto, al insistir en que lo importante es el culto a la ἀρετή; Fco. Rez. Adrados, "El amor en Eurípides", en *El descubrimiento del amor en Grecia*, M. Fez. Galiano, J. S. Lasso de la Vega y Fco. Rez. Adrados (edd.), Madrid 1985, pp. 177-200, aquí 186 ss.

[26] La muerte se produce en escena, aunque parezca que se produce en el interior de la casa por el ambiente íntimo que se crea; se trata de un caso muy especial: muerte en escena, pero por causa natural.

lamentos[27]. Sigue a ella otro diálogo ya en recitado ambos, precedido de un monólogo en el que Alcestis explica las razones por las que ha decidido morir y el favor que le pide a Admeto. En él podemos leer de su boca los motivos que le han llevado a tomar la decisión, aquí perfectamente razonados y con una estructura, incluso con algunos argumentos, que recuerda el monólogo de Antígona ante su muerte. Alcestis, después de recordarle a Admeto que ella toma libremente la decisión, privándose así de seguir con vida y de rehacerla con otro hombre, y que lo hace cuando sus progenitores no quisieron prestarse a cambiarse por él, siendo mayores y siendo él hijo único, por lo que su sacrificio queda enmarcado en la respuesta egoísta de los demás, después de hacer que Admeto valore correctamente su decisión, le pide un favor, favor en el que se justifica ésta, su decisión, vv. 304-308:

τούτους ἀνάσχου δεσπότας ἐμῶν δόμων,
καὶ μὴ 'πιγήμῃς τοῖσδε μητρυιὰν τέκνοις,
ἥτις κακίων οὖσ' ἐμοῦ γυνὴ φθόνῳ
τοῖς σοῖσι κἀμοῖς παισὶ χεῖρα προσβαλεῖ.
μὴ δῆτα δράσῃς ταῦτα γ', αἰτοῦμαί σ' ἐγώ.

Mantenlos como señores de mi casa y no traigas una madrastra para tus hijos, la cual, al ser una mujer inferior a mí, por envidia a tus hijos, y también míos, pondría la mano encima. Esto, de verdad, no lo hagas, te lo suplico.

Y sique insistiendo en los rasgos negativos de la madrasta y el comportamiento que se espera que tenga con hijos ajenos. Eso es lo que de verdad preocupa a Alcestis. Naturalmente que su buen nombre le preocupa, ser reconocida como la más excelsa de la esposas; y también el amor que siente por el esposo es un elemento en la toma de decisión, de menor peso en nuestra opinión en la versión de Eurípides que en la primitiva: Eurípides sí

---

[27] Para el análisis de esta monodia, cf. el estudio clásico de W. Schadewaldt, *Monolog und Selbstgesprach. Untersuchungen zur Formgeschichte der griechischen Tragödie*, Belín 1926, pp. 143 ss. Deforge pone en relación la escena del delirio en Eurípides con la obra de Frínico, escena que puede considerarse un sustituto de la escena ritual en la que se representaría el acto ritual del corte del cabello de Alcestis, como primera fase de su muerte, y ve en la muerte de la protagonista en escena en Eurípides la presencia del modelo; cap. V, "De l'*Alceste* de Phrynichos à l'*Alceste* d'Euripide, et réciproquement", *op. cit.*, pp. 35-40.

nos muestra una Alcestis que ama al esposo y por ello se lamenta de perder una vida dichosa, como sabemos por boca de la criada; pero el elemento fundamental, el motivo por el que realmente ella se decide a cambiarse por el marido es el bienestar de sus hijos. Por esa razón insiste tanto en ello en este monólogo que está situado en un momento central de la obra: sigue al delirio en que Alcestis describe la bajada al mundo de ultratumba y precede directamente a la muerte. Además toma muchas precauciones Alcestis para que quede bien claro el compromiso del padre: ante el coro y los hijos como testigos, no se conforma con la larga y exagerada respuesta de Admeto, que le promete amor eterno, pues lo que ella quiere vuelve a decirlo en los vv. 371-373:

ὦ παῖδες, αὐτοὶ δὴ τάδ' εἰσηκούσατε
πατρὸς λέγοντος μὴ γαμεῖν ἄλλην ποτὲ
γυναῖκ' ἐφ' ὑμῖν μηδ' ἀτιμάσειν ἐμέ.
¡Hijos! Vosotros mismos habéis escuchado esto de vuestro padre, que lo ha dicho, que no os traerá nunca ninguna otra mujer ni me deshonrará.

Los argumentos que Alcestis esgrime y lo que pide a cambio de su sacrificio añade verosimilitud a la decisión, puesto que, sin negar la existencia de la relación afectiva entre los esposos, insiste en la importancia de la situación en que quedan los hijos, lo que es totalmente acorde con los comportamientos y valores griegos. Añade, en consecuencia, un factor más verosímil a un tema antiguo de carácter popular.

Así lo debieron entender los espectadores, puesto que fue tal el impacto de la obra que incluso influyó en los comportamientos de algunas mujeres casadas: los epitafios muestran a varias Alcestis, varias mujeres que ante la enfermedad del esposo ofrecieron a los dioses ocupar su lugar con la suerte de verlo cumplido: el marido curó y ellas murieron[28].

---

[28] Cf. a este respecto el trabajo de J. Vte. Bañuls Oller, "Alcestis, la más noble esposa", *Miscel.lània Homenatge Amelia García-Valdecasas. Quaderns de Filologia* I. 1 1995, pp. 87-101, que pone en relación la tragedia de Eurípides con los epitafios en los que el esposo llora a su fallecida esposa, que se convirtió en una nueva Alcestis.

III.

Hemos podido comprobar cómo se produce en estas tres obras, *Agamenón* y *Persas* de Esquilo y *Alcestis* de Eurípides, la fusión de sucesos especiales y elementos cotidianos: hechos extraordinarios, asesinato del esposo, destrucción de un ejército invencible, autoinmolación en lugar del esposo, hechos todos ellos sobresalientes, pero cuyas motivaciones se hacen cercanas al espectador (sin descartar el papel de la divinidad): se explica con argumentos claramente comprensibles los motivos por los que se actuó de ese modo, cumpliéndose lo que indicaba el mito o el vaticinio, pero no como resultado de la acción de una fuerza ineludible, sino por medio de la voluntad y la acción humana. Acciones lógicas y realistas, como Sófocles y Brecht querían.

La influència de la tragèdia en la historiografia grega contemporània[*]

Álvaro F. Ortolà, Jordi Redondo & Susana Sancho
Universitat de València

Com a producte d'una nova conjunció d'esforços dels estudiosos i de la literatura grega i de la història de les idees, els darrers anys s'ha produït la revisió del concepte mateix de tragèdia. Cada època ha de madurar els elements amb què bastir, si escau, un discurs propi, i amb aquest tombant de segle sembla arribat el moment d'aquesta aventura hermenèutica, la definició del tràgic. Aquesta contribució nostra no té, emperò, una fita tan noble i alhora tan difícil, ans beslluma un aspecte per nosaltres més abellidor i factible, que consisteix a revisar la presència de la tragèdia ultra ella mateixa, és a dir, la influència que ha tingut sobre els gèneres contemporanis i posteriors. A les pàgines que segueixen volem mostrar com el sentit del tràgic ha inspirat els primers grans autors del gènere historiogràfic, Heròdot i Tucídides, per bé que, com és de suposar, amb els matisos inherents a la diferent personalitat literària de cadascun.

El nostre plantejament metodològic ha adoptat com a pedra de toc la perspectiva de la història de la llengua i no pas la de la teoria literària. A la literatura grega antiga és possible una caracterització del gènere a partir de l'anàlisi lingüística i estilomètrica, i és aquest el biaix fonamental de la recerca en què es fonamenta el present estudi. La revisió del concepte d'*historiografia tràgica* ocupa la secció final del treball, amb vistes a redefinir l'evolució del gènere a les èpoques clàssica i hel.lenística.

---

[*] El present treball es troba dins de la línia d' investigació "Adaptació del teatre clàssic al teatre modern occidental" GV98-09-116, subvencionada pel *Programa de Projectes d' Investigació i Desenvolupament Tecnològic* de la Generalitat Valenciana.

I. El sentit tràgic a les Històries d'Heròdot

Definida per un estudiós modern com *la més enigmàtica de les obres gregues en prosa*[1], les *Històries* d'Heròdot han atret nombrosos especialistes, amb metodologies i objectius ben diversos. Si ens apliquem a aquella investigació de caire més literari, hi trobarem tota una línia d'estudis adreçats a l'anàlisi del deute d'Heròdot amb l'èpica[2], o, més aviat, amb un determinat interès de mitificació de la realitat, manllevat també a l'epos[3]. No falten tampoc els qui hi han apreciat la influència de la sofística, tret molt més innovador, i que explicaria millor algunes de les característiques de l'obra[4]. Ara bé, n'hi ha també d'altres on s'ha posat l'accent en la intenció de l'autor, entre estètica i ideològica, que hauria fet concebre l'obra des d'una perspectiva tràgica[5]. Alguns crítics s'han referit a la utilització de conceptes

---

[1] H. Bowden, ressenya a D. Fehling, *Herodotus and his 'sources': citation, invention and narrative art*, Leeds 1989; J. Gould, *Herodotus*, London 1989; i D. Lateiner, *The historical method of Herodotus*, Toronto 1989, publicada a *JHS 112*, 1992, pp. 182-184, p. 182.

[2] C. Hofer, *Über die Verwandtschaft des herodotischen Stils mit dem homerischen*, Program. Meran 1878; A. W. Förstemann, *De uocabulis quae uidentur esse apud Herodotum poeticis*, Magdeburg 1892; J. M. Donnelli, "The 'Epic' of Herodotus", *Classical Bulletin 11*, 1934, pp. 4-5; E. Poghirc, "Homère et son influence dans les Histoires d'Hérodote", *StudClas 19*, 1980, pp. 7-18; M. Giraudeau, "L'héritage épique chez Hérodote", *BAGB 1984*, pp. 4-13; G. L. Huxley, *Herodotus and the Epic*, Atenes 1989.

[3] G. Lachenaud, *Mythologies, religion et philosophie de l'histoire dans Hérodote*, Lille & Paris 1978; G. Huxley, "Bones for Orestes", *GRBS 20*, 1979, pp. 145-148; N. Ayo, "Prologue and epilogue. Mythical history in Herodotus", *Ramus 13*, 1984, pp. 31-47; C. Sourvinou-Inwood, "Myth and History. On Herodotus III, 48 and 50-53", *OAth 17*, 1988, pp. 167-182; K. Nickau, "Mythos und Logos bei Herodot", *in* W. Ax (ed.), *Festschrift C. J. Classen*, Stuttgart 1990, pp. 83-100; E. Vandiver, *Heroes in Herodotus. The Interaction of Myth and History*, Frankfurt 1991.

[4] M. Wundt, *De Herodoti elocutione cum sophistarum comparata*, Diss. Leipzig 1903; W. Nestle, *Herodots Verhältnis zur Philosophie und Sophistik*, Progr. Schöntal 1908; A. Dihle, "Herodot und die Sophistik", *Philologus 106*, 1962, pp. 207-220.

[5] H. Fohl, *Tragische Kunst bei Herodot*, Rostock 1913 (Diss. Leipzig); D. Grene, "Herodotus: The Historian as Dramatist", *JPh 58*, 1961, pp. 477-488; K.H. Waters, "The Purpose of Dramatization in Herodotus", *Historia 15*, 1966, pp. 157-171; A. French, "Topical Influences on Herodotos' Narrative", *Mnemosyne 25*, 1972, pp. 9-27; A. Lesky "Tragödien bei Herodot?", *in* K. H. Kinzl (ed.), *Greece and the Eastern Mediterranean in Ancient History and Prehistory: Studies presented to Fritz Schachermayr on the Occasion of his Eightieth Birthday*, Berlin 1977, pp. 224-230; T.G. Rosenmeyer, "History or Poetry? The Example of Herodotus", *Clio 11*, 1982, pp. 239-259; J. Marincola, "Narrator's Narrative and the Narrator's Presence", *Arethusa 20*, 1987, pp. 121-137, esp. pp. 131-135 a propòsit dels escenaris històrics; J. Herington, "The Poem of Herodotus", *Arion 1*, 1991, pp. 5-16, cf. p. 7: "What decisively demonstrates Herodotus' direct dependence on Attic

propis del discurs tràgic[6], per bé que darrera els conceptes hem de veure-hi claus interpretatives de tot un context ideològic[7]. També ha estat analitzat el caràcter d'alguns personatges, propers a la caracterització de les figures de la tragèdia [8]. D'altres han analitzat la construcció de determinades *escenes* [9].

---

tragedy here (sc. Hdt. I 34-45) is the orchestration of all those motifs into a single tightly constructed narrative, in such a way that all combine to carry the hearer onward to a crashing denouement, the ruin of a great man. Nothing comparable to such an orchestration can be found in the Greek poetic tradition outside tragedy".

[6] Cf. L. Camerer, *Praktische Klugheit bei Herodot. Untersuchungen zu den Begriffen μηχανή, τέχνη, σοφίη*, Diss. Tübingen 1965; H.-F. Bornitz, "Der Gebrauch von αἰτίη bei Herodot", *in Herodot-Studien. Beiträge zum Verständnis der Einheit des Geschichtswerks*, Berlin 1968, pp. 139-163; H. Barth, "Zur Bewertung und Auswahl des Stoffes durch Herodot. Die Begriffe *thoma, thomazo, thomasios* und *thomastos*", *Klio 50*, 1968, pp. 93-110; H. M. Lee, "Slander (διαβολή) in Herodotus 7, 10, h, and Pindar, *Pythian* 2, 76", *H 106*, 1978, pp. 279-283; H. C. Avery, "A poetic word in Herodotus", *H 107*, 1979, pp. 1-9; J. A. Arieti, "History, hamartia, Herodotus", *Hamartia. The Concept of Error in the Western Tradition. Essays in honor of J. M. Crossett*, New York & Toronto 1983, pp. 1-25.

[7] W. Aly, *Volksmärchen, Sage und Novelle bei Herodot und seine Zeitgenossen*, Göttingen 1969[2], p. 284. Vegeu també P. W. Rose, "Historicizing Sophocles' Ajax", *in* B. Goff (ed.), *History, Tragedy, Theory. Dialogues on Athenian Drama*, Austin 1995, pp. 59-90, p. 66: "The madness that perhaps most interested fifth-century Greek thinkers was the criminal madness of those who had too much power -like the Spartan king Cleomenes or the Persian kings Cambyses and Xerxes. The moral view of this madness presented it as a vehicle by which a just divinity induced the excessively powerful to commit crimes so serious as to entail grave consequences for their communities, for their immediate dependents, and for themselves. Punishing the excesses of these overly powerful madmen helped to make the world safe for democracy. For we cannot ignore the fact that the clearest evidence for this moral view of madness is in the fifth-century Athenian democrat Aeschylus and the pro-Athenian historian Herodotus". D'acord amb aquesta anàlisi, Heròdot hauria compartit amb Esquil una posició ideològica del tot favorable als interessos de l'expansió atenesa. En termes més genèrics, J. A. Arieti, *Discourses on the First Book of Herodotus*, Boston 1995, p. 15, relaciona Heròdot amb la tragèdia a partir de la idea que la felicitat humana no és duradora.

[8] H. Bischoff, *Der Warner bei Herodot*, Diss. Marburg, Borna-Leipzig 1932; H. J. Diesner, "Die Gestalt des Tyrannen Polykrates bei Herodot", *AAnt-Hung 7*, 1959, pp. 211-219; K. H. Waters, *Herodotos on Tyrants and Despots. A Study in Objectivity*, Wiesbaden 1971; S. G. Flory, "Laughter, Tears and Wisdom in Herodotus", *AJPh 99*, 1978, pp. 145-153; J. G. Gammie, "Herodotus on kings and tyrants: objective historiography or conventional portraiture?", *JNES 45*, 1986, pp. 171-195; J. A. S. Evans, "Individuals in Herodotus", *in Herodotus Explorer of the Past. Three Essays*, Princeton & New York 1991, pp. 41-88. C. B. R. Pelling, "Conclusion", *in* C. B. R. Pelling (ed.), *Character and Individuality in Greek Literature*, Oxford 1990, pp. 245-262, p. 259, recorda efectivament com "Herodotus is evidently interested in a pattern of tyrannical behaviour, yet all the tyrants are different, if only in limited ways".

[9] L. A. Thompson, "Tragic and Humorous Elements in Herodotus", *Phrontisterion 5*, 1967, pp. 62-69; R. Rieks, "Eine tragische Erzählung bei Herodot (*Hist.* 1, 34-45)",

Una altra opció ha estat la d'identificar certs mecanismes narratius com a procedents del gènere tràgic: els oracles i presagis i els somnis, per exemple[10]. N'hi ha que han plantejat obertament l'existència de sengles tragèdies al voltant de les figures de Giges, Cresos i Adrast[11]. D'altres s'han

---

Poetica 7, 1975, pp. 23-44; Th. Rosenmeyer, "History or poetry? The example of Herodotus", *Clio 11*, 1982, pp. 239-259.

[10] Sobre oracles i presagis, vegeu J. A. S. Evans, "The dream of Xerxes and the νόμοι of the Persians", *CJ 57*, 1961, pp. 109-111; J. Kirchberg, *Die Funktion der Orakel im Werke Herodots*, Göttingen 1964; G. Bunnens, "Les présages orientaux et la prise de Sardes. À propos d'Hérodote I 84", in J. Bibauw (ed.), *Hommages à M. Renard II*, Brussel.les 1969, 130-134; L. Barnabò, "Oracoli come messaggio. Erodoto testimone di una dimensione orale dei responsi oracolare", *BIFG 4*, 1977-1978, pp. 157-174; J. Elayi, "Le role de l'oracle de Delphes dans le conflit gréco-perse d'après les Histoires d'Hérodote", *IA 13*, 1978, pp. 93-118, i "Deux oracles de Delphes: les reponses de la Pythie à Clisthène de Sicyone et aux Athéniens avant Salamine", *REG 113*, 1979, pp. 224-230; M. Dobson, "Herodotus I 47 and the Hymn to Hermes: a solution to the test oracle", *AJPh 100*, 1979, pp. 349-359. Sobre els somnis, vegeu A. A. Anastasiou, "Το ὄνειρον του Κροίσου παρ' Ἡροδότῳ", *Athena 69*, 1966-1967, pp. 198-220; P. Frisch, *Die Träume bei Herodot*, Meisenheim am Glan 1968; R. Liesmout, "A dream on a καιρός of history. An analysis of Hdt. VII 12-19", *Mn 23*, 1970, pp. 225-249; H. Aigner, "Ein geographischer Traum bei Herodot", *RhM 117*, 1974, pp. 215-218; R. Gaertner, "Les reves de Xerxes et d'Artaban chez Hérodote", *Ktéma 7*, 1983, pp. 11-18; R. Bichler, "Die 'Reichsträume' bei Herodot. Eine Studie zu Herodots schöpferischer Leistung und ihre quellenkritische Konsequenz", *Chiron 15*, 1985, pp. 125-147; A. Köhnken, "Der dritte Traum des Xerxes bei Herodot", *H 116*, 1988, pp. 24-40. J.A. Arieti, *Discourses...* p. 54, n. 93, recorda amb encert com "knowing in advance when or how death will come is the stuff of tragedy".

[11] J. L. Myres, "Herodotus the Tragedian", apud O. Elton (ed.), *A Miscellany presented to Dr. J. M. MacKay*, Liverpool 1914, pp. 88-96; K. F. Smith, "The literary tradition of Gyges and Candaules", *AJPh 41*, 1920, pp. 1-37; O. Regenbogen, "Die Geschichte von Solon und Krösus", *Gymnasium 41*, 1930, pp. 1-20 (= W. Marg (ed.), *Herodotos*, Darmstadt 1965, pp. 375-403); K. Latte, "Ein antikes Gygesdrama", *Eranos 48*, 1950, pp. 136-144; E. Lobel, "A Greek Historical Drama", *PBA 35*, 1950, pp. 207-216; E. Lobel & D. Page, *A New Chapter in the History of Greek Tragedy*, Cambridge 1951; J. C. Kamerbeek, "De nouo fragmento tragico in quo de Gyge et Candaule agitur", *Mnemosyne 5*, 1952, pp. 108-115; M. Gigante, "Un nuovo frammento di Licofrone tragico", *PdP 7*, 1952, pp. 5-17; V. Martin, "Drame historique ou tragédie? Remarques sur le nouveau fragment tragique relatif à Gygès", *MH 9*, 1952, pp. 1-9; H. Lloyd-Jones, "The Gyges Fragment: a new Possibility", *PCPhS 182*, 1952-53, pp. 36-43, i "Problems of Early Greek Tragedy", *Cuadernos Fund. Pastor, 13*, 1966, pp. 11-33; J. Kakridis, "Ἡ γυναῖκα τοῦ Κανδαύλη", *Hellenica 12*, 1952-53, pp. 1-14 i p. 372; A. Lesky, "Das hellenistische Gyges-Drama", *H 81*, 1953, pp. 1-10; E. Cazzaniga, "Il frammento tragico di Gige e la tradizione retorica", *PdP 8*, 1953, pp. 381-398; A. E. Raubitschek, "Gyges in Herodotus", *Classical Weekly 48*, 1955, pp. 48-51; Q. Cataudella, "Sulla cronologia del cosidetto frammento di Gige", *Studi in onore di A. Calderini e R. Paribeni II*, Milano 1956, pp. 103-116; D. N. Levin, "Croesus as ideal tragic hero", *CB 36*, 1960, pp. 33-34; D. Page, "An early Tragedy on the Fall of Croesus?", *PCPhS 188*, 1962, pp. 47-49; J. H. Thiel, "Solon en Croesus", *Hermeneus 34*, 1963, pp. 191-210; J. Meunier, "L'épisode d'Adraste", *Didaskalikon 23*, 1963, pp. 1-12; T. Krischer, "Solon und Kroisos", *WSt 77*, 1964, pp. 174-177; H.-P. Stahl, "Herodots Gyges-Tragödie", *H 96*, 1968, pp. 385-400, i "Learning

centrat en la relació entre la dramatúrgia esquília i sofòclia i l'obra de l'halicarnassenc, i amb una especial atenció a determinats passatges, alguns dels quals assenyalarien Heròdot com a font d'inspiració, i no pas a l'inrevés[12]. Hem de fer esment com a un capítol a banda de l'amistat personal entre Sòfocles i Heròdot, que ens és presentada per la tradició antiga[13].

---

through suffering? Croesus' conversations in the history of Herodotus", *YCIS 24*, 1975, pp. 1-36; Ch. W. Fornara, *Herodotus. An Interpretative Essay*, Oxford 1971; Ch. Segal, "Croesus on the Pire: Herodotus and Bacchylides", *WSt 84*, 1971, pp. 39-51; N. Holzberg, "Zur Datierung der Gyges-Tragödie POx 2382", *ZAnt 23*, 1973, pp. 237-286; A. C. Sheffield, *Herodotus' portrait of Croesus. A study in historical artistry*, Diss. Stanford Univ., 1973; B. Snell, "Gyges und Kroisos als Tragödien-Figuren", *ZPE 12*, 1973, pp. 197-205; R. Kassel, "Herodot und Gyges-Drama", *ZPE 14*, 1974, p. 226; P. Oliva, "Die Geschichte von Kroisos und Solon", *Das Altertum 21*, 1975, pp. 175-181; J.A. Evans, "What happened to Croesus", *CJ 74*, 1978, pp. 34-40, i "Candaules, whom the Greeks name Myrsilus...", *GRBS 26*, 1985, pp. 229-233; C. C. Chiasson, "The Herodotean Solon", *GRBS 27*, 1986, pp. 249-262; T.S. Brown, "Solon and Croesus (Hdt. I 29)", *AHB 3*, 1989, pp. 1-4; S. O. Shapiro, "Learning through Suffering: Human Wisdom in Herodotus", *CJ 89*, 1994, pp. 349-355. Destaca, per la radicalitat de la seva proposta, l'article de Myres, el qual duu a un punt gairebé absurd el color dramàtic de les *Històries*, i pretén de reconéixer-hi dos drames, una Σαρδέων ἅλωσις al llibre I i un Κλεομένης μαινόμενος als llibres V-VI. Pel que fa a l'anomenat *drama de Giges* -P.Oxy. 2382 II-, tot i que l'autor de l'*editio princeps*, Lobel, seguit, entre d'altres, per Page, Lloyd-Jones i Cataudella, acceptava que el text corresponia a una tragèdia de l'època clàssica -Lloyd-Jones suggereix la possibilitat que es tractés, bé d'un diàleg tràgic, bé d'un iambe d'Arquíloc-, la datació de la qual la faria remuntar als inicis mateixos del gènere i probablement a Frínic, d'altres com ara Latte, Kamerbeek, Gigante, Kakridis i Cazzaniga han proposat una datació tardana, d'època hel.lenística o imperial, solució aquesta a la qual ens adherim vistos alguns trets de la llengua emprada per l'autor. També hi hem d'afegir R. Cantarella, "Il frammento di Ossirinco su Gige", *Dioniso 15*, 1952, pp. 3-31, per bé que interpreta que el fragment pertany a una novel.la, sense donar per plausible l'escansió habitual, que hi veu un parlament en trímetres iàmbics.

[12] A. Y. Campbell, "Aeschylus' Agamemnon 1222-38 and treacherous Monsters", *CQ 29*, 1935, pp. 25-36; J. Casseur, *Hérodote et les tragiques du Ve siècle*, Bruxelles 1942; W. C. Kirk, "Aeschylus and Herodotos", *CJ 51*, 1955, pp. 83-86; F. Robert, "Histoire et tragédie au Vème siècle", *L'Information littéraire 8*, 1956, pp. 66-70; "Mystère et tragédie", *REG 75*, 1962, pp. X-XIII; i "Sophocle, Périclès, Hérodote et la date d'Ajax", *RPh 38*, 1964, pp. 213-227; R. Browning, "Herodotus v. 4 and Euripides, Cresphontes fr. 449 N.", *CR 11*, 1961, pp. 201-202; G. Germain, "Du conte à la tragédie. A propos d'Antigone 905-912", *REG 80*, 1967, pp. 106-112; G. Donini, "Sofocle, *El.* 916-917 e Erodoto", *Maia 23*, 1971, p. 65; i H.-P. Stahl, "Learning through Suffering? Croesus' Conversations in the History of Herodotus", *YClSt 24*, 1975, pp. 1-36, esp. pp. 6-7. K. Reinhardt, *Sophokles*, Frankfurt 1976[4], pp. 93 i 251; T. A. Szlezak, "Bemerkungen zur Diskussion um Sophokles, *Antigone* 904-920", *RhM 124*, 1981, pp. 108-142; W. Rösler, "Die Frage der Echtheit von Sophokles, *Antigone* 904-920 und die politische Funktion der attischen Tragödie", in A. H. Sommerstein, S. Halliwell, J. Henderson & B. Zimmermann (edd.), *Tragedy, Comedy, and the Polis*, Bari 1993, pp. 81-99. Val la pena de citar els passatges de l'obra de K. Reinhardt, cf. p. 95: *In seiner Begründung dieses "Nomos" folgt nun freilich Sophokles einer herodotischen Novelle'*, a propòsit d'Hdt. III 119 i S. *Ant.* v. 891 ss.; p. 251: *Entlehnungen*

A nosaltres ens interessa més la línia de recerca inaugurada el 1913 per Rasch a un treball poc conegut per la crítica actual, i que representa un estudi pròpiament més filològic, basat en l'anàlisi lingüística i estilística dels textos, i que tot seguit avaluarem[14]. Rasch partia de la premissa que de l'amistat entre Sòfocles i Heròdot devia haver sorgit alguna mena d'influència mútua. Bo i centrant-se en el tràgic, Rasch assenyala aquells passatges que haurien estat inspirats per les *Històries,* alguns d'ells a l'*Electra,* que ell datava, erròniament, cap a 435/430 a.C.[15], i d'altres a l'*Enòmaos* [16] i l'*Alexandre* [17].

---

aus Herodot begegnen sonst denn auch nur in den späteren Stücken, Öd. Tyr. 981, El. 62, 421, Phil. 1207, Öd. Kol. 337. Dins la mateixa línia de subratllar les concomitàncies amb Esquil i Sòfocles i les discordances amb Eurípides, vegeu W. Breitenbach, *Untersuchungen zur Sprache der euripideischen Lyrik,* Hildesheim 1967 (= Stuttgart 1934), p. 118: *Mit Herodot gemeinsam hat Eur. mindestens 25 (= 0'6%) Wörter.* Ara bé, R. Meridor, "The function of Polymestor's crime in the Hecuba of Euripides", *Eranos 81,* 1983, pp. 13-20, adverteix una dependència de l'autor tràgic respecte d'Hdt. IX 116-120.

[13] Fr. Egermann, "Arete und tragische Bewußtheit bei Sophokles und Herodot", *apud* AA.VV., *Vom Menschen in der Antike,* München 1957, pp. 5-128.

[14] J. Rasch, *Sophocles quid debeat Herodoto in rebus ad fabulas ornandas adhibitis,* Leipzig 1913.

[15] J. Rasch, *op. cit.,* p. 30. Més modernament, A. M. Dale, *Euripides. Helen,* Oxford 1967, pp. XXIV i ss., situa la composició de l'*Electra* cap al 413 a.C. Pel que fa als arguments de Rasch, val la pena de ressenyar l'exemple, comentat a les pp. 20-21, de S. *El.* v. 445 ἐξέμαξεν, verb d'origen joni que reemplaça l'habitual a l'àtic, ἀπομόρνυμι, i que hauria estat manllevat a Heròdot, on el registrem a IV 64. També hem de recollir la hipòtesi de la influència d'Hdt. I 108 sobre S. *El.* vv. 417-423. És ben cert que Rasch va estar prudent en fer les seves conclusions, cf. p. 29: *Sophocli quidem Electram fabulam componenti sub oculis fuisse libros Herodoti litteris mandatos non plane confirmatur.*

[16] Aquesta tragèdia seria anterior al 414 a.C. Segons Rasch, *op. cit.,* p. 21, el frg. 432 Nauck (= Radt), Σκυθιστὶ χειρόμακτον ἐκδεδαρμένος, reprendria Hdt. IV 64. El mateix costum escita apareix també a E. *El.* 241 -Rasch data l'obra el 413 a.C.-, tot i que sense utilitzar el lèxic herodoteu.

[17] J. Rasch, *op. cit.,* pp. 30-54, fa per demostrar la dependència de l'*Alexandre,* que ell data entre 430 i 415 a.C., respecte de tota la secció narrativa referent a l'adolescència de Cir, al llibre I de les *Històries.* Tanmateix, a nosaltres el tema em sembla propi del folk-tale: és ben conegut el motiu del fill del rei criat a muntanya per pastors que el salven de la mort, perquè el seu pare l'havia abandonat. De fet, l'estil del text herodoteu així ho suggereix. Pel que fa a l'*Alexandre,* vegeu S. Luria, "Noch einmal über Antiphon in Euripides' Alexandros", *H 64,* 1929, pp. 491-497; A. Scheiweiler, "Zum Alexandros des Euripides", *Philologus 97,* 1949, pp. 321 ss.; B. Menegazzi, "L'Alessandro di Euripide", *Dioniso 14,* 1951, pp. 172-197; D. Lanza, "L'Alessandro e il valore del doppio coro euripideo", *SIFC 34,* 1962, pp. 230-245; J. O. G. Hanson, "Reconstruction of Euripides' Alexandros", *H 92,* 1964, pp. 171-181; R. A. Coles, *A new Oxyrhynchus papurus: the hypothesis of Euripides' Alexandros,* London 1974; i D. Kovacs, "On the Alexandros of Euripides", *HSCPh 88,* 1984, pp. 47-70.

Segons Rasch, la pertanyença dels dos autors al cercle de Pèricles hauria facilitat el coneixement, per part de Sòfocles, de nombrosos testimonis de caràcter etnogràfic i antropològic. Ja més modernament, ha estat Chiasson qui s'ha fixat com a objectiu la delimitació d'aquells elements comuns a la dicció tràgica i a les *Històries* [18]. Tanmateix, les seues conclusions han estat més aviat negatives: segons aquest autor, Heròdot no hauria creat una llengua literària permeable a la influència de la tragèdia [19].

Ben recentment, Susana Sancho ha fet una decisiva aportació de conjunt, que al nostre parer ha situat la qüestió en un punt sense retorn pel que fa al reconeixement dels vincles de les *Històries* amb la tragèdia, no només en establir una sèrie de paral.lelismes dins la tècnica dels tràgics i la d'Heròdot, ans també en fixar un quadre detallat de les estretes relacions entre la llengua del nostre historiador i la lexi tràgica[20]. Al seu primer estudi, Sancho estableix en primer lloc les condicions que permeten parlar de les *Històries* com d'un text dramatitzat: l'estructura closa de l'obra; la grandesa dels esdeveniments narrats; la $\sigma\epsilon\mu\nu\acute{o}\tau\eta\varsigma$ dels personatges; i el recurs a la imitació com a concepte estètic bàsic[21]. Tot seguit, analitza els procediments de caire literari que Heròdot va acomodar a la seua lexi: la imitació d'escenes i figures tràgiques; la inclusió de conceptes propis de la lexi tràgica; la intervenció de dones; els somnis com a motors de la comprensió dels esdeveniments; la contraposició ideològica de dos o més personatges; les etopeies; les reflexions quasi-parenètiques, semblants a les de certs monòlegs i resis del drama; les caracteritzacions verbals; el diàleg i el monòleg; la retorització dels parlaments; les caracteritzacions dels personatges mitjançant el seu físic o la seua indumentària; l'ús de temes mítics; l'adopció de

---

[18] C. C. Chiasson, *The Question of tragic Influence in Herodotus*, Yale University, 1979, i "Tragic Diction in Herodotus. Some Possibilities", *Phoenix 36*, 1982, pp. 156-161.
[19] C. Chiasson, *The Question...* pp. 237-238: *The tragedians had a perceptible but apparently limited effect on the literary art of the Histories.*
[20] S. Sancho, *Estudi del llibre I de les Històries d'Heròdot des d'una perspectiva dramàtica*, tesi de llicenciatura, València 1994; *Procedimientos de dramatización en las Historias de Heródoto (libros I-IX)*, tesi doctoral, València 1996.
[21] S. Sancho, *Estudi...* p. 22.

determinades tècniques narratives; l'ús de símbols de caire tràgic; les cartes com a recurs escenogràfic; la construcció d'escenes; el discurs basat en l'εἰρώνεια; la imitació directa de passatges tràgics; i, en fi, la inserció dins les *Històries* de petites seccions quasi-autònomes, com ara, i només al llibre primer, les protagonitzades per Giges, Atis i Cresos[22].

En la mateixa línia, un segon i definitiu estudi va permetre Sancho d'establir una, diem-ne, gramàtica de la dicció tràgica a les *Històries* d'Heròdot, configurada per un total de trenta-nou trets, cinc d'ells de caràcter morfològic[23] i trenta-quatre de caràcter sintàctic[24], més un apartat final dedicat als poetismes. La conclusió a què arriba Susana Sancho mereix de ser reproduïda en els seus termes precisos: "Así pues, la obra de nuestro historiador representa una ruptura con la logografía precedente. Podemos afirmar este hecho desde el momento en que hemos demostrado la utilización por parte de Heródoto de elementos que pertenecen, bien a la lengua de la poesía, bien exclusivamente a la de la tragedia. En este mismo sentido, las Historias de Heródoto representan el inicio de lo que podríamos llamar la historiografía trágica, que comenzaría en nuestro autor y no, como la crítica cree, en época helenística, puesto que en Heródoto se hallan recursos de dramatización de carácter lingüístico. Por tanto, no estamos de acuerdo con las teorías de Schwartz y von Fritz, quienes sostienen que el origen de la

---

[22] Tot i que al seu treball del 1994 Sancho limita el seu estudi al llibre I de les *Històries*, els procediments de dramatització de caire literari s'estenen, com és lògic, al conjunt de l'obra. En posarem com a exemple el recurs als diàlegs a III 80-82; V 106, 1; VI 68, 1; VII 147; 157- 158; 209 i 234-237; als oracles a V 92 b 2 i b 3; i a l'aparició d'ἐνύπνια i ὄψεις a Hdt. VII 12, 1-2; 14, 1; 15, 3; i 18, 3.

[23] Aquest grup de trets inclou l'ús del dual, la formació de paraules -on Sancho estudia fins a vint-i -dos sufixos-, els compostos nominals, els verbs τριπλᾶ i els verbs iteratius.

[24] Aquest bloc, que configura el gruix de la tesi doctoral de la Prof[a.] Sancho, inclou els següents trets: genitius d'inherència i d'encariment, genitius en -θεν, anàstrofe, apòcope, ús adverbial de preposicions, ἀνά i παρά amb acusatiu temporal, ἐκ i πρός amb complement d'agent, ὑπό de circumstàncies contingents, ἀμφί amb instrumental com a règim de *uerba timendi*, ἐν, περί i σύν amb instrumental, ἐπί amb datiu causal, ús de preposicions impròpies, infinitiu jussiu, perífrasis verbals, adjectius verbals, present històric, ἅτε amb participi, la negació, ús adverbial de πρίν i ἄν, ús relatiu de ἵνα, ὅπως comparatiu, ὡς per ὥστε, ὡς final, ús d' ἐπεί com a partícula, períodes condicionals amb subjuntiu i optatiu, πρίν amb subjuntiu i ús d'εὖτε.

historiografía trágica debe buscarse en la escuela peripatética, ni con Ullmann, para el cual dicho origen se encontraría en Isócrates. En cambio, sí compartimos la opinión de Mastrocinque, quien sitúa a Heródoto (V 17-20) como fuente de un pasaje paratrágico (Jenofonte, Helénicas V 9, 4-7) y, por tanto, como uno de los artífices de la génesis de la historiografía trágica, que, según él, nacería en el siglo V a.C." [25].

Hem de destacar no només la claredat dels termes amb què Sancho planteja la seua anàlisi de la presència d'elements de dramatització a les *Històries* d'Heròdot, ans també l'exhaustivitat que caracteritza la seua recerca: el conjunt de trets objecte d'estudi, tant els lingüístics com els literaris, garanteix la validesa de les conclusions obtingudes. D'acord amb aquest criteri d'anàlisi, tant si es fa des de la perspectiva de la història de la llengua com si preferim una anàlisi més atenta a qüestions estrictament literàries, queda clara la proximitat de la lexi i l'estil d'Heròdot al gènere tràgic, amb el qual comparteix un elevat nombre de procediments d'expressió, mitjans estilístics i recursos narratius.

II. El sentit tràgic a les Històries de Tucídides

La definició de la metodologia i l'estil de Tucídides com a producte d'una extraordinària creació intel.lectual i personal, presidida pel deler d'una visió objectiva i científica dels esdeveniments històrics, no va impedir els crítics de l'Antiguitat d'acceptar la presència a les *Històries* d'elements dramàtics. Així ho demostren Dionís d'Halicarnàs, en apreciar la qualitat de Tucídides per damunt de molts altres prosistes proclius a la dramatització[26], i Plutarc, que també en diu mestre en l'art de presentar escenes tràgiques[27].

---

[25] S. Sancho, *Procedimientos...* p. 309. La citació refereix a A. Mastrocinque, "La liberazione di Tebe (379 a. C.) e le origini della storiografia tragica", *apud Omaggio a P. Treves*, Padova 1983, pp. 237-247.
[26] D. H. *Th.* 15, 3 i *Comp.* 7, 1, on qualifica el discurs dels platesos -Th. III 53-59- com a obra πάνυ χαριέντως συγκειμένη καὶ μεστὴ πάθους.
[27] Plut. *De glor. Ath.* 347 a.

Ara bé, la crítica vuitcentista no es va estar d'ometre aquest aspecte *literari* de Tucídides, entestada a defensar la vigència del tòpic de l'enfrontament diametral, absolut dels dos grans historiadors de la Grècia clàssica: si Heròdot s'havia permès determinades llicències i fins i tot se l'acusava de mentider, Tucídides per força havia d'haver estat no només un model de respecte per la veritat, ans també un debel.lador tenaç de la més mínima vel.leïtat poetitzant[28]. Modernament, però, també a les *Històries* de Tucídides ha estat reconeguda una dimensió tràgica que proporciona a tota l'obra un sentit homogeni, que trascendeix els diversos esdeveniments i els encabeix dins una visió concreta del món. Aquesta interpretació ha conegut en l'actualitat una revifalla important, i s'escau a la imatge d'un autor de complexitat i riquesa superiors al que fins ara se li reconeixia. Val la pena de recordar, a aquest respecte, que segons Cornford, el primer crític a formular la teoria de la dimensió dramàtica de l'obra tucidídia, per dramatització hem d'entendre d'antuvi "(...) a principle of construction which, wherever it operates, determines the selection of incidents to be recorded, and the proportions and perspective assigned them" [29]. Tanmateix, la definició de Cornford resulta al nostre parer massa genèrica, i per al cas precís de Tucídides hi demanaríem una concreció de què aquí adoleix totalment[30]. Tampoc no estaríem d'acord

---

[28] Per esmentar només el darrer epígon d'aquesta llarga tradició crítica, vegeu M. López, *La historiografía en Grecia y Roma. Conceptos y autores*, Lleida 1991, p. 25. Sobre la pretesa existència de dues escoles historiogràfiques gairebé *ab initio*, vegeu H. Strasburger, *Die Wesenbestimmung der Geschichte durch die antike Geschichtsschreibung*, Wiesbaden 1966. Per a una perspectiva ajustada a la realitat, A. López Eire, "De Heródoto a Tucídides", *StHist 8*, 1990, pp. 75-96. Sobre l'abast de l'ἀλήθεια a les *Històries* de Tucídides, vegeu P. F. Butti de Lima, "Dalla verità nella guerra alla verità nella storia", *QUCC 28*, 1988, pp. 91-102, cf. pp. 100-101: "(...) Tucidide ci presenta, nella sequenza degli avvenimenti o nei discorsi di difesa dell'imperialismo, una verità che si impone per l'esclusione della giustizia nello stabilire il gioco delle forze e degli interessi. (...) La verità, qui, appare come 'giustificazione' del potere, escludendo la pratica della guistizia, ora considerata, nel gioco desuguale delle forze, incapace di imporsi".

[29] F. Cornford, "Mythistory and the Drama", *Thucydides Mythistoricus*, London 1907, pp. 129-152, açí p. 129.

[30] Implícitament, Cornford fa una evident negació de l'objectivitat del discurs historiogràfic de Tucídides, però no explica en què consisteix la *selecció* dels materials narratius, ni les *proporcions* amb què apareixen, ni la *perspectiva* amb què l'autor se n'ocupa. Un possible punt de partença per a la discussió de la tècnica de dramatització tucidídia fóra D. H. VII 14, 3, on el crític s'estranya dels principis de selecció que fan ometre determinades seqüències i resaltar d'altres, en canvi.

amb l'opinió de Cornford pel que fa a la proximitat de la concepció tucidídia del drama a la d'Èsquil[31].

Entre els crítics de la literatura grega antiga, i en especial dels qui tracten el gènere de la historiografia, no s'ha produït encara una acceptació, ni que fos parcial, de Tucídides com a autor relacionat amb aquesta dramatització dels continguts històrics. Així, encara molt recentment llegim a la monografia de Marincola que Tucídides encarna una neta oposició als pressupostos del que s'entén com a *historiografia tràgica*[32]. Tanmateix, aquesta oposició està essent contestada per un seguit d'autors, el primer dels quals, encara al segle XIX, va estar Auffenberg. Ell va estar el primer estudiós modern que ha acarat, de bell antuvi, la qüestió de l'objectivitat històrica dels discursos, pel que fa a la comprensió del caràcter de cadascun dels personatges que els pronuncien. La seva valoració al respecte no deixa lloc al dubte, en afirmar amb claredat la capacitat del nostre historiador per reflectir tant la psicologia col.lectiva que aflora a les assemblees, debats i reunions de les *Històries*, com aquella que ens ofereix el retrat dels grans protagonistes de l'obra: Teutiaples, Pagondes, Estenèledes, Arquídam, Bràsides, Cleó, Alcibíades, etc.[33]. Segonament -i és aquest l'aspecte que aquí ens pertoca de subratllar-, Auffenberg va indicar com alguns d'aquests personatges reclamen una atenció aital, que en diríem arquetips, de forma similar a tantes figures dramàtiques de l'escena atenesa de la segona meitat del segle V a.C.[34]. Un dels punts forts

---

[31] F. Cornford, *op. cit.*, pp. 139-149; en aquesta línia, vegeu també G. Méautis, "Thucydide et Eschyle", *Mélanges d'archéologie et d'histoire offerts à Ch. Picard. RA 29-32*, 1949, pp. 716-719.
[32] J. Marincola, *Authority and Tradition in Ancient Historiography*, Cambridge 1997, p. 23.
[33] L. Auffenberg, *De orationum operi Thucydideo insertarum origine, ui historica, compositione*, Krefeld 1879, p. 14: *Ut populorum naturas orationibus Thucydides optime explanauit, optime non minus eius elucet ars in singulis uiris summis ipsorum contionibus depingendis, ita ut, cum raro suis uerbis eos describat, tamen intimam hominum naturam sentiendique rationem perspiciamus, quam insignem eius in moribus exprimendis artem antiqui iam admirati sunt. Sed non omnium quas loquentes facit personarum ingenia Thucydides pari studio repraesentat, sed nonnullarum naturae orationibus uix extremis lineis adumbrantur* etc.
[34] L. Auffenberg, *op. cit.*, p. 15, on esmenta l'ardoresa jovenívola d'Alcibíades i l'enginy senil de Nícies.

tendents a reconèixer a les *Històries* una concepció literària modelada al voltant del gènere tràgic s'ha centrat, efectivament, en la construcció dels diferents personatges, és a dir, en l'etopeia dels principals actors. En aquest sentit, la distinció de la lexi dels discursos ha estat una qüestió cabdal. Per bé que el corrent crític més extens considera de ple la unitat dels discursos des del punt de vista de la llengua i l'estil, amb representants de l'autoritat de Blass, Bruns, Gomme i Dover[35], d'altres autors han suggerit que Tucídides utilitza recursos retòrics diferents per als diversos protagonistes de l'obra, com a procediment per a atansar-se a la pràctica real de cada personatge. Així ho han fet, per exemple, Cooper, Tompkins, Macleod, Del Corno, Kirby, Allison, Arnold, Francis i Garrity[36], amb resultats que ens semblen

---

[35] Fr. Blass, *Die attische Beredsamkeit I. Von Gorgias bis zu Lysias,* Hildesheim & New York 1979 (= Leipzig 1887), p. 242: "In Ausdruck und Form sind, wie dies auch Dionysios ausführt, zwischen den einzelnen Reden merkliche Unterschiede, so zwar, daß der Grundcharakter der thukydideischen Sprache überall bleibt, und nur ein Mehr oder Minder von Kunst und Künstlichkeit nebst den aus dem Gegenstande und der Sachlage hervorgehenden Eigenthümlichkeiten die Verschiedenheit macht. Encara, a la p. 243: die Individualitäten der Redner dagegen werden nur durch den Gedanken, nicht durch die Sprache zum Ausdruck gebracht. Auch ob eine Rede künstlicher und dunkler, oder einfacher und leichter verständlich ist, hat mit der Person des Sprechers nicht zu thun; die Gegenstände, von denen augenblicklich die Rede ist, bewirken das eine wie das andre". I. Bruns, *Das literarische Porträt der Griechen,* Hildesheim 1985 (= Berlin 1896), pp. 22-23; A. W. Gomme, *Essays in Greek History and Literature,* Oxford 1937, p. 160; K. J. Dover, "The Speeches", in A.W. Gomme, A. Andrewes & K. J. Dover, *A Historical Commentary on Thucydides V. Book VIII,* Oxford 1981, pp. 393-399, açí pp. 395-396: "All his speakers talk the same language, irrespective of nationality and cultural milieu, and it is his language, idiosyncratic, sophisticated, exhibiting a variety of linguistic abnormalities for which the closest parallels are almost always to be foun in his own narrative style. Més avant, a la p. 397, diu encara: There is no good reason to suppose that a Greek, accustomed to the virtual absence of individualization in the language of characters in epic, tragedy, comedy, and historiography of Herodotean type, should be disconcerted by the linguistic uniformity of the Thucydididean speeches etc." També C. Schrader, "Tipología y orígenes de la historiografía griega", in A. López Eire & C. Schrader, *Los orígenes de la oratoria y la historiografía en la Grecia clásica,* Zaragoza 1994, pp. 81-200, açí p. 117, al.ludeix a la *casi absoluta uniformidad estilística* [*sc.* dels discursos], *sin que en ellos tiendan a aflorar rasgos individuales, de manera que un ateniense se expresa como un lacedemonio, o Pericles como Cleón.*

[36] G. L. Cooper III, *Zur syntaktischen Theorie und Textkritik der attischen Autoren,* Zürich 1971, pp. 79-81; D. P. Tompkins, *Stylistic Characterization in Thucydides,* Phil. Diss., Stanford 1971, i "Stylistic Characterization in Thucydides: Nicias and Alcibiades", *YClS* 22, 1972, pp. 181-214; C.W. Macleod, "Form and Meaning in the Melian Dialogue", *Historia* 23, 1974, pp. 385-400; D. Del Corno, "Nicia e Alcibiade all'assemblea. La caratterizzazione individuale dei discorsi in Tucidide", *WJA 1,* 1975, pp. 45-58; J. T. Kirby, "Narrative Structure and Technique in Thucydides VI-VII", *CA 2,* 1983, pp. 183-211; J. W.

incontestables perquè s'atenen a l'*obseruatio* rigorosa del text. Els avantatges d'aquest plantejament, ja des del punt de vista de la preceptiva literària, no poden ser més atractius: si acceptem que Tucídides modula la lexi dels seus discursos d'acord amb les característiques de cada personatge, o si més no amb les del respectiu gènere retòric, no només obtenim un millor coneixement del programa estètic de l'autor; si adoptem una perspectiva *optimista* de les possibilitats d'aquesta anàlisi[37], obtenim també una aproximació, ara per la via de l'anàlisi estilística, bé a la formació intel.lectual, a la psicologia i, per consegüent, tot i les limitacions, a la ideologia de les diverses figures que pronuncien els discursos; si adoptem una posició més cauta, hem d'obtenir una idea força precisa de l'adequació del discurs al gènere que faci al cas, forense, judicial o epidíctic, d'acord amb els criteris utilitzats per un autor concret, Tucídides, en un moment determinat dins la història de la retòrica grega. Aquesta lectura dels discursos reforça la redimensió de les *Històries* com a obra que integra la perspectiva literària de la poesia, en especial de la tragèdia -on els personatges són també caracteritzats segons les exigències de l'acció dramàtica i de la construcció de l'etopeia de cadascun d'ells-, i que és alhora precursora de l'anomenada *historiografia tràgica*.

Dins una perspectiva que abasta la totalitat de l'obra, d'altres autors han tractat dels motius, esquemes i recursos literaris que Tucídides hauria manllevat a la poesia, i en especial a la tragèdia. N'esmentarem en primer lloc els treballs de Finley, el qual va traçar una idea clara dels paral.lelismes existents entre la retòrica tràgica i la prosa tucidídia[38], a més dels de

---

Allison, "Sthenelaidas' Speech: Thucydides 1.86", *H 112*, 1984, pp. 9-16; P. Arnold, "The persuasive style of debates in direct speech in Thucydides", *H 120*, 1992, pp. 44-56; E. D. Francis, "Brachylogia laconica: Spartan speeches in Thucydides", *BICS 38*, 1991-93, pp. 198-212; Th. F. Garrity, "Thucydides 1.22.1: Content and Form in the Speeches", *AJPh 119*, 1998, pp. 361-384.

[37] Tot i que sense relació directa amb la qüestió de la caracterització dels personatges que intervenen als discursos, cal ressenyar el fet que S. Hornblower, "Narratology and Thucydides", *in* S. Hornblower (ed.), *op. cit.*, pp. 131-166, pp. 164-166, admet la utilització, per part de Tucídides, d'informacions manifestades *in ore* pels protagonistes dels diferents esdeveniments, de forma que l'autor hauria adoptat una pluralitat de veus narratives.

[38] J. H. Finley, "Euripides and Thucydides", *HSClPh 49*, 1938, pp. 23-68; "The Origins of Thucydides' Style", *HSClPh 50*, 1939, pp. 35-84; i *Thucydides*, Harvard 1942, pp. 321-324.

Wardman, Flashar, Froberg, Verdin, Marinatos, Macleod, Funke, Polacco i Jung[39]. Les diferències entre la concepció dels esdeveniments per part dels autors tràgics, per una banda, i Tucídides, per una altra, han estat objecte de l'anàlisi de Lehmann[40]. Molt recentment, Butti de Lima ha insistit en la utilització per part de Tucídides de determinats recursos *psicologistes*, adreçats a la creació d'un estat d'ànim en el receptor de l'obra, el que atansa l'art tucidídia al discurs historiogràfic encara preponderant a Heròdot[41].

---

[39] A. E. Wardman, "Myth in Greek Historiography", *Historia 9*, 1960, pp. 403-413; H. Flashar, *Der Epitaphios des perikles. Seine Funktion im Geschichtswerk des Thukydides*, Heidelberg 1969; B. M. Froberg, *The dramatic excursuses in Thucydides' History*, Diss. Ohio 1971; H. Verdin, "Les remarques critiques d'Hérodote et Thucydide sur la poésie en tant que source historique", in *Historiographia antiqua. Festschrift Peremans*, Leuven 1977, pp. 53-76; N. Marinatos, "Nicias as a Wise Advisor and Tragic Warner in Thucydides", *Philologus 124*, 1980, pp. 305-310; C. W. Macleod, "Thucydides and Tragedy", *Classicum 21*, 1982, pp. 1-10 (= *Collected Essays*, Oxford 1983, pp. 140-158); H. Funke, "Poesia e storiografia", *QS 12*, 1986, pp. 71-93; S. Hornblower, *Thucydides*, Trowbridge 1987, pp. 13-33; L. Polacco, "Una tragedia greca in prosa: la spedizione ateniese in Sicilia", *AIV 148*, 1989-90, pp. 21-56; i V. Jung, *Thukydides und die Dichtung*, Frankfurt 1991. Vegem-ne com a exemple el següent paràgraf de la monografia de Hornblower, *op. cit.*, p. 28, en esmentar els gèneres que influïren en la concepció i composició de l'obra tucidídia: "The third debt is perhaps not strictly a debt to Herodotus at all, but a shared debt to others, namely the poets. The debt consists in the poetic, specifically epic and tragic, arrangement of material and choice of vocabulary. This is a topic we shall have to return to (...), but when asking, as we must, why Thucydides so often seems to echo the techniques of poetry, we should first remember that Herodotus had already done so. In view of what was said above about the Herodotean character of the Pausanias-Themistocles excursus, it is not surprising that poetic reminiscences should be specially common there. For instance 'taking with the spear' is an expression from heroic poetry, and the Greek formula 'neither night nor day' is in sing'song iambic rhythm. Again, with Themistocles' use of Ademuts' son we may compare Telephus' use of Agamemnon's infant son Orestes in Euripides' lost play Telephus; Telephus seized the child and thretened to kill him unless the Greeks helped to heal his wound. But the debt to poetry goes far deeper. Above all there is a debt to epic in the very choice of subject, a great war. Just as in Herodotus there is Homeric reminiscence in the phrase 'beginning of evils', used of the Athenian ships sent to the Ionian revolt". (el subratllat és nostre).

[40] H.-Th. Lehmann, *Theater und Mythos. Die Konstitution des Subjekt im Diskurs der antiken Tragödie*, Stuttgart 1991, p. 163: *Bei Thukydides gibt es wohl eine ähnliche Haltung Krieg und Macht gegenüber wie bei den Tragikern. Aber die Art seines Diskurses führt trotzdem zu einem radikal anderen Blickwinkel. Obgleich noch embryonale Historie, zeigt sein Werk eine deutliche Tendenz auf die Logifizierung der geschichtlichen Ereignisse, die er beispielsweise durch Analogien und Vergleiche zwischen Personen und Strategien zu vereinheitlichen sucht.*

[41] P. Butti de Lima, *La inchiesta e la prova. Immagine storica, practica giuridica e retorica nella Grecia classica*, Torino 1996, esp. pp. 112-116. Vegeu al respecte la nostra ressenya a *SPhV 3*, 1998, pp. 148-151, esp. p. 150 i n. 4.

Exactament com al cas precedent d'Heròdot amb els treballs de Rasch i Chiasson, per als nostres propòsits trobem molt més significatius aquells estudis centrats en l'anàlisi lingüística i estilística de l'obra tucidídia. Aquesta línia de treball té com a motiu principal el lèxic poètic de les *Històries*, com ho testimonien les obres de Both, Nieschke, Diener, Smith, Ehlert i Rittelmeyer [42], per als quals la tragèdia sol tenir funcions de simple vehicle intermediari entre l'èpica i Tucídides, amb un paper sensiblement més ancil.lar que el d'Heròdot, Antifont o els sofistes, molt més decisius a l'hora d'influir en la configuració d'aquesta llengua literària. Un especial esment mereix la monografia de Cyranka, l'única dedicada a l'examen exhaustiu de la llengua de Tucídides en comparació amb la dels tràgics[43]. Si atenem al judici crític de Jung, la mancança fonamental d'aquests estudis ha estat l'escassa o nul.la atenció a la funció estilística d'aquests recursos lingüístics[44]; al mateix temps, convé de remarcar el fet que la influència més gran correspon, molt per damunt de l'èpica, a la tragèdia[45].

També per part nostra hi ha hagut una reflexió, encara molt primerenca, sobre la influència de la llengua de la tragèdia a les *Històries*. En aquest sentit, tal volta el famós *Melierdialog* constitueix el text més susceptible d'aquesta

---

[42] Ph. Both, *De Antiphonte et Thucydidis genere dicendi*, Marburg 1875; A. Nieschke, *De Thucydide Antiphontis discipulo et Homeri imitatore*, Münden 1885; O. Diener, *De sermone Thucydidis quatenus cum Herodoto congruens differat a scriptoribus Atticis*, Leipzig 1889; Ch. F. Smith, "Traces of Tragic Usage in Thucydides", *TAPhA* 22, 1891, XVI-XXI; "Poetic Words in Thucydides", *TAPhA* 23, 1892, pp. XLVIII-LI; "Some Poetical Constructions in Thucydides", *TAPhA* 25, 1894, pp. 61-81; i "Traces of Epic Usage in Thucydides", *TAPhA* 31, 1900, pp. 69-81; J. Ehlert, *De uerborum copia Thucydidea quaestiones selectae*, Berlin 1910; F. Rittelmeyer, *Thukydides und die Sophistik*, Leipzig 1915.

[43] L. A. L. Cyranka, *De orationum Thucydidearum elocutione cum tragicis comparata*, Vratislava 1875.

[44] V. Jung, *op. cit.*, pp. 36-37: "Nur in geringen Maße werden Versuche gemacht, die gewonnenen Ergebnisse in irgendeiner Weise auszuwerten und sie in eine Interpretation einzubeziehen. Antworten auf die Frage nach dem Grund solcher Gemeinsamkeiten mit der Dichtung machen zum großen Teil Umstände dafür verantwortlich, die außerhalb des bewußten Gestaltungswillens des Thukydides liegen. Nur vereinzelt werden konkrete Stellen im Text oder auch die sprachlichen Anklänge an die Dichtung allgemein als bewußt gesetzt interpretiert und einzelnen 'poetischen Eigentümlichkeiten' eine ganz bestimmte von Thukydides beabsichtigte Funktion zugewiesen."

[45] V. Jung, *op. cit.*, p. 36.

anàlisi dramàtica, com ho demostra l'atenció atorgada per nombrosos autors. Així ho han fet notar, de manera ben explícita, Busolt, Cornford, Grote, Parry, Canfora i Cagnetta[46]. Bo i no haver-hi incidit en especial en aquells trets més relacionats amb la dicció tràgica, a un recent treball hem tingut l'oportunitat de remarcar la distinció existent entre els parlaments dels melis i els dels atenesos, tant des del punt de vista retòric, com del de l'expressió lingüística[47]. Cal observar, doncs, la continuïtat pel que fa a l'orientació metodològica de la nostra recerca, on prima l'anàlisi lingüística del text sobre la teorització de caire literari. Si ens atenem, per tant, a les dades d'ordre lingüístico-estilístic, al diàleg dels melis registrem exemples ben significatius de l'ús de recursos tràgics, com ara el següent: "Por otra parte, la construcción de φοβεῖσθαι con infinitivo, empleada por los atenienses, no tiene más paralelos que los de la tragedia "[48]. I encara, pel que fa a la selecció

---

[46] G. Busolt, *Griechische Geschichte, III 2*, Gotha 1904, p. 674; M. Cornford, *op. cit.*; D. Grote, *History of Greece VII*, New York 1907, p. 163; A. M. Parry, *op. cit.*, p. 194: "It is the only passage in the work which is fully dramatic in form. And it is the most evident example of the artistic composition of the work. The razing of Melos, and the selling of its inhabitants into slavery, was not a decisive event in the external history of the War. It is obviously put here for purely dramatic purposes, to show the turn the Athenian intellect had finally taken, and to prepare the way for the Sicilian Expedition, which directly follows. Moreover, the conference was not held in public, and the names of neither the Athenian envoys nor their Melian interlocutors are given. Evidently, Thucydides could not possibly have known what was said on that occasion. The Conference is, far more obviously than any or the other speeches of the History, the dramatic creation of Thucydides". L. Canfora, "Strutture e funzione del dialogo in Tucidide e in Pseudo-Senofonte", *In* AA.VV., *La struttura della fabulazione antica*, Genova 1979, pp. 27-44, p. 27: "(...) La singolarità del dialogo tra Melii e Ateniesi consiste nella eliminazione di queste didascalie e nella successione drammatica degli interventi, come in un testo scenico". M. Cagnetta, "Riforma della dialettica agonale nel dialogo dei Meli", *QS 32*, 1990, pp. 159-162, p. 161: "(...) La pagina tucididea assume qui l'aspetto di un copione teatrale, privo di raccordi narrativi, e, come in un copione, è solo dalle battute che internamente scaturiscono le modalità dell'azione e le intenzioni dell'autore". Per a una anàlisi semblant d'una altra secció retòrica, en concret la del debat entre platesos i tebans a III 53-59, vegeu J. C. Hogan, "Thucydides 3. 52-58 and Euripides' Hecuba", *Phoenix 26*, 1972, pp. 241-257.

[47] J. Redondo, "Diálogo y retórica en Tucídides: el debate entre atenienses y melios", *in* V. Bécares, M. P. Fernández Alvarez & E. Fernández Vallina (edd.), *Kalon Theama. Estudios de Filología Clásica e Indoeuropeo dedicados a F. Romero Cruz*, Salamanca 1999, pp. 197-207.

[48] Th. V 195, 3 καὶ πρὸς μὲν τὸ θεῖον οὕτως ἐκ τοῦ εἰκότος οὐ φοβούμεθα ἐλασσώσεσθαι., cf. S. *Ai.* v. 254 (lyr.) i E. *Io* v. 628 (rec.). Vegeu R. Kühner & B. Gerth, *Grammatik der griechischen Sprache II 2*, Hannover 1976 (= Hannover & Leipzig 1904³), p. 398.

lèxica: "También el empleo de voces poéticas o retóricas distingue a los atenienses sobre los melios [49]: hápax absolutos en Tucídides son λυμαίνομαι y τὸ ἀπειρόκακον [50]. El primero de ellos tiene un claro valor religioso, como lo demuestra su empleo en la tragedia [51], y antes que por Tucídides fue empleado en prosa por Antifonte [52]. El neutro τὸ ἀπειρόκακον se registra en un pasaje coral de la Alcestis [53], y pertenece, por tanto, a la clase de los poetismos". En definitiva, l'exemple d'aquesta secció ja ens demostra les potencialitats que Tucídides no només reconeixia en l'ús de la dicció tràgica, ans també se'n servia en ocasions ben determinades.

Tot i no disposar de l'espai suficient per a estendre'ns millor en el darrer dels temes que hem tocat, ço és, el de la utilització de recursos lingüístics i estilístics procedents del drama, els apunts que acabem d'oferir indiquen prou bé l'existència no només d'una minsa tradició d'estudis al voltant de la dicció tràgica a l'obra de Tucídides, ans també d'unes possibilitats d'anàlisi que anys a venir hauran de rebre un nou impuls.

III. La historiografia tràgica i la seua gènesi

Si el que hem apuntat és vàlid *in genere,* el corpus teòric que fins ara ha sustentat el coneixement bàsic del que anomenem *historiografia tràgica,* i que està configurat pels treballs de Schwartz, von Fritz i Ullmann, fonamentalment [54], ha de ser revisat molt a fons. En termes breus, aquest

---

[49] Els melis, en canvi, només presenten un sol exemple de poetisme, concretament el verb ὑποτίθεσθαι, V 90 ὑπέθεσθε.
[50] Th. V 103, 2 λυμαίνομαι, V 105, 3 τὸ ἀπειρόκακον.
[51] E. *Hipp.* v. 1068, *Hel.* v. 1099 i *Bacch.* v. 354, Ar. *Eq.* v. 1284, que tenen en comú l'esment a determinats sollaments, cf. R. Parker, *Miasma. Pollution and Purification in Early Greek Religion,* Oxford 1983, p. 195, n. 24.
[52] Antipho. V 63.
[53] E. *Alc.* 927.
[54] B. L. Ullmann, "History and Tragedy", *TAPhA 73,* 1942, pp. 25-53; E. Schwartz, *Fünf Vorträge über den griechischen Roman,* Berlin 1943², pp. 123-125; K. von Fritz, "Histoire et historiens dans l'antiquité", *in Entretiens sur l'antiquité classique IV,* Vandoeuvres-Genève 1958, pp. 85-145; Ch. W. Fornara, *The Nature of History in Ancient Greece and Rome,*

discurs historiogràfic es caracteritza per l'atenció atorgada a les reaccions psicològiques, emocions i actituds dels principals protagonistes de l'acció històrica; l'autor del text gaudeix d'un ampli marge d'autonomia per tal de bastir les etopeies d'aquests personatges, ni que sigui al preu de supeditar la veritat històrica a les exigències de la ficció; i entre les funcions de l'obra passa a tenir un lloc d'honor la satisfacció dels gustos literaris del presumpte lector del text. En canvi, la historiografia anomenada *pragmàtica* [55] pretén de concentrar-se tan sols en els esdeveniments polítics, socials i militars; el seu autor es basa en l'αὐτοψία, o almenys en testimoniatges incontestables; i té com a finalitat principal una de didàctica. Des d'aquesta σύγκρισις, és ben clar que la crítica tucidídia tingués tant de reticències a admetre la més mínima concessió d'aquest autor envers un concepte tràgic de la historiografia. No s'entenen tan bé, però, els prejudicis respecte del corpus herodoteu. En realitat, els autors d'aquesta teoria mai no varen acceptar que la *historiografia tràgica* pogués remuntar-se a l'època clàssica, sinó que la consideraven un producte de l'estètica i els gustos de l'època hel.lenística, tant si els orígens del gènere es trobaven a l'escola peripatètica[56] com si calia buscar-los a l'escola isocràtica[57] o bé, com proposa Strasburger, en la comèdia nova i el mim[58], sense oblidar encara el que per nosaltres representa el principal model literari de la dramatització històrica: les històries locals, organitzades molt

---

Berkeley, Londres & Los Angeles 1983, pp. 131-134; G. Marasco, "Ctesia, Dinone, Eraclide di Cuma e le origini della storiografia 'tragica'", *QUCC 6*, 1988, pp. 48-67; i K. Meister, *Die griechische Geschichtsschreibung*, Berlin 1990, pp. 95-102. Sobre el caràcter imprecís i equívoc del terme *historiografia tràgica*, que fem servir només per respecte a la tradició, vegeu F.W. Walbank, "Tragic History: a Reconsideration", *BICS 2*, 1955, pp. 4-14, pp. 4 i 11, i "History and Tragedy", *Historia 9*, 1960, pp. 216-234 (= *Selected Papers*, Cambridge 1985, pp. 224-241), pp. 233-234, i S. Hornblower, "Introduction", *in* S. Hornblower (ed.), *Greek Historiography*, Oxford 1996, pp. 1-72, açí pp. 44-45.

[55] El nom es deu a Polibi, IX 2, 4-6.

[56] E. Schwartz, *Fünf Vorträge über den griechischen Roman*, Berlin 1943² (= 1896), pp. 123-125; P. Scheller, *De hellenistica historiae conscribendae arte*, Diss. Leipzig 1911; K. von Fritz, *op. cit.*; N. Zegers, *Wesen und Ursprung der tragischen Geschichtsschreibung*, Diss. Köln 1959; C. O. Brink, "Tragic History and Aristotle's School", *PCPhS 186*, 1960, pp. 14-19.

[57] B. L. Ullman, *op. cit.*

[58] H. Strasburger, "La storia secondo i Greci: due modelli storiografici", *in* D. Musti (ed.), *La storiografia antica. Guida storica e critica*, Roma & Bari 1979, pp. 1-32 (= "Die Wesensbestimmung der Geschichte durch die antike Geschichtsschreibung", *Sitz. wiss. Ges. Univ. Frankfurt 5*, 1966, pp. 47-97), p. 32.

sovint en reculls que agrupaven narracions breus, definides per Giangrande com a anècdotes lleugerament amplificades, i que constituïen la font de bona part de la lírica, en especial de l'elegia[59]. En aquest precís sentit, Schwartz *et caet.* consideraven provat l'abandó del model historiogràfic dels primers grans autors del gènere, Heròdot i Tucídides -i molt especialment el del segon-. La tendència més actual ha posat al seu punt just aquesta pretesa marginació d'Heròdot i Tucídides dins els cànons estètics de l'hel.lenisme[60]. Recentment, la vella antinòmia construïda al voltant de Clitarc i de Tucídides, com a representants, respectivament, de la *historiografia tràgica* i de la historiografia objectiva i cientifista, ha estat objecte de crítiques molt severes, que han arribat a qüestionar-la del tot, i amb bons arguments[61]. D'altra banda, la influència de Tucídides sobre una de les màximes figures de la *historiografia tràgica*, Filarc, ha estat reconeguda per Hornblower[62], com ja molt de temps abans Foci havia qualificat Agatàrquides de Cnidos de mer imitador del gran historiador atenès[63].

La nostra interpretació d'aquest gènere historiogràfic, oposada en més d'un sentit a aquesta base teòrica, no posa en qüestió la importància constant, regular, amb què la influència de la tragèdia condiciona els modes d'expressió, la presentació dels esdeveniments i la construcció dels personatges històrics, a bona part dels historiadors postclàssics. És el cas de Ctèsies, el de Duris de Samos, el de Filarc d'Atenes, el d'Agatàrquides de

---

[59] G. Giangrande, "On the origins of the Greek Romance: the birth of a literary form", *in* H. Gärtner (ed.), *Beiträge zum griechischen Liebesroman,* Hildesheim 1984, pp. 125-152 (= *Eranos 60,* 1962, pp. 132-159), pp. 132-133.
[60] Per a una revisió d'aquest tòpic vegeu, respectivament, K. A. Riemann, *Das herodoteische Geschichtswerk in der Antike,* München 1967, pp. 47-55, i O. Murray, "Herodotus and Hellenistic Culture", *CQ 22,* 1972, pp. 200-213, per a Heròdot, i S. Hornblower, "The Fourth-century and Hellenistic Reception of Thucydides", *JHS 115,* 1995, pp. 47-68, per a Tucídides.
[61] P. A. Brunt, "Cicero and historiography", *in Studies in ancient Greek history and thought,* Oxford 1993, pp. 181-209.
[62] S. Hornblower, "The fourth-century...", p. 62.
[63] Phot. *Bibl.* 171 b.

Cnidos[64]. Ara bé, tampoc no ens sembla vàlida la distinció de Gabba, segons el qual la *historiografia tràgica* hauria tingut el seu propi lector, caracteritzada per un nivell cultural més baix que el de la historiografia cientifista; aquesta audiència de la *historiografia tràgica* hauria pertangut a un estrat social inferior, parangonable o identificable, segons Gabba, al públic de la novel.la i de la resta de literatura *de consum* [65]. Ben al contrari, el recurs a la *historiografia tràgica* va molt sovint acompanyat d'una sèrie d'al.lusions literàries i d'elements estilìstics que pressuposen una determinada formació en el lector. Altrament, el refinament lingüístic i estilístic constituït per la contaminació de gèneres no hauria produït cap mena de recepció favorable en els destinataris de les obres historiogràfiques. Així s'expliquen els flirtejos de Polibi, Plutarc i Josef amb la *historiografia tràgica*, sempre amb vistes a enriquir el respectiu discurs amb una lexi, una tècnica i un horitzó literari i psicològic diferents, manllevats tots ells al drama[66]. No és possible de mantenir, com suggereix en Gabba, que els autors favorables a la

---

[64] Sobre Ctèsies, vegeu P. Krumbholz, "Zu den Assyriaka des Ktesias", *RhM 50*, 1895, pp. 205-240 i *52*, 1897, pp. 237-285; A. Momigliano, "Tradizione e invenzione in Ctesia", *A & R 12*, 1931, pp. 15-44; G. J. Aalders, "Een nieuw fragment van Ctesias Persica", *Hermeneus 28*, 1956, pp. 1-6; M. Gigante, "Lettera alla regina o dello stile di Ctesia", *RFIC 40*, 1962, pp. 249-272; F. W. König, *Die Persika des Ktesias von Knidos*, Graz 1972; G. Giangrande, "On an alleged Fragment of Ctesias", *QUCC 23*, 1976, pp. 31-46; J. M. Bigwood, "Ctesias as historian of the Persian Wars", *Phoenix 32*, 1978, pp. 19-41, i "POxy 2330 and Ctesias", *Phoenix 40*, 1986, pp. 393-406; i B. Eck, "Sur la vie de Ctésias", *REG 103*, 1992, pp. 409-434. Per a Duris, vegeu R. K. Kebric, *In the Shadow of Macedon, Duris of Samos*, Wiesbaden 1977, i L. Torraca, *Duride di Samo. La maschera scenica nella storiografia ellenistica*, Salerno 1988. Per a Filarc, vegeu Pol. II 56, pp. 10-12, passatge en què Polibi li retreu d'haver confòs la història amb la tragèdia.

[65] E. Gabba, "True History and False History in Classical Antiquity", *JRS 71*, 1981, pp. 50-62. *Contra*, J. Marincola, *Authority and Tradition...*, p. 23, el qual accepta només la referència, dins una única classe social destinatària de les obres literàries, *about various distinctions among the elite, not upper- and lower-class audiences*.

[66] J. M. Mossman, "Tragedy and Epic in Plutarch's Alexander", *JHS 108*, 1988, pp. 83-93, representa un bon exemple de les possibilitats que la historiografia tràgica oferia als autors. Plutarc se'n va servir per tal de suggerir al lector els trets més cridaners de l'etopeia d'Alexandre el Gran. Un altre exemple és l'estudiat per F. W. Walbank, "Φίλιππος τραγῳδούμενος: a Polybian experiment", *JHS 58*, 1938, pp. 55-68. Hi afegirem també *FJBJ* I pp. 438-444, secció dedicada al relat de les difícils relacions del rei Herodes amb la seua esposa Mariamme, l'odi per la qual va acabar de forma tràgica. Com se'n diu al treball de J. Redondo, "The Greek language of the Hebrew Historian Josephus", *H 127*, 1999 (en premsa): "The conflation of some other stylistic devices -word-order, verbal substantives, nominal and verbal compounds, historic present, direct discourse, ὑπό with causal genitive- contribute to create a tragic colour".

dramatització del discurs històric utilitzessin un estil concret: l'ús d'aquesta tècnica de dramatització integra procediments diferents que només tria cada autor, de bo i manera que es fa inviable de pensar en una codificació estilística que dóni homogeneïtat al gènere [67].

Segons el nostre punt de vista, que en part segueix de prop els estudis de Walbank [68], la influència de la tragèdia sobre la historiografia va estar immediata, i mostra per tant una clara continuïtat des dels còrpora d'Heròdot i Tucídides. Així ho corrobora la utilització de nombrosos recursos expressius no només lèxics, com ho demostra l'estudi de la morfologia i la sintaxi, tan complet al cas d'Heròdot mercès als treballs de Sancho. No creiem justificada, doncs, aquella anàlisi, deguda al mateix Walbank, segons la qual la proximitat de la historiografia a la tragèdia es deuria al seu origen comú dins el gènere èpic [69]. Just a l'inrevés, des de la perspectiva de la llengua, Heròdot i Tucídides s'atansen i imiten la tragèdia atenesa contemporània, no pas la vella llengua èpica, tan sols sovintejada en alguns minsos aspectes per l'autor joni [70].

IV. Conclusions

D'acord amb el que hem exposat al llarg d'aquestes planes, creiem imprescindible la revisió del concepte d'*historiografia tràgica* tal i com l'ha plantejat la crítica des de Schwartz, Ullmann i von Fritz, perquè resulta insuficient per a la comprensió de l'evolució del gènere ja des de l'obra

---

[67] F. W. Walbank, "Tragic History: a Reconsideration", pp. 5 i 9, a propòsit, respectivament, de la inexistència d'una unitat estilística i de la impossibilitat de fer equivaldre *historiografia tràgica* i retòrica.

[68] A més dels dos articles esmentats més amunt, cf. n. 54, vegeu també F. W. Walbank, *Polybius*, Berkeley & Los Angeles 1972, pp. 34-40. Vegeu també A. Mastrocinque, *op. cit.*, cf. n. 24.

[69] F. W. Walbank, "History and Tragedy", esp. pp. 221 ss., cf. p. 229: *History and tragedy are thus linked together in their common origin in epic, in their use of comparable and often identical material, and in their moral purpose*. Vegeu també p. 233, on arriba a parlar d'una *fundamental affinity going back to the earliest days of both history and tragedy*.

[70] Sobre els epicismes a l'obra herodotea, cf. W. Aly, *Volksmärchen...*, pp. 266-267.

d'Heròdot. Es fa evident que la influència de la tragèdia sobre el conjunt de la creació literària clàssica -no només sobre la prosa historiogràfica- no ha de ser entès com a un fet d'efectes retardats, sinó que es produiria ja al mateix segle V a.C., com per altra banda ho indiquen algunes fonts en referir-se a l'amistat entre Sòfocles i Heròdot, segons que ho recollíem més amunt.

Una de les qüestions que fins ara no hem ni plantejat, però que hem d'esmentar si més no, fa referència a les raons que haurien induït els autors historiogràfics a la utilització d'un llenguatge -a més d'una tècnica narrativa i una determinada estructura literària- manllevat a la tragèdia. Una primera explicació ens faria acudir a la prevalença de motivacions purament estètiques, en tant que la tragèdia constituïa el gran gènere literari de l'època. Ara bé, ens semblen de més força les raons d'ordre ideològic i històric. Al pla ideològic, la tragèdia representa no només l'art d'Atenes, ans també el mateix pensament de la democràcia atenesa, i no tan sols com a vehicle d'uns determinats corrents de pensament, convenientment alliberats de tota càrrega significativa aprehensible de forma immediata i dotats, en canvi, d'una codificació complexa, associada a la tradició mitològica; és que la tragèdia representa també la democràcia ja des de la seva mateixa configuració com a cerimònia ritual, com a festa i com a celebració d'una votació en assemblea, amb independència dels continguts expressats a les obres [71]. Al pla històric, els esdeveniments ocorreguts a la segona meitat del segle V a.C. advertien intel.lectuals com Heròdot i Tucídides de la necessitat de situar les respectives obres historiogràfiques dins un context dramàtic. Fornara i Wood ho han mostrat amb claredat al cas d'Heròdot [72], i Rosenbloom ho ha fet per a tots dos historiadors[73]. La conjuminació de tots aquest factors, estètics,

---

[71] Sobre la influència de la tragèdia com a vehicle ideològic i dins una societat concreta com ho era l'atenesa de l'època clàssica, vegeu J. Griffin, "The social function of Attic tragedy", *CQ 48*, 1998, pp. 39-61. A les pp. 58-59 subratlla la utilització de procediments dramàtics per part tant d'Heròdot com de Tucídides.

[72] Ch. Fornara, *op. cit.*, pp. 75-93; H. Wood, *The Histories of Herodotus: an Analysis of the Formal Structure*, Paris & Den Haag 1972, p. 193.

[73] D. Rosenbloom, "Myth, History, and Hegemony in Aeschylus", *in* B. Goff (ed.), *op. cit.*, pp. 91-130, p. 92, en diu: "Many have noted that the end of the Histories is a warning to the Athenians about the dangers of their sphere of domination. The final events of the

ideològics i històrics, va tenir com a conseqüència l'assimilació i integració de les tècniques dramàtiques per part dels primers grans autors de la historiografia grega. No hem de parlar, doncs, de la *historiografia tràgica* com d'una tendència pròpia dels gustos de certa literatura hel.lenística. Ben al contrari, Heròdot i Tucídides mostren, tot i la diversitat dels respectius plantejaments estètics i programàtics, una atracció evident envers l'art de la tragèdia clàssica. És cert, és clar, que ni Heròdot ni Tucídides tenen res a veure amb els patrons estilístics -no gaire homogenis, d'altra banda- dels seus col.legues de l'època hel.lenística, inclosos els afectes a una lexi dramatitzada[74]. Però les insuficiències observades pel que fa al rendiment de la noció mateixa d'*historiografia tràgica,* vistos els inconvenients per definir-ne els límits i les funcions, mai no justifiquen l'exclusió dels historiadors de l'època clàssica, i més en concret Heròdot i Tucídides, d'aquest corrent. Que la diversitat d'estils d'aquesta *historiografia tràgica* va tanmateix unida a una certa homogeneïtat bàsica pel que fa al plantejament del discurs històric, sembla fora de dubte. Que Heròdot i Tucídides no es varen substreure als beneficis d'una concepció dramàtica de la història, i que aprofitaren els recursos propis de la llengua de la tragèdia, aquest és l'aspecte que hem volgut palesar al llarg d'aquestes planes.

---

narrative, the Athenian siege of Sestos, the stoning of Artayktes' son before his eyes, Artayktes' crucifixition, and the wisdom of Cyrus on how empire is undermined by the fruits of empire, seem calculated to formulate a message to the new imperial power. A similar patterning of events is evident in Thucydides: the Athenian empire grew powerful, provoked fear in the Spartans, and compelled them to "liberate" the Hellenes."

[74] F. W. Walbank, "Tragic History", p. 12 respecte d'Heròdot, i pp. 8 i 10 respecte de Tucídides, tot i que no s'està de reconèixer -p. 8- el caràcter modèlic de Th. VII 70-71 com a exemple de narració dramatitzada.

Desesperadament Aliens...
(D'Aristòtil a Averroes)

Jaume Pòrtulas
Universitat de Barcelona

> Salut, turba dels riallers-de-bestieses, els millors jutges de la nostra
> poesia l'endemà del festival. En bona hora la vostra mare us va
> parir, a vosaltres, el terrabastall dels bancs de fusta!
> CRATÍ *PGG* F 360.

I.

Fa uns quants anys (indubtablement massa!), en l'època que jo maldava per recolzar sobre un mínim andamiatge teòric l'enlluernament intuïtiu envers la poesia tràgica dels grecs, va caure'm a les mans un llibre, força famós, de J. Jones, *On Aristotle and Greek Tragedy*. La impressió que em produí, i que en conservo, es deixa resumir millor del que jo sabria fer-ho amb un mot cèlebre de M. I. Finley: *desperately foreign*.[1] Les tragèdies del segle V resten tan allunyades d'aquells constructes intel.lectuals posteriors que malden per donar-ne raó, que ni tan sols Aristòtil, només un segle més tard, no en treu l'entrellat, i té tendència a perdre-s'hi; no cal dir que els que li segueixen la petja es veuen en dificultats serioses per sortir-se'n. Per tant, sembla que els Moderns traginem un doble fardell: el de no entendre de manera correcta *ni* els Tràgics *ni* el propi Aristòtil. Però l'ocasió d'avui no resulta adequada per entretenir-se gaire en divagacions hermenèutiques i/o epistemològiques;

---

[1] Finley 1977[2], pp. 13-5: "For this and similar reasons the refrain runs through the book [*de Jones*] that Greek drama "remains desperately foreign", "very alien". "Probably not much of the ancient tragic experience is recoverable by us". The best we can do is to foster "what awareness we can of its near-inaccessibility" [...] There are, of course, profound epistemological difficulties surrounding the whole idea of comprehending the past [...] It seems also to be inherent in human existence to turn and return to the past (much as powerful voices may urge us to give it up). The more precisely we listen and the more we become aware of its pastness, even of its near-inaccessibility, the more meaningful the dialogue becomes..."

prefereixo de fer-vos parar esment en quelcom que potser tendim a deixar de banda massa sovint: la **mímesi** teatral amb un cert nivell de sofisticació no és per essència quelcom d'espontani, natural o necessari, ni acompanya per força totes les cultures; algunes de prou il.lustres pràcticament l'ignoren -com l'Islam o els mateixos grecs d'època bizantina, posem per cas.

Sociòlegs i antropòlegs (penso sobretot en la manera com un Victor Turner[2] rastreja les arrels últimes del fet teatral) no han deixat d'analitzar de tant en tant la qüestió i han pervingut a certs resultats molt importants, per bé que força lluny de definitius. Però ara i aquí, vull prendre un camí molt distint i evocar una de les narracions més admirables de Jorge Luis Borges, intitulada "La busca de Averroes", que s'integra en el volum *El Aleph*, una de les seves obres mestres indiscutibles. Citaré, de moment, un passatge que afecta de manera directa la meva (i nostra) perplexitat d'avui: "... una leve preocupación empañó la felicidad de Averroes [...] la causaba [...] un problema de índole filológica vinculado a la obra monumental que lo justificaría ante las gentes: el comentario de Aristóteles. Este griego, manantial de toda filosofía, había sido otorgado a los hombres para enseñarles todo lo que se puede saber [...] A las dificultades intrínsecas debemos añadir que Averroes, ignorante del siríaco y del griego, trabajaba sobre la traducción de una traducción. La víspera, dos palabras dudosas lo habían detenido en el principio de la *Poética*. Esas palabras eran *tragedia* y *comedia* Las había encontrado años atrás, en el libro tercero de la *Retórica*; nadie, en el ámbito del Islam, barruntaba lo que querían decir. Vanamente había fatigado las páginas de Alejandro de Afrodisia, vanamente había compulsado las versiones..."

De mica en mica, la irònica narrativa de Borges es complau a descriure una jornada d'estudi, de treball i de vida de relació del gran filòsof, a l'atrafegada Còrdova dels seus temps; de manera regular i tossuda, la realitat li va posant davant dels ulls -ocasionalment entenebrits- situacions

---

[2] Cf. V. Turner, *The Ritual Process. Structure and Anti-Structure*, Cornell University Press, 1982[3] (traduc. castellana, Taurus, Madrid 1988); *From Ritual to Theatre. The Human Seriousness of Play*, PAJ Publications, Nova York 1982; *The Anthropology of Performance*, PAJ Publications, Nova York 1986.

mimètiques: sota la seva finestra juguen uns infants (llàstima que no ho poguem dir en francès, *jouent*!) i discuteixen per repartir-se els papers; al vespre, un viatger arribat del llunyà país de Sin (la Xina) explica a una concurrència escèptica que una tarda a Canton va veure una *troupe* en una terrassa que "... con máscaras de color carmesí, rezaban, cantaban y dialogaban. Padecían prisiones, y nadie veía la cárcel; cabalgaban, pero no se percibía el caballo; combatían, pero las espadas eran de caña; morían y después estaban de pie". Com que el seu auditori sospita que es tractava d'un atac col.lectiu de bogeria, es veu obligat a aclarir: "no estaban locos [...] estaban figurando". L'hoste li pregunta si emetien paraules; en saber que sí, que "hablaban y cantaban y peroraban", sentencia, inapel.lable: "En tal caso no se requerían *veinte* personas. Un solo hablista puede referir cualquier cosa, por compleja que sea". Tothom ho aprova (també Averroes, aparentment) i la conversa es dispersa en pietosos elogis de la llengua àrab, de l'Alcorà, de les virtuts de la poesia tradicional. El filòsof retorna al seu estudi sense que el corcó de la perplexitat l'hagi abandonat: "Los muecines llamaban a la oración de la primera luz cuando Averroes volvió a entrar en la biblioteca [...] Algo le había revelado el sentido de las dos palabras oscuras. Con firme y cuidadosa caligrafía agregó estas líneas al manuscrito: *Aristú* (Aristóteles) *denomina tragedia a los panegíricos y comedias a las sátiras y anatemas. Admirables tragedias y comedias abundan en las páginas del Corán y en las mohalacas del santuario*".

II.

Moltíssim temps després d'Aristòtil, d'Averroes, i fins i tot de Borges, els hel.lenistes -com tots els interessats en el teatre- continuen interrogant-se a propòsit d'aquest procés tan complex - *com* s'entra en la **mímesi**, *com* se'n surt. D'un manual italià introductori, no dedicat pròpiament als especialistes, i d'aparició recent, espigolo aquest comentari: "L'assistere allo spettacolo tragico provocava -secondo la teoria aristotelica- l'insorgere di emozioni di compassione e di paura, in relazione alle vicende in cui erano coinvolti i personaggi della tragedia. *Ma poichè la vicenda aveva termine (e addirittura si interrompeva l'illusione mimetica)*[3] la compassione e la paura cessavano. Il risultato era che non si ritornava alla situazione antecedente all'inizio della rappresentazione, ma si aveva una purificazione, appunto una **katharsis**, di potenzialità emotive già presenti nello spettatore [...] con un effetto di allentamento, di alleggerimento che si accompagnava al piacere (hêdonê)..." (Di Benedetto & Medda 1997: 317).

Als anys seixanta, Jones ja insistia que la catarsi depèn del fet bàsic que la mímesi ho és d'accions, **no pas**, pròpiament, de personatges (quelcom que la *Poètica* aristotèlica afirma en termes molt emfàtics, taxatius), i perquè l'actor, parlant amb propietat, *no representa* res; la mímesi no és una imitació, sinó una repetició veritable: ... And this is because Aristotle's actor is an actor-mask, and his bond with the man in the story is forged through acting, through repetition, and not through impersonation; what was done by the man in the story is done again by the mask. Or, we may say, the actor-mask is not a portrait, not a likeness; it presents, it does not re-present; it gives us King Oedipus. (Jones 1980[3]: 59-60). En aquesta llei de repetició, la màscara tràgica (objecte en l'actualitat de tants estudis; però que ja llavors suscitava l'interès dels crítics més amatents) hi té, com estem veient, un paper del tot primordial: The mask [...] is also the force uniting actor and dramatic character, those two kinds of doers. Ultimately, perhaps, the sacred drama of the Greeks is like much ritual activity of other times and places in that it seeks, through a carefully ordered repetitive mode, to secure favourable conditions for the past's return. There is nothing odd in setting about to recover the essential virtue of a time greater than the present, when men were heroically big and strong and beautiful, and the gods could be seen and touched [...] I do not suppose the Greeks [...] would have felt their rationality insulted by the suggestion that the Oedipus-mask, in the dim prehistory of their art, was at once the doer again of an aboriginally potent action, and the King himself returned. (Jones 1980[3]: 60). Observi's una

---

[3] La cursiva és meva.

diferència significativa entre la perspectiva dels anys seixanta i la dels anys noranta: darrerament, potser hom emfasitza més *la interrupció* de la il.lusió mimètica mentre que de primer s'insistia, sobretot (sovint apel.lant als paral.lelismes antropològics), en *les condicions* que l'havien feta possible. Penso, però, que el problema major continua essent aquest darrer; entre d'altres motius, perquè facilita -com apuntàvem abans- una distinció important *entre* les cultures que s'hi presten (la grega clàssica en primeríssim lloc) i les que hi són més reticents. Però aquest no és l'indret més adequat per a endinsar-se en una qüestió d'aquesta envergadura -que per altra banda, supera, de molt, les meves competències.

III.

Tanmateix, vull creure (suposo que **tots** volem creure) que els hel.lenistes contemporanis ens fem una composició de lloc molt més adequada que la del sapientíssim comentarista cordobès d'Aristòtil. Ara, que no és pas per caprici que he començat retraient les múltiples reserves i precaucions que autors tan significatius, tan conspicus, com John Jones o sir Moses Finley van avançar en el seu moment sobre les nostres possibilitats *reals* de capir el teatre dels grecs -reserves que (si em puc permetre una nota personal) m'han acompanyat molts anys. Per això, potser, més que avançar comentaris de collita pròpia sobre el sentit d'aquests termes tan combatuts, *tràgic* o *mímesi*, prefereixo aportar a la nostra reflexió -precisament ara que comencem unes jornades sobre el sentit del tràgic- alguns testimonis antics.[4] No fan referència a teories transcendentals o profundes sinó a quelcom molt més simple: al comportament habitual dels atenesos de la gran època als bancs del teatre. No tots són igualment fiables, però *tots* em semblen significatius; els he endreçat no pas per ordre cronològic, sinó de manera que se'n pugui

---

[4] Els he manllevat a un útil manual anglosaxó (Csapo & Slater 1995), que aplega una quantitat molt notable de notícies, ben classificades i comentades per a ús, precisament, dels no-especialistes.

desprendre (almenys, així ho voldria) una imatge provisional, però, tanmateix, força vàlida:

a) HERÀCLIDES, *Sobre les ciutats gregues* I 4. Els genuïns atenesos s'interessen per les arts i son inveterats freqüentadors del teatre. En general, Atenes és tant diferent de les altres ciutats com les altres ciutats ho són d'una masia, pel que fa als plaers i refinaments de la vida.

b) Σ a LLUCIÀ, *Timó* XLVIX. ... com que el teatre de pedra encara no s'havia construït i la gent es precipitava als seients, i fins i tot ocupaven places la nit abans, hi havia disputes, cops i baralles. Llavors decidiren de vendre les entrades, de manera que cada espectador pogués tenir el seu seient i no causés problemes guardant el lloc, o bé ocupantlo a l'avançada i que, d'aquesta manera, els que arribaven amb el temps just no es quedessin sense lloc. Però com que els pobres tenien desaventatge respecte els rics, que podien comprar les entrades cares i en metàl.lic, l'Estat començà a fornir, amb diners públics, el preu de l'admissió de cada ciutadà. La suma fou d'una dracma, i no es permetia pagar més o menys. D'aquesta manera, els rics no treien profit de llur riquesa i els pobres no es trobaven impedits per llur pobresa.

c) ULPIÀ comentant DEMÒSTENES, *Olíntiques* I 1. ... cada ciutadà rebia dos òbols per al festival, un per comprar-se menjar, l'altre per tenir quelcom per donar a l'encarregat del teatre (ἀρχιτέκτων): en aquells dies no tenien teatre de pedra [...] És important saber que Pèricles establí en principi aquest diner públic del festival per les raons següents. Quan hi havia molta gent que volia anar al teatre, hi havia baralles ferotges pels llocs entre ciutadans i estrangers, i quan els rics van comprar tots els seients, Pèricles volgué complaure el poble i els pobres, i decretà que els ingressos de la ciutat passsessin a ésser diner del festival per a tots els ciutadans, de manera que ells també tinguessin mitjans per a comprar els seients. Èubul [...] féu aprovar una llei imposant pena de mort per qualsevol que intentés convertir el diner del festival en capital de guerra.

d) PLUTARC, *Cimó* VIII 7-9. Quan Sòfocles, encara molt jove, es presenta al certamen per primera vegada, l'arcont Apsefió no va triar a sorts els jutges de la contesa, car veia una gran rivalitat i divisió en l'audiència, sinó que quan Cimó entrà en el teatre amb els altres generals i féu als déus la libació acostumada, no els deixà marxar, ans els forçà a jurar i actuar com a jutges, ja que eren deu, un de cada tribu. Llavors, la competició va créixer en apassionament, vista la categoria dels jutges.

Aquests Testimonis ens serveixen, de moment, per comentar alguns fets altrament ben coneguts dels hel.lenistes: hom cobrava, no pagava, per anar a teatre; car la democràcia atenesa considerava el teatre com un afer públic, polític en el sentit més radical de l'expressió i vetllava, per tant, perquè les diferències excessives de fortuna no fossin obstacle per a la freqüentació de l'espectacle per part dels menys afavorits; l'apassionament era prou gran com per a fer que molta gent es passés la nit en blanc, en una cua, o arribessin a les mans per un lloc millor. Ocasionalment, la magistratura més important de la ciutat -el col.legi dels deu generals (στρατηγοί)- podien actuar (a proposta d'un magistrat religiós, l'arcont epònim) com a jutges de la contesa teatral. Cosa que tampoc no en modificava els termes: car les deu tribus, organitzacions de base en el terreny polític, religiós i territorial, hi continuaven essent representades en termes de paritat, com de costum.

e) FILÒCOR, *Atthis* apud ATENEU XI 464. Els dies de les conteses de les Dionísies, els atenesos, després d'esmorzar (o més aviat d'endrapar) i beure vi, van a contemplar l'espectacle, amb el cap coronat de garlandes. Tot el llarg de la contesa, hom trascola vi i es fa circular nous i fruita seca. Trascolen vi quan els Cors entren al teatre i de bell nou després de l'obra, quan surten els Cors...

f) ARISTÒTIL, *EN* 1175b. ... aquells que endrapen nous i fruita seca en el teatre, masteguen més fort quan l'actuació és dolenta.

g) TEOFRAST, *Caràcters* XI 3. En el teatre, aplaudeix quan els altres paren, i xiula quan la resta de l'audiència s'ho mira amb plaer. Quan els auditors callen, s'aixeca i eructa, perquè els altres es girin i el mirin.

h) HARPOCRACIÓ, s.v. ἐκλοζετε. Anomenen "cloquejar" un soroll fet amb la boca, que empren per fer fora de l'escenari els actors que no els agraden.

i) PLATÓ, *Les Lleis* 700c-701a. No hi havia xiulades ni cridòria de la multitud, com ara, ni aplaudiments [...] Així és com l'audiència, temps era temps silenciosa, va fer sentir la seva veu...

El capteniment no tenia gran cosa a veure amb el que nosaltres *tendim a considerar de bona educació: sorolls, aplaudiments, xiulets, cloqueigs i fins i tot eructes no hi resultaven desplaçats; en particular, l'aprovació -i sobretot la desaprovació!- solia manifestar-se en termes estridents. El testimoni e ens parla d'una disposició dels esperits a xalar i passar-se-la bé durant tota la festa; les libacions hi eren, naturalment, constants, i molt copioses. El testimoni de Plató resulta interessant precisament perquè és, gairebé amb certesa, erroni: al seu inveterat conservadorisme li podia plaure de fantasiejar que, en el bon temps antic, el públic era més respectuós i menys vehement; però els filòlegs no han trobat cap indici per confortar aquesta fantasia. Si el filòsof pensava que, en l'antigor, hom era* encara més *conscient del caràcter religiós de la festa, tenia possiblement raó; però això no implicava per força un comportament com el que ell s'imagina.*

j) ELIÀ, *VH* II 13. Com que s'esqueien les Dionísies, una multitud immensa de grecs vingué a Atenes, pels espectacles. "Sòcrates" era objecte d'irrisió en escena i anomenat molt sovint, i no em sorprendria gens que se'l destriés entre els actors[5]- perquè, certament, els fabricants de màscares l'havien feta tan semblant al Sòcrates de debò com havien sabut. Entre els forasters, però, s'aixecà un murmuri, car no havien sentit parlar de l'home que es ridiculitzava i començaren a preguntar qui era Sòcrates. Quan el Sòcrates de debò se n'adonà -car hi era present, i no per casualitat, sinó que, al saber que els actors el ridiculitzarien, es va fer punt de seure ben vistent en el teatre- a fi de deslliurar els forasters de llur perplexitat, es va aixecar i es va quedar palplantat, dret i visible durant tota la durada de la comèdia. Tan gran era, el menyspreu de Sòcrates per la comèdia i els atenesos!

Aquesta anècdota -inventada, amb tota versemblança- mereix, a despit de la seva trivialitat, una anàlisi més minuciosa del que ens podem permetre aquí. Es refereix, naturalment, a una comèdia, no pas a una tragèdia; però

---

[5] Traducció aproximativa: el text és corrupte, però el sentit no fa dificultat.

*deixa ben clar fins a quin punt el problema que abans apuntàvem -l'abast i els límits de la **mímesi**- interessava pregonament als antics, a nivells molt diferents. És probable que el Sòcrates històric rebutgés la pràctica d'imitar les coses (com li fa dir Plató tantes vegades, i com es podria deduir fins i tot, potser, d'aquesta anècdota banal); però la bona gent corrent també semblava interessada en la qüestió (i en termes no gens filosòfics, no cal dir-ho!); fins i tot el mateix Elià (o la seva font) se sent encuriosit per les relacions entre realitat i escena- i això en una època en què no podem pas dir que el teatre fos una potència cultural gaire viva.*

IV.

Arribats en aquest punt, sento, irresistible, la temptació d'acabar les meves consideracions amb una nota altre cop escèptica, potser desencisada; em tornen al cap les paraules finals del conte de Borges que ens havien fornit un punt de partença còmode: "Recordé a Averroes, que encerrado en el ámbito del Islam, nunca pudo saber el significado de las voces *tragedia* y *comedia* [...] Sentí que Averroes, queriendo imaginar lo que es un drama sin haber sospechado lo que es un teatro, no era más absurdo que yo, queriendo imaginar a Averroes...". La conclusió més normal, més òbvia, fóra que -com declarava J. Jones ja fa tants anys- no estem ni mai no estarem equipats adequadament per a capir la tragèdia dels grecs en els seus termes propis; de fet, ni tan sols per treure un partit adequat d'Aristòtil, que moltes vegades ens hauria d'ajudar, i d'altres, en canvi, indiscutiblement ens fa nosa. Contra aquesta amarga constatació, la reacció més evident, la dels que no volem resignar-nos-hi, és de postular una lectura més radical, més agosarada, més profunda, dels textos; i no hi ha el més mínim dubte que es tracta de la reacció correcta. Avui, però, m'ha semblat oportú d'emfasitzar-ne una altra, subsidiària i més modesta: hi ha força notícies circumstancials, fragmentàries, sovint anecdòtiques, a propòsit de la *performance* històrica d'aquestes obres il.lustres; si se les il.lumina indirectament, amb la il.luminació esbiaixada que ofereix la comparació antropològica, se'n pot treure molt de partit, encara. Tasca pacient i feixuga, però no migrada en els resultats -almenys a llarg termini.

Referencies Bibliogràfiques

H.C. Baldry, *Le théatre tragique des grecs*, Paris, Maspero, 1975 (l'edició anglesa original és de 1971).

V. di Benedetto & E. Medda, *La tragedia sulla scena. La tragedia greca in quanto spettacolo teatrale*, Torí, Einaudi, 1997.

Jorge Luis Borges, *El Aleph*, Buenos Aires, Emecé, 1949 (faig servir l'edició de la Prosa completa en dos volums, Barcelona, Bruguera, 1980).

E. Csapo & W.J. Slater, *The Context of Ancient Drama*, Ann Arbor, The University of Michigan Press, 1995.

M.I. Finley, *Aspects of Antiquity. Discoveries and Controversies.* Harmondsworth, Penguin Books, 1977[2] (la primera edició és de 1968).

John Jones, *On Aristotle and Greek Tragedy*, Londres, Chatto and Windus, 1980[3] (la primera edició és de 1962).

Diego Lanza (a cura de), *Aristotele. Poetica*, Milà, BUR, 1987.

Presentación de la lectura dramatizada de
El Camaleón
de Juan Alfonso Gil Albors

El *Grup Sagunt, grup de recerca i acció teatral de la Universitat de València*, tiene como norma combinar la investigación teórica sobre textos dramáticos con la praxis escénica, lugar en el que se reflejan los resultados de sus investigaciones de un modo distinto, utilizando el conjunto de lenguajes que conforman el teatro en tanto que espectáculo. Por ello decidimos presentar en el marco del *Congreso Internacional sobre la tragedia y el concepto de lo trágico* la lectura dramatizada de *El camaleón* de Juan Alfonso Gil Albors, en versión adaptada para la ocasión. El éxito de la lectura fue tal que se nos solicitó una nueva representación para celebrar la inauguración de la nueva sede de la Sociedad General de Autores y Editores de Valencia, el día 15 de diciembre de 1998.

Las razones por las que escogimos este autor y esa obra concreta se desprenden de las explicaciones que a continuación vamos a dar, que reproducen con las variaciones obligadas por el nuevo contexto (y algunas acotaciones bibliográficas) las palabras preliminares que leimos antes de las representaciones. Con ellas haremos una breve semblanza del autor y el contexto en el que se enmarca su producción dramática, para terminar con un comentario sobre la obra y sobre las decisiones desde el punto de vista de la acción dramática que en su momento adoptamos.

Juan Alfonso Gil Albors: contexto y obra.

Para entender la importancia de la actividad creadora de Juan Alfonso Gil Albors no debe olvidarse la situación de la cultura en general y del teatro en particular en los años en los que él inicia su andadura[1].

La pérdida de la Guerra Civil por parte de la República y la consiguiente instauración de la Dictadura franquista tuvieron consecuencias terribles y duraderas para la salud cultural (y no sólo cultural) de nuestro pueblo. La férrea censura impuesta en los primeros decenios de la postguerra y el desmantelamiento de los incipientes circuitos literarios y teatrales comportaron una vuelta a un teatro costumbrista y esclerotizado en lo que hace a la producción propia y a la representación de obras de corte histórico o clasicista con contenido altamente conservador en cuanto a las producciones venidas de Madrid. La producción autóctona en valenciano se decanta mayoritariamente por la reiteración de los motivos y situaciones del sainete, género que en el siglo pasado dio brillantes frutos, pero cuyos epígonos mantuvieron formas caducas con las que vistieron contenidos claramente retrógrados[2]. Los intentos por renovar el género, por dignificar la temática y la forma, chocan de frente con un público acostumbrado a las formas tradicionales, para el que el teatro culto, el Teatro con mayúscula es el teatro en castellano[3].

---

[1] Para el teatro valenciano en general y en particular el de la postguerra son imprescindibles los estudios de F. Carbó, V. Simbor y J. Ll. Sirera. De los dos primeros, por ejemplo, *La recuperació literaria en la postguerra valenciana (1939-1972)*, Institut Universitari de Filologia Valenciana-Publicacions de l'Abadia de Montserrat, València-Barcelona 1993. De F. Carbó y S. Cortés *El teatre en la postguerra valenciana (1939-1962)*, Valencia 1997. De Sirera, entre otros, *El fet teatral dins la societat valenciana*, Valencia 1979 y *Història de la literatura valenciana*, Valencia 1995, pp. 519 ss. Este último une a su condición de especialista en teatro (es profesor de la Universitat de València) la de escritor y realizador; él y su hermano Rodolf dieron el impulso definitivo al teatro en valenciano en los inicios de los años setenta.

[2] Para este género, sus logros y el mantenimiento esclerotizado durante el siglo XX, salvo honrosas excepciones, cf. con carácter general *Escalante i el teatre del segle XIX (precedents i pervivència)*, F. Carbó, R. Rosselló i J. LL. Sirera edd., Institut Universitari de Filologia Valenciana-Publicacions de l'Abadia de Montserrat, València-Barcelona 1997.

[3] La consecuencia fue nefasta para la pervivencia de este género, que fue sustituido en las capas populares por la revista, las variedades, las comedias de intriga y humor. Pero aún hoy es posible asistir esporádicamente a representaciones del viejo y caduco sainete en fiestas

Los tímidos intentos por realizar un teatro de corte diferente en ambas lenguas son ahogados por el peso de los impedimentos legales, la falta de subvenciones que permitan realizar un teatro que no sea comercial y la orientación del público (y de los poderes públicos) hacia formas más conservadoras. Fueron loables los intentos de instituciones privadas como el Ateneo Mercantil de Valencia, los diversos grupos teatrales de la Universidad de Valencia[4] y sobre todo el Teatre Estudi de Lo Rat Penat. Este último realiza un meritorio esfuerzo por realizar el que se llamó "teatro de cámara y ensayo", un teatro experimental, con dignidad estética y temática arriesgada; esfuerzo que abarca desde mediados de los años cincuenta hasta la entrada de los sesenta, en los que la falta de respuesta del público y las tensiones internas de la institución, que sustituye a los sectores más jóvenes y renovadores en su directiva, provocan su muerte.

En este momento con gran ilusión y escasos medios se esfuerzan por modernizar la escena directores como José María Morera, que empezó con los grupos universitarios y fue máximo exponente en los años cincuenta y principios de los sesenta, antes de su partida a Madrid[5], de Jose Sanchis Sinisterra, que en 1967 también abandonará Valencia[6]... y más tarde, ya en los años setenta, de directores como Juli Leal[7].

En este contexto surge el teatro de Gil Albors y sus deseos de regenerar el ambiente teatral valenciano, autor que, como han dicho repetidamente Ferran Carbó y Vicent Simbor[8], se convierte en el ejemplo del teatro existencialista en el País Valenciano; Juan Alfonso Gil Albors se convertirá en

---

populares por parte de grupos de aficionados que buscan el éxito y la carcajada fáciles de determinados segmentos de nuestra sociedad.

[4] Para el papel que representaron los diferentes grupos y sus directores cf. VV. AA., *60 anys de teatre universitari*, Universitat de València 1993.

[5] G. Alcalde, M.V. López y C. Solà Palerm, "José María Morera", en *60 anys de teatre universitari*, pp. 59-63; de F. Carbó y S. Cortés *El teatre en la postguerra ...*, pp. 145 s., 168 s. y 210. En la actualidad contamos de nuevo con su trabajo en el Consell Valencià de Cultura.

[6] M. Aznar, "José Sanchis Sinisterra", en *60 anys de teatre universitari*, pp. 65-76.

[7] Juli Leal, que es miembro del *Grup Sagunt*, une a su condición de profesor de filología francesa, especialista en teatro francés, la de autor y director de teatro, faceta que ha sido objeto de estudios, reportajes y premios.

[8] *Op. cit.*, pp. 150 y 154., y de F. Carbó y S.Cortés *El teatre en la postguerra ...*, pp. 204, 225 ss. y 236 s.

la figura de transición entre el teatro de postguerra y el llamado *teatro independiente* (que surgirá en torno al final de los sesenta), un autor que intenta escribir un teatro de calidad relacionado con inquietudes existencialistas, como señala Josep Lluis Sirera[9].

Y lo hace en un momento realmente difícil para el teatro en el País Valenciano. La necesidad urgente de renovación en los escenarios valencianos había sido ya planteada incluso en la prensa. Así, F. de Paula Burguera, cuando Gil Albors iniciaba su producción literaria, reclamaba en los artículos críticos y de opinión en la prensa diaria la renovación del género, la introducción del drama y la tragedia, y la formación técnica y cultural de los actores valencianos. También reivindicaba F. de P. Burguera una mínima protección oficial a causa de la falta de iniciativa privada[10]. Y años más tarde también en los periódicos reflexionaba Joan Fuster sobre el mismo problema[11].

El teatro de ambiciones estético-literarias, propio del circuito comercial y del más innovador circuito de cámara y ensayo, permaneció casi totalmente marginado de la producción teatral valenciana. Sólo aislados esfuerzos denunciaban la resistencia de algunos escritores y de algunas instituciones privadas, que intentan renovar y actualizar el teatro. En particular, en lo que hace el teatro "en valenciano", destacan frente a los restantes tres nombres propios, que conforman dos corrientes, que intentan llevar a delante una oferta digna dentro de unos parámetros más convencionales: nos referimos a M. Domínguez Barberà y F. de P. Burguera, con un teatro que podríamos llamar "moral"; y nuestro autor, Juan Alfonso Gil Albors, que enlaza con el teatro existencialista. De él indica Adrián Miró (escritor, crítico literario y profesor de la Sorbonne) en una serie de artículos titulados "El teatro de Gil Albors", que publica en 1979 en el periódico *Ciudad de Alcoy*: "por considerarlo el vehículo más adecuado para entrar en contacto con el público de hoy, Gil Albors, tras una sorprendente pirueta de regresión, no ha dudado

---

[9] *Op. cit.*, p. 560 s.
[10] Así lo hacía en el diario *Las Provincias* el 12 de junio de 1951.
[11] En *Jornada* los días 30 de junio a 4 de julio de 1959, recogido en "Consideracions sobre la situació del teatre valencià", *Obres completes, V*, Barcelona 1977.

en optar por un nuevo modo de *decir* y de *hacer*, tomando posiciones valiéndose del clásico concepto de farsa (*El cubil*), ahondando en el mundo de la parábola dramática, que llega a hablarnos del paraíso perdido (*Barracó-62*), de la alienación del individuo, de la insolidaridad humana (*La barca de Caronte*), de la esperanza sin objeto, o atreviéndose a aguijonear con un teatro real, descarnado y de ideas en el que se enfrentan las distintas y contrapuestas concepciones e ideologías hoy existentes en el mundo (*El tótem en la arena*)."

Pieza esta última que, por cierto, provocó el día de su estreno un cierto escándalo: el personaje positivo es un aviador ruso, mientras que el negativo es una médica americana.

Juan Alfonso Gil Albors, nacido en Alcoy en 1927, repartió su actividad creadora entre el periodismo y el teatro. Empezó su dedicación literaria en los años cincuenta: pertenece, en consecuencia, a la que se ha dado en llamar "la generación *sacrificada*" (o la generación perdida, como la califica Josep Palomero[12]), la generación de los que sufrieron el conflicto bélico en su infancia y que, sobre todo, vivieron y se formaron en la inmediata postguerra.

Mientras la mayor parte de los autores se dedicaron, al menos en sus inicios, a la poesía, Gil Albors se decantó desde el principio por el teatro y se convirtió en uno de los dramaturgos valencianos de mayor producción y más renombre, combinando en su producción las obras escritas en valenciano y en castellano, aunque con el tiempo aumentó la proporción de teatro en castellano, debido a su vinculación con círculos teatrales de Madrid.

En su formación como autor dramático fue fundamental su dedicación profesional a la radio, donde, entre otras actividades relacionadas con la cultura, dirigió el cuadro escénico y la revista literaria de la emisora radiofónica "La Voz de Levante". Llegó a ser director regional de "Radiocadena española", pasando más tarde a la dirección regional de "Radiocolor" en el País valenciano. Por esa razón, por ese contacto constante con los diálogos hablados, Adrián Miró llega a decir de sus obras: "La

---

[12] Entrevista al autor que se publica como introducción de la reedición de *Barracó 62*, Alzira 1996.

maestría de Gil Albors ha sabido darle al juego de todos esos conceptos, volcados sobre un escenario, una gran viveza y agilidad, sin que las ideas pesen o se conviertan en un diálogo pedantesco. Las ideas están disimuladas en la acción."

La radio le permitió aprender a crear diálogos e historias, como también lo señalara recientemente Josep Palomero en la presentación de la reedición de *Barracó-62* en el Ateneo Mercantil de Valencia el 9 de diciembre de 1996: "Y el joven Gil Albors,..., tuvo la suerte de entrar a trabajar en la radio, la única radio posible, y la radio se convirtió en la mejor escuela de formación profesional para poder practicar, día a día, uno de los elementos básicos de la escritura teatral: los diálogos, los guiones."

Pero los inicios de su formación van más allá, y en particular su amor por los textos y la historia clásica greco-latina remontan a la adolescencia, y gracias a un accidente que frustró su carrera futbolística[13]: un golpe mal dado durante un partido de fútbol cuando formaba parte del equipo juvenil de Alcoy, le obligó a permanecer muchos meses inactivo; en aquel momento, y gracias a las recomendaciones y a los libros prestados por un zapatero autodidacta, descubrió el teatro y la historia clásicas, de los que es un gran conocedor, como se tendrá ocasión de comprobar en la obra que aquí editamos. Y esos conocimiento aumentaron considerablemente gracias al trabajo como asesor de la editorial "Marfil" de su ciudad natal, trabajo que le obligó a leer una gran cantidad de libros.

Inicia su labor teatral de cara al público en 1954, cuando estrena en el Teatro Eslava su primera obra, *Por aquella noche en París*. En 1959 escribe *Pobres gentes*, que se representa en la Casa de los Obreros (hoy Teatro Talía, recientemente restaurado), y el grupo "La Cazuela" de Alcoy representa en el Teatro Circo *Al-azrach*.

Fecha importante en su trayectoria teatral es el 12 de noviembre de 1960, cuando estrena en la Sala de Actos del Ateneo Mercantil de Valencia *El tótem en la arena* por parte del TEU de la Facultad de Medicina, obra que se

---

[13] Estos datos biográficos, así como la información sobre los que fueron los correctores de sus obras proceden de diversas conversaciones entre Carmen Morenilla y Gil Albors con motivo de la presentación de la lectura dramatizada"

convirtió en la primera de un autor valenciano interpretada por un grupo de teatro de cámara. Con ella obtuvo el "Premio Teatro Universitario" de Valencia en 1960. Tras otras representaciones en el Club Universitario y en la Casa de los Obreros[14], pasó en 1960 al Teatro Principal de Valencia, de allí a otras ciudades de nuestra comunidad y a Madrid, lo que significó la verdadera consolidación del Gil Albors como autor dramático y su reconocimiento en los círculos teatrales a nivel nacional[15].

Pero además esta obra tiene la particularidad de que la versión original en valenciano fue corregida por Enric Valor, de la misma manera que *Barracó 62* lo fue por Sanchis Guarner, que también realizó la nota introductoria. *Barrracó 62* significa la incorporación del teatro existencialista al circuito teatral valenciano, y ha sido calificada por Carbó y Simbor "l'obra sens dubte més interessant de la postguerra". Sin duda estos valores intrínsecos la hicieron merecedora en su día del "Premi Joan Senent de Teatre" por la versión original en valenciano y del "Premio Andrés de Claramonte" de Murcia de 1964 por su versión en castellano; y la hacen aún hoy actual, por lo que ha sido reeditada recientemente y se han realizado varias lecturas dramatizadas.

A éstas se añaden otras obras, como *La barca de Caronte* con la que obtuvo en 1962 el "Premio Valencia de Literatura"; *¡Grita, Galileo!* en 1965; *Un cerebro con tic-tac*, también en 1965, que le valió el "Premio de Teatro Gonzalo Cantó" de 1965, el "Premio Teatro Olimpíada Internacional del Humor" de 1969 y el "Galardón del Duero" de Zamora en 1976; y de nuevo en 1965 su primera versión de *Medea*; *No mateis al inocente* en 1971; *Virgen de los locos*, en 1973; *El Petròlio*, de 1976, que en versión en valenciano ganó el "Premi Sant Jordi de Teatre de l'Ajuntament d'Alcoi" ...[16]

---

[14] G. Alcalde Estébanez- M.V. López González- C. Solà Palerm, "El teatro Club", en *60 anys de teatre ...*, pp. 49-50.
[15] En general para esta obra cf. la edición que ha realizado Ferran Carbó en la *Colección Teatro siglo XX, Serie Textos*, de la Universitat de València, dirigida por Juan Vte. Martínez Luciano, en 1998.
[16] Siete de ellas, en versión castellana, (*El tótem en la arena, Oseas, Medea, El camaleón, Un cerebro con tic-tac, Barracón 62* y *El petrolio*) han sido recientemente reeditadas por el Ayuntamiento de Valencia en su Colección "Escritores Valencianos", n° 3, Valencia 1993.

Gil Albors opta por fórmulas como la parábola o el simbolismo con la intención de presentar un universo que muestra las inquietudes, la incertidumbre y la debilidad del ser humano; se trata en esencia de una meditación sobre la condición humana. A menudo presenta este universo ubicado en un lugar imaginario y en situaciones límite. Lector y admirador de las obras de Jean Paul Sartre y Antonio Buero Vallejo encuentra en ellos los modelos para iniciar el camino renovador que recorre entre nosotros, en las tablas valencianas, casi en solitario.

Los conocimientos que fue acumulando a lo largo de sus múltiples lecturas por motivos profesionales y las que realizara de sus modelos no dan lugar a obras pesadas, sino que su combinación con los conocimientos de técnica dramática que fue adquiriendo de modo autodidacta durante su trabajo en la radio han dado lugar a que sus obras sean frescas y vivas, a pesar del contenido existencial que comportan.

Sirva como muestra de esta capacidad de crear diálogos, y de la "deformación" profesional de Gil Albors, la última obra publicada, una pieza muy original: se trata de una obra de teatro para niños. Pero lo que sobre todo la hace original, aparte de ser la única pieza de teatro infantil de nuestro autor, es el contexto para el que la crea: ante el encargo de hacer la "Exaltación de la Fallera Mayor Infantil" de 1993, en lugar de pronunciar un discurso al uso, representa *Patatín, Patatán y Patatón*, una obra de teatro cuyos protagonistas, como sus nombres indican, son tres patitos. Con ella obtuvo en 1994 el "Premi Nacional de Teatre Infantil i Juvenil" y logró un gran éxito de ventas en su versión original en castellano; en este momento la editorial "Bruño" termina traducirla al catalán y de publicarla con el título *Trampolí*. Sólo a un hombre de teatro como Gil Albors se le podía ocurrir transformar una obligación en un placer.

El encargo que en 1993 se le hace a Gil Albors de ocuparse de la "Exaltación de la Fallera Mayor Infantil", demuestra que es una persona vinculada a la sociedad para la que escribe. Y esa vinculación en su caso concreto se convierte en compromiso: en varias ocasiones acepta cargos de gestión cultural. En efecto, aparte de su trabajo de dirección en diversas cadenas de radio, ya comentado, entre otras labores se ocupó de la dirección del "Teatro Nacional de la Princesa" y de "Festivales de España", en Valencia, dependientes del Ministerio de Información y Turismo; y estos últimos años ha culminado su gestión cultural en material teatral ocupando el cargo de Director Artístico de Teatres de la Generalitat Valenciana.

El Camaleón

De *El camaleón* sólo haremos unos breves comentarios que ayuden a comprender la obra y la versión que nosotros presentamos. Calificada por el autor como "parábola dramática", fue una de las obras que se beneficiaron de los intentos del Ateneo Mercantil por programar obras de calidad: se estrenó en el Ateneo el 17 de mayo de 1965 por el "Teatro de Camara y Ensayo de Valencia", bajo la dirección de José Francisco Tamarit y con presentación a cargo de Modesto Higueras, Director del Teatro Nacional de Cámara y Ensayo.

Indica el autor con respecto a ella en la nota introductoria a su anterior publicación por parte del Ayuntamiento de Valencia: "Por razones obvias, esta obra, con el fin de acentuar su realismo y difuminar su trasfondo político, fue estrenada vistiendo sus personajes las túnicas y clámides propias de la Roma Imperial. A partir de 1975, ya se pudo representar abriendo su verdadero contenido y para ello se utilizó un vestuario anárquico e indefinido en el tiempo que habría de servir para destacar la simbología de cada uno de sus personajes: el caudillaje, el capitalismo, el militarismo, la juventud, etc."

Las "razones obvias" son la dura censura de la Dictadura franquista, que afortunadamente no siempre era ejercida por personas meticulosas ni cultas. Y de esa circunstancia afortunada que a veces permitía "colar" obras de contenido crítico, se benefició *El camaleón*: aunque la lectura de la obra demuestra que tiene un claro transfondo político (es más, en algunos casos las referencias al Dictador son clarísimas), sorprendentemente el censor la dejó pasar y se limitó a escribir en la cartulina preceptiva "una obra de romanos"[17]. Seguramente el censor empezó a leer la ficha técnica y vio que los personajes eran Claudio, Agripina, Nerón, Británico, Séneca ... y, con toda lógica, dedujo que era "una de romanos".

Será tras la muerte del Dictador cuando se despoje a los actores de las ropas que evocan el Imperio Romano para ayudar a los espectadores a entender la esencia de los personajes y de la trama que desarrollan. También en las lecturas dramatizadas que nosotros realizamos se optó por esto último: los actores vestían de modo muy sobrio con ropa de calle de color negro para que el público se concentrase en lo esencial, en los diálogos y la trama. De este modo se quiso reforzar también la idea de que el tema que trata la obra es un tema atemporal en tanto que se da en cualquier momento y lugar.

Y eso es lo primero que llama la atención de esta obra: el hecho de que se sirva de una etapa de la historia de Roma, que en principio el espectador siente muy lejana, para tratar un tema actual, por desgracia siempre actual: el tema del ejercicio desmedido del poder que lleva al poder absoluto, a la dictadura bajo la forma que sea. Plantea, en consecuencia, con ropaje de la Roma clásica y bajo la apariencia de una historia lejana, una reflexión sobre los fundamentos del poder, y por lo tanto de la sociedad[18].

---

[17] Fue éste un momento de eclosión en nuestros cines de películas "de romanos", las que técnicamente se llaman "de peplum".

[18] La crítica que siguió al estreno no siempre entendió el trasfondo de la obra, como podemos leer en *Jornada*: "Gil Albors ha escrito una buena obra con inteligente habilidad. Aprovechando la circunstancia histórica, lo que el autor hace intencionadamente es estudiar y ofrecer todo el complejo íntimo de unas pasiones humanas. Ellos, a través del texto del autor, darán la mejor versión de los problemas humanos que plantea *El camaleón*"; más acertado está *Levante*: "Esta parábola dramática de Gil Albors siguiendo la trayectoria del teatro francés contemporáneo - Girandoux y Camus entre otros - apoya su relato escénico en un acontecimiento histórico para extraer, a lo largo de insinuaciones y apostillas, consecuencias que el autor instala en la actualidad. La obra, construida con experiencia, tiene un diálogo ceñido y concreto que le sirve para presentar un retablo de la figura de Claudio cuyas constantes históricas pueden encontrarse en todas las épocas." *Las Provincias*, por su parte, sacan una conclusión muy interesante, e interesada: "Es indiscutible que la Historia se repite; algunos hechos del pasado vuelven a producirse en el presente. El autor, valiéndose de *El camaleón*, ha tratado de recordar, siguiendo los textos de Cayo Cornelio Tácito, algunas circunstancias que se produjeron entre los años 48 al 54 de la Roma gobernada por el emperador Claudio, que resultan muy familiares a los hombres de nuestro siglo. Sus problemas son nuestros problemas, sus odios son nuestros odios, su ambición es nuestra ambición, su esperanza es nuestra esperanza. Apoyándose en un concreto hecho histórico, afín a otras circunstancias políticas y sociales posteriores, Gil Albors ha planteado un

Y lo deja claro el protagonista, Claudio, en la primera escena de la obra, en la que, solo, dirige un monólogo al público, del que destacamos estas frases:

> Porque sois hombres que necesitáis que alguien os domine como una nodriza o como un gendarme ... Me acusaron de usurpador, de tirano, de asesino y deególatra. A mí, ¡que puse reyes, que impuse mis libertades, que os hice prosperar en años de larga paz! Tuvisteis conmigo un elegido de los dioses, un predestinado, un salvador ... La Humanidad siempre ha necesitado de "hombres fuertes" ...Yo era un bloque de hielo que sabía qué es lo que os convenía; yo, sólo yo, sabía qué os convenía; yo, sólo yo, sabía qué debía concederos y qué debía negaros ... Veréis cómo los hechos se repiten: Moisés, Julio César, Ciro, Napoleón, Hitler, Stalin ... ¿Por qué estos nombres ... por qué esos hombres? ... También ellos lo tuvieron todo atado y bien atado ...

Las expresiones que aquí leemos son aplicables a cualquier tipo de tiranía, pero algunas frases hacen referencia clara a Franco: los espectadores de 1965 no podían menos que tener muy presente la campaña de prensa que alardeaba y a la vez agradecía al Dictador por los "25 años de paz", al que se le reconocía el papel de "Salvador de la Patria", "por la gracia de Dios" como nos recordaba la leyenda de las monedas en curso. Y en otros momentos de la obra volverán a aparecer esas alusiones claras a Franco, como en la referencia a las preocupaciones hidraúlicas de Claudio, que recuerda las campañas publicitarias de las inauguraciones de pantanos con las que el Dictador quería paliar los efectos de la "pertinaz sequía",

> LUSIO: Roma entera sabe de tu gran preocupación por los problemas hidráulicos.

En boca de Séneca se ponen unas críticas al poder absoluto en general y al proceder concreto de Claudio que nos hacen recordar inevitablemente el comportamiento del Dictador. Así, al comienzo del segundo acto, las palabras que dirige al público recuerdan el paso del estrecho de Gibraltar, así como las compañías que posteriormente buscara Franco:

> Cuando volvemos al hilo de la narración que nos ocupa, Claudio, el "hombre

---

problema de tipo universal: la decadencia de un pueblo después de la pasajera pujanza de una época dominada por un "hombre fuerte".

fundamental" que en el año 48 cruzara el estrecho para aplastar totalmente aquel brote de frente popular que intentaba alzarse contra el Imperio, ya se había olvidado de los camaradas que con él iniciaran el movimiento para salvar Roma, se aliaba de nuevo con la monarquía tradicional y se acoplaba políticamente a las necesidades exigidas por una nueva forma de gobierno.

Y en diálogo con el mismo Claudio, Séneca le echa encara el mantenimiento del poder a pesar del paso de los años y su desvinculación del contexto histórico:

SÉNECA- El pueblo siempre quiere más libertad.

CLAUDIO- ¿Quieres decir que en Roma no hay suficiente libertad?

SÉNECA- Depende. Hay tantos modos de entender la libertad.

CLAUDIO- Nadie puede negar que Roma ha evolucionado y lleva muchos años en paz.

SÉNECA- Es indudable que, desde tu subida al poder, hemos evolucionado; pero la nuestra ha sido una evolución traída por el mero paso de los años, que ha seguido el ritmo que le marcaba el progreso. Pero ¿marcha, en verdad, tu política actual al compás del momento histórico que vivimos?

CLAUDIO- No me importa. Ya he creado este Estado y justo es que también sea yo quien dicte las normas de su desenvolvimiento.

SÉNECA- Nadie pone en duda que fuiste tú el general que, con tus legionarios, cruzaste el estrecho para salvar Roma del caos en que la habían sumido la astucia de Silio y la estupidez de Mesalina ...

CLAUDIO- Por tus palabras ... advierto que has cambiado mucho.

SÉNECA- Sí, Claudio: todo muda. Hasta aquellos que entonces te vitoreaban cuando pasabas bajo el Arco de Triunfo. Son ellos los que ahora te censuran.

CLAUDIO- ¿Quién me censura? ... ¿Y por qué? ... ¿Qué han pedido que yo no les haya concedido?

SÉNECA- Hay quien pide que dejes paso a la juventud, que no estanques en los puestos dirigentes a los que te acompañaron en aquella campaña. Ya te pasaron la cuenta y tú la pagaste con creces ... ¿Por qué no pones tu confianza en los jóvenes, en esos jóvenes que lo quieras o no, muy pronto regirán los destinos de Roma?

Se denuncia desde los ámbitos del poder (Séneca es el preceptor de los hijos de Claudio) la ruptura con la historia. Si en su origen el levantamiento militar que acabó con la legalidad republicana de 1931, tenía claros correlatos en otros lugares de Europa (el fascismo italiano, el nazismo germano, el rexismo belga, etc.), pasado el tiempo, derrotados los Estados fascistas, el mantenimiento en España de una ideología tal era poco menos que haberse quedado anclados en el pasado. En el interior del régimen, en sus esferas ideológicas más genuinas, la evolución que reclama Séneca se produjo, y así un Dionisio Ridruejo evolucionó hacia posiciones liberales e incluso socialdemócratas; incluso ha habido quienes han apuntado que el mismo fundador de la Falange, José Antonio Primo de Rivera, de no haber muerto, habría seguido una línea ideológica semejante. Pero, además, la insistencia de Séneca en que Claudio deje paso a la juventud (y de modo más concreto, a un grupo de jóvenes), no puede más que evocar los deseos de renovación que se dejaban entrever desde los mismos ámbitos del poder, atendiendo sobre todo a que Franco en 1965 tenía ya 73 años, lo que provocaba en la sociedad la pregunta por el futuro del país, que unos formulaban con temor, y otros con esperanza.

Con respecto a estas alusiones fue interesante observar el comportamiento del público en las dos lecturas que realizamos según su edad: en la primera, en la Sala Palmireno de la Universitat de València, el público era fundamentalmente jóvenes estudiantes o recién licenciados, mientras que en la que realizamos en la Sociedad de Autores era gente de más edad. Por ello mientras que en esta última todos los espectadores participaban del guiño que el autor hacía a la situación concreta de la España bajo la dictadura franquista, en la Sala Palmireno nos sonreíamos con complicidad los más mayores. Las referencias concretas han perdido su efecto para las nuevas generaciones, que ya no tienen el referente; pero se mantiene el fondo de crítica al poder absoluto que todos pueden observar gracias a su planteamiento atemporal.

La obra se estructura en dos actos, cada uno de los cuales consta de dos cuadros, sin apenas cambio de escenario. La primera escena y la última tienen el mismo escenario, una especie de cárcel en la que aparece al principio Claudio y al final de la obra Nerón, cerrando en estructura anular la obra y produciéndose una identificación de los dos personajes total, incluso en lo que hace a las palabras que pronuncian. El resto de la acción se desarrolla en un salón de la casa imperial a cuyo fondo está la balconada que da al exterior, a la que se acercarán los personajes para ver el mundo y de donde procederán las voces del pueblo. En este salón es donde Claudio toma sus decisiones, alentado por los ambiciosos personajes que le rodean; en él es donde se deja engañar y donde va cambiando de modo de actuar a medida en que va ejerciendo de modo absoluto su poder. Apartará de su lado a quienes le incomoden y no sigan sus dictados con complacencia; y en ese salón se dará cuenta, demasiado tarde, de que su cara ha cambiado como la del camaleón. También en este salón pronunciará Séneca sus palabras de crítica y sus reflexiones; será éste también el personaje que sirva de nexo entre los dos actos y entre el texto dramático y los espectadores, a los que se dirigirá directamente rompiendo la ilusión dramática al comienzo del segundo acto, como hemos señalado, y en otras dos ocasiones, una en cada acto, para llamar la atención del público sobre la importancia de las decisiones tomadas: en el primero cuando se retira el cuerpo sin vida de Mesalina, en el segundo cuando Agripina se decide a precipitar el asesinato de Claudio.

El texto que nosotros representamos es una versión abreviada para la ocasión. Consideramos imprescindible acortar la obra por dos razones: en primer lugar porque realizábamos una lectura dramatizada[19]; pero además porque nos hallamos ante una obra "de tesis", en la que de modo en ocasiones prolijo el autor expone la crítica al ejercicio del poder absoluto y sus opiniones sobre las reacciones que éste provoca en los diversos sectores de la sociedad. Este tipo de obras, acorde con la época en que *El camaleón* se estrena y con el ambiente específico en el que se integra (teatro de "cámara y ensayo" y círculos universitarios y renovadores en general), pueden provocar hoy en día

---

[19] No insistiremos en este hecho, pues de todos es sabido que la lectura dramatizada implica una actitud distinta del público y tiene unos condicionantes externos especiales en la medida en que hay en ella menos acción que en una representación completa.

la sensación de excesiva morosidad en la exposición de las ideas. Afortunadamente los diálogos de Gil Albors dan al texto una vivacidad que no tienen las obras de otros autores, y la estructura misma de la obra nos ha permitido acortarla sin que pierda su contenido fundamental[20].

Las características que reúne Juan Alfonso Gil Albors, en tanto que autor fundamental en la evolución del teatro en nuestro país, y *El camaleón*, en la medida en que es una obra en la que se plantea uno de los problemas fundamentales de la sociedad sirviéndose de un ropaje clásico, casi "mítico" podríamos decir, todo ello justifica que el *Grup Sagunt* decidiera representar esta tragedia en el marco del Congreso cuyas actas publicamos ahora, pero dentro también de las actividades organizadas por el Aula de Teatre de la Universitat de València, en consonancia con nuestra intención de vincularnos con el mundo del teatro en su vertiente práctica y de hacer partícipes a sectores más amplios de la sociedad de los resultados de nuestras investigaciones.

También por esa misma razón siguió a las lecturas un debate entre el autor, el director, Carmen Morenilla en representación del *Grup Sagunt* y el público, entre el que se encontraban personalidades del mundo del teatro valenciano como Rodolf Sirera, Manuel Molins ... del mundo de la cultura en general, como el Presidente del Consell Valencià de Cultura, Santiago Grisolía, la Directora General de Promoción Cultural, Consuelo Císcar ... A todos ellos debemos agradecer su presencia y su participación, así como al Director del Aula de Teatre de la Universitat de València, Ramon Rosselló, y al responsable del Taller de Audiovisuales de nuestra universidad, Miquel Francés, que una vez más ha editado un vídeo de nuestros trabajos; y de modo muy especial a Juan Alfonso Gil Albors, por su generosidad y comprensión.

José Vte. Bañuls Oller
Carmen Morenilla Talens

---

[20] Como era obligado, contamos con la aprobación del autor, que estuvo presente durante las lecturas y participó en los debates posteriores.

El Camaleón
de Juan Alfonso Gil Albors

FICHA TÉCNICA

El camaleón de Juan Alfonso Gil Albors
Adaptación de Juli Leal y Carmen Morenilla

12 de noviembre de 1998
Sala Palmireno de la Universitat de València

15 de diciembre de 1998
Sociedad General de Autores y Editores de Valencia

Dirección: Juli Leal

Claudio: Paco Alegre
Narciso: José Luis Valero
Séneca: Enric García
Mesalina: Paca Samper
Agripina: Carmen Belloch
Locusta: Amparo Vayá
Lusio: Carles Royo
Nerón: Héctor Navarro
Británico: Daniel Machancoses
Octavia: Rebeca Muñoz

Iluminación: Pau Blanco
Sonido: Gérard Galdon

Edición en vídeo: Taller de Audiovisuales de la Universitat de València.

Se hace el oscuro en la sala y comienza a escucharse un agudo zumbido - como un "sí" continuado - que va aumentando en intensidad, fundido con los efectos intermitentes de portazos y el acompasado resonar de lentas pisadas, como si un carcelero avanzara por los corredores de la abandonada "Alcatráz" cerrando tras él las puertas enrejadas de las celdas. Poco después, un foco comenzará a iluminar a Narciso que llega desde el fondo del pasillo central haciendo coincidir sus pisadas con las de la banda sonora. De su mano pende un manojo de grandes llaves. Al subir el telón nos encontramos con un escenario vacío que recuerda una gran celda. Un cenital recortará la figura de Claudio que está encogido en el suelo, en el centro mismo de la escena, como un perro dormido. Narciso, al llegar a las candilejas, levanta la mano como dando una orden y el zumbido, atendiendo a su mandato, va "en crescendo" Es en ese momento cuando Claudio intenta levantarse con dificultad a la vez que con las palmas de las manos se tapona los oídos tratando de amortiguar el penetrante zumbido. Sus movimientos son cada vez más desesperados, dando la sensación de que la intensidad del sonido está a punto de rebasar los 120 decibelios, la zona conocida por la del "dolor insufrible"

CLAUDIO- ¡No, no ...! ¡No! ... ¡No! ¡Silencio ...! ¡Silencio ... ! ¡Silencio ... ! ¡No! ...¡No! ...¡No! ...

Falto de fuerzas vuelve a desplomarse. Ante su caída Narciso levanta de nuevo la mano y el zumbido cesa por completo.

¡Silencio ...! ¡Silencio ...! Otra vez el silencio ... ¿Por qué? ... ¿por qué otra vez? ... ¿No es la muerte acaso la que se rodea de silencios? ... ¿No es sólo tras la muerte cuando se llega a la verdadera liberación? *(levanta el rostro y descubre al público)* ¿Vosotros? ... Otra vez vosotros ... Todo igual, igual que entonces ... Pasa el tiempo ... y todo vuelve a ser como era *(transición)* ¡Ahí! ... ¡Estáis ahí!... Porque sois vosotros, otra vez vosotros los que golpeáis, los que martilleáis mis puertas taladrando mis oídos. Y después seguís ahí quietos, callados, mientras yo os he estado llamando a través del tiempo... Y todo ¿para qué? ... Ahora que habéis llegado y os tengo aquí, delante de mis ojos, cuando sólo alargando mi brazo ¡como entonces! llegaría a tocaros, no sé, me dais miedo. No obstante, algo indefinible me empuja hacia vosotros, algo que llevo aquí dentro del pecho, algo que sólo es mío os necesita, algo que noto aquí en las manos, en la garganta, necesita de vosotros y de vuestra resolución, sin importarme el veredicto. *(Cambiando)* Sí, es cierto; todo ocurrió hace ya mucho tiempo, ... pero todo se repite como en una cinta sin fin. Han pasado los años y seguís adorando a los dioses ... Pero yo, ahora, puedo hablar, yo, que estoy encerrado en la Historia, en vuestra Historia, herido por ese zumbido desgarrador. Pero lo cierto es que el destino os ha mandado que hoy compartáis conmigo este gran silencio y, lo creáis o no, estáis aquí cumpliendo su mandato y su llamada, una llamada que no sale en grito desgarrado de mi garganta, sino de mis sienes y de mis vísceras. ¿Y sabéis por qué le prestáis oídos? ... Porque sois hombres que necesitáis que alguien os domine como una nodriza o como un gendarme, porque necesitáis del poder de la opresión como nuestro cuerpo demanda del agua y del pan. *(Transición)* Me acusaron de usurpador, de tirano, de asesino, deególatra. A mí, ¡Que puse reyes, que impuse mis libertades y que os hice prosperar en años de larga paz! ... Tuvisteis conmigo un elegido de los dioses, un predestinado, un salvador ... y, ahora, el olvido, una realidad tan irreal como el olvido, puede retenerme entre rejas, sojuzgarme y humillarme. ¡Pero no es suficiente el deseo ni el odio para derrumbar a un dios! ... Sólo una idea puede abatir a otra idea. La Humanidad siempre ha necesitado de "hombres fuertes", de dioses capaces de asentarse en los pedestales. Y yo, porque vosotros lo quisisteis, fui fuerte, ¡fui dios! ... Pero yo sabía que el mármol, con el paso del tiempo, se volvería arcilla; y también sabía que los ídolos acaban por tambalearse. Yo era un bloque de hielo que sabía qué es lo que os convenía; yo, sólo yo, sabía qué os convenía; yo, sólo yo, sabía qué debía concederos y qué debía negaros *(amago)*. Pero el deshielo de vuestra ingratitud me ha convertido, poco a poco, en un charco de agua: eso quedó de aquel temido y grandioso iceberg ... *(transición)*. Veréis cómo los hechos se repiten. Moisés, Julio César, Ciro, Napoleón, Hitler, Stalin ... ¿Por qué estos nombres ... por qué estos hombres? ... También ellos lo tuvieron todo atado y bien atado. Es la Historia que vuelve a darse, que se repite una y otra vez, que cruza el cielo dejando una estela con la trayectoria de un "bummerang". Sólo los dioses, o los elegidos de los dioses, se creen dueños de esa trayectoria, de la estela que va dejando a su paso la libertad del hombre ... Pero ¿no es la muerte quien se rodea de silencios y sólo tras el silencio de la muerte se encuentra la verdadera libertad? ...

OSCURO

Cuando los focos vuelvan a iluminar la escena, quedará a la vista del espectador un gran salón abierto a cuyo foro está la balconada; tarimas escalonadas, un sitial, asientos y demás elementos necesarios para la acción Narciso, que viene apresuradamente por el foro izquierda, llega hasta el centro de la escena al mismo tiempo que, por el lado oscuro, entra Agripina

AGRIPINA- Creí que no llegabas ...

NARCISO- ¿Podemos hablar?

AGRIPINA- Estamos solos.

NARCISO- *(Vuelve sobre sus pasos hasta hacer mutis. Poco después regresa con Locusta)* ¡Entra! ... ¡Vamos, entra! ... ¡Arrodíllate! ... *(Locusta obedece)* Aquí la tienes. Ésta es.

AGRIPINA- Levanta *(Locusta se incorpora. Pausa. Narciso vigila temeroso de que alguien llegue)*. Me han informado acerca de tu gran maestría en la mezcla de ... venenos. ¿Es cierto?

LOCUSTA- Por ello arrastro cadenas.

AGRIPINA- ¿De quién aprendiste?

LOCUSTA- De mi madre, y ella de la suya.

AGRIPINA- ¿Te gustaría dejar la humedad de los sótanos?

LOCUSTA- ¡Señora! ... *(intenta besarle la mano a la vez que se arrodilla, pero Agripina se lo impide).* Allí sólo huele a muerte.

AGRIPINA- Si quieres abandonar las mazmorras tendrás que hacer cuanto te ordene.

LOCUSTA- Seré tu más sumisa esclava.

AGRIPINA- Sólo espero y deseo que, llegado el momento, tu ciencia tenga tanta fuerza como diez legiones.

LOCUSTA- Tu voluntad será la mía.

NARCISO- *(Mirando hacia el exterior)* ¡Basta!... ¡Se acercan!

AGRIPINA- Cálmate.

NARCISO- ¡Pero alguien viene!

AGRIPINA- No temas, Narciso. Aún no hay motivo para echarse a temblar. ¿No lo comprendes? Tú debes quedarte.

NARCISO- ¡Pero ... !

AGRIPINA- ¡Obedece! *(a Locusta)* Tú, ven conmigo.

Las dos mujeres hacen mutis por la derecha. Por el lado contrario entra Mesalina. Lleva una copa con vino en la mano.

MESALINA- ¡Oh, quien está aquí! El cauto y poderoso Narciso ... a solas con la noche.

NARCISO- Mesalina ...

MESALINA- Sí, Mesalina. ¡Estoy segura de que has sentido una gran alegría al verme!

NARCISO- Puedes asegurar que ...

MESALINA- ¡No! No escupas, Narciso ... Llevo la clámide nueva; telas fenicias, muy caras ... Demasiado caras para que las ensucies con tus viscosos salivazos *(Narciso inicia el mutis)* ... ¡Espera! *(Narciso se detiene)* Quiero hacerte una pregunta: ¿temes a la noche?

NARCISO- Sólo de niño me dio miedo la oscuridad.

MESALINA- Entonces, esperas algo de ella. Los hombres sólo miran a las estrellas cuando temen o cuando aman.

NARCISO- ¿Amor, a mi edad?

MESALINA- Mejor, temor.

NARCISO- ¿Temor, a quién?

MESALINA- A qué. Puede que a perder tu vida, una cosa tan frágil y sutil como la vida *(llega hasta la balconada y mira al foro)*. Roma a oscuras. Un cielo negro, muy negro, está ahogando el centro del Imperio más poderoso del mundo. Y no puede verse nada, ni el Circo Máximo, ni el Capitolio, ni el Foro, ni el Coliseo ... Sólo cielo negro, nubes negras sobre el Tíber, y luciérnagas: el fuego que arde en los templos como desagravio a los dioses. *(Transición)* Te estoy cansando. Será mejor que bebamos. ¡Vamos, la fiesta nos espera! ¿Qué ocurre? ¿Por qué no quieres entrar a la fiesta?

NARCISO- Prefiero quedarme.

MESALINA- ¿Por qué?

NARCISO- No sé, estoy bien aquí ...

MESALINA- Te advierto que hay bebida, mucha bebida, y los recipientes para el vómito están llenos, llenos hasta el borde ... El vino ha hecho que las mujeres muestren sus senos de mármol y que a los hombres les salten los ojos de lujuria ... ¿Por qué no te unes a ellos? Te están esperando ... Incluso Silio te espera.

NARCISO- ¿Silio?

MESALINA- *(Tras una larga pausa, se acerca hasta él)* ¿Le temes?

NARCISO- ¿Por qué he de temerle? No tengo motivos para ello.

MESALINA- ¿No? ... Le temes.

NARCISO- ¡No es cierto!

MESALINA- Di la verdad: le tienes miedo.

NARCISO- Todo lo contrario. Silio es joven, esforzado, inquieto; confío en su sentido político, en su audacia y en su prudencia.

MESALINA- Estoy convencida de ello. Por eso no debes abrigar ninguna sospecha, ni temerle. Coincido contigo: Silio es audaz y prudente. Yo, por el contrario, soy más precavida, pero no tengo formación, carezco de educación y no tengo idea del sentido político.

NARCISO- Te basta con ser una mujer ...

MESALINA- ... Que actúa siguiendo sus impulsos, que unas veces están llenos de ternura y otras de barbarie... *(bebe)* ¿Por qué no gozas antes de morir?

NARCISO- ¿Qué dices?

MESALINA- He dicho ¿por qué no gozas antes de morir?

NARCISO- No te entiendo. Estas diciendo cosas absurdas. ¿Quién dice que voy a morir?

MESALINA- Lo dice el viento. Escucha. ¿No lo oyes? Escucha. "Narciso va a morir" ... "Narciso va a morir"

NARCISO- ¡Has bebido demasiado!

MESALINA- "Narciso va a morir"

NARCISO- ¡Calla!

MESALINA- Sí, puede que tengas razón. He bebido demasiado. He tomado todo mi vino y el de ... ella.

NARCISO- ¿Ella? ¿quién es ella?

MESALINA- ¿No lo sabes? Entonces se lo preguntaremos al viento que traerá al pregón de tu muerte *(gritando hacia el exterior)* ¡Viento!

NARCISO- ¡Basta!

MESALINA- No te alteres. Me refería a la invitada que ha faltado a la fiesta ...

NARCISO- ¡Una invitada?

MESALINA- No finjas sorpresa. Sabes que te hablo de la dama vestida de blanco. Vuelves a temblar. ¿Tienes miedo?

NARCISO- ¿Por qué iba a tenerlo? Tú misma lo has dicho: no ha venido a la fiesta.

MESALINA- No estés tan seguro. Puede que sólo se haya retrasado ... y está a punto de llegar *(deja su copa sobre la mesa)*. Bastará con que yo junte las manos, que dé unas palmadas *(parece que va a hacerlo)* para que ella entre por esa puerta encarnada en un eunuco negro y musculoso. El Imperio, el Mundo, también tu vida, ¡todo!, a merced del movimiento de estas manos tan suaves, tan finas, que aprietan como tentáculos cuando aman ... o cuando destruyen. *(Estas últimas palabras las ha pronunciado mientras oprime ligeramente la garganta de Narciso que no puede ocultar su terror)* ¿Tiemblas? ... Tu corazón está a punto de estallar. *(Le ha puesto la mano en el pecho)* ... Apacigua tu sangre. He decidido que todo sea muy rápido. Es un favor que no mereces.

NARCISO- ¡No serás capaz!

MESALINA- ¿No?

NARCISO- ¿No temes la venganza de Claudio?

MESALINA- ¿Temor a qué?

NARCISO- ¡A su ira!

MESALINA- No habrá ira, y sin ira no hay venganza.

NARCISO- No sabes lo que haces ...

MESALINA- ¿Por qué saber lo que se hace? ¡Se hace y basta!

NARCISO- Yo te aconsejo ...

MESALINA- ¡Valla! *(irónica)* ¿Aún no has comprendido que no estás en situación de dar consejos, que tus arcas pronto van a vaciarse, que tus riquezas van a ser repartidas entre el pueblo?

NARCISO- ¡Sabes que esas riquezas son mías, sólo mías! ¡Lo sabes muy bien!

MESALINA- No sé nada, Narciso ... No me dejaste aprender nada ...

NARCISO- ¿Tampoco sabes que Claudio volverá?

MESALINA- Claudio está lejos.

NARCISO- No tanto como crees: ¡ya ha visitado Mesina y Siracusa!

MESALINA- Queda mucho camino y, a su vuelta, aún tendrá tiempo para detenerse en Ostia. Querrá celebrar sacrificios a los dioses. ¡Ama tanto a sus dioses! LLegará tarde. Es decir, ya es tarde para él ... y para ti.

NARCISO- ¡No puedes estar tan confiada!

MESALINA- ¿No puedo?

NARCISO- ¡No sé quien te empuja!

MESALINA- La Justicia ... o el Poder.

NARCISO- ¡La Crueldad ... o la Locura!

MESALINA- La verdad es que es preciso admirarte: hablas tan bien, dices las palabras tan justas ... No sabes quien me empuja ... Si fueras capaz de guardarme un secreto te diría que yo tampoco lo sé ... En mí sólo hay una certeza: desde que entré en Palacio estoy sojuzgada, esclavizada, siempre de rodillas ante el César ... entre su sexualidad o su demencia ... ¡Por eso he buscado la libertad! ¡Quería ser libre! ¡Libre, Narciso! ¡Libre! ¿Sabes que es eso? ¡Poder recorrer las calles de Roma! ¡Gozar con otros hombres, con hombres que olieron a sudor, a cuero y a crin de caballo! ¡Ser libre y sacarle toda la savia a la poca juventud que me queda antes que llegue la nada! ¡No estar atada, siempre atada y pisoteada como los esclavos!

NARCISO- Y para tu goce te has unido a Silio. ¡Sólo por goce!

MESALINA- ¡No! ¡Hay algo más! Pero es inútil que te explique. Hay cosas que tú nunca podrás comprender. El puede liberarme. Me lo ha prometido y estoy segura de que ha de cumplir su palabra. ¿No es razón suficiente para amarle?

NARCISO- ¡Las hienas no saben de amor, sólo buscan la carroña!

MESALINA- *(Asiéndole)* ¡Imbécil! ¡Estás ciego, deslumbrado por el brillo de tu oro! ... Por eso no puedes ver las cosas, o los hombres, como son realmente *(lo suelta)*. Silio es joven, inteligente, audaz. Me estremezco al sentirme aprisionada, estrujada por sus brazos musculosos; y escuchar cerca muy cerca, su voz dura, honda y jadeante me sume en el más profundo de los placeres ... Y mi sangre hierve cuando me dice que no tardaremos en ver a Claudio arrastrado por su cuadriga, barriendo con su cuerpo ensangrentado las calles de Roma ... ¿Por qué he de renunciar a lo que más vivamente deseo? ¡Ahora nadie puede torcer mi voluntad! ¡Ni siquiera el poder de tus sestercios!

NARCISO- ¿Habéis reparado en que ha de llegar un momento en que os encontraréis solos, en que todos os abandonarán porque no podrán olvidar que tus liviandades han profanado los templos obligando a las sacerdotisas a cometer actos impuros? ¡Los romanos no olvidarán!

MESALINA- El tiempo empuja el odio hacia el olvido. El pueblo olvidará porque el camino de mi libertad conduce a la suya. El mismo pueblo que es mío porque yo le siento latir aquí, dentro de mi pecho ... como si fuera algo de mí misma, de mi carne y de mi sangre ... ¡Pueblo! ¡Pueblo! ¿Dónde estás? Te estoy llamando ... ¡Mesalina te llama! ¡Responde a mi llamada! ¡Quiero estar contigo! ¡Acude a mis voces! ¿Te lo mando! ¿Dónde estás, pueblo?

SÉNECA- *(Por el lateral izquierdo)* ¿Qué sucede?

NARCISO- ¡Se ha vuelto loca! ¡Le grita a la noche!

SÉNECA- *(Acercándose a ella)* ... Mesalina ...

MESALINA- *(Sin percatarse de que habla con Séneca)* ¿Dónde está el pueblo?

SÉNECA- Tranquilízate.

MESALINA- ¿Por qué no viene?

SÉNECA- *(La coge por los hombros)* No puede venir.

MESALINA- ¿Por qué?

SÉNECA- Porque no está. No hay nadie. Es de noche y se ha retirado.

MESALINA- *(Volviéndose)* ¡No puede retirarse! ... ¿Dónde está? ¡Tiene que estar ahí! ¡Quiero gritarle mi felicidad y su libertad!

SÉNECA- Perdónale, Mesalina. El pueblo es como un niño irresponsable que nunca llega a la adolescencia. Por eso no escucha tus voces ... o por eso no las entiende.

MESALINA- Pero él ... tiene que estar ahí. ¿Por qué no está?

SÉNECA- Ya todos se han retirado. Es noche muy avanzada. Ahora descansa.

MESALINA- ¿Descansar? ... ¡Estás loco! ¡Yo quiero que salga a la plaza! ¡Yo lo quiero y sólo un loco desobedecería en Roma un mandato de Mesalina! ¡Sólo un loco!

SÉNECA- ¿Y quién dice que no lo esté? ... ¿Qué afilada espada puede separar la locura de la razón? ... Sí, puede que se haya vuelto loco, tan loco que llegue a pensar que ha de llegar un día en que podrá señalar el camino de su propio destino.

MESALINA- *(Como volviendo a la realidad)* ¿Qué dices?

SÉNECA- Nada, señora, nada que tú, ahora, puedas entender. Silio te reclama.

MESALINA- ¿Quién? *(vuelve a beber)*

SÉNECA- Silio.

MESALINA- ¡Oh, es verdad! ¡Silio! Lo olvidaba ... *(vuelve a beber y se interrumpe al escuchar unas trompetas en la lejanía)* ¿Qué es eso? ¿Quién rompe el silencio?

NARCISO- ¡Son trompetas de guerra!

MESALINA- ¿Quién despierta a Roma?

NARCISO- Parecen ...

MESALINA- ¡No es posible!

NARCISO- *(Corriendo hacia el exterior)* ¡La Guardia Pretoriana!

MESALINA- ¡Claudio!

NARCISO- *(A Mesalina)* ¡Tu muerte!

SÉNECA- *(Se ha unido a Narciso)* ¡El César!

NARCISO- ¡Ha llegado a tiempo!

MESALINA- ¡No, no, no! ¡Aún no estamos vencidos! ... *(vuelven a sonar la trompetas, ahora más cercanas)* ¡Roma está con nosotros! El pueblo quiere a Silio ¡Vosotros, como reptiles, id a besarle las sandalias al César!

SÉNECA- Ve con Silio, él te protegerá

Mutis de Mesalina por el lateral izquierda. Poco después abandona la escena Séneca por el lado contrario. Entran Agripina y Locusta.

AGRIPINA- *(En tono bajo)* ¡Gracias, dioses, gracias!

NARCISO- ¡Claudio ha entrado con su Guardia!

AGRIPINA- Llegó a tiempo de salvarnos ...

NARCISO- ¡Y tomar venganza!

AGRIPINA- *(Va hacia el centro de la escena)* ... Una venganza que puede abrirnos el camino.

NARCISO- *(Ha seguido a Agripina)* ¿Estas pensando en ti?

AGRIPINA- No. Yo importo poco.

NARCISO- ¿Entonces?

AGRIPINA- Pienso en mi hijo Domicio.

NARCISO- ¿No crees que es pronto? Domicio aún es joven.

AGRIPINA- Pronto se hará hombre. Hay que sembrar ... y esperar.

NARCISO- ¿Qué intentas?

AGRIPINA- Desde hace algún tiempo vengo incubando un proyecto muy ambicioso.

NARCISO- ¿Ambicioso?

AGRIPINA- ¿No lo es convertir a Domicio, el nieto de Germánico, en Emperador?

NARCISO- Ese es el sueño de muchas madres: ver a sus hijos sentados en el podio. Pero, ¿y Claudio?

AGRIPINA- Por ahora lo necesito. Pero todo es cuestión de esperar.

NARCISO- ¿Hasta cuándo?

AGRIPINA- Aún no lo sé, pero no ha de pasar mucho tiempo. Siempre fue mi obsesión y constituyó mi meta. Hasta he tenido tiempo de pensar en el nombre que llevaría si llegara a Emperador.

NARCISO- ¿Germánico?

AGRIPINA- No. No quiero que ninguna sombra gravite sobre su poder: ni la de un simple nombre. Se llamará Nerón, y su nombre pasará las fronteras, como el de Augusto, para que la Historia le dedique páginas enteras. ¡Nerón!

Por el lateral derecha entra Claudio, acompañado de dos centuriones. Agripina se echa en sus brazos.

AGRIPINA- ¡César!

CLAUDIO- Vamos, ya todo ha pasado.

AGRIPINA- ¡Los dioses han estado contigo!

CLAUDIO- Y con vosotros. *(Saludando)* Narciso.

NARCISO- Señor.

CLAUDIO- Sólo puedo tener una palabra para vosotros, Agripina: gracias.

NARCISO- Gracias a ti, a tu llegada.

CLAUDIO- Hemos reventado los caballos y apenas quedaban víveres para los legionarios.

NARCISO- César, acabas de salvar el Imperio.

CLAUDIO- No exageres, Narciso. Nos hemos limitado a cubrir las etapas según estaba proyectado.

NARCISO- ¿Cómo pudiste llegar tan pronto?

CLAUDIO- Crucé el estrecho apenas me informó el mensajero.

LUSIO- *(Entra por donde lo hizo Claudio)* La Guardia Pretoriana ha ocupado los puntos estratégicos de la ciudad. Roma es tuya, César.

CLAUDIO- Está bien, Lusio. Ahora, que descansen los legionarios.

LUSIO- Ya di la orden. ¿Algo más?

CLAUDIO- Nada; podéis retiraros. *(Mutis de Lusio)*

AGRIPINA- ¿Os apetece comer alguna cosa?

CLAUDIO- No, ahora no, sobrina. Tengo asuntos muy importantes que resolver.

AGRIPINA- En ese caso, permíteme que me retire ...

CLAUDIO- Un momento, no tan aprisa. Puedes serme muy útil ... Sobrina, quiero saber con todo detalle lo que ha ocurrido en Roma durante mi ausencia.

AGRIPINA- Muchas cosas han ocurrido, pero una sobresale por su bajeza: mientras has permanecido fuera de la ciudad, asegurando el dominio de las provincias, tu esposa Mesalina ha celebrado matrimonio con Silio haciendo ostentación de todas las solemnidades nupciales.

CLAUDIO- Nunca me ha importado, ni me importa Mesalina. Te pregunto por Roma ... ¡por los romanos!

AGRIPINA- La ciudad anda revuelta, se ha alzado un Frente Popular contra el Imperio.

CLAUDIO- ¿Quién lo acaudilla?

AGRIPINA- Silio.

CLAUDIO- ¡Silio! Si cuando partí era un muchacho ...

AGRIPINA- Un muchacho que no ha dudado en firmar sentencias de muerte.

Si tu llegada se hubiera demorado, nuestros cuerpos ya estarían enterrados en el Campo Marcio.

CLAUDIO- Hice bien en cruzar a toda vela ese estrecho ...

NARCISO- Si no te hubieras anticipado a su rebelión, Roma ya estaría en su poder. ¡Han dado tortura a tus adeptos! ¡Han asesinado en plena calle ...!

CLAUDIO- ¿Y ... ella? ¡Sí! ¡Ahora pregunto por ella! ¡Por Mesalina!

AGRIPINA- Ella, mientras tanto, se entregaba a Silio. Cuando tu esposa Mesalina recibía a sus amantes en tus propias cámaras, existía la deshonra, pero no el peligro. Pero ahora es distinto. Silio ha repudiado a su esposa Junia Silana, una de las más bellas y nobles matronas de Roma, para casarse con esa hetera. ¿Crees que por amor? ¡Es claro que le empuja la ambición, una ambición desbordada! ¡Tienes que actuar! ¡Es una adúltera!

NARCISO- ¡Una perra adúltera!

CLAUDIO- ¡Basta! ¡Ya he escuchado lo suficiente! ... ¡Centurión! ... *(uno de los centuriones se aproxima)* Dile a Lusio que la traiga a mi presencia. ¡Rápido! ¡Buscadla y traedla! ... ¡Ponedla a mis pies! *(Los centuriones hacen mutis)*

NARCISO- Anoche mismo Mesalina envió la Guardia de Palacio a casa de Cayo Solio y, con el pretexto de protegerle contra Silio, fue sacado a la calzada y asesinado en una de las vías de Roma.

CLAUDIO- ¿Por qué dio esa orden?

NARCISO- Cayo Solio ocupó la tribuna para hablar en tu favor.

CLAUDIO- Por eso pensaste que tú ...

NARCISO- Me hubieran asesinado esta misma noche. Llegaron a decírmelo. Pero gracias a tu llegada todo se ha salvado.

CLAUDIO- Todo no, Narciso. Alguien ha atentado y puede seguir atentando contra el Emperador.

NARCISO- Ese es motivo de muerte.

CLAUDIO- ¡Lo sé! ¡Lo sé! ... Pero es la Emperatriz ...

AGRIPINA- ¡La Emperatriz! Una Emperatriz que ha dejado que Silio acariciara sus pechos en los banquetes, delante de los esclavos y los soldados. ¡Tienes que saber que ha escupido tus estatuas mientras realizaba ante ellas actos lascivos! ...

CLAUDIO- ¡Ya es suficiente!

NARCISO- No quieres escuchar acusaciones contra la que ha sido capaz de prostituir la propia cámara del César ...

AGRIPINA- ¡De gozar de otros hombres en tu mismo lecho!

CLAUDIO- ¡Basta! ¡Basta!

LUSIO- *(Entra por la izquierda)* César.

CLAUDIO- ¿La encontraste?

LUSIO- En este mismo palacio. Junto a Silio.

CLAUDIO- ¿Y dónde están?

LUSIO- Silio se ha dado muerte.

CLAUDIO- ¿Y ella?

LUSIO- La detuvimos cuando intentaba escapar con el cadáver del joven, sobornando a un soldado.

CLAUDIO- ¡Entradla!

Lusio hace mutis por donde entró para regresar seguido de los centuriones, que traen a Mesalina.

MESALINA- ¡Perdón! ¡Perdóname, Claudio! ¡Me he equivocado! ¡Sé que me he equivocado! ¡Perdóname! *(Logra desasirse de los centuriones y echarse en brazos de Claudio, pero éste la rechaza echándola al suelo)* ... He creído ser libre y no he sabido hacer uso de mi libertad. Confié en Silio, pero Silio ha muerto ... Soy una mujer derrotada, acabada ¡Pero soy tu esposa! ... ¡Por tus hijos corre mi sangre! ¡Piensa en Británico y Octavia! ¡En que soy tu esposa! ¡Tu legítima esposa! ... *(ante la impasividad de Claudio)* ... ¡No puedes convertirte en un asesino! ¡No puedes hacer que tengan como padre a un asesino! ... ¡No puedes hacerlo, Claudio! ¡No puedes! ...

NARCISO- *(A Claudio)* Esa es toda su defensa.

MESALINA- ¡No atiendas sus palabras! Ellos me odian. Siempre me han odiado. ¡Ellos quieren mi muerte! ¡Pero tú no lo harás! ¡No lo harás!

... (intenta incorporarse, pero Claudio la empuja de nuevo hasta el suelo) ¡Claudio! *...(transición, al ver que Claudio le da la espalda)* Claudio. No ... No, no puedes hacerlo ... no puedes.

Lusio entrega a Mesalina su daga. Ella, tras una duda, la toma y se levanta lentamente. Quedan los dos mirándose fijamente.

SÉNECA- *(Entrando)* ¡César, el que se arrepiente de haber pecado, es casi inocente!

NARCISO- ¡Ella es culpable!

SÉNECA- *(Al ver que Mesalina, de espaldas al público, apoya la daga en su pecho)* ¡Mesalina!

MESALINA- *(Ya entregada, casi sin fuerzas)* ... Si hay que sucumbir, ¿por qué no salir al encuentro de nuestro destino?

Narciso empuja con fuerza la mano de Mesalina, que clava la daga en su pecho. La Emperatriz se desploma en el suelo sin vida. Por el fondo empieza a verse la luz del nuevo día.

NARCISO- *(Se acerca al fondo)* Claudio, en Roma empieza a amanecer.

Claudio se vuelve y queda por un momento mirando el cuerpo de Mesalina tendido en el suelo

CLAUDIO- *(A los centuriones)* Sacadla.

Hace mutis por la izquierda seguido por Lusio. Por la derecha salen Agripina y Narciso, y tras ellos los centuriones llevando el cuerpo de la Emperatriz.

SÉNECA- *(Adelantándose hacia el público)* Así comenzaron los hechos y, con ellos, la glorificación de un "hombre fundamental": Claudio. Pero no conviene precipitar los acontecimientos. Debemos regresar a la historia. Como dijo Narciso, en Roma empezó a amanecer y la mañana no se hizo esperar.

Transición. Entran Claudio, Agripina y Narciso.

CLAUDIO- El sol lo inunda todo. Roma ya ha despertado.

AGRIPINA- Ese sol debe darnos la luz que nos ayude a recorrer un nuevo camino.

SÉNECA- Tus hijos, Británico y Octavia, también despertarán ... y preguntarán por su madre. ¿Qué vas a decirles?

CLAUDIO- Nada, de momento.

SÉNECA- De momento ...

CLAUDIO- Aún son muy niños.

SÉNECA- Unos niños que ya están en edad de entender ... y de preguntar. Y si alguien contesta a sus preguntas ...

CLAUDIO- ¡Nadie debe hablarles sobre lo que ha sucedido esta noche!

AGRIPINA- Yo cuidaré de ello. Nadie escandalizará sus oídos.

CLAUDIO- Gracias, Agripina.

NARCISO- *(Con intención)* Puede que echen de menos una madre.

CLAUDIO- ¿Una madre?

NARCISO- Es lo natural, son tan pequeños ...

CLAUDIO- Sí, es cierto: son muy niños. Pero, ¿por qué tanta prisa en plantearme el problema? ¡Existen cosas mucho más urgentes que hay que solucionar!

NARCISO- Por ejemplo: Roma necesitará una Emperatriz. Y esto sí que es urgente, Claudio.

CLAUDIO- Aún no hemos echado tierra sobre su cuerpo.

AGRIPINA- Claudio, si me autorizas, voy a ordenar que dispongan tus baños. En unos instantes tu cámara estará lista.

CLAUDIO- No. No quiero volver a entrar en mi cámara. Que me preparen para habitarla, el ala norte de Palacio. *(Mutis de Agripina)*

SÉNECA- Tardarás en olvidarla ...

NARCISO- Para olvidar una mujer, nada mejor que otra mujer.

CLAUDIO- Es demasiado pronto. Temo a la opinión.

NARCISO- ¿Por qué has de temer? El pueblo no censurará la ejecución de Mesalina si otra mujer ocupa su puesto.

CLAUDIO- Otra mujer ... ¿Por ejemplo?

NARCISO- Agripina ... No olvides, Claudio, que Agripina acaba de salvar tu vida.

CLAUDIO- Pronto se me pasa la cuenta ... No lo olvido, Narciso. Pero además de estas razones de agradecimiento ¿encuentras otras más trascendentes?

NARCISO- Agripina te traería un nieto de Germánico, su hijo, digno en todo y por todo de la fortuna imperial.

CLAUDIO- ¡Más digno es Británico! ... ¡Es mi hijo! ¡El hijo del César!

SÉNECA- Los ilusos creen con facilidad aquello que ansían.

CLAUDIO- ¿Me has llamado iluso?

SÉNECA- Sabes que no sería capaz. Sólo quise evitar que, valiéndose de tu bondad, te llevaran al equívoco.

CLAUDIO- Cuando el mismo pueblo habla de mi energía, no quiero que nadie confunda la bondad con la debilidad.

SÉNECA- Entonces demuestra ahora, una vez más, que eres un hombre fuerte.

CLAUDIO- ¿Habéis olvidado ya cómo llegué al poder?

NARCISO- Todos tenemos presente la noche en que asesinaron a tu sobrino Calígula.

CLAUDIO- "¿Quién puede ser el nuevo César?" ... Eso os preguntabais. Y tuve que ser yo, yo que era el más fuerte. Y ahora que estoy arriba, ahora que soy un dios, no quiero encontrar dificultades en mi camino.

SÉNECA- El hombre más poderoso es el que es dueño de sí mismo.

CLAUDIO- ¿Dudas que lo sea? ... Pero en muchas ocasiones ... El Imperio está muy alto y oscila, es el viento quien lo mueve, y creo que debo asentar sus cimientos ... *(a Séneca)* ... Ve a por Agripina.

SÉNECA- ¿Entonces ...?

CLAUDIO- Ve a por ella *(Séneca hace mutis por la izquierda).*

LUSIO- ¿Despachamos hoy?

CLAUDIO- ¿Por qué no? Esta noche es una de tantas noches ... No ha sucedido nada extraordinario. La mañana debe marcar la normalidad de la vida romana ... Así pues todo será normal ... Despachemos.

NARCISO- Si no me necesitas ...

CLAUDIO- Prefiero que te quedes. *(Se sienta en un sillón mientras Lusio hace mutis por la derecha unos segundos para volver con unos documentos. Se acerca a Claudio)*

LUSIO- *(Mostrándole el primero)* Esta es la ley promulgada para castigar a los que promueven desórdenes en el teatro, injuriando a romanos ilustres.

CLAUDIO- *(Firmando)* ... Que entre en vigor inmediatamente. ¿Y esto?

LUSIO- Es una amonestación para Publio Pomponio ...

CLAUDIO- ¿El escritor?

LUSIO- Sí.

CLAUDIO- ¿Qué ocurre con él?

LUSIO- Entrega sus poemas a los actores para que los lean o reciten en público. Dice verdades ... que pueden perjudicar la formación del pueblo.

CLAUDIO- He visto y oído textos más fuertes sobre el escenario debidos a autores griegos ... y no me habéis dicho nada contra ellos ...

LUSIO- Son extranjeros, César.

CLAUDIO- Eso es distinto. ¿Entiendes tú, Lusio, de literatura o de arte?

LUSIO- Relativamente: sabes que siempre he estado al frente de tus legiones estudiando las nuevas formas de la estrategia militar ... No obstante sé positivamente lo que conviene a la seguridad del César, y también lo que molesta a los dioses.

CLAUDIO- *(Firma)* Lástima, Pomponio es un gran escritor ... Que no vuelvan a leerse sus escritos en público.

LUSIO- *(Ante un nuevo documento)* Y esta es la propuesta para traer a la ciudad fuentes de agua encañadas desde los colados de Simbruinos.

CLAUDIO- Al fin se encontró la solución. Ya no se perderán las aguas que discurren por las laderas de las siete colinas.

LUSIO- Roma entera sabe de tu gran preocupación por los problemas hidráulicos. *(Claudio firma)*

CLAUDIO- Yo, en cambio, quisiera que la Historia hablara de mí, que se recordara mi nombre ligado a algún hecho extraordinario.

NARCISO- Sabes que tus más superficiales deseos se cumplen inmediatamente.

CLAUDIO- *(Se ha levantado y avanza hacia el fondo)* ¿No se te ocurre nada?

...

NARCISO- Es difícil llevar a cabo tu idea sin menoscabar el tesoro de Roma. Y el utilizar el oro del Imperio siempre acarrea censuras ...

CLAUDIO- ¡No me importan las censuras!

NARCISO- Pero el Senado ...

CLAUDIO- ¡Ni el Senado tampoco! ... ¿Por qué no superar lo que antes hizo Augusto frente al Tíber?

NARCISO- Tus legionarios tendrían que invadir territorio bárbaro para conseguir botín de guerra.

CLAUDIO- No, no quiero guerra. Deseo una gran fiesta para Roma. Una fiesta en el lago. Sí, ¡en el lago se montará una gran batalla naval!

NARCISO- Pero el lago no está en condiciones ...

CLAUDIO- Caben cien galeras de tres o cuatro órdenes de remos ... Sí, las guarneceremos con diecinueve mil hombres en pie de guerra.

NARCISO- Puede que los soldados se nieguen a tomar parte en esa pantomima de batalla ...

CLAUDIO- ¿Negarse? ... Entonces rodearemos todo el lago con gruesas estacas trabadas y reforzadas entre sí, para evitar que puedan huir los combatientes ... En la orilla situaremos formadas las cohortes pretorias y a la gente de caballo, y delante de éstos las torres y plataformas desde donde descargar las balistas y catapultas ... ¿Qué opinas tú de eso, Lusio?

LUSIO- Que si llevas a cabo tu idea, innumerable cantidad de gente vendrá de las tierras comarcanas para ver el espectáculo y dar gusto al César.

CLAUDIO- ¡Haremos que se llenen no sólo las riberas y los collados, sino hasta las más altas cumbres de los montes!

LUSIO- Puedes levantar el más grande escenario de todos los tiempos.

CLAUDIO- ¡Y Roma entera presenciará la batalla! ... Abriré y cortaré la roca viva de ese monte situado entre el lago Funcino y el río Liris para dar cabida a miles y miles de espectadores. ¡Será algo extraordinario que hará recordar para siempre a los romanos el día que cayeron Mesalina y Silio! ... ¿No te agrada, Narciso? *(Entra Agripina y a una señal de Claudio salen Narciso y Lusio)* Acércate *(Agripina avanza unos pasos)* ... Hoy me pareces más hermosa que nunca.

AGRIPINA- No es la primera vez que escucho estas palabras ... Y tu viaje ha sido largo ... *(inicia el mutis)*

CLAUDIO- ¿A dónde vas?

AGRIPINA- Creí que estabas deseando que fuéramos a la cámara ...

CLAUDIO- Lo estoy deseando.

AGRIPINA- ¿Me has llamado sólo para hablar?

CLAUDIO- Para hablarte de algo muy importante. Hasta ahora no he querido escandalizar con un amor incestuoso ...

AGRIPINA- ¿Y bien?

CLAUDIO- Parece que todo puede cambiar.

AGRIPINA- ¿A qué te refieres?

CLAUDIO- *(Acercándose y tomándola por los hombros)* Podría haberte enviado un emisario con mi decisión, haberte notificado un hecho consumado ... Soy el César y puedo hacerlo ... Pero he creído que sería mejor así.

AGRIPINA- Acaba. *(Se sienta)*

CLAUDIO- Necesito una mujer a mi lado para que guíe conmigo los destino de Roma.

AGRIPINA- Para eso me tuviste hasta este momento ...

CLAUDIO- Te hablo de una Emperatriz.

AGRIPINA- ¿Una Emperatriz?

CLAUDIO- Roma la necesita.

AGRIPINA- ¿Te lo han aconsejado?

CLAUDIO- Lo he decidido.

AGRIPINA- ¿Por qué me has elegido?

CLAUDIO- Sabes que siempre pensé que llegaría el día ... en que podría premiar tus favores al Emperador.

AGRIPINA- No lo conseguirás, Claudio.

CLAUDIO- ¿Quién lo va a impedir?

AGRIPINA- Todos saben que soy una de tus concubinas.

CLAUDIO- A ti te consta que no es cierto. Tu eres distinta. No era el viento el que empujaba la vela, era el huracán de mi pasión el que arrastraba mi nave hacia tu costa ... Tu carne estremecida me esperaba en el lecho, para amarme como tú sola sabes hacerlo ...

AGRIPINA- Sabía que mi cuerpo tiraba de tu sangre, pero sólo para el goce. Pero lo que acabas de decirme es distinto. En Roma hay mujeres más hermosas que yo ... ¿Por qué has pensado en mí?

CLAUDIO- ¿Te importa conocer el motivo?

AGRIPINA- Siempre trato de saber porqué elijo un camino.

CLAUDIO- Necesito un fuerte apoyo para prolongar mi mandato, un soporte que sirva de freno a la ambición de unos y a la locura de otros.

AGRIPINA- *(Separándose de Claudio)* ... ¿Y has pensado que yo puedo ser ese soporte? ... ¿Por qué?

CLAUDIO- Tú eres, en verdad, la más alta representación de la aristocracia romana, la cabeza más alta de la familia Julia, con un hijo nacido nieto de Germánico.

AGRIPINA- Entonces, estás buscando ...

CLAUDIO- Tu sangre noble.

AGRIPINA- Eres directo ...

CLAUDIO- Así es como se llega el primero a la meta.

AGRIPINA- Y tú, a cambio, ¿qué me ofreces?

CLAUDIO- El Imperio.

AGRIPINA- *(Cruza la escena dándole la espalda a Claudio)* ... ¿Has pensado en mi marido?

CLAUDIO- Sí, claro.

AGRIPINA- ¿Y encontraste la solución?

CLAUDIO- La tengo: la nación de los Queruscos ha pedido Rey a Roma. Lucio Silano puede partir como Rey ... o morir de fatal y desgraciado accidente. Lucio es hombre despierto y sabrá escoger lo que le conviene. Partirá ...

AGRIPINA- ¿Renunciando a mí?

CLAUDIO- Renunciará, Agripina. Los hombres pierden el agradecimiento en el camino de la ambición ...

AGRIPINA- ¿Y tus hijos?

CLAUDIO- Hoy aún no son problema.

AGRIPINA- Pero, ¿y luego?

CLAUDIO- El tiempo servirá de sedante.

AGRIPINA- ¿Puedo imponer mis condiciones?

CLAUDIO- ¿Condiciones ... al César?

AGRIPINA- A Claudio, si lo prefieres.

CLAUDIO- Háblale al hombre que espera impaciente tu llegada.

AGRIPINA- Adoptarás a mi hijo Lucio Domicio con el nombre de Nerón, y casarás con él a tu hija Octavia. Sólo esa unión puede traer la paz a Roma.

CLAUDIO- *(Acariciándole los hombros)* ... Tienes ya la palabra del César. Tú mandas, Agripina.

AGRIPINA- *(Se acerca al fondo)* ... Hace mucho tiempo que esperaba este momento.

CLAUDIO- *(Reuniéndose con ella)* ... La savia del poder ha corrido siempre por tus venas.

AGRIPINA- *(Volviéndose a Claudio)* ... Mi sangre es mi dávida ...

CLAUDIO- ... Y Roma la mía.

TELÓN

ACTO SEGUNDO

SÉNECA- *(Al público)* Cuando volvemos al hilo de la narración que nos ocupa, Claudio, el "hombre fundamental" que en el año 48 cruzara el estrecho para aplastar totalmente aquel brote de frente popular que intentaba alzarse contra el Imperio, ya se había olvidado de los camaradas que con él iniciaran el movimiento para salvar Roma, se aliaba de nuevo con la monarquía tradicional y se acoplaba políticamente a las necesidades exigidas por una nueva forma de gobierno. Por otro lado, la personalidad de sus hijos Británico y Octavia quedaba postergada y diluida por la fuerza representativa de Agripina, y por el exhibicionismo del joven Nerón. La mañana del día 13 de octubre del año 54 me encontraba yo con la discreta Octavia ... *(mientras habla, entra Octavia y se sienta)* ... instruyéndola en las disciplina propias de quien ha de convertirse en Emperatriz. *(Séneca se sienta junto a Octavia y se dirige a ella)* Por ello no debes imitar a un solo hombre, aunque éste sea el más sabio. Debes tomar por maestro a aquel a quien admires, más por lo que veas en él que por lo que escuches de sus labios ...

AGRIPINA- Octavia, te he buscado por todas las dependencias de Palacio. Debí suponer dónde debía encontrarte. *(A Séneca)* En otro momento seguirás con tu filosofía. *(A la joven)* Levántate.

SÉNECA- *(Mientras obedece Octavia)* Mañana continuaremos: trataremos sobre el silogismo, con sus premisas y conclusiones.

AGRIPINA- Demuestras gran interés por Octavia, y eso dice mucho en tu favor.

SÉNECA- Es atenta y tiene afán de aprender. Confío en ella ... Perdóname *(hace mutis por la derecha)*.

AGRIPINA- No me agrada que descuides tus vestidos, ni tu maquillaje. Ya que Nerón está dispuesto a hacerte su esposa, es mejor que te encuentre bella. Eres la preferida de mi hijo y parece que no te alegra. ¡Siempre tan reservada! Debes hacer todo lo posible para conseguir que te ame, que te ame a ti sola ... Ve, cambia tu peinado y vuelve. Sé que te gusta cambiar de peinado: a la gente joven le gusta la mudanza *(Mutis de Octavia por la izquierda; por la derecha entra Nerón. Cuando cruza la escena le detiene la frase de Agripina)* ¿A dónde vas?

NERÓN- *(Reparando en ella)* No me gusta que me pregunten a dónde voy ni de dónde vengo.

AGRIPINA- Me interesa más esto último.

NERÓN- Podría darte miles de pretextos.

AGRIPINA- Contesta a mi pregunta, Nerón.

NERÓN- Entonces ¿es un pretexto lo que buscas?

AGRIPINA- ¿Has visto a la esclava?

NERÓN- *(Evasivo)* No sé de qué me hablas.

AGRIPINA- Sabes perfectamente a qué me refiero.

NERÓN- ¡No lo sé!

AGRIPINA- ¿Has estado con Actea?

NERÓN- No quiero hablar de ella.

AGRIPINA- ¡Dime! ¿La has visto otra vez?

NERÓN- *(Resuelto)* ¡Sí, vengo de estar con ella!

AGRIPINA- Tú eres el que mejor sabe que nadie como yo para hacerte feliz. Muchos romanos darían su vida por una noche de goce con Agripina.

NERÓN- Pero es que yo ... no estoy entre esos romanos. Mi deseo es otro.

AGRIPINA- ¡No me importa que lo desees o no! ... Hasta que yo lo decida seguirás como hasta ahora. *(Suave)* Yo seguiré dándote en el lecho lo que necesites, y te lo daré como jamás mujer alguna sabría dártelo. Sabes que en mí has encontrado todo cuanto puede desear un hombre ...

NERÓN- Tú no puedes darme lo que yo busco.

AGRIPINA- Entonces, ¡sabré encontrar la solución! Sabes que siempre existe una solución, al menos para Agripina.

NERÓN- *(Cogiéndola del brazo)* ¿De qué solución estás hablando? ... ¿A qué te refieres?

AGRIPINA- ¡Suelta!

NERÓN- ¡Habla!

AGRIPINA- ¡Déjame!

NERÓN- ¡Di! ... ¿A qué te refieres?

AGRIPINA- ¡A que sabré buscar un adecuado desenlace para tu idilio!

NERÓN- ¡No habrá desenlace!

AGRIPINA- ¡Lo hay! ¡Claro que lo hay! ... ¡Claudio sabrá el nombre de la rival de su hija!

NERÓN- No lo harás ...

AGRIPINA- ¿Y por qué no había de hacerlo?

NERÓN- Porque eres demasiado inteligente y es mucho lo que pondrías en juego con esa revelación.

AGRIPINA- *(Ahora comprensiva)* ... ¿Cómo puedes haber olvidado todo lo que he hecho por ti?

NERÓN- ¡Qué no habrás hecho por mí!

AGRIPINA- De todo. ¡De todo! ¿Lo entiendes? ... Hasta matar. Hace seis meses que murió Mesalina, y murió para quitar los guijarros de tu camino y no del mío.

NERÓN- Siempre me lo estás recordando. Pero eso ya pasó, pasó hace ya mucho tiempo.

AGRIPINA- No olvides las palabras de Séneca: los que no se acuerdan del pasado, están obligados a repetirlo.

NERÓN- Te conozco bien y calibro exactamente cuáles son tus fuerzas. Haz tú lo mismo: mide hasta dónde puedo llegar. También Yocasta y Edipo tuvieron un principio ... y todo acabó con muerte. No busques el mismo epílogo para nuestra historia. No intentes nada contra Actea; por venganza sería capaz de todo, aunque luego, como el hijo del rey de Tebas ... tuviera que arrancarme los ojos horrorizado por mi crimen.

AGRIPINA- Te faltaría el valor.

NERÓN- Lo haré: ¡no lo dudes!

Aparece Octavia por donde hizo mutis.

AGRIPINA- *(Tratando de disimular)* ... Después de escuchar estas palabras, no puedo dudar de tu decisión. Son enérgicas, propias de un César. Estoy segura de que a Octavia le hubieran sorprendido. *(Fingiendo que acaba de ver a la joven)* ¡Oh, Octavia! ... Hemos estado hablando de ti ... *(a Nerón)* Quédate con ella, es el futuro que te espera.

NERÓN- *(Por Octavia)* ... Un futuro incierto.

AGRIPINA- Os dejo solos.

NERÓN- *(Iniciando el mutis)* Me espera el entrenamiento con los gladiadores.

AGRIPINA- *(Imperativa)* Aún te quedan unos instantes. (*Cuando está segura de que lo ha domina, hace mutis*)

NERÓN- Muchas veces peco de brusquedad. Debes perdonarme, Octavia. No tardaré demasiado en estar en la arena peleando y, el saberlo, sin querer, me altera los nervios; es algo superior, que me puede. *(Ella le vuelve la espalda)* ... Ya sé que no soy de esa clase de hombres a los cuales tú te entregarías; pero si todo se produce tal y como está previsto, hasta puede que sea capaz de hacerte feliz. Eres joven *(le acaricia los hombros)* ... hermosa, una virgen pura y temblorosa que espera con ansiedad las caricias de un hombre: mis caricias ... *(roza con sus labios la nuca de Octavia)* Tu piel es como el terciopelo ... *(ella se aparta)* ¿No te gustan mis besos? *(Acercándosele)* Tu silencio es un silencio de espinas, hiere ... mientras que tus pechos jadean como palomas inquietas a punto de levantar el vuelo; tu cintura espera ser quebrada como un junco, y tus labios entreabiertos descubren su sed, sed de proximidad de algo cálido que los acaricie ... muy suavemente.

BRITÁNICO- ¡Déjala!

NERÓN- ¿Es así como tú insinuas?

BRITÁNICO- No ha sido una insinuación: ha sido un mandato.

NERÓN- No te alteres, no hay motivo. ¿Ignoras acaso que Octavia será mi esposa?

BRITÁNICO- ¡Todavía no lo es! Aún no está decidido ... y mientras tanto, no te acerques a ella.

NERÓN- No tolero que nadie me hable de ese tono.

BRITÁNICO- ¿Ni siquiera el hijo del Emperador?

NERÓN- ¡He dicho que nadie!

BRITÁNICO- ¡Si eres capaz, vuelve a tocarla! ¡Te juro que será la última vez que lo hagas!

NERÓN- ¿Vas a ... matarme?

BRITÁNICO- No lo dudes, Nerón. Desde niña sólo mis manos, mis manos limpias, la han guiado.

NERÓN- Pero ya no es una niña, ¿no te das cuenta, Británico? Ahora ella prefiere estremecerse con el calor de la mías.

BRITÁNICO- ¡Eres un canalla! ¡Octavia te aborrece! ¿No has advertido que le produces náuseas? Tan sólo tu presencia le produce náuseas.

NERÓN- ¿Tú crees? Aunque así fuera, no me importaría demasiado. Como es tan silenciosa y resignada, nunca me mostrará la repulsión que le produzco. Pero de cualquier modo voy a darle el motivo que necesitas para matarme en la arena ... *(la besa)*

BRITÁNICO- ¡Nerón!

NERÓN- ¡Ya lo tienes! ¡Ahora intenta matarme, porque si no lo haces, seré yo quien acabe contigo!

BRITÁNICO- ¡No será necesario bajar a la arena!

Entra Claudio.

CLAUDIO- ¿Aún aquí? ... Van a dar comienzo los juegos y tenéis que vestir los arreos. Daos prisa, es muy tarde.

NERÓN- Tan ameno era el diálogo que no nos dimos cuenta de como pasaba el tiempo. ¿No es cierto, Británico? *(Británico hace mutis)*

CLAUDIO- Parece contrariado. *(A Nerón)* ¿Ocurre algo?

NERÓN- No, nada ... de momento. *(Nerón hace mutis por el lado contrario)*

CLAUDIO- Tú, Octavia, llega hasta el palco imperial y presenta mis disculpas. No pienso asistir a los juegos. Hoy no me encuentro con fuerzas para soportar a esa maldita plebe. Hazme quedar bien ...

Octavia sale. Claudio se acerca al fondo. Poco después Séneca se reúne con él.

SÉNECA- *(Mirando al exterior)* Bello espectáculo.

CLAUDIO- Roma bulle en fiesta. Sí, la fundación de la ciudad sirve, al menos, de gran fiesta para el pueblo.

SÉNECA- Adivino los ojos de los espectadores clavados en la puerta principal. Aguardan con impaciencia que se abra para vitorear al joven Nerón. Esa puerta, en muchas ocasiones, es una salida en busca de la muerte. Puede ser un presagio ...

CLAUDIO- ¿Cómo ha reaccionado el pueblo al conocer mi idea de adoptar a Nerón?

SÉNECA- Tus legionarios se han encargado de no dejarles opinar.

CLAUDIO- ¿Me llaman dictador?

SÉNECA- No todos. Los que medran con tu apoyo dicen que Roma es libre.

CLAUDIO- ¿Y no lo es?

SÉNECA- Al menos tiene un camino libre: el que lleva al Olimpo.

CLAUDIO- Bueno es tener el camino que lleva hacia arriba. ¿Cómo se acogería una posible boda de mi hija Octavia con Nerón?

SÉNECA- Indudablemente con fiestas. Nuestro pueblo es muy dado a las fiestas. Esa boda sería motivo para que el vino se escanciara con generosidad ...

CLAUDIO- Y los pueblos, con el estómago lleno, se olvidan de la libertad. ¡Dales vino y andarán a tumbos!

SÉNECA- El pueblo siempre quiere más libertad.

CLAUDIO- ¿Quieres decir que en Roma no hay suficiente libertad?

SÉNECA- Depende. Hay tantos modos de entender la libertad.

CLAUDIO- Nadie puede negar que Roma ha evolucionado y lleva muchos años en paz.

SÉNECA- Es indudable que, desde tu subida al poder, hemos evolucionado; pero la nuestra ha sido una evolución traída por el mero paso de los años, que ha seguido el ritmo que le marcaba el progreso. Pero ¿marcha, en verdad, tu política actual al compás del momento histórico que vivimos?

CLAUDIO- No me importa. Ya he creado este Estado y justo es que también sea yo quien dicte las normas de su desenvolvimiento.

SÉNECA- Nadie pone en duda que fuiste tú el general que, con tus legionarios, cruzaste el estrecho para salvar Roma del caos en que la habían sumido la astucia de Silio y la estupidez de Mesalina ...

CLAUDIO- Por tus palabras ... advierto que has cambiado mucho.

SÉNECA- Sí, Claudio: todo muda. Hasta aquellos que entonces te vitoreaban cuando pasabas bajo el Arco de Triunfo. Son ellos los que ahora te censuran.

CLAUDIO- ¿Quién me censura? ... ¿Y por qué? ... ¿Qué han pedido que yo no les haya concedido?

SÉNECA- Hay quien pide que dejes paso a la juventud, que no estanques en los puestos dirigentes a los que te acompañaron en aquella campaña. Ya te pasaron la cuenta y tú la pagaste con creces ... ¿Por qué no pones tu confianza en los jóvenes, en esos jóvenes que lo quieras o no, muy pronto regirán los destinos de Roma?

CLAUDIO- No sé qué os pasa, pero todos acabáis hablando del futuro.

SÉNECA- La pregunta está en boca de todos los romanos: ¿qué pasará cuando tú nos dejes?

CLAUDIO- ¿Por qué os preocupa tanto mi muerte?

SÉNECA- Porque con tu muerte puede llegar la del Imperio.

CLAUDIO- Estás adelantando los acontecimientos. Todo eso está muy lejos. Pensemos en el presente: ¿qué puedo hacer ahora?

SÉNECA- Si abdicas lo harás con todos los honores. Podrías delegar el mando en alguien a quien tú gobernarías desde atrás ...

CLAUDIO- Aún no ha llegado el momento. Soy un hombre fuerte ...

SÉNECA- Sólo siendo un hombre fuerte puedes asegurar el porvenir de Roma. Cuando hayas perdido tu fuerza, nadie te obedecerá ... ¡Éste es el momento! ¡Abdica, Claudio! ¡Abdica ahora! ...

CLAUDIO- ¡Nadie puede pedirle a Claudio que abdique! ¡Ni tú siquiera, Séneca!

SÉNECA- No te lo pide Séneca: te lo pide Roma.

CLAUDIO- ¡No es cierto! ... Y aún siéndolo, no abdicaría ...

SÉNECA- Si te niegas, Roma puede volver a la turbulencia y entonces posiblemente no encuentre al hombre que la pueda salvar.

CLAUDIO- ¡Estáis locos! Sólo dejaré el Palco cuando tenga la certeza de que haciéndolo beneficiaré a Roma. Pero, ¿quién podrá sustituirme?

¡Cítame un nombre! ¿Dónde está ese hombre?
SÉNECA- ¿Has dejado tú que surja un nombre? De cualquier forma, no es preciso: no es el momento de delegar en un hombre, sino en muchos hombres ...
CLAUDIO- Lo siento Séneca. La resolución está tomada y, una vez más, voy a confiar en mis corazonadas.
SÉNECA- El Senado y la juventud no tienen suficiente con tus corazonadas. Tus palabras no alejarán la preocupación que les aguijonea cuando piensan en qué puede ocurrir el día que tú faltes.
CLAUDIO- Diles que soy el más preocupado por mi muerte. Pero que, no obstante, ahora debo pensar en algo más próximo y real: en la boda de mi hija Octavia con el hijo de Agripina.
SÉNECA- Muchos romanos se verán defraudados al advertir que vuelves a dejar Roma en poder de la monarquía tradicional representada por Agripina.
CLAUDIO- ¿Pensará alguien que soy un traidor?
SÉNECA- Es más importante lo que tú pienses de ti mismo.
AGRIPINA- *(Entrando)* ¿No estás con ellos? Están reunidos y esperan tu comunicado oficial.
CLAUDIO- ¿Quién ha ordenado que se reúnan?
AGRIPINA- Pensé que era tu deseo ...
CLAUDIO- ¡Aún soy el César!
AGRIPINA- Si has cambiado de modo de pensar ...
CLAUDIO- ¡No, no he cambiado! ... Sólo que ya no estoy tan seguro ...
AGRIPINA- ¡Claudio! *(conteniéndose y luego suave)* Aceptaré tu decisión, sea la que fuere.
CLAUDIO- Hay veces que se duda; no sabemos porqué, pero dudamos ... *(a Séneca)* He decidido conceder a Agripina el título de Augusta. ¿No dices nada?
SÉNECA- ¿Qué puedo decir?
CLAUDIO- ¡Habla!
SÉNECA- Ante la magnificencia de la Emperatriz, no importan mis palabras.

CLAUDIO- Puede que importen. ¡Di algo! ¡Te lo ordeno!

SÉNECA- Entre las flaquezas de la humana naturaleza, cuéntase aquella ceguera del alma que no sólo la empuja a caer en el error, sino también a deleitarse en él.

AGRIPINA- *(Con odio)* Hay hombres que mueren colgados por la lengua ...

SÉNECA- Morir, más temprano o más tarde, es cosa de poca importancia.

AGRIPINA- ¿Quieres decir que no te importaría morir ... esta misma noche?

SÉNECA- No, porque lo que importa es morir bien, que, por otro lado, no deja de ser un modo de huir del peligro de vivir mal.

AGRIPINA- ¿Hasta cuándo vas a permitir sus impertinencias?

CLAUDIO- Muchas veces ... algunas, dice cosas sensatas.

Claudio y Séneca salen. Agripina se acerca al fondo. Se escucha el gentío del circo cuando entra Locusta.

AGRIPINA- ¿Dónde estabas? Mis esclavas no pueden sufrir ningún olvido, no pueden equivocarse. Te dije que hablaras con el César ¿Por qué no has obedecido?

NARCISO- *(Ha entrado siguiendo a Locusta)* No la reprendas. La culpa es mía. la he necesitado y lo mío era mucho más urgente. Estuve buscando algo especial.

AGRIPINA- ¡No es disculpa!

Rompe el diálogo un fuerte clamor del circo.

NARCISO- *(Mirando al exterior)* Tu hijo Nerón ha entrado en el circo *(Agripina y Locusta se reúnen con Narciso)* ¡Es un verdadero espectáculo! *(Se escucha un nuevo clamor)* ¡Ahora aparece Británico! ... ¡No desmerece a su lado!

AGRIPINA- Británico se está haciendo hombre muy aprisa ...

NARCISO- Demasiado ... aprisa.

AGRIPINA- Y está siendo tan aclamado como Nerón.

NARCISO- ¿No crees que ha llegado el momento?

AGRIPINA- Puede que aún no ... Hemos sabido esperar. En estos instantes todo depende de unos votos *(Mirando hacia el lateral izquierda)*

NARCISO- ¿Para qué esperar más?

AGRIPINA- Si el resultado es el que espero, Claudio habrá terminado.
NARCISO- *(Impaciente)* ¿Tardarán?
AGRIPINA- Sólo es cuestión de minutos.
NARCISO- ¡Ya hemos esperado bastante!
AGRIPINA- ¡Calla, no levantes la voz!
NARCISO- *(Persuasivo)* Locusta lleva varios días aumentando la dosis.
AGRIPINA- ¿Cuántos más le son necesarios?
NARCISO- *(A Locusta)* ¿Cuánto falta para llegar al final?
LOCUSTA- Varias lunas.
NARCISO- *(A Agripina)* Le he ordenado que lo precipite ... Por eso ha estado ocupada y ha desobedecido tus órdenes. Es mejor un procedimiento rápido, cuanto antes mejor.
AGRIPINA- *(Decidida, después de escuchar un nuevo clamor)* ¡Hoy mismo!
Hacen mutis los tres y entra poco después por el lado contrario Séneca.
SÉNECA- *(Dirigiéndose al público)* ... Ya lo habéis visto y escuchado: el brusco viraje estaba a punto de producirse. El oro de Narciso y la ambición de Agripina, una vez más, habían vuelto a tomar las riendas, y Locusta está a punto de convertirse en el arma homicida de un nuevo crimen de Estado. Pronto llegaremos al desenlace de esta historia, pero algo llama nuestra atención: ¿qué queda de aquella gran mole de mármol? Tuvo razón quien dijo que los bloques de hielo siempre tienen el mismo destino: convertirse en charcos de agua ... Y ahora, antes de que entren Lusio y Británico para contaros lo sucedido en el circo, sólo me resta formularos una pregunta para que penséis en ella una vez termine esta función: ¿Creéis vosotros que la Historia se repite? *(hace mutis)*
LUSIO- *(Entra con Británico)* No has obrado bien al rechazar el abrazo de Nerón. Pronto se convertirá en tu hermano.
BRITÁNICO- *(Mientras toma asiento)* ¡Mi hermano!
LUSIO- Y el pueblo, sentado en las gradas, ha presenciado la escena. No ha sido político.
BRITÁNICO- Un simple documento no puede alterar el color de la sangre.

¡Mi sangre es distinta a la de Nerón!

LUSIO- Ese documento está firmado por tu padre ...

BRITÁNICO- ... Y aunque sea una aberración, hay que aceptarlo.

LUSIO- ¡Británico! Estás hablando del César. ¡El Emperador nunca comete aberraciones!

BRITÁNICO- ¡No, él no puede cometerlas! ... ¡Él siempre es justo! No están muy lejanos los días de mi primo Calígula ... ¿Cómo se llama al hecho de sentar un caballo a la mesa?

LUSIO- Pero los hechos ...

BRITÁNICO- Los hechos son como son, y no como nosotros queremos que sean ... Mi padre ya no es el de antes, algo ha cambiado.

LUSIO- Estás equivocado.

BRITÁNICO- ¡Ha cambiado! ... Tú lo sabes, Lusio. Antes le gustaba el combate; tú mismo luchaste a su lado buscando la unidad de nuestras tierras, la grandeza del Imperio y la libertad de los romanos ...

LUSIO- Aquello ya pasó: era el momento de las falanges ...

BRITÁNICO- Puede que tengas razón: este momento es otro. Ésta es la hora de Agripina y de la aristocracia. Es ella la que lo ha trastornado convirtiéndolo en un hombre débil, acabado, que tolera que su favorita negocie con los poderosos y medre a costa de los oprimidos.

LUSIO- ¡No debes hablar de ese modo! ¡Llevas su misma sangre!

BRITÁNICO- Su sangre se ha enturbiado al mezclarse con las lágrimas. ¿Para qué te has esforzado en darme la formación de un príncipe, en hacerme un atleta, un hombre capaz de distinguir lo justo de lo injusto?

LUSIO- Así lo quiso tu padre.

BRITÁNICO- ... Para acabar aconsejándome que admita un falso abrazo, que me humille y quede relegado a un segundo lugar. Hemos perdido el tiempo *(amargado)* Es ridículo. Tus armas son un adorno; has ido perdiendo el favor del emperador mientras iba ganándolo Narciso ...

LUSIO- Narciso sólo es un político ...

BRITÁNICO- Que manda en Roma sobre nosotros, sobre Agripina y sobre el

César. Sus sestercios guían las leyes del Senado, alientan la encubierta política de los sacerdotes, y sirven para oxidar las máquinas de guerra ...

NARCISO- *(Entrando)* Has estado magnífico en los juegos, Británico. Tu padre quiere hablarte, y viene hacia aquí.

LUSIO- Nadie puede dudar ya de su buena esgrima y de la fuerza de sus músculos.

NARCISO- A tal maestro, tal discípulo.

LUSIO- Puede que Británico sea mi último alumno. La ciudad está tranquila y florece el comercio con las paises bárbaros. ¿Para qué formar nuevos guerreros cuando ya el mundo es nuestro?

NARCISO- Un guerrero siempre resultó decorativo. Al pueblo le gusta contemplar a sus héroes, y un guerrero siempre ha sido como la larva de un héroe.

BRITÁNICO- ¿Crees que mi función va a ser puramente decorativa?

NARCISO- No te entiendo.

BRITÁNICO- Me consta que no te agradan mis triunfos.

NARCISO- Pero ¿qué dices? ... Yo mismo he felicitado al César por tus victorias en la arena ...

BRITÁNICO- Entonces ¿por qué has ordenado a la Guardia Pretoria que evitara mi encuentro con Nerón?

NARCISO- Porque era peligroso.

BRITÁNICO- ¿Por qué tanto temor? Se trata de un simple deporte, una lucha sin sangre ... y sin muerte.

NARCISO- De cualquier forma, hubiera sido una imprudencia: el pueblo no debe presenciar esta clase de encuentros.

BRITÁNICO- ¿Por qué?

NARCISO- Uno de los dos hubiera sido el vencedor ... y el otro el vencido. Pudiste ser tú el despedido del carro ...

BRITÁNICO- ...O Nerón.

NARCISO- Es posible.

BRITÁNICO- Yo estoy seguro de ello. Sólo es cuestión de tiempo.

LOCUSTA- *(Entrando)* El César *(Británico hace mutis por el mismo lado)*
CLAUDIO- *(Llega por donde lo hizo Locusta, seguido de dos centuriones)* Locusta, avisa a la Emperatriz y a Nerón. ¡Vamos, rápido! Y que vengan también los príncipes, quiero hablarles. *(Locusta hace mutis a la vez que Claudio se sienta en un sillón)* ... Despachemos cuanto antes los asuntos del día. *(Lusio intenta coger los papeles de la mesa, pero se adelanta Narciso)* ¡Oh, perdona, Lusio! Desde hoy los asuntos de gobierno me los expondrá Narciso. *(Éste se adelanta colocándose junto al César)*
LUSIO- *(A Claudio)* Comprendo.
CLAUDIO- Puedes retirarte.
Lusio hace mutis. Entran Agripina y Nerón con Locusta, por el otro lado Británico.
AGRIPINA- ¿Nos has llamado?
CLAUDIO- Sí, Agripina. Hoy es día de fiesta para todo el Imperio. El Senado ha aprobado mi propuesta. Desde hoy Roma te concede el título de Augusta.
AGRIPINA- *(Arrodillándose a sus pies)* Gracias, César.
CLAUDIO- He tomado esta decisión para satisfacer tus deseos, *(por los demás)* y los vuestros. *(A Británico)* Incluso los tuyos, ¿no es cierto?
BRITÁNICO- Debiste consultar antes de tomar esa decisión.
CLAUDIO- ¡El César no consulta con nadie!
BRITÁNICO- *(Cortante)* ¡Entonces debiste pensar en nosotros, sobre todo en Octavia!
CLAUDIO- ¿Octavia? ... Octavia no habla, hace tiempo que está encerrada en su propio silencio.
BRITÁNICO- A veces el silencio es el prólogo de la tragedia.
CLAUDIO- ¡Basta! ¡No permito amenazas!¡Nadie torcerá mis proyectos!
BRITÁNICO- ¿Tan seguro estás de tus proyectos?
CLAUDIO- ¿Qué tratas de insinuar? ... ¡En Roma mando yo! ¡Yo solo! ¡Y se cumplen mis deseos! ¡Y se realizan mis proyectos! ¡Y todos besan

mis sandalias! ¿Oyes? ¡Y te lo voy a demostrar! *(Resuelto)* Lucio, quiero ser yo quien te dé la noticia. He consultado con el Senado y, siguiendo su consejo, he determinado adoptarte. Desde ahora eres mi hijo.

NARCISO- ¡Acabas de abrir un nuevo camino a la grandeza del Imperio!

Agripina con un gesto le ordena a Locusta que salga.

NERÓN- Me has distinguido con algo que, en verdad, no merezco *(Claudio lo abraza).*

CLAUDIO- Británico, tu hermano Nerón ... espera tu abrazo.

BRITÁNICO- Será mejor que guarde sus abrazos para el circo y delante del pueblo.

NERÓN- Trato de entenderte, pero siempre hallo dificultades ...

BRITÁNICO- ¡Te estoy retando, Domicio!

CLAUDIO- ¡Ya es suficiente! *(A Británico)* Llámale Nerón.

BRITÁNICO- No lo haré, ni ahora ni nunca, porque para mí será siempre Lucio Domicio.

CLAUDIO- ¡Lo harás ahora mismo!

NERÓN- Déjalo. ¿Qué importa cómo me llame Británico? Su voluntad no muda la tuya ni la del Senado. ¿Qué importa que para Británico sea Domicio si para Roma soy Nerón?

BRITÁNICO- ¡Puede que Roma se niegue a pronunciar ese nombre, o que lo pronuncie para maldecirlo! *(Hace mutis)*

CLAUDIO- ¡Británico!

NARCISO- *(Corta la acción de Claudio y habla desde el fondo)* El pueblo comienza a reunirse en la explanada. Espera impaciente a que el César le muestre el nuevo Príncipe. *(Entra Locusta llevando en una bandeja una jarra y una copa de vino)*

AGRIPINA- Claudio aún no ha decidido quién va a ser el futuro César de los romanos.

NARCISO- La clarividencia del Emperador pronto hallará una solución.

AGRIPINA- Y mientras busca esa solución ... se viola su autoridad.

NARCISO- ¿A qué te estás refiriendo?

AGRIPINA- A que se está menospreciando el mandamiento de adopción, a que se está anulando, en la casa del Príncipe, lo que se ha promulgado con Decreto del Senado y voluntad del pueblo.

CLAUDIO- *(Pausa)* Nerón, ve a tu cámara y vuelve con la túnica de ceremonias *(Nerón hace mutis)*.

SÉNECA- ¿Qué vas a hacer?

CLAUDIO- No tardarás en saberlo.

SÉNECA- No puedes tomar una resolución tan rápida. No se puede evitar que cada uno tenga su propio punto de vista y exponga sus razones.

CLAUDIO- ¡Palabras! ¡Palabras! ¡Palabras! ¿Qué puedo hacer? ... ¡Aún no he dado con el camino!

NARCISO- Puede que yo tenga la solución.

CLAUDIO- Entonces, ¡habla!

NARCISO- Los centuriones, tribunos y libertos que están con Británico deben ser removidos de sus cargos y oficios, unos con causas fingidas y otros con acrecentamientos.

SÉNECA- Eso es violencia, y nadie ha podido conservar largo tiempo un poder fundado en la violencia.

CLAUDIO- ¿Pretendes que conserve a mi lado a los que me odian?

SÉNECA- El que teme los odios ajenos, no es apto para gobernar.

CLAUDIO- ¡Sé lo que me conviene!

SÉNECA- ¡No eres infalible!

CLAUDIO- ¡No quiero buscar mi propia caída!

SÉNECA- Medita sobre ello.

NARCISO- *(A Claudio)* Tú eres el César, y el César nunca se equivoca.

SÉNECA- Claudio, te conviene no confundir la adulación con la amistad.

NARCISO- *(A Séneca)* ¿Estás poniéndote al lado de los enemigos del Emperador?

SÉNECA- Estoy abogando por Británico.

NARCISO- ¿Y por qué tanto interés?

SÉNECA- Porque el que puede socorrer al que va a perecer y no lo socorre, lo mata. *(A Claudio)* No quiero ser cómplice de la muerte de tu hijo.

CLAUDIO- Estás desvariando, Séneca. Nadie quiere o busca el mal para Británico. No olvido que es mi hijo. *(A una indicación de Agripina, Locusta le ofrece la copa a Claudio y éste bebe)* Sé que hablas de buena fe; eres un prudente consejero y un buen ciudadano de Roma. *(Pausa)* Por todo ello, desde ahora, serás el preceptor de Nerón. Puede que algún día llegue a Emperador y quiero que seas tú quien forme su criterio.

SÉNECA- Veo que ya se ha iniciado la mueva política: eliminación o acrecentamiento. Te agradezco que me hayas incluido en el segundo grupo.

CLAUDIO- No me interesa tu agradecimiento. Está dicho *(Se lleva la mano a la frente, dando sensación de mareo)*

SÉNECA- Valoro tu favor, prefiero quedar libre de esa responsabilidad ...

CLAUDIO- Te ofrezco algo importante.

SÉNECA- Es una desgracia recibir algo, cuando ya nada se espera.

CLAUDIO- El César sólo tiene una palabra ... aunque ésta sea adversa. *(Al centurión)* ... ¡Dile a Lusio que venga! ... *(Vuelve a llevarse la mano a la frente. Mientras sale el centurión, Narciso y Agripina cruzan una mirada de entendimiento)*

AGRIPINA- ¿Te encuentras mal?

CLAUDIO- No es nada, un simple mareo.

AGRIPINA- Habrás bebido demasiado.

CLAUDIO- Apenas un sorbo ...

NARCISO- Estás fatigado.

CLAUDIO- Siento vértigo ... *(Se levanta)* ... Un sudor frío, pegajoso ... *(Se dirige al centro de la escena)*

NARCISO- *(Escuchando el clamor de la multitud)* La plaza ya está llena de gentío. No conviene hacerles esperar ...

CLAUDIO- *(Reponiéndose)* Agripina, quiero que venga mi hija. Ve a por Octavia, ¡date prisa! ... *(mutis de Agripina)* ¿Está oscureciendo? Es la noche que llega con su oscuridad.

NARCISO- Un tranquilo atardecer romano ...

CLAUDIO- *(Volviéndose a levantar)* La oscuridad nunca es tranquila. Las nubes negras gravitan sobre los hombre, amenazadoras ...

NARCISO- Es propio de la época en que vivimos.

CLAUDIO- No, no es el tiempo. Vivimos unos días en que los hombres sufren muchas tribulaciones ...

NARCISO- ¿Qué importa eso? Tú no eres un hombre, eres un dios.

CLAUDIO- Quisiera encontrar la paz en mí mismo.

SÉNECA- Los dioses no tienen paz.

NARCISO- No debes preocuparte: Roma está tranquila.

CLAUDIO- Ésa es, al menos, la apariencia; pero ya se han abrasado con fuego del cielo algunas banderas y tiendas de soldados ...

NARCISO- Está a punto de descargar una tormenta, eso es todo.

CLAUDIO- Hace unas noches se asentó un enjambre de abejas en la cumbre del Capitolio ... Han nacido criaturas con dos cabezas, y de una puerca lechones con uñas de rapiña ... Todo eso es signo de mudanza en peor ... No estoy tranquilo, Narciso. Temo que algo malo se avecina ... *(Se apoya en una columna)*

SÉNECA- Puede que sea la muerte.

CLAUDIO- ¡No, no es la muerte! ¡No puede ser la muerte!

SÉNECA- ¿Por qué no?

CLAUDIO- ¡Es pronto! ¡Muy pronto! Demasiado pronto ...

SÉNECA- La muerte está en todas partes. Por un favor insigne de los dioses, cualquiera puede arrancarle al hombre la vida, pero nadie puede sustraerle de la muerte.

CLAUDIO- ¿Dónde está la muerte?

SÉNECA- Mil caminos conducen a ella.

NARCISO- *(A Claudio)* Si temes por ti, si piensas que puede ocurrir una desgracia, firma tu sucesión. Debes salvar Roma.

CLAUDIO- ¿Salvar Roma? ... ¿De qué me hablas?

NARCISO- El Imperio se salvará con la subida de Nerón al poder.

VOCES FUERA- ¡Claudio! ¡Claudio! ¡Claudio! ¡Claudio!

CLAUDIO- *(Acercándose)* ¿Qué dicen?

NARCISO- ¡Te aclaman! ¡Te vitorean!

CLAUDIO- ¿El pueblo me aclama? ... Entonces no estoy acabado. ¡El pueblo me vitorea! ... ¡Aún cree en mí!

NARCISO- *(Con un documento en la mano)* Todo está en orden. Sólo falta tu firma. *(Cuando Claudio va a firmar, llega Británico y Lusio)*

BRITÁNICO- ¿Qué te sucede?

CLAUDIO- ¡El pueblo me aclama, hijo! ¿Oyes? ¡El pueblo me quiere!

BRITÁNICO- Estás mal.

CLAUDIO- Me quema la garganta ... *(Nerón entra. Por el lado opuesto Agripina y Octavia)* ¡Apagad las antorchas! *(Reparando en Octavia)* ¿Por qué te has vestido con esa túnica gris? *(tomándola de la mano)* Estás más hermosa con el velo púrpura y el vestido azul ... *(entregándole la mano de Octavia a Nerón)* Te confío mi hija Octavia como esposa, para que nuestra sangre mezclada asegure el porvenir de Roma.

NERÓN- Cuidaré de ella y procuraré su felicidad. *(La toma de la mano)*

VOCES FUERA- ¡Claudio! ¡Claudio! ¡Claudio! ¡Claudio!

CLAUDIO- *(Haciendo un esfuerzo ha llegado al fondo)* ¿Claudio?

VOCES FUERA- ¡Británico! ¡Británico! ¡Británico!

CLAUDIO- ¿Qué dicen? ... ¡No les entiendo! No entiendo lo que dicen! ¡Están gritando! ... ¿Qué gritan? ... ¿Qué dicen?

NARCISO- Te están aclamando.

AGRIPINA- A ti y a Nerón, ¡a tu hijo Nerón!

BRITÁNICO- *(Abalanzándose)* ¡Miente! ¡Te están mintiendo! ¡No les escuches! ¡No les escuches! ¡No es verdad! ¡Me aclaman a mí! ¡A mí! ¡A tu hijo Británico! ¡A mí!

A una indicación de Narciso los centuriones se interponen entre Británico, Lusio y Claudio. Agripina toma el documento que tiene Narciso.

AGRIPINA- *(Sentándose junto a Claudio)* Debes formar la sucesión. El pueblo lo quiere así, y es el bien para el Imperio.

CLAUDIO- Me arde la cara ... Me quema ... Dadme un espejo. ¡Quiero un espejo! *(Locusta entrega un espejo a Agripina)* ¡Dadme! quiero verme la cara *(Agripina le pasa el espejo)* ¡Me quema! ... *(mirándose)* Es mi cara, la del Emperador ... Pero, no, ¡No quiero verla! ¡Me repugna! ¡Es carne repulsiva! ¡Me da asco! ¡Es gelatinosa! ... ¡Viscosa! ¡Mi rostro ha cambiado, como cambia el camaleón! ¡Como el camaleón! *(Arroja el espejo al suelo)* ¡No quiero verlo! ... ¡Apartadlo! ... ¡Quemadlo! ... No, quemarlo, no ... No lo queméis ... *(transición)* ... El fuego del cielo ha quemado las banderas ...

AGRIPINA- ¡Tienes que firmar!

BRITÁNICO- *(Sujeto por los centuriones)* ¡No!... ¡No lo hagas!

CLAUDIO- Un enjambre de abejas se ha posado en el Capitolio ...

AGRIPINA- *(Llevando la mano de Claudio sobre el papel)* ¡Firma!

BRITÁNICO- ¡No lo hagas! ... ¡Mienten! ... ¡Te están mintiendo! ... ¡Pregunta al pueblo! ... ¡Mienten! ... ¡Pregúntales! ... ¡Son ellos los que deben decidir! ... ¡Pregúntales! ... ¡No puedes traicionarles! ... ¡Pregúntales! ... ¡No nos traiciones!

VOCES FUERA- ¡César! ¡César! ¡César! ¡César!

CLAUDIO- ... Y han nacido lechones con garras de rapiña ... *(Mientras Claudio firma, Nerón hace ademán de salir al balcón, pero lo detiene Narciso)*

NARCISO- Espera ... Sólo unos instantes ...

NERÓN- Están llamando al César ...

NARCISO- Espera ... *(mirando a Claudio)* ... y saldrás César.

CLAUDIO- *(Agripina le arrebata el documento y se pone en pie. Claudio toma la copa para volver a beber. Cuando la levanta con la mano, la mira fijamente y parece comprender)* ¡No! ... ¡No podéis hacerlo! ... ¡Locusta! ... ¡Maldita! ... *(Arroja la copa y se incorpora llegando hasta Agripina, a quien arranca el documento de las manos. Vacilante avanza hacia Británico para entregárselo, pero, antes de conseguirlo, se desploma sin vida).*

BRITÁNICO- *(Que sigue sujeto por los centuriones)* ¡Padre! ¡Padre!

AGRIPINA- *(Se acerca con temor hasta el cuerpo de Claudio y le arranca el documento de la mano. Con el rostro iluminado le dice a Nerón)* ¡Ya eres Emperador!

SÉNECA- *(A Británico que ha caído de rodillas junto al cuerpo de su padre)* No ha muerto, sólo se ha adelantado en el camino.

NERÓN- *(Se acerca al fondo, dirigiéndose hacia fuera)* ... Que se levante una estatua en el Campo Marcio y, conforme a lo que se hizo en honor del divino Augusto, se rindan honores celestes y celebren solemnes exequias en recuerdo y honra de Claudio, César de los romanos *(se dirige hacia fuera saludando al pueblo con el brazo en alto).*

VOCES FUERA- ¡César! ¡César! ¡César!

Se unen a Nerón Agripina, Narciso y Locusta. Rodean el cadáver de Claudio Séneca, Lusio, Octavia y Británico, que lo cubre.

BRITÁNICO- *(Mientras cubre a Claudio se dirige a Octavia)* Ahora hablarás ... Sí, hablarás ... ¡Tendrás que hablar!

Las luces, que se han centrado en estos personajes, se apagan.

OSCURO

Al volver la luz, la misma escena que al empezar la obra, pero ahora en lugar de Claudio es Nerón quien se encuentra en el centro agazapado como un perro, y los restantes actores salen en silencio formando un semicírculo a su alrededor.

NERÓN- *(Mientras va incorporándose)* ¡No, no ...! ¡No! ... ¡No! ¡Silencio ...! ¡Silencio ... ! ¡Silencio ... ! ¡No! ...¡No! ...¡No! ...¡Silencio ...! ¡Silencio ...! Otra vez el silencio ... ¿No es la muerte la que se rodea de silencios? ¿Acaso no es tras la muerte cuando se encuentra la liberación? ¡Sólo los dioses, o los elegidos de los dioses, se creen dueños de la libertad del hombre! ... ¡Pero no! ... ¡Sólo es la muerte quien se rodea de silencios! ... Y sólo tras la muerte se encuentra la verdadera liberación. ¡Sí, es cierto! ... Ocurrió hace ya mucho tiempo ...

Lusio abandona el escenario por el pasillo central cruzando la sala mientras el zumbido va a más fundido con los efectos de las pisadas y el cerrar de las celdas.

NERÓN- ¡Pero, todo sigue igual! ... ¡Lusio, el paso de los años no sirve para nada! ... ¡Lusio! ... ¡Aún tenéis dioses! ¡Sí, tenéis dioses y seguiréis con ellos! ... Y yo os estoy llamando, os estoy llamando con los gritos desgarrados de mi garganta ... ¡con las sienes, con las vísceras! ... ¡Lusio! ... ¡Os estoy llamando! ¡Os estoy llamando! Lusio ¡Os estoy llamando!

Se desliza abatido y sus palabras apagadas por el aumento del zumbido acaban por no escucharse. Las luces han ido decreciendo hasta llegar a la total oscuridad.

Die 'weise' Kassandra: Interpretation und Umgestaltung einer Figur in den *Troerinnen* des Euripides

Laura Gemelli, Zürich

I

Die Prophetin Kassandra ist eine der bekanntesten Figuren des griechischen Mythos in der modernen Literatur. Ihre Gestalt erscheint in verschiedenen Varianten in der europäischen Literatur, mal als Prophetin, mal als Opfer, mal als Intellektuelle, Feministin, Pazifistin[1]. Eine derartige Komplexität und Vielfalt entspricht jedoch nicht der ursprünglichen Darstellung dieser Figur[2].

In *Il.*13,365, wo Kassandra zum ersten Mal erscheint, wird auf ihre Schönheit hingewiesen. In 24,697ff. sieht sie als erste von den Mauern Troias herab ihren Vater Priamos, wie er mit der Leiche Hektors vom griechischen Heerlager zurückkommt. Laut klagend geht sie daraufhin durch die ganze Stadt und ruft alle Troer und Troerinnen zur Trauer um ihren Bruder auf. Sie erscheint dann noch einmal kurz in der *Nekyia* des elften Buches der *Odyssee*, wo der Geist Agamemnons Odysseus von seiner Ermordung und der Ermordung der Kassandra durch Klytaimestra erzählt.

In den homerischen Epen ist von ihrer prophetischen Gabe nie die Rede, doch gibt es Elemente, die die künftige Entwicklung des Mythos begünstigt haben mögen. Der klagende Aufruf an die Troer lässt z.B. Kassandra als höchst emotionale Figur in Erscheinung treten und kann zu ihrer nachträglichen Entwicklung als Prophetin beigetragen haben. Die

---

[1] Über die Figur der Kassandra in der europäischen Literatur mit entsprechender Bibliographie vgl. Jentgens 1995.
[2] Für eine ausführliche Behandlung der Kassandra-Figur in der antiken Literatur, vgl. Davreux 1942 und neuerdings Neblung 1997.

erste sichere Erwähnung als solche ist erst bei Pindar zu finden, der sie μάντιν κόραν (*P.* 11,33) nennt, allerdings ohne weitere Angabe.

Von der besessenen Prophetin aber, die die Liebe von Apollon abgelehnt hat und unter der Inspiration des Gottes spricht, gibt es vor dem *Agamemnon* des Aischylos keine Spur. Die Szene dort hat auf die ganze spätere Literatur gewirkt, so daß man von der aischyleischen Darstellung ausgehen muß, wenn man von einer Umgestaltung der Kassandra-Figur bei Euripides spricht.

Im *Agamemnon* des Aischylos bleibt Kassandra mit starrem Blick und in totalem Schweigen auf dem Wagen des Agamemnon sitzend 261 Verse lang auf der Bühne. Erst als Klytaimestra die Szene verlassen hat und der Chorführer sie auffordert, vom Wagen herunterzusteigen, gerät Kassandra plötzlich in Trance und beginnt, klagend Apollon anzurufen (*Ag.* 1072ff.). Vom Gott besessen verkündet sie ihre Visionen. Sie sieht die vergangenen Bluttaten im Palast des Atreus, die bevorstehende Ermordung Agamemnons und ihre eigene, schliesslich die neue Bluttat des Orestes gegen Klytaimestra. Sie kündigt diese Ereignisse in enigmatischen Metaphern an und erklärt dem Chor die Bedeutung ihrer Visionen erst viel später. Neue mantische Anfälle, die Kassandra voraussieht, aber nicht beherrschen kann, wechseln mit lichten Augenblicken ab, bis die Prophetin zuletzt ihre priesterliche Insignien zu Boden wirft, sie mit Füssen tritt und in den Palast dem Tod entgegengeht, in dem Bewußtsein, daß sie zumindest gerächt wird. Die Kassandra-Szene im Agamemnon erfüllt vor allem eine dramatische Funktion: sie kündigt in bildhafter und höchst emotionaler Weise die Ermordung Agamemnons und Kassandras durch Klytaimestra an[3].

Nun wurde von Anfang an die ständige Auseinandersetzung mit Aischylos als besonderes Merkmal der euripideischen Tragödie angesehen, wie es der Agon der beiden gestorbenen Dichter in den *Fröschen* zeigt[4].

---

[3] Vgl. Neblung 1997, 21. Dies schließt natürlich nicht aus, daß die Kassandra-Episode weitere Konnotationen hat. Vgl. Goldhill 1997, 140.
[4] Dort tadelt Euripides gerade die Anwendung des κωφὸν πρόσωπον, des stummen Schauspielers, der lange Zeit ohne ein Wort zu sprechen auf der Bühne bleibt (Ar. *Ra.*

Euripides hatte also mit Sicherheit die Kassandra-Episode des Aischylos vor Augen, als er die Figur der Prophetin in den *Troerinnen* auf die Bühne brachte. Und er war sich auch dessen bewußt, daß für sein Publikum die aischyleische Gestalt als Vorbild galt. Er wollte sich also in diesem Punkt zweifellos mit Aischylos auseinandersetzen, wie er es auch sonst häufig getan hat[5]. Die Auseinandersetzung mit Aischylos ist aber nur ein Leitmotiv der euripideischen Tragödie.

Ein weiterer, mit dem Bruch der gewöhnlichen Paradigmen der Tragödie eng verbundener Ansatz ist der Rückgriff auf Vorbilder und Themen des aktuellen philosophischen Diskurses[6]. So ist auch die Gestaltung der Kassandra-Figur wie auch die aller anderen Personen der *Troerinnen* stark von der sophistischen zeitgenössischen Kultur beeinflusst.

Dieser Aspekt ist mit einem wichtigen Ziel der euripideischen Tragödie eng verbunden, nämlich dem didaktischen. Da diese Aufgabe der Tragödie, die mit ihrer politischen Funktion zusammenhängt, von den einen stark betont[7], von den anderen aber immer wieder in Frage gestellt wird[8], ist eine Erklärung erforderlich. Über die didaktische Funktion der

---

911ff.) Im *Agamemnon* bleibt Kassandra 261 Verse (810-1071) lang schweigend auf dem Wagen des Agamemnon.
[5] Über die Auseinandersetzung mit Aischylos Aélion 1983; Croally 1994, 228ff.; Neblung 1997, 68ff.
[6] Die Beziehung des Euripides zur vorsokratischen Philosophie und vor allem zur Sophistik ist gut bekannt, vgl. neuerdings auch Conacher 1998.
[7] Für die *Troerinnen* vor allem Croally 1994; für die politische Funktion der Tragödie im allgemeinen die Sammelbände Winkler - Zeitlin 1990; Sommerstein - Halliwell - Henderson - Zimmermann 1993; Silk 1996.
[8] Vgl. Heath 1987; neuerdings Griffin 1998. Die politische Bedeutung der Tragödie, vor allem insofern sie die Fragestellungen ihrer Zeit zum Ausdruck bringt, wird auch von Neumann 1995, 27ff. hervorgehoben. Was Euripides betrifft, entwickelt sich jedenfalls seine Tragödie in einem sozio-kulturellen Kontext, der die sophistische *Paideia* ins Zentrum stellt. Dies läßt sich auch indirekt aus dem Urteil schließen, das Gorgias über die Tragödie ausspricht. Er bezeichnet sie als *Apate*, Täuschung (Plut. *De glor. Ath.* 348C = DK 82 B 23). Dieses Urteil ist immer als Beweis dafür angesehen worden, daß die Tragödie meist für den Genuß, nicht für die Erziehung der Zuhörer intendiert war. Man muß sich jedoch den Kontext vergegenwärtigen, in dem der Sophist ein solches Urteil ausgesprochen hat. Da die Sophisten sich selbst als Erzieher darstellten, hatten sie

Tragödie hat schon Croally ausführlich gesprochen. Hier möchte ich noch einige Bemerkungen über den Kontext der euripideischen Didaktik hinzufügen. Aristophanes verspottet in den *Fröschen* u.a. auch den Anspruch des Euripides, Lehrer von allen zu sein. Er habe die Athener gelehrt, zu schwatzen, zu begreifen, zu schauen, zu verstehen usw. (*Ra.* 953ff.). Im Agon wirft Aischylos ihm vor, sogar die Ruderer der athenischen Trireme gelehrt zu haben, sich mit ihren Herren auseinanderzusetzen (1071f.). Wie schon Croally bemerkt hat, gibt es hier zwar komische Übertreibung, die aber keine Wirkung beim Publikum gehabt hätte, wenn sich dieses nicht des didaktischen Anspruchs des Dichters bewußt gewesen wäre[9]. Diesbezüglich erweist sich der Vergleich mit Platons Darstellung der Sophisten besonders aufschlußreich. Platon, der dafür oft auf komische Typisierung zurückgreift, wirft den Sophisten genau dasselbe vor, nämlich daß sie sogar die Schuhmacher in der Naturphilosophie unterrichten wollen[10]. Auch hier ist komische Übertreibung deutlich, niemand stellt aber in Frage, daß das Hauptziel der Sophisten Erziehung war. Nun entsprach diese nicht der traditionellen *Paideia*, sondern einer neuen Erziehung, die zur veränderten Lage der athenischen Stadt passte. Trotz des negativen Bildes, das Platon übermittelt hat, wollen die Sophisten, die sich wie Protagoras als Lehrer der Tugend darstellten, ihre jungen Schüler wirklich unterrichten und sie mit gedanklichen und sprachlichen Instrumenten versehen, die ihnen ermöglichen, die jeweiligen Geschehnisse sofort zu begreifen und auch in den schwierigen Situationen, die zu ihrer Zeit nicht selten vorkamen, schnell und klug entscheiden zu können. Die *Paideia* bestand also nicht mehr darin, festgelegte Werte und Bräuche zu übermitteln, sondern darin,

---

alles Interesse daran, anderen Formen der Erziehung jede didaktische Funktion abzusprechen, nur um diese für sich selbst zu beanspruchen.

[9] Croally 1994, 21.

[10] Vgl. Pl. *Theaet.* 180d "die älteren Dichter hätten ihre Lehre, daß die Dinge immer in Bewegung sind, durch den Schleier der poetischen Form den meisten entzogen. Die späteren und weiseren hätten sie indessen deutlich gemacht, damit auch die Schuhmacher ihre Weisheit erwerben könnten und sie ehrten, indem sie lernten, daß die Dinge in ständiger Bewegung seien".

zu lehren, in einer problematischen Lage jeweils den richtigen Zeitpunkt (καιρός) zu ergreifen und schnell und richtig eine Entscheidung zu treffen[11]. Darauf zielte Protagoras ab, wenn er

> den schwächeren Logos zum kräftigeren zu machen (τὸν ἥττω λόγον κρείττω ποιεῖν)[12]

lehrte. Darauf zielten die verschiedenen Muster für Verhalten und Reden ab, die die Sophisten ihren Schülern als Vorbild für mögliche pragmatische Situationen vorgaben. Die Übertreibung Platons besteht darin, daß er den Sophisten den Anspruch zuschreibt, alle undifferenziert zu unterrichten. Doch war im Gegensatz zu dem, was Platon und in seiner Folge viele moderne Gelehrte über die Sophisten sagen[13], ihre *Paideia* elitär, nicht nur weil diese gegen Geld dargeboten wurde[14], sondern auch weil sie in den Schülern eine natürliche Klugheit voraussetzte, um wirkungsvoll zu sein[15]. Aristophanes benutzt also für Euripides dieselbe kritische Typologie, die Platon für die Sophisten anwendet. Obwohl beide die "demokratische" Tragweite der jeweiligen *Paideia* übertreiben, sind sie jedoch darin einig, daß beide, die Sophisten und der Dichter, Lehrer sind. Wie bei den Sophisten, wurde auch der didaktische Inhalt (wie auch andere Feinheiten)

---

[11] Über den pragmatischen Kontext der sophistischen Tätigkeit besonders wichtig Buchheim 1986.
[12] Arist. *Rhet*. 1402a 23 (DK 80 A 21; B 6b)
[13] An das epochemachende Buch von G. Grote, *History of Greece*, 1846-56, I, haben sich vor allem Dupréel 1948 und de Romilly 1988 angeschlossen.
[14] Sokrates sagt ironisch im *Kratylos* (384b = DK 84 A 11), er habe von Prodikos nur den Unterricht im Wert von einer Drachme, nicht den im Wert von fünfzig Drachmen erhalten und sei ihm deshalb die ganze Wahrheit über die Richtigkeit der Namen nicht zuteil geworden.
[15] Am Anfang des platonischen Dialogs *Protagoras* (310d-e) sagt der junge Hippokrates ausdrücklich, es komme nicht nur darauf an, Protagoras Geld zu bieten, um von ihm unterwiesen zu werden. Deshalb sei er zu Sokrates gekommen, damit dieser mit Protagoras spreche und ihn als Schüler empfehle. Die Sophisten unterrichteten vor allem die "jeunesse dorée" der verschiedenen Städte. Alle bedeutenden Politiker und Intellektuellen des letzten Drittels des 5. Jh. waren ihre Schüler gewesen. Dies schließt natürlich nicht aus, daß auch ein breiteres Publikum ihren öffentlichen Aufführungen beiwohnte, um sie sprechen zu hören. Die Rezeption erfolgte aber in unterschiedlicher Weise bei den verschiedenen Zuhörern.

der euripideischen Tragödie bei den verschieden ausgebildeten Zuhörern unterschiedlich rezipiert, aber sie wurde immerhin als eine Form von *Paideia* betrachtet.

Die *Troerinnen* ist die Tragödie der Besiegten: Troja ist zerstört, aber auf den Siegern lastet ebenfalls ein unglückliches Schicksal: jeder von ihnen wird verschiedenartig betroffen werden. Ganz in die Linie des sophistischen Unterrichtes stellen die *Troerinnen* Beispiele verschiedener möglicher Verhaltensweisen und Reaktionen auf die Katastrophe dar: die einen resignieren, wie Hekabe und Andromache, welche die traditionellen Werte vertreten, die anderen versuchen auf verschiedene Weise und mit verschiedenen Ergebnissen ihre aktuelle tragische Situation ins Bessere zu verwandeln. Dies sind vor allem Helena, die sich scheinbar durch Reden, in Wirklichkeit aber durch ihre erotische Ausstrahlung der Verurteilung entzieht, die andere ist Kassandra, die ihr tragisches Schicksal "in Rachepläne" zu verwandeln weiß. Kassandra steht deutlich unter dem Schutz der Götter: im Prolog sagt Athena, sie wolle wegen der frevelhaften Entführung der Prophetin von ihrem Altar durch Aias an den Griechen Rache nehmen. Kassandra ist also eine zentrale Figur in den Troerinnen und als solche vorbildlich für bestimmte aktuelle Fragestellungen der athenischen Gesellschaft.

Im Folgenden wird die Bedeutung der Gestalt der Kassandra auf den obengenannten drei Ebenen berücksichtigt:

1. Auf der literarischen Ebene wird sie als Beispiel der Auseinandersetzung des Euripides mit Aischylos und des euripideischen "Metatheaters" behandelt.

2. Auf der philosophischen Ebene, werden vor allem die kulturellen Paradigmen vorsokratischer und sophistischer Herkunft, die die Umgestaltung der Kassandra mitbestimmt haben betrachtet.

3. Auf der didaktischen Ebene wird die Vorbildlichkeit der "weisen" Kassandra in bezug auf die Stellung der Philosophen in der athenischen Gesellschaft behandelt.

Der Behandlung der einzelnen Punkte wird ein allgemeiner Überblick über die Stellung der Troerinnen in der euripideischen Tragödie und in ihrer Zeit vorangehen.

II

Bevor auf das eigentliche Thema, nämlich die Umgestaltung der Kassandra-Figur näher eingegangen wird, möchte ich einen kurzen Überblick über die Stellung der *Troerinnen* in der troianischen Trilogie des Euripides und die Beziehungen des Stückes zur Kultur des letzten Viertels des fünften Jahrhunderts geben.

Die Tragödie ist das letzte Stück einer im Jahre 415 v. Chr. aufgeführten Trilogie[16], die das Schicksal der Trojaner von der Geburt des Paris/Alexandros bis zur Zerstörung der Stadt erzählte. Im ersten nur fragmentarisch erhaltenen Stück, dem *Alexandros*, wurde die Vorgeschichte des trojanischen Krieges erzählt: die Geburt des trojanischen Prinzen, seine Aussetzung und seine Wiederaufnahme ins königliche Haus. Im zweiten Stück, dem Palamedes, wurde eine isolierte Episode des trojanischen Krieges, nämlich die ungerechte Hinrichtung des weisen Heros Palamedes, des Erfinders aller Künste, infolge der heimtückischen Intrigen des Odysseus dargestellt.

Im Prolog der *Troerinnen* künden die Götter Athena und Poseidon die Zerstörung der griechischen Flotte an. Der Grund für sie liegt darin, daß Aias Kassandra mit brutaler Gewalt vom Altar Athenes weggerissen hat und von den Griechen nicht dafür bestraft worden ist. Die Göttin Athene will sich für diesen Frevel rächen. Die *Troerinnen* sind also eine Tragödie der Vernichtung sowohl der Besiegten als auch der Sieger. Eine eigentliche Handlung fehlt dabei völlig[17]. Die Tragödie besteht vielmehr aus deutlich getrennten Tableaus, deren Verbindung die Figur der Hekabe bildet, die vom Anfang bis zum Schluß auf der Bühne bleibt. Da es keine

---

[16] Über die troianische Trilogie, vgl. Scodel 1980.
[17] Vgl. darüber auch Dunn 1996,109f.

Handlung gibt, liegt die Besonderheit der Tragödie in der paradigmatischen Funktion der Gestalten, die als Vorbild für aktuelle menschliche Typologien und Verhaltensweisen dienen. So ist z. B. Andromache die Trägerin der traditionellen Moral der athenischen Frauen, während ihr Gegenpol Helena, die sich rhetorisch als Femme Fatale malgré soi darstellt, eine Vertreterin der neuen von den Sophisten propagierten ethischen Relativität ist.

David Croally hat darauf aufmerksam gemacht, daß Euripides in den *Troerinnen* beides, Krieg und sophistischen Diskurs auf die Bühne gebracht hat[18].

Was den ersten Punkt betrifft, ist allerdings hervorzuheben, daß es sich hier nicht um Krieg im allgemeinen, sondern um Angriffskrieg handelt, ein für die athenische Gesellschaft dieser Zeit brisantes Thema[19]. Als solcher wurde auch der Feldzug nach Troia angesehen. In der Archaiologia des Thukydides wird Agamemnon als Imperialist dargestellt, der die Macht, die er von seinem Vater Atreus geerbt hatte, mittels einer grossen Flotte behielt. Er habe nicht durch Freundschaft, sondern durch Furcht die anderen Griechen für den Feldzug gegen Troia aufgeboten[20]. Anhand der Interaktion zwischen Siegern und Besiegten bringt Euripides die Probleme, die mit dem Angriffskrieg verbunden sind, auf die Bühne.

Die Tragödie ist aber vor allem durch die sophistische Kultur geprägt. Das Thema des troianischen Zyklus einerseits, die paradigmatische Funktion der Szenen und der Gespräche andererseits lassen in dieser Tragödie ein Paradebeispiel der sophistischen Darstellungsweise erkennen.

---

[18] Croally 1994, 255.
[19] Über die historischen Anspielungen in den *Troerinnen* ist viel geschrieben worden. Ein zusammenfassender Überblick über die Forschung in Hose 1995, 33-36 mit entsprechenden bibliographischen Hinweisen. Heute ist man darin einig, in der Tragödie nur die Behandlung allgemeiner Themen der athenischen Gesellschaft u. a. auch Krieg zu sehen, nicht aber Anspielungen auf bestimmte historische Ereignisse.
[20] Thuc. 1,9,3 ἅ μοι δοκεῖ Ἀγαμέμνων παραλαβὼν καὶ ναυτικῷ [τε] ἅμα ἐπὶ πλέον τῶν ἄλλων ἰσχύσας, τὴν στρατείαν οὐ χάριτι τὸ πλέον ἢ φόβῳ ξυναγαγὼν ποιήσασθαι.

Denn im Erziehungsprogramm der Sophisten spielten die Gestalten des trojanischen Zyklus eine bedeutende Rolle. Gorgias hatte außer dem berühmten Lobpreis der Helena auch eine Selbstverteidigung des Palamedes verfasst, worin sich dieser gegen die Anklage des Odysseus verteidigte, die Griechen verraten zu haben (DK 82 B 11a). Nach Angabe Platons im *Hippias Minor* hatte Hippias in seinem Τρωϊκὸς διάλογος ein Gespräch zwischen Nestor und Neoptolemos nach der Eroberung Trojas über das Thema geschildert, wie ein junger Mann Ruhm erwerben kann[21]. In demselben platonischen Dialog interpretiert der Sophist die Figuren der griechischen Krieger, die nach Troja gekommen sind, jeweils als Beispiel für moralische Eigenschaften. Der beste von ihnen sei Achilleus, der weiseste Nestor, der vielgestaltigste Odysseus. Er zieht eine Stelle Homers heran, um seine These zu bestätigen, daß Achilleus wahrhaftig und aufrichtig, Odysseus dagegen vielgewandt und lügnerisch ist[22].

Die Sophisten setzten sich also mit dem Mythos auseinander, benutzten ihn aber für ihre jeweiligen didaktischen Ziele: um ethische Werte zu vermitteln wie z.B. Protagoras oder Hippias, oder um die Schüler in der Rhetorik zu unterrichten bzw. um das Publikum mit einer kunstfertigen Rede zu unterhalten, wie Gorgias. Zu diesen Zwecken wurde der Mythos von ihnen uminterpretiert und aktualisiert. So wurden die mythischen Gestalten jeweils zum Exempel für positive oder negative moderne Werte und Verhaltensweisen. Palamedes galt als das menschenfreundliche Opfer von skrupellosen Politikern wie Odysseus, Helena als Opfer übergeordneter Mächte, Odysseus als Paradeigma des betrügerischen politischen Redners.

Vor diesem kulturellen Hintergrund sind auch die *Troerinnen* zu interpretieren.

---

[21] Pl. *Hipp. min.* 268a.
[22] Pl. *Hipp. min.* 364cff.

III

Und nun zum ersten bedeutenden Gesichtspunkt der euripideischen Interpretation von Kassandra, der Auseinandersetzung mit Aischylos. Wie Aristophanes es in seinen *Fröschen* ausgearbeitet hat, ist diese eine Konstante der euripideischen Tragödie. Da aber die aischyleische Interpretation der Kassandra-Figur Epoche gemacht hatte, hat Euripides die Abweichung von seinem unmittelbaren tragischen Vorbild hier besonders betont. Einige seltsame Züge der Gestalt der Kassandra und der ganzen Szene lassen sich dadurch erklären, dass Euripides in Auseinandersetzung mit Aischylos mit den verschiedenen möglichen Darstellungen dieser Figur spielt. Während die anderen Gestalten der Tragödie mehr oder weniger eine einheitliche Typologie darstellen[23], zeigt Kassandra eine Vielfalt von Aspekten, die mehrere dramatische Darstellungsparadigmen voraussetzen: sie erscheint jeweils als rasende Erinys, als weise Sophistin, als selbstgeopferte Jungfrau[24]. Im folgenden werden vor allem die beiden ersten Aspekte behandelt, die in deutlichem Kontrast mit der aischyleischen Darstellung stehen.

Euripides scheint von Anfang an, bei der sogenannten Ekstase der Kassandra, sein Publikum auf den Unterschied zwischen seiner Prophetin

---

[23] Die Änderung im Verhalten der Hekabe, die von der besiegten leidenden Königin zur heftigen und unerbittlichen Anklägerin der Helena wird, war dem Publikum seit der *Hekabe* schon vertraut.

[24] Euripides übernimmt die Typologie der Jungfrau von der Epik, die nur diese Darstellung der Kassandra kennt und paßt sie an sein Paradigma der geopferten Jungfrau an, das sehr oft in seinen Tragödien erscheint. Kassandra unterzieht sich nicht nur bereitwillig und "männlich" wie Iphigenie in der *Iphigenie in Aulis* (über die enge Verbindung der Kassandra mit Iphigenia vgl. Battezzato 1995, 179-81) und Polyxena in der *Hekabe* ihrem Schicksal, sondern stellt sich als Rächerin ihres Vaters, ihrer Brüder und ihrer Stadt dar. Ihr Opfer trägt die Züge einer *Devotio*, nämlich eines Selbstopfers für die Rettung der Stadt (das Paradebeispiel dafür war schon im 5. Jh. v. Chr. das Selbstopfer von Kodros, dem mythischen König Athens, während der dorischen Invasion in Attika, darüber Burkert 1979, Kap. III). Im späteren Ritual der *Devotio* wurde sowohl der sich selbstopfernde Krieger als auch die zu vernichtenden Feinde den *Manes* und der *Tellus* übergeben, was bedeutet, daß beide in die Unterwelt gehen mußten (Burkert, 1979, 63). Die drohenden Töne des Hymenaios der Kassandra und die

und der des Aischylos aufmerksam machen zu wollen. Die Differenzen betreffen sowohl die Gesamtdarstellung als auch wichtige Einzelelemente[25].

A. Gesamtdarstellung

Bei Aischylos ist die passive Ekstase, die unter dem Angriff des Gottes erfolgt charakteristisch für Kassandra. Obwohl sie spürt, wann der Gott sie in Besitz nimmt, kann sie nichts dagegen tun. In den Ekstasen drückt sie sich enigmatisch und durch Visionen aus. Ihre Verbindung mit der Umgebung ist locker. Obwohl sie bisweilen wie von fern die Worte des Chors hört, bleibt sie in ihren Visionen gefangen. Den Chor spricht sie während ihrer Ekstasen nie direkt an, weil sie sich vielmehr an Apollon richtet. Erst allmählich tritt sie aus ihrem Zustand heraus und ist erst später imstande, ihre früheren prophetischen Äußerungen zu verdeutlichen.

Bei Euripides ist die sogenannte "Ekstase" eine aktive Ekstase, die nicht "von außen", von einem direkten Angriff des Gottes verursacht wird, sondern "von innen heraus" aus Freude erfolgt[26]. Denn Kassandra weiß schon, daß sie den griechischen Feldherrn Agamemnon vernichten und somit ihre Stadt und den verstorbenen Vater und die Brüder rächen wird, wie sie ihrer Mutter nachträglich erklärt[27]. Kassandra führt selbst vom Anfang an die Fäden und zieht den Gott nur als Gewährsmann für ihr

---

Anspielungen auf das nächtliche Begräbnis des Agamemnon und an ihre eigene unbestattete Leiche weisen in diese Richtung.

[25] Darüber ist viel geschrieben worden, vgl. Mason 1959, 91ff. vor allem Aélion 1983, II, 223ff., Neblung 68ff., Croally 1994, 228ff. Hier werden vor allem Aspekte betont, denen bisher keine besondere Achtung geschenkt worden ist.

[26] Vgl. Aélion 1983, II, 229-32. Aélion versucht jedoch die Kassandra des Euripides der aischyleischen näher zu bringen, um der Abstand zwischen der Anfangsszene und dem Rest der Episode in den Troerinnen zu erklären und hebt die rationalen Züge der aischyleischen Kassandra hervor: diese verliere auch nicht ganz den Kontakt mit der Realität und zeige ebenfalls Übergänge von Ekstase zur Rationalität. Abgesehen davon, daß bei Aischylos der Kontakt mit der Realität nur ganz locker ist, hat seine Kassandra, wenn sie prophezeit, keine klaren eigenen Pläne im Kopf, äußert sich durch Klagelaute und in dunkler Sprache. Der Übergang von ihrer Inspiration zu einer rationalen Erklärung dauert immerhin 51 Verse, in denen sie versucht, dem Chor ihre Orakel verständlich zu machen (1129-80).

[27] Vgl. auch Neblung 55.

Wissen heran. Sie verliert nie den Kontakt mit der Umgebung und spricht direkt ihre Mutter und die Frauen des Chores an. Sie ist sich immer dessen bewußt, was sie macht und wie sie damit auf die anderen wirkt. Während der sogenannten Ekstase spricht sie keine wirkliche Prophezeiung, sondern hebt vor allem in vollem Bewußtsein ihre Rolle als Rächerin hervor. Diese besondere Rolle, auf die Kassandra immer wieder die Aufmerksamkeit lenkt, ist der aischyleischen Kassandra völlig fremd. Euripides hat, um diesen Aspekt seiner Kassandra darzustellen, auf andere dramatische Vorbilder zurückgegriffen. Das Paradebeispiel der Rächerin ist die Erinys bzw. die Erinyen, die eine so wichtige Rolle in den *Eumeniden* des Aischylos und im *Orestes* des Euripides selbst spielen. Nun behauptet Kassandra selbst am Ende der Szene, sie sei eine der drei Erinyen, und als solche werde sie von Agamemnon mitgenommen (V. 457). Der bakchische Zustand, der immer wieder nur als prophetische Inspiration interpretiert worden ist[28], ist gerade dadurch zu erklären, daß Euripides für die Kassandra-Darstellung der ersten Szene das Vorbild der Erinys vor Augen hat. Ihr Auftritt im rasenden Jubel, Fackeln schwingend, verweist sicherlich weder auf die von Apollon besessene Prophetin (die bei Aischylos auch während der Prophezeiung fest auf der Stelle verharrt) noch auf die üblichen Darstellungen der Hochzeitsriten[29], sondern auf das Auftreten der Erinyen[30]. Nun werden diese schon bei Aischylos als rasende, tanzende, schreckliche Jungfrauen (κόραι)

---

[28] Vgl. Neblung 53 A.69. Die verschiedenen Betrachtungen über das Eindringen des Dionysos in die apollinische Sphäre der Mantik, sind zwar im allgemeinen gültig, lassen sich aber in bezug auf diesen Kontext schwer auswerten. Der Jubel Kassandras wird nicht so sehr von der mantischen Inspiration, sondern von der wilden Freude an Rache hervorgerufen, die aus bewußtem Wissen kommt, und auch die Erinyen kennzeichnet. Die dionysische Inspiration bricht aus Wahnsinn heraus und schließt Bewußtsein aus.

[29] Auf die Abweichung vom üblichen Brauch bei Hochzeitsritual vgl. Krummen 1998, 318ff.

[30] Nach Arnott 1978, 120 sind Fackeln in den tragischen Darstellungen vor Euripides Attribute nur der Erinyen. Vgl. auch Neblung 1997, 46. Mit Fackeln erscheinen Erinyen auch auf Vasen von der Mitte bis ans Ende des 4. Jh. v. Chr., die Szenen aus der *Oresteia* darstellen (LIMC III 1, 828, Abb. 9-11; 833, Abb. 55, 57-58, 61).

dargestellt³¹, die jedoch ein klares Bewußtsein ihrer Pläne haben. Die Erinys ist βυσσόφρων "mit tiefen Gedanken", d.h. sie hat göttliches Wissen. Euripides beschreibt sie im *Orestes* durch bakchischen Wortschatz: sie werden als δρομάδες und ποτνιάδες, wie die Mänaden des Dionysos angesprochen³². Allerdings sind die Erinyen, im Gegensatz zu den Mänaden, die völlig in Wahnsinn geraten, bei vollem Bewußtsein und zielstrebig. In den *Eumeniden* des Aischylos singen sie und tanzen das Lied, welches Orestes "fesseln" wird³³. Das Hochzeitslied der Kassandra mit seinen drohenden Tönen gilt ebenso als "Fesselung" des Agamemnon. Das Schicksal des griechischen Führers ist von da an bestimmt.

B. Einzelelemente.

Zwei Einzelelemente sind besonders bezeichnend für Kassandras klares Bewußtsein auch während der sogenannten Ekstase:

1. Erstens, der Versuch, ihre Abweichungen vom üblichen Brauch rational zu begründen: Sie habe selbst die Fackel entflammt, weil ihre Mutter damit beschäftigt sei, den verstorbenen Vater und die zerstörte Heimat zu beklagen (Vv. 315-23) (in den Hochzeitsriten trägt sonst die Mutter die Fackel).

2. Zweitens, die ironische Färbung solcher Begründungen. Ironisch klingt die Anrede an die Mutter (Vv. 315-19):

> Da du Mutter mit Weinen und Klagen beschäftigt bist, meinen toten Vater und die geliebte Heimat zu beklagen, entflamme ich zur eigenen Hochzeit die Fackel.

Ironisch ist auch der Verweis auf den νόμος (Vv. 321-24):

---

[31] Vgl. *Eum.* 307ff.; 370ff.
[32] *Or.* 317ff. δρομάδες ὦ πτεροφόροι/ ποτνιάδες θεαί,/ ἀβάκχευτον αἳ θίασον ἐλάχετ᾽ ἐν/ δάκρυσι καὶ γόοις,/ μελάγχρωτες εὐμενίδες
[33] *Eum.* 332 "Hymnos aus Erinyenmund, ohne Leier, der den Verstand fesselt, der Menschen dörrt".

> Ich bringe dir das Licht, dir o Hymenaios, dir o Hekate zum Lager der Braut, wie es Brauch ist.

Während Kassandra sich bewußt ist, daß alle Gesetze verletzt worden sind, und daß sie selbst dem Brauch zuwidergehandelt hat (sie hat selbst die Hochzeitsfackel getragen), beruft sie sich dennoch auf ihn. Ein solcher Hinweis auf den Brauch klingt recht ironisch und paradox und kann kaum zufällig sein. Denn die Relativität der Sitten und Bräuche war ein Lieblingsthema der Sophisten. Diese Tendenz zur Ironie wird später nach der rationalen Rede der Kassandra sogar vom Chor selbst betont (V. 405):

> Wie du mit dem Gefühl der Freude über dein eigenes Unglück lachst!

Im Vergleich zur inspirierten Prophetin des Aischylos, die sich nur widerwillig ihrem Schicksal fügt, zeigt sich Kassandra also schon von Anfang an in vollem Bewusstsein und fest entschlossen, ihr Schicksal in rational begründete Rachepläne zu verwandeln.

Euripides läßt Kassandra selbst die programmatische Äußerung seiner Auseinandersetzung mit Aischylos aussprechen (Vv. 361-67). Nachdem Kassandra ihrer Mutter, die sie wegen ihres Wahnsinns zurechtgewiesen hat, nochmals die Gründe für ihre Freude erklärt hat, fügt sie hinzu (Vv. 361-64), sie wolle weder ihren eigenen Tod noch den rächenden Muttermord, die durch ihre Verbindung mit Agamemnon verursacht werden, besingen (was ja gerade Aischylos in der *Oresteia* gemacht hatte). Vielmehr wolle sie beweisen, daß das Geschick ihrer Heimatstadt glücklicher sei als das der Achäer. Mit dieser Art Selbsterklärung wird der Unterschied zur aischyleischen Figur ausdrücklich betont[34]. Die gegensätzliche Behandlung wird durch die Antithese zwischen den dem jeweiligen fachspezifischen Bereich

---

[34] Vgl. darüber auch Mason 1959, 90, Croally 1994, 228ff.

angehörenden Verben ὑμνήσομαι und δείξω (ich werde beweisen)[35] hervorgehoben: einerseits die aischyleische poetische Behandlung der traditionellen mythischen Stoffe, andererseits die euripideische sophistische Interpretation der Kassandra-Figur. Die besessene Prophetin des *Agamemnon* "singt" ihre Visionen unter dem Druck des Gottes, die euripideische weise Seherin weiß, rational und konsequent Beweisführungen aufzubauen. Die Prophetin bietet auf der Bühne eine Exegese ihrer Gestalt und führt die Möglichkeiten ihrer dramatischen Darstellung aus.

Vor diesem Hintergrund ist auch die für die Modernen schockierende Selbstaussage der Kassandra zu interpretieren, die der Kritik immer Probleme verursacht hat. Kassandra fügt, nachdem sie ihre Absicht erklärt hat, sie wolle beweisen, daß ihre Stadt glücklicher sei als die Achäer, die Bemerkung hinzu: sie sei noch vom Gott inspiriert, doch werde sie solange die Raserei verlassen (Vv. 366f.).

Diese direkten Worte über ihren Zustand wurden immer als unangebracht empfunden, weil sie eine Kontrolle über die eigene Ekstase voraussetzen. Friedrich hatte ausdrücklich gesagt, daß eine solche Behauptung nur von einem Simulanten gemacht werden könne, der die vorangehende Ekstase bewußt herbeigeführt habe[36]. Di Benedetto[37] hat der Figur der Kassandra eine tragische Dimension abgeleugnet, weil bei ihr die Rationalität überwiege. Kassandra sei eine gescheiterte Figur, weil die leidenschaftliche und die rationale Seite sich nicht gut zueinander fügen.

Doch ist die Äußerung Kassandras als Selbstexegese zu deuten[38]. Euripides will hier noch entschiedener seine Abweichung von Aischylos betonen. Er macht durch diese verblüffende Äußerung der Kassandra die Zuhörer darauf aufmerksam, daß er von nun an das mythische Vorbild

---

[35] Vv. 361-62: ...πέλεκυν οὐχ ὑμνήσομεν, ὃς ἐς τράχηλον τὸν ἐμὸν εἶσι χἀτέρων...πόλιν δὲ δείξω τήνδε μακαριωτέραν ἢ τοὺς 'Αχαιούς Vgl. indessen Aesch. *Ag.* 1149.
[36] Friedrich 1953, 72; vgl. auch Davreux, 44; Mason, 90.
[37] Di Benedetto 1971, 54-59.
[38] Croally 1994, 244ff. weist auf die häufigen "self-references", wie er sie nennt, die in den *Troerinnen* vorliegen.

ganz verlassen und die andere, die moderne Seite, die neue mögliche Interpretation der antiken Prophetin zeigen wird.

IV

Und nun zum zweiten Punkt unserer Interpretation: dem philosophisch-sophistischen Hintergrund der euripideischen Darstellung der "weisen" Kassandra.

In diesem Bereich ist die besondere Form mantischer Begabung von Bedeutung, die Euripides der Prophetin zuweist. Kassandra zeichnet sich nicht durch eine intuitive Form der Mantik aus, nämlich der irrationalen Besessenheit, die sich in Visionen ausdrückt, sondern durch einen rationalen Zugang zur Wahrheit: der Gott übermittelt der Prophetin ihre Weisheit in einem klaren Gespräch. Nach Kassandras eigener Aussage hat ihr Apollon deutlich "*logoi*" über das Schicksal ihrer Mutter und des Odysseus verkündet[39].

Diese Art der Vermittlung, die der Besessenheit diametral entgegengesetzt ist, und die das Wort, *Logos*, und die Belehrung ins Zentrum setzt, ist im 5. Jh. v. Chr. charakteristisch für bestimmte Seher und Naturphilosophen wie z.B. Parmenides, dem die Wahrheit in einem Gespräch mit der Göttin offenbart wird.

Im Bereich der tragischen Dichtung erweist sich methodologisch als besonders aufschlußreich, eine Tragödie zu erwähnen, die als Vorbild für die Darstellung des *Mantis-Sophistes* gilt, nämlich den Aischylos zugeschriebenen, aber später verfassten *Gefesselten Prometheus*, dessen Aufführung meist nach 430 v. Chr. angesetzt wird[40]. Seine Mutter Themis,

---

[39] Vv 428-30...ποῦ δ' Ἀπόλλωνος λόγοι, οἵ φασιν αὐτὴν εἰς ἔμ' ἡρμηνευμένοι αὐτοῦ θανεῖσθαι;

[40] Die Diskussion über Datierung und Autorschaft des *Prometheus* ist noch offen, obwohl zur Zeit die meisten Gelehrten sich an Griffith 1977 halten und die Tragödie als unaischyleisch betrachten. Eine ausführliche Darstellung dieser Frage bei Bees 1993. Die auffälligen Entsprechungen mit den *Troerinnen* lassen sich nicht befriedigend dadurch erklären, daß Euripides das Vorbild für den *Prometheus* gewesen ist, weil dort der weise *Mantis* eine zentrale Figur ist, während bei Euripides Kassandra nur eine unter anderen

die Titanin, hat Prometheus das Schicksal von Zeus, von Io, und von ihm selbst geschildert, also durch Gespräche vermittelt. Wie Kassandra sich über die zukünftige Vernichtung ihres Feindes freut, freut sich Prometheus trotz seines Leidens darauf, dass einmal auch Zeus untergehen wird. Beiden wird von Herolden ihr Wahnsinn vorgeworfen. Beide behandeln diese verächtlich als Diener. Prometheus ist zugleich Seher und erziehender Philosoph, der die Menschen alle Künste gelehrt hat. Euripides hatte ein derartiges Bild des Sehers vor Augen, als er seine Kassandra auf die Bühne brachte.

Die Erkenntnis, daß Kassandra mit den Zügen eines Weisen vom Typus des Prometheus ausgestattet ist, bildet die Voraussetzung für das Verständnis ihrer Verwandlung zur Sophistin, wie sie sich in ihrer Lobrede für die gefallenen Trojaner zeigt (Vv. 368-405). Diese Metamorphose ist erst vor dem Hintergrund sophistischer Deutung der antiken Weisheit verständlich.

Im gleichnamigen Dialog Platons (316e) erklärt Protagoras, daß antike Weise wie Homer, Hesiod, Mousaios, Orpheus und andere, Sophisten gewesen seien. Sie hätten sich aber unter dem Schleier der Poesie, der religiösen Weihe und der Orakelsprüche versteckt, um der Unbeliebtheit, die dieser Bezeichnung anhaftet, zu entgehen. Wenn die Aussage des Protagoras auch nicht wörtlich zu nehmen ist, so sind in ihr immerhin die Grundzüge der sophistischen Interpretation der früheren Weisheit enthalten. Die Sophisten stellten sich als Erben der alten Weisen dar, aber zugleich betrachteten sie jene als vollständige Sophisten. Diese Interpretation von Dichtern, Weihepriestern, Orakelverkündern als Sophisten schlägt sich im (pseudo-?) euripideischen *Rhesus* nieder, in dem Orpheus und Mousaios als *Sophistai* bezeichnet werden (V. 949), aber auch bei Herodot. Dieser bezeichnet als solche nicht nur Solon und Pythagoras, sondern auch die Nachfolger des Sehers Melampus. Auch der euripideischen Darstellung der Kassandra-Figur liegt diese Deutung

---

vorbildlichen Figuren darstellt. Ein Einfluß in umgekehrter Richtung scheint also wahrscheinlicher.

zugrunde⁴¹. Kassandra ist nicht nur eine "weise" Seherin, sondern auch eine vollständige Sophistin, die die Rhetorik meisterhaft beherrscht. Ihre Rede ist eine Art *Epitaphios Logos*, einer Lobrede für die Kriegsgefallenen⁴², wie sie üblicherweise in Athen nur von angesehenen Männern gehalten wurde. Es sei dabei nur auf die Rede des Perikles im zweiten Buch des Thukydides hingewiesen.

Motive des *Epitaphios* waren u. a. die Lobpreisung der Polis und ihrer Sitten im Gegensatz zu denen der Feinde, die Nennung der Verdienste der Gefallenen um ihr Vaterland, die tröstende Ansprache an ihre Witwen und Kinder⁴³. Die Rede Kassandras dient als Trost für ihre Mutter und für die trojanischen Frauen, die ihre Männer und Kinder im Krieg verloren haben. Kassandra lobt die Trojaner, weil sie für die Verteidigung ihres Vaterlandes gekämpft haben. Sie seien dort gestorben und gemäß dem religiösen Brauch begraben worden. Die Griechen seien indessen ohne Notwendigkeit als Feinde in ein fremdes Land eingedrungen. Ihre Gefallenen lägen deshalb auf fremdem Boden, ohne ein regelrechtes Begräbnis bekommen zu haben. Niemand sei da, der ihren Gräbern Totenopfer darbringen könne.

Die Rede der Kassandra ist ferner vom Stil her völlig in der Art einer sophistischen epideiktischen Rede gestaltet. Von der sophistischen Vorliebe für Paradoxe ist zum Beispiel der Lobpreis des Paris (Vv. 398f.) angeregt: Wenn Paris nicht die Tochter des Zeus geheiratet hätte, hätte niemand darüber gesprochen, d.h. das Haus des Priamos hätte keinen Ruhm davon getragen. Signifikanterweise taucht ein ähnliches Motiv bei Isokrates, dem Schüler des Gorgias, wieder auf, der in seinem *Lobpreis Helenas* die Rehabilitation des Paris beabsichtigt⁴⁴.

---

⁴¹ Sie ist übrigens auch in der Darstellung des Teiresias in den *Bakchen* vorausgesetzt, der wie ein richtiger Sophist redet, vgl. darüber Roth 1984.
⁴² Auf diesen Aspekt der Kassandra-Rede ist es schon hingewiesen worden, vgl. Harder 1993, 228 Merkwürdigerweise hat Prinz 1997, der den *Epitaphios* der *Hiketiden* des Euripides ausführlich behandelt (17ff.), die Rede der Kassandra nicht beachtet.
⁴³ Über den *Epitaphios Logos*, vgl. Ziolkowski 1981; Prinz 1997.
⁴⁴ Isocr. *Hel.* 43 ἀλλ' ἐπεθύμησεν(scil. ὁ Ἀλέξανδρος) Διὸς γενέσθαι κηδεστής, νομίζων πολὺ μείζω καὶ καλλίω ταύτην εἶναι τὴν τιμὴν ἢ τὴν τῆς Ἀσίας βασιλείαν

Zur sophistischen Kunst gehört auch die Anhäufung rethorischer Kunstmittel wie Metonymien, Anaphern, Antithesen, Allitterationen und besonders das Verb δείξω, "ich werde beweisen", das am Anfang von sophistischen Reden erscheint[45]. Man hat diese Rede der Kassandra oft als widersprüchlich, inkonsistent[46], kontextlos beurteilt. Doch erweist sie sich als völlig kohärent, wenn man sie vor dem Hintergrund der sophistischen Kultur interpretiert. Kassandra handelt hierbei ganz im Einklang mit den Zielen der Sophisten, wie sie im platonischen *Theaitetos* dargestellt werden. Sokrates lässt Protagoras in seiner fiktiven Verteidigung die Aufgabe des "Weisen" folgendermassen bestimmen:

> eben den nenne ich gerade weise, welcher, wem unter uns Übles ist und erscheint, die Umwandlung bewirken kann, daß ihm Gutes erscheine und sei[47].

Kassandra zielt mit ihrer Rede darauf ab, gerade diese Umwandlung in ihrer Mutter und in ihren trojanischen Mitbürgerinnen zu bewirken. Auch diese Aufgabe gehört zu ihrer Darstellung als Weise.

Wie sich aus diesen Ausführungen ergibt, ist also in dieser Passage die Figur der Kassandra recht provokativ umgestaltet worden: sie tritt nicht nur als Vertreterin der sophistischen Weisheit auf, sondern erfüllt sogar einen Auftrag, der in Athen sonst nur angesehenen Männern gegeben wurde, nämlich einen *Epitaphios logos* zu halten. Die Prophetin Kassandra, die die Züge eines Sophisten trägt, die Aufgaben der weisen Männer übernimmt und die als einzige klar sieht[48], mußte daher in einer paradigmatischen Tragödie wie den *Troerinnen* eine besondere Vorbildfunktion haben.

---

[45] Vgl. auch Biehl 1989, 189; Goldhill 1997, 134f.
[46] So Croally 1994,229ff. Kassandra stelle die allgemein akzeptierte mythische Wahrheit in Frage, nämlich, dass die Griechen die wirklichen Sieger gewesen seien.
[47] Pl. *Theaet.* 166d-167d (80 A 21a DK).
[48] Pace Croally 1994, 231 wird der Wahrheitsanspruch Kassandras nie in Frage gestellt. Ihre sophistische Rede widerlegt nicht die Tatsache, daß die Griechen Sieger, sondern, daß diese als solche glücklich sind (V. 365 πόλιν δὲ δείξω τήνδε μακαριωτέραν/ ἢ τοὺς Ἀχαιούς).

V

Und damit kommen wir zum letzten Punkt unserer Darstellung. Die Funktion als Vorbild der Kassandra-Figur zeigt sich besonders in der Beziehung, die sie zu ihrer Umgebung hat. Während Aischylos Kassandra als Fremde in einem fremden Land handeln läßt, ihr also keine "politische"[49] Funktion zuweist, wirkt sie bei Euripides noch in ihrem sozialen Kontext und setzt sich mit ihrer Mutter und ihren Mitbürgerinnen auseinander. Obwohl sie alle Kriegsgefangene sind, die auf ihr zukünftiges Schicksal warten, behalten sie in dieser Übergangszeit noch ihren früheren Status, d.h. sie bilden noch eine wenn auch seltsame politische Gemeinschaft. Im Gegensatz zur aischyleischen ist also die euripideische Kassandra in ihre Umgebung integriert. Die Beziehungen der Kassandra zu ihren Mitbürgerinnen können deshalb für andere Beziehungen in der athenischen Gesellschaft als vorbildlich gelten. Nun zeichnen sich die Beziehungen der Kassandra zu ihrer Umgebung durch das Fehlen von Kommunikation aus, die vor allem durch die Geringschätzung der "weisen" Prophetin von seiten der Mutter und des Chores zum Ausdruck gebracht wird.

Die Geringschätzung, die Kassandra in der euripideischen Tragödie von ihrer Umgebung erfährt, rechtfertigt sich nicht etwa dadurch, dass Apollon ihren Prophezeiungen die Glaubwürdigkeit entzogen hat (davon ist auch sonst bei Euripides keine Rede). Bei Aischylos jedoch, der ja das Thema der von Kassandra zurückgewiesenen Liebe Apollons und der daraus folgenden Strafe einführt, wird die trojanische Prinzessin wegen ihrer prophetischen Gabe vom Chor dennoch stets mit großer Ehrfurcht behandelt, wenn sie auch nicht voll verstanden oder ernstgenommen wird.

Dagegen ist die euripideische Kassandra in den Augen ihrer Umgebung eine Wahnsinnige, die Mitleid erregt, doch zugleich Schande über das ganze Haus bringt und deshalb versteckt bleiben muss. Der

---

[49] Der Ausdruck "politisch" wird hier im weitesten Sinne verstanden, nämlich in bezug auf die Funktion des Bürgers in der Polis.

Wortschatz des Wahnsinns überwiegt in der Schilderung der Kassandra durch die Umgebung. Hekabe mahnt in ihrer Klage den Chor, ihre besessene Tochter nicht herauszulassen, da sie in ihrem mänadischen Zustand den Troern Schande vor den Achaiern bringen könnte (Vv. 167-73). Hekabe verharrt in dieser Haltung bis Kassandra die Szene verläßt.

In derselben Stimmung gegenüber Kassandra befindet sich auch der Chor der Troerinnen, der die Königin auffordert, ihre Tochter aufzuhalten bevor sie ins argivische Heerlager eilt (Vv. 342f.).

Ebenso verächtlich äußert sich über Kassandra aber auch Talthybios, der achäische Herold, der die Meinung des Alltagsmenschen vertritt. Er wundert sich darüber, daß sein Führer Agamemnon sich in eine solche Wahnsinnige verliebt hat (Vv..408-16). Er bezeichnet sie nicht als Prophetin Apollons, sondern einfach als eine Frau, deren Verstand von Apollon getroffen ist und deshalb nicht ganz richtig ist. Da Kassandra als eine Wahnsinnige angesehen wird, wird ihr jede Rolle im öffentlichen Leben abgesprochen. Jeder Versuch, ihre Mitbürgerinnen von der Wahrheit ihrer Aussagen zu überzeugen, ist zum Scheitern verurteilt, weil alles, was sie sagt, auf ihre private Situation (ihre *Mania*) zurückgeführt wird. Kassandra selbst ist sich dieser Beurteilung durch ihre Umgebung völlig bewußt. In einem Fragment des ersten Stückes der trojanischen Trilogie, dem Alexandros, sagt sie deutlich:

> Von denen, die Leiden erfahren haben und sich im Übel befinden, werde ich weise genannt, aber bevor sie gelitten haben, gelte ich als wahnsinnig[50].

Die problematische Beziehung zwischen Kassandra, der weisen Prophetin, die über die gegenwärtigen Umstände hinausblickt, und ihrer Umgebung, die nur die gegenwärtigen Ereignisse sieht, findet eine Entsprechung in der problematischen Beziehung zwischen Philosophen und Alltagsmenschen in der athenischen Gesellschaft des letzten Viertels

---

[50] Alex. Fr. 11 καὶ πρὸς παθόντων κἄν κακοῖσι κειμένων/ σοφὴ κέκλημαι, πρὶν παθεῖν δὲ μαίνομαι

des 5. Jh. Auch den Philosophen wird jede Autorität im politischen Bereich abgesprochen. Die Darstellung des *Meteorologos*, der sich nur mit den Dingen im Himmel beschäftigt und sich um das praktische Leben wenig kümmert, wie sie vor allem in der Komödie begegnet[51], bringt den Versuch zum Ausdruck, die "Weisen" in die private Sphäre zu vertreiben und sie aus dem öffentlichen Leben auszugrenzen. So werden bei Aristophanes (*Nu.* 331) Sophisten, Wahrsager und Naturphilosophen zusammen mit anderen "Intellektuellen"[52], den Müßiggängern zugeordnet, für deren Unterhalt die Wolken aufkommen.

Unter anderem wird den Philosophen auch ihr Wahnsinn vorgeworfen. Ameipsias, ein Zeitgenosse des Aristophanes, ließ in seinem 423 v. Chr. aufgeführten *Konnos* Sokrates von einer Gruppe (wahrscheinlich anderer Philosophen) als

den Besten von wenigen Männern, von vielen aber der Törichste[53]

begrüßen. In den *Memorabilien* des Xenophon, wo Sokrates mit den Zügen des Durchschnittsatheners gezeichnet wird, betrachtet Sokrates selbst die Naturphilosophen, die die Dinge am Himmel studieren, als Törichte und Wahnsinnige[54].

Der paradigmatische Wert und die didaktische Funktion der Figur der Kassandra bei Euripides liegt also darin, daß durch die Darstellung der weisen Prophetin und Sophistin, die zu Unrecht für wahnsinnig gehalten

---

[51] Für die berühmte Geschichte des Thales, der in seinen astronomischen Beobachtungen versunken und nach oben blickend in einen Brunnen gefallen ist, vgl. Pl. *Theaet.* 174a. Die Geschichte muß jedoch älter sein, vgl. Blumenberg 1976. Thales gilt zur Zeit des Aristophanes als Paradebeispiel für den *Meteorologos*, vgl. *Nu.* 180. Außer Aristophanes beschreibt Eupolis Sokrates ebenfalls wie einen Theoretiker der "alles andere sorgend bedacht hat und dabei vergessen, sich zu kümmern, woher etwas zum "Fressen" bekommen könnte" (Fr. 386, V,511 K.-A.).
[52] Über Aristophanes und die "Intellektuellen", vgl. Zimmermann 1991.
[53] Fr. 9 (II,202) K.-A. Ἀνδρῶν βέλτιστ' ὀλίγων, πολλῶν δὲ ματαιότατ' ἥκεις. Über diese Stelle und die Darstellung des Sokrates in der Komödie, vgl. Patzer 1994.
[54] Xen. *Mem.* 1, 1, 11 οὐδὲ γὰρ περὶ τῆς τῶν πάντων φύσεως ᾗπερ τῶν ἄλλων οἱ πλεῖστοι διελέγετο (scil. ὁ Σωκράτης) σκοπῶν ὅπως ὁ καλούμενος ὑπὸ τῶν σοφιστῶν κόσμος ἔχει καὶ τίσιν ἀνάγκαις ἕκαστα γίγνεται τῶν οὐρανίων, ἀλλὰ καὶ τοὺς φροντίζοντας τὰ τοιαῦτα μωραίνοντας ἀπεδείκνυε.

wird, das Publikum auf die Situation der zeitgenössischen Weisen, der Philosophen, aufmerksam gemacht wird, denen ebenfalls in der breiten Öffentlichkeit kein Glauben geschenkt und jede politische Rolle abgesprochen wird.

Fassen wir nun die Ergebnisse unserer Abhandlung zusammen:
Euripides bringt keine besessene Priesterin nach dem Vorbild des Aischylos auf die Bühne, wie es das Publikum wahrscheinlich erwartete, sondern eine ganz moderne Figur einer weisen Frau, die auch philosophische Züge trägt und die ihr Wissen konsequent in Handeln umsetzt. Die sogenannte Ekstase ist eine Mischung von echter und unbändiger Freude auf das Schicksal des Agamemnon, und Ironie gegenüber der Haltung ihrer Mutter sowie der gefangenen Troerinnen, die aus Unwissenheit sich beklagen, statt zu feiern. In dieser Hinsicht stellt der rationale Teil der Episode keinen eigentlichen Bruch mit der Ekstase, sondern vielmehr deren harmonische Weiterentwicklung dar. Im Hintergrund der euripideischen Darstellung steht eine rationalisierte und modernisierte Umdeutung mythischer Figuren, wie sie bei den Sophisten üblich war. Wie Palamedes als der weise Wohltäter der Menschheit gesehen und Odysseus als der heimtückische und trügerische Demagoge verstanden wurde, so wird Kassandra bei Euripides als eine "weise" Prophetin interpretiert, deren *Mania* nur eine scheinbare ist. Die Ablehnung von seiten ihrer Umgebung entspricht der zunehmenden Geringschätzung der Philosophen und der Weisen in der zeitgenössischen Gesellschaft. Durch die Figur der Kassandra macht Euripides das athenische Publikum auf die Situation letzterer aufmerksam. Offenbar stieß die Botschaft des Euripides nicht auf einhellige Akzeptanz, da die trojanische Trilogie nur den zweiten Rang erhielt.

LITERATURVERZEICHNIS

Aélion, R., *Euripide héritier d' Eschyle*, 2. Bde, Paris 1983.

Barlow S. A., *Euripides. Trojan Women*, with. transl. and comm., Warminster 1986.

Battezzato L., *Il monologo nel teatro di Euripide*, Pisa 1995.

Bees R., *Zur Datierung des Prometheus Desmotes*, Stuttgart 1993.

Biehl W., *Euripides Troades*, Heidelberg 1989.

Blumenberg H., Der Sturz des Protophilosophen. Zur Komik der reinen Theorie—anhand einer Rezeptionsgeschichte der Thales-Anekdote, in: W. Preisendanz-R. Warning (Hrsgg.), *Das Komische*, Poetik und Hermeneutik VII, München 1976, 11-64.

Buchheim T., *Die Sophistik als Avantgarde normalen Lebens*, Hamburg 1986.

Burkert W., *Structure and History in Greek Mythology and Ritual*, Berkeley-Los Angeles- London 1979.

Conacher, D. J., *Euripides and the Sophists. Some Dramatic Treatments of Philosophical Ideas*, London 1998.

Croally N., *Euripidean Polemic: the Trojan Women and the Function of Tragedy*, Cambridge 1994.

Davreux J., *La légende de la prophétesse Cassandre d'après les textes et les monuments*, Liège-Paris 1942.

Di Benedetto V., *Euripide: teatro e società*, Torino 1971.

Dunn F., *Tragedy's End. Closure and Innovation in Euripidean Drama*, New York-Oxford 1996.

Dupréel E., *Les Sophistes*, Neuchâtel 1948.

Easterling P. (Hrsg.), *The Cambridge Companion to Greek Tragedy*, Cambridge 1997.

Friedrich W. H., *Euripides und Diphilos. Zur Dramaturgie der Spätformen*, München 1953.

Goldhill S., The Great Dionysia and Civic Ideology, in: Winkler-Zeitlin 1990, 97-129.

Goldhill S., The Language of Tragedy: Rhetoric and Communication, in: Easterling 1997, 127-50.

Griffin J., The social Function of Attic Tragedy, *CQ* 92, 1998, 39-61.

Griffith M., *The Autenticity of the 'Prometheus Bound'*, Cambridge 1977.

Harder R. E., *Die Frauenrollen bei Euripides. Untersuchungen zu "Alkestis", "Medeia", "Hekabe", "Erechtheus", "Elektra", "Troades" und "Iphigeneia in Aulis"* (Diss.), Stuttgart 1993.

Heath M., *The Poetics of Greek Tragedy*, Stanford 1987.

Hose M., *Drama und Gesellschaft. Studien zur dramatischen Produktion in Athen am Ende des 5. Jahrhunderts*, Stuttgart 1995.

Jentgens S., *Kassandra. Spielarten einer literarischen Figur*, Hildesheim-Zürich-New York 1995.

Krummen E., Ritual und Katastrophe. Rituelle Handlung und Bildersprache bei Sophokles und Euripides, in: F. Graf (Hrsg.), *Ansichten griechischer Rituale*. Geburtstag-Symposium für Walter Burkert, Castelen bei Basel 15. bis 18. März 1996, Stuttgart-Leipzig 1998, 296-325.

Lee K. H., *Euripides. Troades*, ed. with an intr. and comm., Glasgow 1976.

Mason P. G., Kassandra, *JHS* 79, 1959, 80-93.

Neblung D., *Die Gestalt der Kassandra in der antiken Literatur* (Diss.), Stuttgart 1997.

Neumann U., *Gegenwart und mythische Vergangenheit bei Euripides* (Diss.), Stuttgart 1995.

Patzer A., Sokrates in den Fragmenten der Attischen Komödie, in: A. Bierl - P. von Möllendorf (Hrsgg.), *Orchestra. Drama, Mythos, Bühne*. Festschrift für H. Flashar anlässlich seines 65. Geburtstages, Stuttgart-Leipzig 1994, 50-81.

Prinz K., *Epitaphios Logos. Struktur, Funktion und Bedeutung der Bestattungsreden im Athen des 5. und 4. Jhs.* (Diss.), Bern 1997.

Romilly J. de, *Les grands sophistes dans l'Athène de Périclès*, Paris 1988.

Roth P., Teiresias as *Mantis* and Intellectual in Euripides' *Bacchae*, TAPhA 114, 1984, 59-69.

Scodel R., *The Trojan Trilogy of Euripides*, Göttingen 1980.

Silk M. (Hrsg.), *Tragedy and the Tragic*, Oxford 1996.

Sommerstein A. H.- Halliwell S.- Henderson J.- Zimmermann B. (Hrsgg.), *Tragedy, Comedy and the Polis*, Bari 1993.

Winkler J. J. - Zeitlin F., *Nothing to do with Dionysos? Athenian Drama in its social Context*, Princeton 1990.

Zimmermann B., Aristophanes und die Intellektuellen, in: Bremer J. M.- Handley E. W. (Hrsgg.), *Aristophane*, Entrétiens sur l'antiquité classique XXXVIII, Vandoeuvres-Genève 1991, 255-86.

Ziolkowski J. E., *Thucydides and the Tradition of funeral Speeches at Athens*, New York 1981.

Tragödie: Idee und Transformation
H. Flashar (Hrsg.), Colloquium Rauricum Band 5: Stuttgart und Leipzig, 1997

Stephen Halliwell, University of St Andrews

Tragedy holds a unique place in the history of Western literature. Not only has it proved the most long-lasting of major genres, powerfully rediscovered or reinvented as a series of individually vital forms in (most notably) Imperial Rome, Renaissance Italy, Elizabethan England, seventeenth-century France, eighteenth-century Germany, and beyond. It has also become the object of theoretical debates whose intense and frequently metaphysical aspirations have a more philosophical scope than is to be found in the criticism of any other genre. These two factors are acknowledged, in the reverse order to mine, in the subtitle of this new collection: tragedy as an 'idea' (or, more appropriately, a complex nexus of ideas), and, on the other hand, as the stuff of a protean history of theatrical and literary-dramatic 'transformations'. But it is an immediate reservation about this new collection that despite, or even because of, the range of interesting ways in which it explores different manifestations of tragedy it shows an inadequate awareness of the *tension* between the idea and the transformations of tragedy.

Tragedy as an 'idea' has been characterised above all by the search for a formulation, a quintessential definition, of 'the tragic' – a phrase whose Germanic cast ('das Tragische', 'die Tragik') is, historically speaking, no accident. But the very multiplicity of tragedy's dramatico-theatrical history – the story of its 'transformations' – should prompt the question whether such a search is doomed to be unsuccessful, or at any rate radically distinct from tracing variations in the phenomena which have had the label 'tragedy' attached to them. It is a notorious fact, after all, that several theorists of tragedy have had no scruples about excluding most actual plays which carry that name from their concept of the truly tragic. Is tragedy, then, really at heart one thing – one big idea – or a much looser congeries of phenomena, perhaps held together only by a vague 'family resemblance' (say, a preoccupation with extreme suffering and anguished self-consciousness)? To approach tragedy as *both* 'Idee und Transformation' is surely to expose oneself to the challenging force of this and similar considerations. Yet the nearest that this volume comes to posing such a question explicitly is in its very brief 'Epilog', where Ernst-Richard Schwinge claims that the volume is in fact unified precisely by a concern for 'die Tragik'.[1] This claim, I fear, is not altogether cogent. Quite a few of the contributors immerse themselves principally in the historical particularities of their chosen authors and works, and - rightly or wrongly - pay little explicit attention to theoretical questions of 'the tragic'. Despite the collective discussion which we are told lies behind each volume from the Colloquium Rauricum, there is not a great deal of evidence of mutual attention to each other's arguments (cross-references, for instance, are very few and far between). Moreover, in the editor's extremely short and cursory introduction, where one might have expected some attempt at illuminating synthesis and an engagement with the difficulties of conceptualising the entire history of tragedy (taking some orientation, perhaps, from a radical thesis such as that of George Steiner's *The Death of Tragedy,* cited by no one in the volume), we find little more than a bald statement of ostensible continuities - in tragedy's concern with guilt, fate, myth, and so forth - alongside the inescapable fact of historical differences. In this important respect, the volume suffers from a lack of overarching perspective of the kind made all the more desirable by the Colloquium Rauricum's express (and laudable) aim of inter- and cross-

---

[1] Schwinge's epilogue, which makes the shrewd suggestion that the history of tragedy could be illuminated by a study of anti-tragic mentalities, is far too brief to make clear just what the concept of 'die Tragik' encompasses: even in invoking Aristotle as the supposed fountainhead of this approach to tragedy, Schwinge makes a debatable claim; cf. my 'Plato and the Repudiation of Tragedy', in Michael Silk (ed.) *Tragedy and the Tragic* (Oxford, 1996) 332-49, at 333-5.

disciplinarity.[2] It is hard to separate this weakness from what appears to have been a deliberate decision (p. 2) to avoid sustained discussion of any *theory* of tragedy other than Aristotle's.

Having said that, I want to acknowledge that the collection is both wide-ranging and consistently informative, so much so that, even if the scope of this reviewer's competence were greater than it is, little more than an outline of its contents can be given here. Some special mention is called for, however, in the case of the first and much the longest chapter (more than twice as long as most of the other contributions), in which Arbogast Schmitt attempts an overview of what one might call Greek tragedy's religious, psychological and ethical mentality, and to that extent grapples more intimately with the 'idea' of tragedy than anyone else in the book. Working round the three concepts of destiny, guilt and the tragic, Schmitt builds an elaborate case for seeing more complexity in the genre's images of human responsibility than traditional schemata of determinism, 'involuntary guilt' and similar notions would have us believe. He rightly stresses that the interplay of divine and human in tragedy (as in Homer) is partly a means to the heightening of human agents' awareness of the possibilities, as well as the limitations, of their own agency. This allows him, for example, to draw out with subtlety how it is in her very 'madness' that the Phaedra of *Hippolytus* comes to grasp her freedom to make a final choice about her life. Schmitt's argument as a whole marks out a space within which the agency of Greek tragedy's central characters can be seen as neither wholly free (and Schmitt takes pure autonomy to be an excessive aspiration of certain modern ways of thinking) nor subject to rigidly deterministic forces, but part of a larger 'web' of causality.

But I have a reservation. In addition to some repetition and convolutedness in his writing (he thinks nothing of a 130-word parenthesis in mid-sentence), and an apparent lack of interest in germane

---

[2] For the kind of editorial shaping that is possible for such a collection, but conspicuously absent here, see the volume cited in my previous note, whose sectional introductions (by Michael Silk) do much to bring out the interplay of themes and issues across the book as a whole.

recent work in English (by, among others, Bernard Williams, Martha Nussbaum, and Christopher Gill), Schmitt's argument suffers from pushing too far in the direction of rendering the conditions of tragic agency and causality *transparent*, whether to the poets (as Schmitt questionably suggests, p. 21), to the audience, or to the agents themselves. His treatment of the test case of *Oedipus Tyrannus* rests, like the well-known discussion by Dodds (not cited here), on a sharp conceptual distinction between Apollo's oracular knowledge of the future, on the one hand, and the supposedly contingent choices which Oedipus makes and which help to bring that future about. But this distinction, I would maintain, however philosophically tenable (though the idea of preknowledge of a contingent future is, in fact, highly problematic), lies at the centre of what Sophocles' tragedy renders partly and painfully opaque.[3] In this respect, Schmitt might be thought to follow in a critical tradition, going all the way back to Aristotle, which seeks to rationalise the world of tragedy in ways which clash with tragedy's own resistance to complete understanding - resistance to the possibility of making complete sense of things. This resistance, I suggest, is fundamental to any conception of tragedy which goes beyond a merely pragmatic definition of the genre. It is therefore not enough to rely, as Schmitt repeatedly does, on individual utterances and moments of action to construct a tragic world-view. He needs to take more account than he does of the larger dramatic and existential perplexities, the areas of incomprehensibility, and yet the profoundly meaningful patterns of experience, which tragedy enacts for us.

There are pros and cons, therefore, with Schmitt's essay; but it is certainly a searching and provocative reconsideration of some fundamental questions. One cannot help wondering what other contributors made of it: hardly any of them refer to it, and if they do, it is not always to accept Schmitt's main argument (see e.g. the reference by Broich on p. 336).

---

[3] A brief account of the combination of this opaqueness with a recognition (not altogether unlike Schmitt's) of the scope of human agency in tragedy is the main point of my own article, 'Human Limits and the Religion of Greek Tragedy', in *Literature & Theology* (1990) 169-80.

This is in part, as I have already noted, because concentration on questions of 'the tragic' is not as unifying a feature of the volume as Schwinge's epilogue suggests. To put the point differently, it is because the collection as a whole gives more weight to the 'transformations' than to the 'idea' of tragedy. How far this represents the emergence of an implicit consensus or convergence among the contributors (and, beyond that, of a dominant feature of the history of what we call tragedy), or how far the accidental result of academic specialisation, could be debated further.

Let me, in any case, for the benefit of potential users of the volume, give a brief survey of the other chapters. Hellmut Flashar covers rather familiar ground (and completely ignores a substantial body of recent work in English) in discussing Aristotle's *Poetics* in relation to the surviving plays: he takes the line (here diverging somewhat from Schmitt's position on *hamartia*) that the treatise should not be regarded as an authoritative key to the genre, and criticises figures as important as Schadewaldt and von Fritz for sometimes confusing Aristotle with tragedy itself. Eckard Lefèvre, reiterating points from his own earlier work, stresses both certain differences between Greek tragedy and Seneca, and the importance of the latter as a 'medium' for the influence of the former (though this historically crucial consideration is little pursued elsewhere in the volume): Lefèvre is right to stress the diminished social context, and the obsessive individuality, of Senecan characters; but his concept of Seneca's greater 'modernity' requires more elucidation than it receives here. From Rome we move to Renaissance Italy. Andreas Kablitz discusses the tension between pagan tragedy and Christian worldview in relation to Tasso's *Re Torrismondo,* and maintains that Tasso's adaptation of tragedy depends on a separation of the idea of a 'fallen world' from its Christian correlates of forgiveness and redemption.

The central portion of the collection comprises a series of chapters dealing with a spread of authors and texts stretching from the sixteenth to the early-twentieth century, though surprisingly bypassing the major paradigm of seventeenth-century French tragedy. Jens Malte Fischer provides a short and essentially factual survey of operas on the Medea story, especially those of Cavalli, Charpentier and Cherubini. Ulrich Suerbaum, in a chapter more concerned with critical models and standards than with tragedy as such, discusses the varying role of Greek tragedy as a benchmark in evaluations of Shakespeare's work from the sixteenth to the early-nineteenth century: not till A. W. Schlegel's famous Vienna lectures of 1808, he suggests, did it become possible to think of Shakespeare and Greek tragedy in essentially different terms (though Suerbaum considers this the forerunner of a modern historicising tendency with which he is not altogether in sympathy). Rosmarie Zeller analyses eighteenth-century treatments (by Maffei, Voltaire and Lessing) of the Merope myth,[4] and argues, among other things, that Lessing was more indebted to the 'bourgeois' sensibility of French tragedy than the polemics of the *Hamburgische Dramaturgie* might make us suppose. A second Lessing contribution, by Wilfried Barner, provides a useful and very fully documented survey of Lessing's reactions to tragedy *outside* the *Dramaturgie*, and emphasises the complex mixture of factors in Lessing's dealings with the genre. Thomas Gelzer retells the familiar but endlessly fascinating story of the evolution of Goethe's *Helena* from neoclassical fragment to Act III of *Faust* part II: 'transformation' is here unmistakably the key term, and Gelzer reminds us how Goethe came to exploit the Helen story in a manner in keeping with his own avowedly anti-tragic nature; but where, one might ask (as Gelzer himself avoids doing), does that leave Euripides' *Helen* itself in relation to the 'idea' of tragedy? Joachim Latacz's chapter leaves us in no doubt that Schiller too, in his own way, was no mere reviver of Greek tragedy: Schiller's knowledge of the original genre was never close, and his *Braut von Messina* was hardly the genuine embodiment of Greek spirit he claimed it to be, but rather an exercise in the dramatisation of Schiller's own idea of self-determining freedom (an example of the modern belief in autonomy which Schmitt's chapter, as I

---

[4] Zeller overlooks a monograph on the Merope story: M. Petrovska, *Merope: the Dramatic Impact of a Myth* (New York, 1984)

have already mentioned, regards as an obstacle to the understanding of Greek tragedy). Gerhard Neumann explores the transformation of Euripides' *Medea* in Grillparzer's *Goldene Vliess,* arguing that Grillparzer's interest in the self-alienation ('Selbstentfremdung') of characters is subtly related to the themes of cultural alienation and conflict in Euripides' work.

Moving from nineteenth to twentieth century, or rather between them, Juliana Vogel traces the combined influence of Rohde's *Psyche* and Freud and Breuer's *Studien über Hysterie* on Hofmannsthal's *Elektra*: here, she claims, the ritualism of ancient religion and modern neurosis come together in the depiction of a distinctive pathology. The juxtaposition of ancient and modern continues, in somewhat different vein, in Heinz-Günther Nesselrath's reexamination of the tragic Heracles figures of Sophocles, Euripides and Seneca, as well as of later playwrights including Wedekind and Archibald MacLeish: Nesselrath finds a tension between the human and the more-than-human to be a defining feature of all these Heracles plays, and submits that only in Euripides' *Heracles Furens* does the hero discover his own fully human solution to this tension in his decision to live on in acceptance of his tragedy. The volume is completed by three chapters which address twentieth-century texts and movements. Ulrich Broich contributes the collection's one non-Western perspective on Greek tragedy, dealing as it does with the 'post-colonial' adaptations of the genre in the work of the Nigerian playwrights Rotimi (*The Gods are not to Blame,* 1968) and Soyinka (*Bacchae,* 1973): Broich explains how both writers combine Greek with Yoruba mythology/ritual, but in the process utilise tragedy for ends (in Rotimi's case an anti-tribalist politics, in Soyinka's a kind of 'liberation theology') that are, Broich believes, essentially untragic.[5] Christoph Siegrist chronicles some of the ways in

---

[5] It is striking that Broich and Vogel (both non-classicists) are the only contributors to the volume to give any weight to the place of ritual in tragedy, though neither is much concerned with recent work by classicists on this aspect of Greek tragedy. Flashar's introduction apparently endorses Aristotle's neglect of tragedy's cultic-ritual context, and Schwinge's epilogue suggests that the concept of ritual has been a distorting

which Greek tragedy, and ancient mythology more generally, was taken up by writers (Heiner Müller, Stefan Schütz, Jochen Berg) in the former DDR, despite the official hostility of Marxist theory and the educational and cultural ideology of 'scientific' socialism. Finally, a topic close to the editor's own well-known book, *Die Inszenierung der Antike*. Günther Erken, from the world of the theatre, offers some lively and provocative reflections on the treatment of Greek tragedy by modern (mostly German) directors over the last thirty years, a period of experimental 'Regietheater'. Stressing that modern productions cannot be judged by philological standards of 'Werktreue', Erken urges the value of theatre which accepts a shifting historical dialectic between past and present, the alien and the familiar, rather than aspiring to either an unattainable 'authenticity' or a complete assimilation of ancient plays to contemporary experience.

The book is mostly well-produced, though there is a scatter of sometimes glaring misprints in both German and Greek. There is, deplorably, no index.

---

preoccupation in much modern work on the genre. But for a volume which purports to take a large perspective on the history of tragedy, these are unsatisfactorily marginalising references to ritual: whatever view one may take of various 'ritualist' schools of criticism of Greek tragedy, this is one of many issues which cry out for treatment within a fuller statement of the collection's position on the spectrum of modern approaches to the subject. This underlines my earlier complaint about the volume's lack of a proper editorial synthesis of its contents and significance.

Metzler Lexikon Antiker Autoren.
Mit 61 Abbildungen. Herausgegeben von O. Schütze, Verlag
J.B. Metzler, Stuttgart-Weimar 1997.

Olimpia Imperio, Bari

Già noto nel campo delle *Altertumswissenschaften* per analoghe, importanti iniziative editoriali[1], con la pubblicazione del *MLAA* – così viene per l'appunto siglato questo *Lessico* dal curatore Oliver Schütze nel *Vorwort* (p. V) – l'Editore Metzler si fa ora artefice di un'altra meritoria operazione. In un panorama non certo deficitario di pregevoli e aggiornate storie letterarie, il presente lavoro si connota in maniera peculiare per un elemento di indubbia novità: la trattazione degli scrittori antichi in una prospettiva unitaria, nella quale sembra essere felicemente superata quella canonica dicotomia strutturale – accreditata, in verità, più da consuetudini accademiche e schematismi tradizionali della cultura europea che dalla intrinseca natura dei materiali presi in esame – per cui agli autori greci e latini vengono solitamente riservati percorsi indipendenti[2].

Il volume è composto da 460 articoli (ciascuno corredato da una bibliografia essenziale di «Ed.[itionen]» e «Lit.[eratur]»), redatti da 150 studiosi di differenti nazionalità e specialisti delle più diverse discipline (un

---

[1] Oltre al *Metzler Philosophen-Lexikon. Von den Vorsokratikern bis zu den Neuen Philosophen*, curato da B. Lutz (2. aktualisierte und erweiterte Auflage, Stuttgart-Weimar 1995), al *Metzler Lexikon Antiker Bildmotive*, di P. Preston (Übersetzt und überarbeitet von S. Bogutovac und K. Brodersen. Mit Abbildungen von Abgüssen aus der Mannheimer Antikensaalgalerie, Stuttgart-Weimar 1997), e ai recentissimi *Mensch und Landschaft in der Antike. Lexikon der historischen Geographie*, curato da H. Sonnabend (Stuttgart-Weimar 1999), *Antike Stätten am Mittelmeer. Metzler Lexikon*, a cura di K. Brodersen (Stuttgart-Weimar 1999), e *Metzler Lexikon Antike*, curato da B. Zimmermann e K. Brodersen (Stuttgart-Weimar 1999), andrà ricordata la pubblicazione di *Der Neue Pauly. Enziklopädie der Antike*, curata da H. Cancik e H. Schneider, che dal 1996 è in corso presso questa Casa Editrice (a tutt'oggi sono apparsi i primi sei volumi).
[2] Si vedano, in proposito, le stimolanti considerazioni espresse, nella *Premessa* della recente *Storia della civiltà letteraria greca e latina* (3 voll., Torino 1998), ispirata appunto alla medesima concezione unitaria, dai curatori I. Lana e E.V. Maltese (pp. V-VI).

Verzeichnis der Mitarbeiterinnen und Mitarbeiter è alle pp. 774-778), ed è chiuso da un elenco di *Bibliographische Abkürzungen* (pp. 771-772) e da utili indici (*Glossar der Fachbegriffe*, p. 773; *Namenregister*, pp. 779-790; *Bildquellen*, p. 791).

Prerogative e pregi dell'opera sono ben illustrati nel *Vorwort*: il volume, che – come precisa il curatore – ha per oggetto la letteratura del mondo greco-romano dalle origini alla fine del tardo-antico, con alcune 'incursioni' nell'epoca bizantina, è presentato come «ein Nachschlagewerk für Leserinnen und Leser antiker Literatur und solche, die es werden wollen» (p. V); e, appunto per questa sua destinazione, gli autori delle singole voci, esentati dall'addentrarsi nell'intricato groviglio delle controversie esegetiche e delle difficoltà critico-testuali, mirano piuttosto a delineare agili profili storico-letterari, dai quali emergano con chiarezza «historische Entwicklungen und literarische Traditionsbildung» (p. V).

Tale destinazione implica anche, inevitabilmente, una selezione, che riesce comunque a offrire «den Großteil der Autoren, über die sich mehr Mitteilung machen läßt als lediglich die Konstatierung spärlicher Fragmente und Nachrichten, Autoren, deren Werk in der einen oder anderen Form Wirkung hatte bis in unsere Tage, sei es als dauerhafter Teil der Weltliteratur, *monumentum aere perennius*, wie es Horaz errichtet hat, sei es als Quellenwerk, das für die heutige historische Forschung von großem Wert ist» (p. V).

All'istanza di una visione organica e integrata delle culture e dei saperi pare rispondere la speciale attenzione riservata alla filosofia (per questo aspetto il curatore [p. VI] dichiara di essersi avvalso della precedente esperienza del su citato *Lexikon* dei filosofi curato dallo stesso editore [cf. n. 1], da cui molte voci sono state riprese e aggiornate con integrazioni bibliografiche, e avverte comunque che numerosi articoli – ad esempio quelli relativi ai neoplatonici, ai commentatori di Aristotele, o agli autori della Seconda sofistica – sono stati redatti *ex novo*), e alla produzione di natura tecnico-scientifica (testi magico-sacrali e folklorici, testi giuridici, opere di economia, politica e tattica militare, di matematica, astronomia, agricoltura, geografia, architettura, urbanistica e arti figurative, di medicina, musicologia, grammatica, antiquaria): a settori, cioè, solitamente valutati in un'ottica meramente strumentale e accessoria rispetto alla 'belletristica', e come tali relegati ai margini dell'esperienza letteraria. E, coerentemente a questa impostazione, diviene oggetto di attenta riconsiderazione anche la letteratura cristiana, i cui processi di produzione e di ricezione nel mondo greco o grecizzato e nel mondo romano appaiono ormai sempre più strettamente intersecantisi con quelli della letteratura 'profana', e che non può dunque essere disgiunta dalla grande eredità della tradizione 'classica', cui peraltro non intende contrapporsi, ma anzi spesso programmaticamente si richiama.

Poetesse e filosofe, «von denen aussagefähige Texte bzw. Fragmente oder wenigstens Zeugnisse vorhanden sind» (p. VI), trovano poi in questo volume uno spazio che testimonia adeguatamente del crescente interesse verso la riscoperta di una scrittura 'al femminile': un capitolo per troppo tempo dimenticato nelle storie letterarie dell'antichità classica[3].

Il *Fortleben* degli autori è un interesse centrale per i redattori dei singoli articoli: emblematica, in tal senso, l'attenzione riservata, nelle voci relative agli autori di teatro, agli allestimenti attuali dei drammi antichi – un interesse che emerge sempre più cospicuo tra filologi, archeologi e studiosi, o anche semplici appassionati, di teatro[4] –, come pure al problema

---

[3] Sull'argomento mi limito a rinviare all'essenziale profilo bibliografico tracciato da F. De Martino nella *Presentazione* del volume miscellaneo *Le rose di Pieria* (a cura di F. De Martino, Bari 1991, pp. 7-16). E si vedano anche, tra i lavori più recenti, M.L. West, *Die griechische Dichterin. Bild und Rolle*, Stuttgart-Leipzig 1996, e F. De Martino, *Scrittrici greche*, di prossima pubblicazione.

[4] La crescente attenzione degli studiosi nei confronti delle moderne *performances* dei drammi antichi, opportunamente registrata dai singoli *Bände* di questa rivista (in cui, oltre ai ricorrenti contributi dedicati alla ricezione della poetica teatrale greco-latina nelle moderne teorie drammaturgiche, fanno spesso capolino uno *Spielplan* e/o un repertorio di informazioni su spettacoli teatrali e cinematografici e su manifestazioni di arte e cultura variamente connesse a questo specifico ambito di studi), è testimoniata, ad esempio, per quel che riguarda la tragedia greca, dai contributi raccolti nella terza sezione (*Reception*, pp. 210-347) del recente *Cambridge Companion to Greek Tragedy* (Cambridge 1997), edito da P.E. Easterling (cf., in particolare, P. Burian, *Tragedy*

della ricezione del teatro greco-latino dall'antichità ai giorni nostri e ai suoi influssi sulla moderna drammaturgia occidentale[5].

Ricche e articolate, le voci sul teatro risentono in maniera evidente dell'ampio dibattito critico sviluppatosi negli ultimi decenni quale ci è

---

adapted for stages and screens: the Renaissance to the present, pp. 228-283, e F. Macintosh, *Tragedy in performance: nineteenth- and twentieth-century productions*, pp. 284-323), e soprattutto da alcuni importanti volumi: da segnalare, ad esempio, *Sulle orme dell'antico. La tragedia greca e la scena contemporanea*, a cura di A.M. Cascetta, Milano 1991; H. Flashar, *Inszenierung der Antike. Das griechische Drama auf der Bühne der Neuzeit 1585-1990*, München 1991; M. Mc Donald, *Ancient Sun, Modern Light. Greek Drama on Modern Stage*, New York 1992 (trad. it. di F. Albini: *Sole antico Luce moderna* [Kleos 3, 1998], Bari 1999); nonché la terza sezione del volume miscellaneo *Orchestra. Drama – Mythos – Bühne, Festschrift für H. Flashar*, curato da A. Bierl e P. von Möllendorff (Stuttgart-Leipzig 1994), riservata alla *Inszenierung der Antike* (pp. 161-274) e i contributi pubblicati nelle sezioni *Rezeption und Aktualität* (pp. 251-422) e *Antikes Theater auf modernen Bühnen* (pp. 423-517) del recente volume miscellaneo, curato da G. Binder e B. Effe, *Das antike Theater. Aspekte seiner Geschichte, Rezeption und Aktualität*, Bochum 1998. Hellmut Flashar è inoltre il curatore del recente volume miscellaneo *Tragödie. Idee und Transformation* («Colloquium Rauricum Band 5», Stuttgart-Leipzig 1997), specificamente dedicato al fenomeno della ricezione della tragedia greca nelle teorie e nelle prassi drammaturgiche europee antiche e moderne. Oggetto di una vera e propria riscoperta, da parte degli uomini di teatro, sembra essere poi la produzione eschilea: come dimostra lo studio di A.F.H. Bierl, *Die Orestie des Aischylos auf die modernen Bühne. Theoretische Konzeptionen und ihre Realisierung*, apparso come quinto *Beiheft* di «Drama» (Stuttgart 1996).
[5] A testimonianza della vitalità di questo interesse presso gli studiosi del dramma antico si può addurre la continua pubblicazione di volumi e articoli sull'argomento: tra i tanti, i primi due *Bände* di questa rivista, curati, il primo, da N.W. Slater e B. Zimmermann (*Antike Dramen und ihre Rezeption* [«Drama» 1], Stuttgart 1992), il secondo, dallo stesso Zimmermann (*Intertextualität in der griechisch-römischen Komödie* [«Drama» 2], Stuttgart 1993), che raccolgono, tra l'altro, gli interventi presentati nell'ambito di due convegni internazionali (*Antike Dramen und ihre Rezeption*, tenutosi a Zurigo nel 1991 e *Performance Criticism of Greek Comedy*, svoltosi nel 1993 ad Atlanta), o il recentissimo *El teatre, eina política*, a cura di K. Andresen, J.Vicente Bañuls i F. De Martino, Homenatge de la Universitat de Valencia a Bertolt Brecht amb motiu del Centenari de seu naixemente, 6-9 de Maig del 1998, Bari 1999. Per il teatro latino, andrà ricordato almeno il saggio di G. Chiarini, *Il teatro*, in: *Lo spazio letterario di Roma antica*, vol. IV: *L'attualizzazione del testo*, Roma 1991, pp. 227-261; per la commedia greca, mi limiterò a menzionare il recente volume miscellaneo edito da J.A. López Férez, *La comedia griega y su influencia en la literatura española*, Madrid 1998; per la tragedia greca, si possono consultare, ad esempio, i contributi raccolti nella terza sezione (*Greek Tragedy and 'Tragedy as a Whole': Perspectives and Definitions*, pp. 351-546) del volume miscellaneo *Tragedy and the tragic. Greek Theatre and Beyond* (ed. by M.S. Silk, Oxford 1996).

documentato da rassegne critiche[6] e atti di convegni[7] che in numero sempre più cospicuo affollano il panorama degli studi in questo campo. Viene ad esempio opportunamente sottolineata l'assoluta peculiarità che è stata ormai definitivamente riconosciuta nell'opera eschilea rispetto a quella degli altri due maggiori tragediografi: lungi dal rappresentare semplicemente uno stadio iniziale dell'arte drammaturgica greca, la sua opera presenta aspetti che non troveranno quasi più riscontro nella successiva produzione tragica – *in primis*, la predilezione per i grandi effetti spettacolari, che faceva delle sue rappresentazioni eventi destinati a suscitare una duratura impressione ad Atene (esemplare il caso, ricordato da Zimmermann, autore della voce *Aischylos*, del coro delle *Eumenidi*, la cui apparizione dovette suscitare un incredibile panico nel pubblico[8]). L'adozione di un coro imprevedibile e

---

[6] Basterà rinviare ai recenti lavori di J.R. Green (*Theatre Production 1971-1989*, «Lustrum» 31, 1989, pp. 7-95; *Theatre Production 1987-1995*, «Lustrum» 37, 1995, pp. 7-202), I.C. Storey (*Old Comedy 1975-1984*, «EMC» 31, 1987, pp. 1-46, *Devkaton me;n e[to" tovd j : Old Comedy 1982-1991*, «Antichton» 26, 1992, pp. 1-29), e dello stesso Zimmermann (*Griechische Komödie*, «AAHG» 45, 1992, pp. 161-184, e 47, 1994, pp. 1-18).

[7] Tra le numerose pubblicazioni che hanno fatto seguito a varie importanti occasioni congressuali, mi limito a segnalare *Tragedy, Comedy and the Polis*. Papers from the Greek Drama Conference Nottingham, 18-20 July 1990, ed. by A.H. Sommerstein, S. Halliwell, J. Henderson, B. Zimmermann, Bari 1993, oltre al su citato *Tragedy and the Tragic* (cf. n. 5), edito da M.S. Silk; e, per la commedia di Aristofane in particolare, *Aristophane*, Sept exposés suivis de discussions par J.M. Bremer, E Degani, K.J. Dover, Th. Gelzer, E.W. Handley, N. Loraux, B. Zimmermann, «Entretiens sur l'Antiquité Classique», 38, Vandœuvres-Genève 19-24 août 1991, Genève 1993; *Aristophane: la langue, la scène, la cité, Actes du colloque de Toulouse 17-19 mars 1994*, éd. par P. Thiercy et M. Menu, Bari 1997. Vanno poi anche ricordati volumi speciali e supplementi di riviste, quali *Essays on Greek Drama* («BICS» 34, ed. by B. Gredley), London 1987; *Stage Directions. Essays in Ancient Drama in Honour of E.W. Handley*, Ed. by A. Griffith («BICS» Suppl. 66), London 1995; *Theatre grec et tragique* «Métis» 3, 1988; *The Chorus in greek Tragedy and Culture*, I-II, ed. by H. Golder and S. Scully, «Arion» Third Series 3.1, 1994/95, 4.1, 1996.

[8] Gli aneddoti relativi alla ἔκπληξις suscitata nel pubblico da questa apparizione (bambini atterriti, donne che abortiscono) sono tramandati da Polluce (4.110, T 66 Radt) e dalla anonima *Vita di Eschilo* (9, T 1, rr. 30-34 Radt), nella quale peraltro questo episodio è ricordato come una delle possibili ragioni di quel risentimento nei confronti degli Ateniesi che avrebbe determinato la sua partenza per la Sicilia. E va anche ricordata la notizia, riportata dal retore Apsine, di un processo intentato a Eschilo in quell'occasione (2, p. 229, r. 14 Spengel – Hammer, T 95 Radt): per quanto storicamente inattendibile, essa risulta comunque indicativa di un'adesione non sempre

bizzarro quale sarà apparso quello formato dalle Erinni rappresenta, del resto, un *unicum* nell'intera produzione tragica a noi nota; ed è stato opportunamente rilevato[9] che i cori eschilei in generale, e questo delle *Eumenidi* nella fattispecie, si distaccano nettamente dal carattere convenzionale e poco sorprendente che hanno in genere i cori tragici – quasi sempre costituiti da anziani o da donne, spesso schiave e straniere, simpateticamente solidali con i protagonisti della vicenda drammatica e conformisticamente lealisti nei confronti della casa reale – e presentano caratteristiche che sembrano accostarlo piuttosto ai cori della commedia: la loro natura non pienamente antropomorfa, il loro intervento nell'azione scenica sensibilmente differito in confronto a quello degli altri cori tragici, rispetto ai quali assumono però poi un ruolo di ben più grande rilievo nello svolgimento della trama, la repentina quanto radicale conversione dalla aperta ostilità iniziale nei confronti del protagonista e degli altri personaggi a un atteggiamento sostanzialmente benevolo e favorevole nella conclusione del dramma; il finale 'pacificato', nel quale è apertamente contemplata la partecipazione del pubblico, e che implica un legame diretto con un problema di scottante attualità qual era quello della ridefinizione dei poteri dell'Areopago: tutti elementi che hanno potuto indurre addirittura a ipotizzare che nelle *Eumenidi* sia riconoscibile l'influenza della più antica commedia attica[10].

---

incondizionata da parte degli spettatori ateniesi ai canoni della sua arte. E a forme di pur generica e larvata incomprensione tra il drammaturgo e il suo pubblico si è talora ritenuto (cf., ad es., *The Comedies of Aristophanes*, ed., transl., and expl. by B.B. Rogers, vol. V.1: *The Frogs*, London 1919, pp. 121-122) di dover ricondurre l'enigmatica affermazione ou[te ga;r ΔAqhnaivoisi sunevbain j Aijscuvlo" pronunciata dal Servo di Plutone nelle *Rane* di Aristofane (v. 807); ma si vedano, in proposito, le opportune precisazioni di T.G. Tucker, *The Frogs of Aristophanes*, ed. with Introduction, Commentary and critical Notes, London 1913, p. 185, e, più di recente, di K.J. Dover, *Aristophanes Frogs*, ed. with Introduction and Commentary, Oxford 1993, p. 291, e A.H. Sommerstein, *The Comedies of Aristophanes*, vol. 9. *Frogs*, ed. with Translation and Notes, Warminster 1996, p. 226.
[9] Cf., da ultimo, O. Taplin, *Comedy and the Tragic*, in *Tragedy and the Tragic*, cit., in particolare pp. 191-194.
[10] È un'ipotesi avanzata da J. Herington in un articolo di oltre trent'anni fa (*The Influence of Old Comedy on Aeschylus' Later Trilogies*, «TAPhA» 94, 1963, pp. 113-125). A parere di Taplin, la spiegazione va ricercata invece nella circostanza che alcune

Si tratta, evidentemente, di una questione intimamente connessa all'annoso problema della 'rappresentatività' del coro tragico, intorno al quale ancora di recente si è sviluppato un serrato dibattito critico[11], e alla più generale riconsiderazione di funzioni e valenze del coro nell'economia scenica e tematica del dramma attico[12], le cui implicazioni investono anche un'altra importante discussione: quella sulla 'politicità' della tragedia e, più in generale, del teatro ateniese – *vetus vexataque quaestio, e tamen usque recurrens*, come l'ha definita, con espressione oraziana (*Ep.* 1.10.24), Franco Sartori, ad apertura di un'agile panoramica sull'argomento[13]. E tale, in effetti, essa si configura soprattutto quando si considera che ancora di recente vengono messe in discussione persino alcune delle più solide ed equilibrate acquisizioni della critica in merito al carattere istituzionalmente codificato del teatro ateniese come momento di collettiva celebrazione dei valori della *polis* democratica[14].

---

delle prerogative della tragedia arcaica vennero assimilate come caratteristiche della commedia, per essere poi gradualmente escluse dalla tragedia: «it is unlikely that even Aischylos produced another chorus as unpredictable and weird as the Erinyes of *Eumenides*» (*Comedy and the Tragic*, in *Tragedy and the Tragic* cit., p. 192).

[11] Sull'intera questione mi limito a rinviare allo stimolante confronto emerso, da ultimo, nei contributi pubblicati da J. Gould (*Tragedy and collective experience*) e da S. Goldhill (*Collectivity and Otherness – The Authority of the Tragic Chorus: Response to Gould*), in M.S. Silk (ed.), *Tragedy and the Tragic* cit., pp. 217-243, 244-256, e alla bibliografia ivi discussa.

[12] Basterà menzionare ancora i su citati volumi, dal titolo *The Chorus in greek Tragedy and Culture*, I-II, che la rivista bostoniana «Arion» ha riservato monograficamente a questa tematica («Arion» Third Series 3.1, 1994/95, 4.1, 1996, ed. by H. Golder and S. Scully), e l'ultimo *Band* di questa rivista, *Der Chor im antiken und modernen Drama* (hrsg. von P. Riemer – B. Zimmermann, Stuttgart-Weimar 1998), che raccoglie gli atti di un Convegno, tenutosi a Potsdam nell'ottobre del 1997, sul coro nel dramma greco e sulla sua ricezione nella letteratura drammatica europea.

[13] *Teatro e storia nella Grecia antica*, in *La polis e il suo teatro / 2*, a cura di E. Corsini, Padova 1988, pp. 11-48.

[14] Questo orientamento, ormai generalmente condiviso (oltre a importanti volumi miscellanei quali *Nothing to do with Dionysus? Athenian Drama in its Social Context*, Princeton 1990, ed. by J.J. Winkler e F. Zeitlin, e *Greek Tragedy and the Historian*, ed. by C. Pelling, Oxford 1997, basterà rinviare, per la tragedia, ai contributi raccolti nella prima sezione del su citato *Companion* alla tragedia greca, intitolata significativamente *Tragedy as an institution: the historical context*, pp. 1-90; per la commedia, all'altrettanto recente volume edito da G.W. Dobrov, *The City as Comedy. Society and Representation in Athenian Drama*, Chapel Hill and London 1997), è stato da ultimo

Nel quinto secolo, a Eschilo, unico fra i tre grandi tragediografi greci, fu concesso per decreto dalla *polis* l'onore eccezionale delle rappresentazioni postume, in gara con le opere dei tragediografi viventi, ovvero «das Privileg der Wiederaufführung» (Zimmermann, p. 13)[15]: la grande considerazione di cui godette dopo la sua morte emerge con chiarezza – come ricorda Zimmermann – nelle *Rane* di Aristofane, rappresentate alle Lenee del 405, le quali aprono uno squarcio mirabile sulla crisi della democrazia attica alla vigilia della definitiva sconfitta contro gli Spartani e del colpo di stato del 404: «Da nach dem Tod des Sophokles und Euripides die tragische Bühne Athens verwaist ist, steigt Dionysos, der Gott des Theaters, persönlich in die Unterwelt und holt A. zurück nach Athen – nich aufgrund ästhetischer Kriterien, sondern wegen seines politischen Sachverstandes, dessen Athen in der Zeit höchster Gefahr besonders bedürfe (Vv. 1500-4)» (p. 13). Ed è anche significativo che sia una commedia, la commedia letteraria *par excellence*, a rivelare aspetti peculiari della *lexis* eschilea: l'oscurità della dizione poetica, l'arditezza

---

contestato, ad esempio, da J. Griffin, in un articolo polemicamente intitolato *The social function of tragedy* («CQ» 48, 1998, pp. 38-61), nel quale lo studioso si prefigge di smantellare gli assunti fondanti di questo tipo di impostazione, bollata come un riflesso di quello che egli definisce «the spectre of Marxism, which lingers on, after its death in the world of practical affairs, among the critics and the scholiasts» (p. 40)!

[15] In realtà, tra le testimonianze relative a tale decreto (oltre alla *Vita di Eschilo* [11, T 1, rr. 46-47; 12, T 1, rr. 48-49; 13, T 1, rr. 51-52], *vid.* T 72-77 e T 133. rr. 3-4 Radt) quelle più significative (in quanto di provenienza teatrale, ossia *Vit. Aesch.* 12, *scholl.* Ar. *Ach.* [vet Tr] 10c Wilson, *Ra.* [vet] 868 Dübner) non usano il verbo ajnadidavskein, termine tecnico per indicare la «ripresa» (cf., *e. g., Vit. Aesch.* 18, T 1.68 Radt [dove è usato proprio in riferimento all'onore conferito al tragediografo dal tiranno Ierone di replicare i *Persiani* in Sicilia], Ar. *Nu. Arg.* I, r. 2 Dover = A7, r. 2 Holwerda, II, r. 3 Dover = A6, r. 3 Holwerda; *Pax Arg.* A2, r. 2 Holwerda = II, r. 3 Olson [= Arist. *Didasc.*, fr. 622 Rose]; *Ra. Arg.* I, r. 44 Dübner = I (c), r. 4 Dover, III [Thom. Mag.], r. 36 Dübner, III [Tzetz.], r. 64 Koster), né il banale pavlin didavskein, bensì il semplice didavskein, comunemente attestato in riferimento alla prima rappresentazione, ovvero a/[dein (cf. *schol.* Ar. *Ra.* [Tz] 868 Koster): come osserva Guido Avezzù, «qualcosa evidentemente non quadra, dal momento che già nel 467 Aristia aveva ottenuto il secondo posto con i drammi del padre Pratina e, alla fine del secolo, Euripide junior porterà in scena gli inediti di Euripide senior [...]; probabilmente si deve intendere che chi intendesse rappresentare un dramma eschileo inedito avrebbe potuto ottenere il coro *ope legis* e non in seguito all'usuale selezione» (*Il teatro tragico*, in *Storia della civiltà greca e latina* cit., I, pp. 287-288).

delle metafore, la rumorosità assordante delle sue complesse neoformazioni, denunciate da Euripide, prima e nel corso dell'agone, come gli esiti più devastanti dell'arte dell'avversario (cf. soprattutto i vv. 836-839, 923-926*a*, 927*a*, 928-930*a*, 961*b*-964), trovano infatti puntuale riscontro nelle più accurate indagini stilometriche[16]. Altrettanto incontrovertibile è, del resto, la circostanza che la fonte più preziosa per l'interpretazione della poetica euripidea sia per noi rappresentata – come rileva opportunamente Zimmermann nella voce *Euripides* – proprio dalle commedie di Aristofane (in particolare gli *Acarnesi* e, soprattutto, le *Tesmoforiazuse* e le *Rane*, ossia le due commedie consacrate alla 'paratragodia' e al dibattito sull'arte tragica). Accusandolo di aver portato in scena storie di vergognose e spregiudicate passioni femminili, di aver attribuito ai suoi personaggi, spesso desunti da un *milieu* socialmente umile, ragionamenti sottili e contorti, ma soprattutto pericolosamente vicini agli sviluppi più radicali del dibattito sofistico e del pensiero socratico, e di essersi addentrato nelle più ardite sperimentazioni tecnico-formali della 'nuova' musica, giungendo a conferire una foggia lirico-patetica smisuratamente elevata anche ai temi più banali e prosaici, il commediografo attribuisce a Euripide la sostanziale responsabilità di aver compromesso il *decorum* della tragedia ateniese e di averne implicitamente sancito la definitiva decadenza, ma, al tempo stesso, effettua una efficace ricognizione delle linee portanti dell'intera sua opera: «Mit diesen Kritikpunkten trifft Aristophanes in der Tat drei Bereiche, die für E. bezeichnend sind: die Dominanz der weiblichen Rollen, die Verbürgerlichung der Gattung der Tragödie und – vor allem im Spätwerk – die formalen Spielereien» (p. 255). E si può ragionevolmente ipotizzare che preziose riflessioni sulla poetica euripidea, e verosimilmente anche su quella sofoclea, si sarebbero potute ricavare dalla perduta opera di Frinico, commediografo contemporaneo di Aristofane, il quale, nelle *Muse* – portate in scena nel medesimo agone delle *Rane*, e come quelle incentrate

---

[16] Penso, in particolare, al recente studio di V. Citti, *Eschilo e la* lexis *tragica*, Amsterdam 1994.

sull'arte tragica – ma probabilmente anche in altre sue commedie letterarie (soprattutto nei *Tragediografi ovvero Liberti*), doveva aver riservato uno speciale interesse all'arte dei tre grandi tragici[17]: una circostanza che appare indiscutibilmente connessa allo spiccato grado di metateatralità e di autoreferenzialità che connota in modo peculiare la commedia[18]. Che la

---

[17] È ben noto che le *Rane* di Aristofane e le coagonali *Muse* di Frinico presuppongono un particolare scenario culturale ateniese caratterizzato da una profonda crisi dell'arte tragica, sul quale peraltro la morte di Euripide, e, subito dopo, di Sofocle, aveva gettato il funesto presagio della dissoluzione dello stesso genere tragico; ed è *opinio communis* che le due commedie presentassero notevoli analogie strutturali e drammaturgiche: si ritiene, ad esempio, che anche Frinico avesse portato in scena un agone fra poeti tragici (cf. la procedura di voto simulata nel fr. 33 K.-A.), verosimilmente presieduto dal coro delle Muse («Musis litem dirimentibus», nella formulazione di A. Meineke [*Fragmenta Comicorum* Graecorum, I, Berolini 1839, p. 157]), che dava il titolo alla commedia, analogo a quello, arbitrato da Dioniso, che si svolge tra Eschilo ed Euripide nelle *Rane*, forse tra Sofocle ed Euripide (cf., tra gli altri, Meineke, *Fragmenta* cit. I, p. 157 e II 1 [Berolini 1840], p. 593; A. Körte, in *RE* XX 1 [1941], s. v. *Phrynichos*, col. 920.18-25, W. Schmid, *Geschichte der griechischen Literatur*, I/4, München 1946, p. 138), ovvero che si svolgesse un vero e proprio processo contro i crimini commessi nei confronti del genere tragico da Euripide (per questa ipotesi cf., ad es., Rogers, *Frogs* cit., pp. xxxvii-xxxviii), alla cui musa potrebbe riferirsi l'ingiuriosa apostrofe presente in un altro frammento di questa commedia (w\ kavpraina kai; peripola;" kai; dromav", fr. 34 K.-A.). Una presenza scenica di Sofocle parrebbe in effetti esclusa, come rileva K.J. Dover (*The Language of Criticism in Aristophanes' Frogs*, «Drama» 1, 1992, pp. 2-3; *Aristophanes. Frogs*, ed. with Introduction and Commentary, Oxford 1993, pp. 26-27), dal tenore dell'epigrammatico elogio *post mortem* contenuto in un noto frammento delle *Muse* (32 K.-A.): anche in questa commedia, come nelle *Rane* aristofanee, a Sofocle, alla cui imponente personalità politica e teatrale questo commediografo doveva guardare con stima e ammirazione autentiche, sarà stato verosimilmente attribuito – secondo la felice definizione di C.F. Russo (*Storia delle Rane di Aristofane*, Padova 1961, p. 18) – una vitalità esclusivamente 'retroscenica'. Tracce significative dell'apprezzamento, e comunque del particolare interesse, di Frinico per il grande tragediografo, sono del resto ravvisabili anche in qualche frammento anepigrafo: nel fr. 68 K.-A. la vena poetica di Sofocle viene paragonata allo schietto, aspringo e vigoroso vino di Pramno (cf. la testimonianza di Diogene Laerzio, 4.20), e nel fr. 74 K.-A. oggetto di skw`mma sono le doti artistiche di Lampro, musicista maestro di Sofocle.

[18] Sul carattere autoreferenziale e metateatrale della commedia greca (in generale ovvero in riferimento a singole commedie specifiche) si vedano almeno, tra i contributi più recenti, G. Paduano, *Le Tesmoforiazuse: ambiguità del fare teatro*, «QUCC» 39 [n. s. 10], 1982, pp. 103-127; N.W. Slater, *Play and playwright references in Middle and New Comedy*, «LCM» 10, 1985, pp. 103-105; M.G. Bonanno, *PARATRAGWIDIA in Aristofane*, «Dioniso» 57, 1987, pp. 135-167 (ripubblicato – col titolo *Metateatro in parodia* (Sulle Tesmoforiazuse di Aristofane) e con lievi ampliamenti relativi proprio al riconoscimento della dimensione spiccatamente metateatrale della parodia tragica messa in atto nelle *Tesmoforiazuse* di Aristofane – in *L'allusione necessaria. Ricerche*

intertestuali sulla poesia greca e latina, Roma 1990, pp. 241-276; L.K. Taaffe, *Gender, Deception, and Metatheatre in Aristophanes'* Ecclesiazusae, diss. Cornell Univ. 1987; A.F.H. Bierl, *Dionysus, Wine, and Tragic Poetry: A Metatheatrical Reading of P.Köln VI 242A = TrGF II F 46a*, «GRBS» 31, 1990, pp. 353-391 (soprattutto pp. 358-359, 370-376, 384-386); *Dionysos und die griechische Tragödie. Politische und metatheatralische' Aspekte im Text*, Tübingen 1991, pp. 27-44, 172-176; C.W. Müller, *Aristophanes und Horaz. Zu einem Verlaufsschema von Selbstbehauptung und Selbstgewißheit zweier Klassiker*, «Hermes» 120, 1992, pp. 129-141, in particolare 135-140. Ben più controverso è invece il riconoscimento, avviato negli ultimi anni da vari studiosi, di una dimensione autoreferenziale, e, in taluni casi, persino metateatrale, anche nella tragedia (cf., in generale, S. Goldhill, *Reading Greek Tragedy*, Cambridge 1986, in particolare pp. 244-264; P.E. Easterling, *Form and Performance*, in *Cambridge Companion to greek Tragedy*, Cambridge 1997, in particolare pp. 165-173; Bierl, *Dionysos und die griechische Tragödie* cit., in particolare pp. 111-176; A. Henrichs, *Why Should I Dance? Choral Self-Referentiality in Greek Tragedy*, «Arion» Third Series 3.1, 1994/95, pp. 56-111. Alcune specifiche tragedie – come il *Filottete* di Sofocle o le *Baccanti* di Euripide – sono, com'è facile intuire, *targets* privilegiati di una lettura in chiave metateatrale: cf., e. g., Ch. Segal, *Dionysiac poetics and Euripides' Bacchae*, Princeton 1982 [Expanded Edition, with a new *Afterword* by the author, Princeton 1997], pp. 215-271, 369-378; Bierl, *Dionysos und die griechische Tragödie* cit., pp. 186-218; Th.M. Falkner, *Containing Tragedy: Rhetoric and Self-Representation in Sophocles' Philoctetes*, «CA» 17, 1998, pp. 25-58). La questione è per certi aspetti connessa all'altro assai dibattuto problema della cosiddetta 'rottura dell'illusione scenica', che, propria del moderno teatro realistico, e talvolta definita pertanto inapplicabile al teatro greco antico (cf. G.M. Sifakis, *Parabasis and animal Choruses*, Ithaca-London 1971, e, più di recente, Ch. Dedoussi, *Greek Drama and its Spectators*, in *Stage Directions. Essays in Ancient Drama in honour of E.W. Handley*, London 1995, pp. 129-132), risulta purtuttavia utile, se usata con le opportune precisazioni, a spiegare alcuni fenomeni peculiari della commedia (cf. le obiezioni a Sifakis sollevate da H.-J. Newiger nella recensione apparsa in «MusAfr» 1, 1972, pp. 82-84, e ora in *Drama und Theater. Ausgewählte Schriften zum griechischen Drama* [«Drama» Beiheft 2], Stuttgart 1996, pp. 298-301; e si vedano anche K.J. Dover, *Aristophanic Comedy*, London 1972, pp. 49-59; W. Görler, *Über die Illusion in der antiken Komödie*, «A&A» 18, 1973, pp. 41-57; D. Bain, *Audience Address in greek Tragedy*, «CQ» 25, 1975, pp. 13-25, *Actors and Audience, A Study of Asides and related Conventions in Greek Drama*, Oxford 1977, pp. 1-7; F. Muecke, *Playing with the Theatrical Self-Consciousness in Aristophanes*, «Antichton» 11, 1977, pp. 57-62; A.M. Wilson, *Breach of Dramatic Illusion in the Old Comic Fragments*, «Euphrosyne» 9, 1978/79, pp. 145-150; K. McLeish, *The Theatre of Aristophanes*, London 1980, pp. 79-92; G.A.H. Chapman, *Some Notes on dramatic Illusion in Aristophanes*, «AJPh» 104, 1983, pp. 1-23; N.W. Slater, *The Fabrication of Comic Illusion*, in *Beyond Aristophanes. Transition and Diversity in Greek Comedy*, ed. by G.W. Dobrov, Atlanta 1995, pp. 29-45; P. Thiercy, *Aristophane: fiction et dramaturgie*, Paris 1986, pp. 139-149), ed è comunque imprescindibile per la tragedia: si vedano le penetranti osservazioni di D. Bain (*Some reflections on the illusion in Greek Tragedy*, «BICS» 34, 1987, pp. 1-14) e di O. Taplin (*The Stagecraft of Aeschylus. The Dramatic Use of Exit and Entrance in Greek Tragedy*, Oxford 1977 [ristampato, «with corrections», nel 1989], pp. 129-134; *Fifth-Century Tragedy and Comedy: A Synkrisis*,

riflessione e il dibattito su caratteri e prerogative dei principali generi teatrali (tragedia, commedia e ditirambo) fossero, insieme alla parodia del genere tragico, fonti inesauribili di ispirazione per i commediografi è, del resto, un dato generalmente acquisito dalla critica[19]; e ulteriori testimonianze in tal senso sembrano venire dalla pittura vascolare[20]. E,

---

«JHS» 106, 1986, pp. 163-174 [ora in *Oxford Readings in Aristophanes*, ed. by E. Segal, Oxford 1996, pp. 9-28], e, in versione tedesca lievemente abbreviata, *Die Welt des Spiels und die Welt des Zuschauers in der Tragödie und Komödie des 5. Jahrhunderts*, «WJbb» 12, 1986, pp. 57-71), entrambi propensi a riconoscere alla tragedia greca potenzialità autoreferenziali ma ad escludere incursioni di natura metateatrale. Sul fenomeno dell'autoreferenzialità nella tragedia cf., di recente, anche P. Wilson - O. Taplin, *The "Aetiology" of Tragedy in the Oresteia*, «PCPhS» 39, 1993, pp. 169-180.

[19] In generale, sui motivi della parodia e della critica letteraria nella commedia di V-IV secolo, cf., tra gli altri, per l'*archaia*, oltre ai su citati contributi di G. Paduano e di M.G. Bonanno (cf. n. 18, con la ulteriore bibliografia ivi citata), G. Cortassa, *Il poeta, la tradizione e il pubblico. Per una poetica di Aristofane*, in *La polis e il suo teatro*, a cura di E. Corsini, Padova 1986, pp. 185-204; C. Franco, *La competenza del destinatario nella parodia tragica aristofanea*, in *La polis e il suo teatro / 2* cit., pp. 213-232; T. Kowzan, *Les comedies d'Aristophane véhicule de la critique dramatique*, «Dioniso» 53-54, 1982/83, pp. 83-100; M.L. Chirico, *Per una poetica di Aristofane*, «PP» 251, 1990, pp. 95-115; S. Goldhill, *The Poet's Voice: Essays on Poetics and Greek Literature*, Cambridge 1990, pp. 167-222, in particolare 188-222; Dover, *Language* cit, pp. 1-13; *Frogs* cit., pp. 23-27; J.M. Bremer, *Aristophanes on his poetry*, in *Aristophane. Entretiens* cit., pp. 125-172; per la *mese*, C. Oliva, *La parodia e la critica letteraria nella commedia post-aristofanea*, «Dioniso» 42, 1968, pp. 25-92, in particolare, 25-73; M. Borowska, *Les intellectuels dans le miroir déformant de la comédie moyenne*, «Index» 17, 1989, pp. 131-132. Quanto, poi, ai rapporti tra il ditirambo e la commedia attica, mi limito a rinviare ad alcuni recenti contributi di B. Zimmermann (*Comedy's Criticism of Music*, «Drama» 2, 1993, pp. 39-50, *Parodie dithyrambischer Dichtung in der Komödien des Aristophanes*, in *Aristophane: la langue, la scène, la cité* cit., pp. 87-93) e G.W. Dobrov (in collaborazione con E. Urios Aparisi, *The Maculate Music: Gender, Genre and the Chiron of Pherecrates*, in *Beyond Aristophanes: Transition and Diversity in Greek Comedy*, ed. by G.W. Dobrov, Atlanta 1995, pp. 139-173; *From Criticism to Mimesis: Comedy and the new Music*, «Drama» 5, 1997, pp. 49-74; e si veda anche O. Imperio, *La figura dell'intellettuale nella commedia greca*, in *Tessere. Frammenti della commedia greca: studi e commenti*, a cura di A.M. Belardinelli, O. Imperio, G. Mastromarco, M. Pellegrino, P. Totaro, Bari 1998, pp. 75-95, con ulteriore bibliografia.

[20] Emblematica, in tal senso, l'interpretazione, di recente proposta da Oliver Taplin, del cosiddetto vaso dei *choregoi* (Malibu, J. Paul Getty Museum 96. AE. 29 [già New York, Collezione Fleischmann, F 93), che sarebbe appunto ispirato a una scena tratta da una commedia ateniese incentrata sulla *synkrisis* e sul sostanziale antagonismo tra i due principali generi teatrali, e che costituirebbe dunque una eccezionale testimonianza della generale autoreferenzialità della commedia nella nota monografia (*Comic Angels and Other Approaches to Greek Drama through Vase-Painting*, Oxford 1993) dedicata al

d'altra parte, proprio dagli squarci personalistici e autobiografici aperti da Aristofane in molte sue commedie – soprattutto nelle parabasi – siamo in grado di ricostruire l'evoluzione della sua personalità artistica e gli episodi salienti (vittorie e insuccessi, polemiche letterarie, attacchi politici e problemi giudiziari), della sua carriera drammaturgica: appunto con le affermazioni fatte dal corifeo per bocca del poeta nei vv. 541-545 della parabasi dei *Cavalieri*, in cui vengono ripercorse le diverse fasi del suo processo di maturazione professionale[21], Zimmermann apre la voce riservata al commediografo, la cui fisionomia poetica viene ben delineata dallo studioso tedesco sullo sfondo del contesto politico-culturale di un'Atene post-periclea profondamente segnata, prima, dalle tormentate vicende della guerra del Peloponneso, poi, dalla lenta decadenza della democrazia attica, che costituiva la linfa vitale del genere comico. Zimmermann fa peraltro rilevare come Aristofane sia l'unico drammaturgo di età classica sopravvissuto alla sconfitta di Atene del 404: Euripide era morto nel 406, Sofocle probabilmente nel 405[22]; il commediografo potrà

---

fenomeno della ricezione del dramma attico, in particolare della commedia, nel contesto culturale delle città greche dell'Italia meridionale alla luce delle testimonianze vascolari (cf., in particolare, le pp. 55-66; e, più in generale, sugli aspetti metateatrali della commedia attica riconoscibili nella pittura vascolare, le pp. 69-78 e 105-110).

[21] Per la decodificazione della articolata metafora nautica presente in questi versi rinvio a G. Mastromarco (*L'esordio «segreto» di Aristofane*, «QS» 10, 1979, in particolare pp. 171-173) e S. Halliwell (*Aristophanes' Apprenticeship*, «CQ» 30, 1980, in particolare pp. 39-41), i quali hanno convincentemente ricostruito in questi versi la scansione di tre momenti fondamentali della carriera del commediografo: il periodo del cosiddetto 'tirocinio poetico', rappresentato dal periodo anteriore al 427, in cui Aristofane collaborava segretamente alla stesura di commedie di altri poeti; quello, compreso tra il 427 e il 424, del tirocinio registico, durante il quale aveva preso a comporre proprie commedie, di cui però affidava ad altri la regia; infine quello inaugurato appunto dalla rappresentazione dei *Cavalieri*, in cui il poeta prende a curare egli stesso la regia delle proprie commedie. Artificiose appaiono invece le interpretazioni che di *Eq.* 541-544 sono state proposte da P. Thiercy (*Deux variations sur les Acharniens (et Cavaliers 542-544)*, «CGITA» 5, 1989, in particolare pp. 36-38) e da D. Gilula (*A Career in the Navy (Arist. Knights 541-4)*, «CQ» 38, 1989, pp. 259-261), che ravvisano in questi versi precisi riferimenti, non a tre, ma a quattro momenti della carriera drammaturgica aristofanea.

[22] Sul problema della esatta cronologia della morte di Sofocle è tornato, da ultimo, C.W. Müller, *Der Tod des Sophokles. Datierung und Folgerungen*, «RhM» 138, 1995, pp. 97-114, il quale, contro la *communis opinio* secondo cui il tragediografo sarebbe morto

invece assistere agli sforzi di restaurazione dei democratici e alla graduale ripresa di Atene. E le sue ultime tre commedie (*Rane*, *Ecclesiazuse* e *Pluto*) testimoniano appunto della lucida consapevolezza, acquisita dal commediografo, che una fase importante della civiltà teatrale della *polis* aveva ormai raggiunto il suo stadio terminale e che, a partire dal 404, nelle mutate condizioni socio-politiche entro cui si delinea la fine dell'egemonia ateniese, un irreversibile processo di trasformazione stava investendo in particolare il genere comico. È pur vero, comunque, che il profondo radicamento delle commedie aristofanee nella concreta realtà storica della *polis* di V-IV secolo non autorizza di per sé ad attribuire al commediografo un serio e preciso intento politico: la questione della politicità delle commedie aristofanee, che, com'è noto, ha affaticato varie generazioni di studiosi[23], viene icasticamente delineata e opportunamente ricondotta da Zimmermann a una dimensione di grande equilibrio: la definizione di 'commedie politiche' è accettabile per Aristofane solo «wenn man >politisch< nicht vor dem Hintergrund des modernen, durch Brecht geprägten Theaters, sondern in einem umfassenderen, dem Gebrauch zur Zeit des A. entsprechenden Sinne versteht. Politisch sind die Komödien nach diesem Verständnis, da sie Themen, die das Gemeinwesen (*pólis*) betreffen, zum Inhalt haben. Die politische Zustände und militärischen Ereignisse sowie die intellektuelle Auseinandersetzung im Athen jener Jahre sind der Boden, in dem die Komödien ihre Wurzeln haben» (p. 93).

Anche alla *palliata* latina, che pure si rifà alla *nea*, nella quale il rispetto della verosimiglianza scenica era ormai assurto a valore poetico irrinunciabile, è stata chiaramente riconosciuta una dimensione metateatrale, e in qualche modo anche 'politica' della commedia: è praticamente certo che il teatro di Nevio fosse più impegnato di quello del secolo successivo, e che la sua opera contenesse attacchi personali a

---

nel periodo compreso tra luglio del 406 e gennaio del 405, propende per una datazione più alta, ossia tra fine marzo e inizio aprile del 406.

[23] Per un profilo essenziale dei termini della questione e dei più noti protagonisti del dibattito critico mi limito a rinviare a G. Mastromarco, *Introduzione a Aristofane*, Roma-Bari 1994, pp. 176-179.

personaggi politici: un fenomeno che ricorda la commedia ateniese dei tempi di Aristofane[24], dove la libertà dell'ojnomasti; kwmw/dei`n, ossia dell'attacco personale in commedia, era stata, in alcuni momenti particolarmente critici per la politica ateniese, addirittura regolamentata da alcuni decreti[25]: oltre alla mordace allusione ai trascorsi erotici di Scipione Africano contenuta nei versi 108-110 Ribbeck^2, tramandatici di Aulo Gellio (7.8.5), di una commedia per noi sconosciuta, e al famoso saturnio (o senario giambico) – non sappiamo, però, se proveniente da un testo drammatico – scagliato da Nevio contro la *gens* dei Metelli (*Fato Meteili Romae fiunt consules*), che provocò l'incarceramento del poeta, ricordati da Klaus Lennartz, autore della voce *Naevius*, andrà ricordato l'altrettanto noto frammento della *Tarentilla* in cui uno schiavo pare rivendicare, con la fierezza di un attore-poeta, l'autonomia dell'arte drammatica, che, laddove abbia ricevuto il plauso del pubblico, nessun potere o violenza politica potrà sopprimere (*Quae ego in theatro hic meis probavi plausibus / ea non audere quemquam regem rumpere:/ quanto libertatem hanc hic superat*

---

[24] Significativa, in tal senso, la testimonianza di Aulo Gellio (3.3.15) – cursoriamente evocata da Lennartz – secondo cui Nevio avrebbe composto in carcere ben due drammi, *L'indovino* e il *Leonte*, nei quali avrebbe mitigato la violenza degli insulti e dei motteggi insolenti con cui sino a quel momento, «alla maniera dei poeti greci» (*de Graecorum poetarum more*), aveva colpito tante persone, e a causa dei quali era stato imprigionato.

[25] Abbiamo notizia di un decreto di Morichide, in vigore tra il 444-439 e il 437-436, varato probabilmente in occasione della defezione di Samo, un avvenimento che determinò in Atene una tensione politica acutissima, e di un decreto di Siracosio nel 415-414, in seguito alla mutilazione delle Erme, alla vigilia della spedizione in Sicilia, la cui storicità è stata però talora messa in dubbio (cf., in particolare, S. Halliwell, *Comic Satire and Freedom of Speech in Classical Athens*, «JHS» 111, 1991, pp. 48-70, il quale mette in luce che i commediografi godettero di un'ampia libertà di parola non solo nei primi ma persino negli ultimi anni della guerra del Peloponneso, quando la situazione politica di Atene stava drammaticamente precipitando). In favore della sua esistenza si sono espressi invece, da ultimo, H.A. Sommerstein, *The Decree of Syracosios*, «CQ» 36, 1986, pp. 101-108; J.E. Atkinson, *Curbing the Comedians: Cleon versus Aristophanes and Syracosius' Decree*, «CQ» 42, 1992, pp. 61-64, e L. Canfora, *AP. II 18 e la censura sul teatro*, «QS» 46, 1997, pp. 169-181. È chiaro, comunque che il dato del varo dei due decreti, sia pure operanti per periodi assai limitati, prova di per sé che la parola comica poteva, in particolari circostanze, esercitare una qualche influenza sull'opinione pubblica ed essere pertanto paventata dai politici come un pericoloso veicolo di dissenso e di potenziale instabilità.

servitus, 72-74 Ribbeck²)²⁶. La *parrhesia* come condizione irrinunciabile dell'espressione artistica è poi esaltata da Nevio nell'allitterante verso comico *libera lingua loquemur ludis Liberalibus* (113 Ribbeck); e un altro frammento, di *praetexta* (*Romulus sive Lupus*, fr. IV Ribbeck²) ovvero di *palliata* (*Ludus*, fr. 51 Traglia), contiene un esplicito attacco alla degenerazione della classe politica (*cedo qui vestram rem publicam tantam amisistis tam cito? / – Proveniebant oratores novei, stulti adulescentuli*).

Con Plauto la propensione neviana al metateatro troverà poi – come è stato ben riconosciuto²⁷ – la sua espressione più matura e consapevole. Plauto ha un'altissima consapevolezza professionale, è fiero delle proprie peculiari doti creative, che gli consentono di portare a termine quella commistione tra commedia 'regolare' greca e farsa italica che era stata iniziata dai suoi predecessori; e tale commistione si esprime ai suoi livelli più alti precisamente in quella continua tensione dialettica tra scrittura e improvvisazione, che – come sembrano quasi anticipare, in maniera ovviamente del tutto inconsapevole, le parole di Polonio nell'*Amleto* shakespeariano (II 2) con le quali Zimmermann apre la voce dedicata al commediografo latino – costituisce da sempre un elemento centrale nell'interpretazione della commedia plautina. E a una siffatta attitudine metateatrale è connesso, com'è noto, anche il vastissimo e rutilante repertorio di giochi verbali e di metafore, che, da una parte, sembra evocare le inesauribili risorse stilistiche dell'*archaia*, dall'altra, connota in maniera del tutto originale l'opera plautina rispetto agli originali del teatro greco di età alessandrina ed ellenistica, il quale invece, sempre intenzionalmente attestato su un tono medio e 'verisimile', vedeva ridotto

---

[26] Ripropongo qui la suggestiva interpretazione che del dibattutissimo frammento è stata prospettata da M. Barchiesi, già in *Plauto e il "metateatro" antico*, in «Il Verri» 31, 1969, p. 126 (ora in *I moderni alla ricerca di Enea*, Roma 1981, p. 166), poi, più diffusamente, nel postumo *La* Tarentilla *rivisitata. Studi su Nevio Comico*, Pisa 1978 (cf., in particolare, pp. 50-66), di recente ripresa, ad es., da G. Chiarini, *La rappresentazione teatrale*, in *Lo spazio letterario di Roma antica*, vol. II: *La circolazione del testo*, Roma 1989, p. 155 con n. 47.

al minimo l'estro delle possibili invenzioni metaforiche: come osserva Zimmermann nella voce *Plautus*, «P. hat mit diesen Einlagen das griechische Original durch dem römischen Publikum vertraute volkstümliche Elemente erweitert und dadurch romanisiert» (p. 549).

Un eccellente esempio di 'teatro nel teatro' ci è poi fornito dai prologhi di Terenzio, che sono stati a buon diritto definiti «the first Latin poetry about poetry»[28], in quanto non si tratta di riadattamenti o traduzioni da un originale greco, ma di testi drammaturgici da cui è possibile ricavare una vera e propria teoria della commedia che è interamente romana. Vero è che i prologhi terenziani meritano evidentemente un discorso a parte, dal momento che, diversamente dalla maggior parte di quelli plautini, non hanno una funzione espositiva, ma costituiscono «una specie di 'testo minore', a u t o n o m o e d i s o l a t o», da considerarsi dunque, in tal senso, «'extratestuale'»[29]. Secondo un procedimento in cui sono state riconosciute suggestive affinità con le parabasi aristofanee[30], il

---

[27] Cf., in particolare, il su citato M. Barchiesi, *Plauto e il "metateatro" antico* («Il Verri» 31, 1969, pp. 113-130, ora in *I moderni alla ricerca di Enea*, Roma 1981, pp. 147-174).

[28] N. Slater, *Two Republican Poets on Drama: Terence and Accius*, «Drama» 1, 1992, pp. 85-103; l'espressione è a p. 86. E si vedano anche alcune considerazioni di D. Gilula, *The first realistic roles in European theatre: Terence's prologues*, «QUCC» n. s. 33, 1989, pp. 95-106 (trad. it. in *Teatri romani. Gli spettacoli nell'antica Roma*, a cura di N. Savarese, Bologna 1996, pp. 227-381.

[29] Le espressioni sono desunte da R. Raffaelli, *Animum advortite. Aspetti della comunicazione nei prologhi di Plauto (e di Terenzio)*, in C. Questa e R. Raffaelli, *Maschere prologhi naufragi nella commedia plautina*, Bari 1984, p. 112. Il contributo era già apparso, in una versione più breve, in «Dioniso» 54, 1983, pp. 193-203.

[30] Cf. R.K. Ehrman, *Terentian prologues and the parabasis of Old Comedy*, «Latomus» 44, 1985, pp. 370-376, e W.G. Arnott, *Terence's prologues*, in *Papers of the Liverpool Latin Seminar*, 5, 1986 (ed. by F. Cairns), pp. 1-7, il quale precisa opportunamente che le affinità non implicano la necessaria conoscenza e la consapevole imitazione dell'arte di Aristofane da parte di Terenzio: dopo la scomparsa (già nell'ultima produzione del commediografo ateniese) della parabasi, molti dei motivi in essa contenuti saranno transitati in altre sezioni della commedia; ed è possibile che un autore per noi sconosciuto della *mese* o della *nea* abbia riadattato all'interno di un prologo non espositivo materiali che un tempo avrebbero trovato posto in una parabasi *extra fabulam*. Che la parabasi non fosse peraltro la sede preposta in maniera esclusiva alle esternazioni del poeta, neanche nella più antica produzione dell'*archaia*, sembra d'altronde confermato dallo spiccato carattere parabatico che presentano altre sezioni di commedie del 'primo' Aristofane e di altri commediografi della 'prima generazione': si pensi, per

commediografo polemizza con il pubblico per le incomprensioni e gli insuccessi di cui è vittima, si difende dalle accuse dei rivali, affronta fondamentali questioni poetologiche, *in primis* il problema della *contaminatio*. È chiaro, comunque, che, a parte gli spazi di autocoscienza aperti nel prologo, la commedia di Terenzio è molto più vicina ai modelli greci rispetto a quella di Plauto: Terenzio, che – come ricorda Zimmermann nella voce a lui dedicata – gli autori del secolo successivo ribattezzeranno come il *dimidiatus Menander*, ha, come quello, assai più a cuore la salvaguardia di un'illusione scenica coerente e uniforme, attenta a non aprire il varco a interruzioni 'metateatrali', né a commenti esterni dei personaggi non direttamente motivati dallo svolgimento della *fabula*: «Während Plautus in seinen Komödien ein Feurwerk voller sprachlicher Neuschöpfungen, derben Formulierungen und überraschenden Wendungen in der Art des Aristophanes abbrennt, ist T. der Meister einer urbanen, gepflegten und ausgefeilten Sprache un Diktion. Die sprachliche Eleganz, verbunden mit einem den Gebildeten ansprechend Inhalt, ließen ihn auch bald zu einem Klassiker der römischen Literatur werden» (p. 693).

---

citare solo alcuni degli esempi più cospicui, alla parodo dei *Pluti* di Cratino (fr. 171 K.-A.), alle due *rheseis* di Diceopoli negli *Acarnesi* (vv. 366-384, 496-556) e al prologo delle *Vespe* (in particolare, vv. 54-66) di Aristofane.

Dr GJM 1954 - 2025

Printed in Great Britain
by Amazon